教育部国别和区域研究备案中心浙江工业大学越南研究中心研究成果

浙江省社科联智库建设经费资助

东道国制度压力
对中国企业在越南投资绩效影响机制研究
—— 基于人力资源本地化与自主权的中介效应

Study on the Influence Mechanism of Institutional Pressures on the Performance of the Chinese Enterprises in Vietnam:
The Mediating Role of Localization and Autonomy of Human Resources

周丹妮　任天舟　著

中国财经出版传媒集团

经济科学出版社
Economic Science Press

图书在版编目（CIP）数据

东道国制度压力对中国企业在越南投资绩效影响机制
研究：基于人力资源本地化与自主权的中介效应/周丹
妮，任天舟著 . —北京：经济科学出版社，2020.11
ISBN 978 - 7 - 5218 - 2107 - 9

Ⅰ.①东…　Ⅱ.①周…②任…　Ⅲ.①企业 - 对外投
资 - 投资效果 - 研究 - 中国　Ⅳ.①F279.23

中国版本图书馆 CIP 数据核字（2020）第 229413 号

责任编辑：杜　鹏　刘　悦
责任校对：孙　晨
责任印制：王世伟

东道国制度压力对中国企业在越南投资绩效影响机制研究
——基于人力资源本地化与自主权的中介效应
周丹妮　任天舟　著

经济科学出版社出版、发行　新华书店经销
社址：北京市海淀区阜成路甲 28 号　邮编：100142
编辑部电话：010-88191441　发行部电话：010-88191522
网址：www.esp.com.cn
电子邮箱：esp_bj@163.com
天猫网店：经济科学出版社旗舰店
网址：http://jjkxcbs.tmall.com
固安华明印业有限公司印装
710×1000　16 开　20 印张　380000 字
2021 年 8 月第 1 版　2021 年 8 月第 1 次印刷
ISBN 978 - 7 - 5218 - 2107 - 9　定价：98.00 元
（图书出现印装问题，本社负责调换。电话：010 - 88191510）
（版权所有　侵权必究　打击盗版　举报热线：010 - 88191661
QQ：2242791300　营销中心电话：010 - 88191537
电子邮箱：dbts@esp.com.cn）

前　言

当前，世界正经历着百年未有之大变局，新冠肺炎疫情、大国博弈等因素正冲击着世界经济，中国的"一带一路"建设也已进入深水区和攻坚期。越南地处"21世纪海上丝绸之路"的关键枢纽位置，并已成为世界上经济发展较快的国家之一。与前些年中越经济关系中"贸易热、投资冷"的状况有所不同，2018年中期以来，中美贸易摩擦的不断加剧促使中国企业对越南的直接投资规模迅速增长。有研究显示，中国企业在越南面临着"双重劣势"与中高级别的国家风险。如何应对来自越南当地的制度压力，成为中国企业在越南经营的一个重要现实问题。

本书基于新制度主义理论，结合资源基础理论、资源依赖理论，以在越南经营的中国企业为例，试图发掘东道国制度压力对企业人力资源本地化、人力资源自主权与其绩效的内在影响机制，以及人力资源本地化、人力资源自主权的中介机制，并将探索企业高层管理者的不同领导风格在其中的调节机制。具体而言，本书围绕以下四个问题展开研究：（1）东道国制度压力如何直接影响中国企业在越南投资绩效，不同维度的制度压力各自产生何种影响；（2）东道国制度压力如何影响在越中国企业的人力资源本地化和人力资源自主权；（3）人力资源本地化、人力资源自主权对中国企业在越南投资绩效的影响程度如何，这两者在东道国制度压力与企业绩效之间扮演着什么角色；（4）人力资源本地化、人力资源自主权对中国企业在越南投资绩效的影响机制在不同的领导风格下有何区别，高层管理者的威权型领导风格和服务型领导风格是否会对上述关系产生影响。

首先，本书通过四家不同行业的在越中国企业进行探索性案例研究，采用理论阐述、案例数据和模型构建三者相互印证的分析思路，探究了东道国制度压力、人力资源本地化、人力资源自主权和企业绩效之间的逻辑关系，提出东道国制度压力会显著影响人力资源本地化、人力资源自主权和企业绩效（其中强制压力起负向影响作用；规范压力、模仿压力起正向促进作用），而人力资源本地化、人力资源自主权也会正向促进企业绩效，从而初步论证了本书构思的合理性。其次，本书基于现有研究成果，展开理论探讨与分层剖析，结合在越南实地企业调研过程中所收集的资料，对探索性案例研究中得出的初始假设命题进行更为深入的理论阐述，揭示出"东道国制度压力→人力资源本地化→企业绩效""东道国制度压力→人力资源自主权→企业绩效""领导风格——人力资源本地化与企业绩效""领导风格——人力资源自主权与企业绩效"的内在作用机理，构建出本书的理论模型，提出了36个理论假设。随后，本书详细阐述了验证理论假设的问卷与量表设计过程，进行小样本预调研，通过内部一致性检验和CITC检验、探索性因子分析对初始调研问卷进行修正和净化，确定正式调研问卷。再其次，本书进行正式调研，从所搜集的有效问卷中筛选、整合出257家企业样本，在检验结构效度、组合信度、聚合效度、区分效度与共同方法偏差之后，通过结构方程模型、分层回归模型等统计方法对理论假设进行了规范的实证检验。最后，本书对研究成果进行概括与总结，归纳出研究的理论贡献，提炼出中国政府和企业应对东道国制度压力的策略，并在汇报研究局限的基础上提出未来进一步的研究方向。

通过上述研究过程，本书得出以下结论：（1）东道国制度压力分为强制压力、规范压力和模仿压力三种类型，对人力资源本地化、人力资源自主权和企业绩效的影响各有不同。其中，强制压力对人力资源本地化、人力资源自主权产生显著的负向影响，规范压力、模仿压力对人力资源本地化、人力资源自主权则产生显著的正向促进作用；强制压力显著负向影响企业社会绩效，规范压力显著正向促进企业社会绩效，模仿压力显著正向促进企业社会绩效与财务绩效。（2）人力资源本地化、人力资源自主权在不同类型的东道国制度压力与企业绩效中承担了不同性质的中介作用，但人力资源自主权在东道国强制压力对企业社会绩效的负向影响关系中并未起到中介作用。（3）企业高层管理者领导风格在人力资源本地化、人力资源自主权与企业绩效之间起调节作用。其中，威权型领导会削弱企业人力资源本地化对其社会绩效、财务绩效的正向促进作用，并削弱企业人力资源自主权对其社会绩效的正向促进作用；服务型领导会增强企业人力资源本地化对其社会绩效、财务绩效的正向促进作用，并增强企业人力资源自主权对其社会绩效的正向促进作用。

本书实现了以下研究进展：（1）突显出国际人力资源管理实践的重要性，从人力资源本地化、人力资源自主权两个方面解释了海外经营企业应对东道国制度压力的过程。（2）探索出东道国制度压力影响企业绩效的复杂机理，即东道国制度压力不仅能直接影响企业绩效，还能通过人力资源本地化、人力资源自主权的中介作用对企业绩效产生间接影响，企业高层管理者的领导风格会增强或削弱人力资源本地化、人力资源自主权对企业绩效的影响。（3）揭示出新兴经济体顺向对外直接投资情境下东道国制度压力与海外经营企业绩效关系研究的混合性发现。（4）有效弥补了现有关于中国企业对越南直接投资研究中实证不足的缺陷。

周丹妮
2020 年 5 月

目　录

第一章 绪 论

本章作为开篇呈现本书的整体概况，主要包括以下内容：首先，从现实背景和理论背景引出本书的选题——东道国制度压力对中国企业在越南投资绩效的影响机制；其次，对东道国制度压力、人力资源本地化、人力资源自主权、企业绩效、领导风格等相关概念进行了内涵界定；再其次，指出了研究的主要内容、框架结构、技术路线和研究方法；最后，阐述了本书的主要创新点。

第一节 研究背景

当前，世界正经历着百年未遇之大变局，新冠疫情、大国博弈等因素正冲击着世界经济，中国的"一带一路"建设也已进入深水区和攻坚期（杨挺等，2020）。本书源于在更为复杂多变的国际形势下，对中国企业在"一带一路"沿线国家经营状况的观察。这些国家以新兴经济体和发展中国家为主，经济发展水平偏低，经济、法律、贸易制度不够完善（李猛，2017；刘海猛等，2019）。以越南为例，中国企业在此除了享受低廉的生产成本、丰富的自然资源等优势之外，当地制度环境的作用非同寻常。例如，越南各级政府的法律法规以及越南当地普遍存在的价值观和社会责任等都给在当地经营的中国企业带来许多影响与挑战。那么，中国企业应该如何应对越南当地的制度压力，把握发展机遇，并最终提升企业绩效呢？

一、现实背景

（一）"一带一路"倡议、中美贸易摩擦背景下中国企业对越南的直接投资迅速增长

"一带一路"倡议是中国面对"逆全球化"复杂局面，与沿线国家分享发展机遇、实现共同繁荣的重要举措，为中国企业在全球市场的发展提供了前所未

有的机遇（佟家栋等，2017；王益民等，2019；周丹妮和项丽亚，2020）。自2013 年"一带一路"倡议提出以来，中国对沿线国家的直接投资呈稳定增长态势，2013～2020 年累计直接投资 1351 亿美元，占同期中国 OFDI 总流量的12.1%①。2021 年 3 月 5 日，李克强总理在政府工作报告中四次提及"一带一路"，充分体现了中国与各国高质量共建"一带一路"的坚定决心始终未变②。

中国与越南山水相连、人文相亲，两国建交已有 70 年历史，经历了从"同志加兄弟"到"关系正常化"再到"合作共赢"的双边关系发展阶段（黄兴球，2020）。越南地处"21 世纪海上丝绸之路"的关键枢纽位置，具有重要的地缘政治价值（李巍和罗仪馥，2019），近年又已成为世界上经济发展较快的国家之一，是中国"一带一路"建设和国际产能合作的重要伙伴。中国已经连续 16 年成为越南最大的贸易伙伴（张磊，2020），越南也已连续 4 年成为中国在东盟最大的贸易伙伴（阮国长等，2019），目前越南出口贸易对中国附加值的依赖程度远超其对美、日、韩等发达经济体的依赖（罗仪馥，2020）。

迄今为止，中国企业对越南直接投资出现过三次明显的高潮：第一次是 2010年，受到 2009 年美国商务部对中国部分出口商品"双反"调查的影响，相关行业开始大规模将制造基地迁移至越南；第二次是 2016 年，当时跨太平洋伙伴关系协定③谈判处于不断推进过程中，不仅促使中国企业加速转移到越南，而且一些知名跨国公司（如三星、阿迪达斯、耐克等）也将位于中国的生产加工基地迁移至越南；第三次则发生在当前，与 2018 年中期以来中美贸易摩擦不断加剧直接相关。据越南计划投资部统计数据显示，2019 年，中国对越南直接投资流量约为 24.6 亿美元，成为越南的第三大外资来源国，而且中国企业在投资项目数上名列第二④。由此可见，与前些年中越经济关系中"贸易热、投资冷"的状况（齐建国，2014）有所不同，中国企业大批进军越南已成为近年来新出现的动向。

---

① 中国商务部，国家统计局，国家外汇管理局.2019 年度中国对外直接投资统计公报［R］.2020；中国商务部.2020 年中国对外投资合作情况［EB/OL］.（2021 - 02 - 10）http://www.mofcom.gov.cn/article/i/jyjl/1/202102/20210203038250.shtml.

② 李克强.政府工作报告——2021 年 3 月 5 日在第十三届全国人民代表大会第四次会议上［EB/OL］.（2021 - 03 - 05）http://www.gov.cn/zhuanti/2021lhzfgzbg/index.htm.

③ 跨太平洋伙伴关系协定（Trans-Pacific Partnership Agreement，TPP）是全面与进步跨太平洋伙伴关系协定（Comprehensive Progressive Trans-Pacific Partnership，CPTPP）的前身，后者为美国退出前者后的新名字.

④ BỘ KẾ HOẠCH VÀ ĐẦU TƯ CỤC ĐẦU TƯ NƯỚC NGOÀI. Tình hình thu hút đầu tư nước ngoài năm 2020［EB/OL］.（2020 - 12 - 29）https://dautunuocngoai.gov.vn/tinbai/6318/Tinh-hinh-thu-hut-dau-tu-nuoc-ngoai-nam-2020.

此外，从更为宏观的视角来看，当前的"赴越投资热"与国际分工体系的渐进性变化息息相关（罗仪馥，2020），越南的"世界工厂"角色日益凸显（Taguchi，2018；Anh et al.，2019）。

（二）中国企业在越南经营过程中面临人力资源管理实践的巨大挑战

"现代管理学之父"德鲁克（Drucker，1999）曾指出，从竞争的角度来看，未来竞争的激烈程度取决于人力资源的数量、质量与产出。海外经营企业的人力资源管理不同于其在国内的人力资源管理，必须应对组织内外以及国内外更为复杂、更具挑战性的环境（Cooke et al.，2019）。大多数中国企业处于国际化早期阶段，在国际扩张和运营方面都缺乏经验（Luo and Tung，2007；Fan et al.，2016），而中国企业在越南投资的重点领域集中在传统的劳动密集型产业（张磊，2018；Zhou and Shi，2019），投资浪潮的新一轮兴起促使其人力资源的流动性和复杂性显著提升。现有研究显示，中国企业在越南面临的人力资源管理实践的挑战主要体现在以下三个方面。第一，沟通挑战。跨国经营以跨文化沟通为基础，其复杂性、差异性使有效沟通变得更加困难，沟通障碍和沟通误会时常发生，还可能出现越南员工对中国企业文化并不认同的现象。第二，能力挑战。中国企业在发展中国家经常面临着当地教育水平落后、当地人员难以胜任工作的困境（陈笃升，2011），在越南也是如此。第三，人才流失挑战。对于在越南经营的中国企业来说，造成人才流失的原因既包括外部的气候条件、政治稳定性、经济发展水平等因素，也有内部的薪酬待遇、绩效考评、企业文化、个人家庭状况等因素；一旦人才流失，将严重影响企业的竞争优势。

已有研究表明，不匹配的人力资源管理实践会严重影响企业绩效（林肇宏等，2015；林新奇，2017）。因此，亟待探索提升在越中国企业人力资源管理效率的新路径。

（三）中国企业进入越南后普遍存在"水土不服"的现象

跨国情境下的制度环境差异使中国企业在越南面临"外来者劣势"（liability of foreignness）（Zaheer，1995；Denk et al.，2012；吴冰等，2018）。同时，相对于传统发达国家企业，大多数中国企业的国际经验有限，缺乏风险防范机制和成熟的资源与能力，因此，这些企业在越南还面临着"新生者劣势"（liability of newness）（Luo and Tung，2007；高旭东，2012；刘娟，2020）。在"双重劣势"之下，中国企业在国内普遍采用的组织惯例和行为规范在越南往往难以得到当地利益相关者的认可，成功案例的示范效应小（齐建国，2014），大部分企业缺乏宏观引导和长期投资规划（梁文苏，2018），"水土不服"的现象时常发生（葛红亮，2019）。例如，中国某摩托车企业一款车型通过贸易形式进入越南市场后，迅速被越南厂商仿制，而当该企业注册外形专利时，却被越南知识产权局告知因其不具备创新性而无法受到专利保护，最终造成每年上亿元人民币的损失。又如，近年来中国企业对越南直接投资流量基本保持稳定增长，但曾于 2011 年、2014 年出现的两次偶然下降都与当时的两国领土纠纷事件有关。

中国企业进入越南后，应该采取怎样的战略才能实现与当地制度环境相兼容，规避"水土不服"的现象，从而稳定发展并实现较高的绩效呢？这些问题都亟待未来研究进一步探讨。

二、理论背景

（一）以新兴经济体为研究背景的制度基础观的兴起

在跨越了 20 世纪 80 年代的产业组织理论（Porter，1980）和 90 年代的资源基础理论（Barney，1991；Grant，1991）后，进入了 21 世纪，企业战略的制度基础观（institution-based view of strategy）逐渐兴起于战略研究领域（Peng，2002；Peng，2003；Redding，2005；Leung et al.，2005；Wright et al.，2005；Meyer et al.，2009；Peng and Khoury，2009；Peng et al.，2009；Kiss et al.，2012；Hoskisson et al.，2013；陈怀超，2013；杜晓君等，2017）。制度基础观萌芽于彭维刚和希思（Peng and Heath，1996）对新兴经济体内制度与组织交互影响企业战略的观点，克服了产业组织理论和资源基础理论因缺乏对情境的关注而一直以来受到的批判（Peng et al.，2009）。制度基础观与产业基础观、资源基础观三者共同组成企业国际化战略研究的"战略三脚架"（Peng，2002；Peng et al.，2008），被广泛地应用于新兴经济体企业的国际化战略研究。

制度基础观聚焦于研究组织在制度环境中的嵌入性。科斯托娃等学者（Kostova et al.，2019）强调跨国经营企业嵌入于其总部、母国和东道国的多种不同的制度环境中，面临着"独特的困难和风险"。在一国之内得到认可的行为和规范，在另一国的制度环境下往往并不一定能得到认可（范建红和陈怀超，2015；Ketteni and Kottaridi，2019），甚至会被认为不合法。基于此，从制度基础观分析新兴经济体企业国际化问题时，更需要关注东道国制度压力。

（二）东道国制度压力对企业绩效的直接影响有待论证

自从 1991 年罗森茨维格和辛格（Rosenzweig and Singh）将新制度主义理论引入企业跨国经营情境以来，关于制度压力对企业国际化所带来的影响，学术界已产生丰富的研究成果：其一是关于制度压力对企业进入模式、区位选择等战略决策的影响（Yiu and Makino，2002；蓝海林等，2010；Cui and Jiang，2012；Hennart and Slangen，2015；汪涛等，2018；石丽静和洪俊杰，2019）；其二是集中在制度压力对企业行为（Kostova and Roth，2002；Peng，2012；许晖等，2017）及其国际化程度（Li and Ding，2013；Gaur et al.，2018）的影响。尽管有学者曾探讨过东道国制度压力能通过促使企业采取合理性国际化营销战略而提升其绩效（刘洪深等，2013），但关于东道国制度压力对企业绩效的直接影响，以及不同维度的制度压力所造成的影响是否一致等问题，鲜有学者展开论证。

（三）中国企业顺向对外直接投资情境下的东道国制度环境研究相对匮乏

作为新兴经济体的典型代表，中国企业对外直接投资（outward foreign direct investment，OFDI）呈现出对发达经济体逆向 OFDI 与对其他新兴经济体、发展中经济体顺向 OFDI 并举的"双元路径"特征（杨丽丽等，2018）。截至 2019 年底，中国 OFDI 存量的 87.3% 分布在发展中经济体[①]。然而，目前关于中国海外经营企业所面临的东道国制度环境研究中，要么聚焦于中国企业逆向 OFDI 过程中在发达国家面临的制度环境，要么并未区分顺向 OFDI 和逆向 OFDI 这两种情境，鲜有针对中国企业顺向 OFDI 情境下的东道国制度环境研究。究其原因，主要在于发展中国家的信息透明度低（Luo and Bu，2018），缺少丰富的二手数据库，重新搜集一手数据费时费力，影响研究效率；若该国为小语种国家（如越南等国），则更增加了获取资料的难度。

（四）国外子公司自主权研究逐渐增多，但该领域国内研究相对滞后

国外对子公司自主权研究始于 20 世纪 80 年代初（Otterbeck，1981）。时至今日，该领域的理论和研究依然是国际商务领域跨国公司战略研究的热点之一（Cavanagh et al.，2017）。海外子公司是跨国公司前沿竞争的关键排头兵，与竞争成果直接相关。对新兴经济体来说，海外子公司自主权是其克服本国劣势的一种有力手段（Wang et al.，2014），有助于其通过本地化运营恢复信誉和形象（Luo and Bu，2018）。然而，国内学术界对子公司自主权的相关研究最早只能追溯到 20 世纪 90 年代初（张岩贵，1991），对子公司自主权进行持续、系统的深入研究则始于 21 世纪初（赵景华，2001；薛求知和闫海峰，2001），该领域的大样本实证研究最早出现于赵景华教授指导的博士学位论文（邢彦玲，2007）。截至 2020 年 4 月底，CSSCI 中研究主题为"子公司自主权""子公司自主性""子

---

① 中国商务部，国家统计局，国家外汇管理局．2019 年度中国对外直接投资统计公报 ［R］．2020.

公司自治"的期刊论文不超过 20 篇；涉及该研究领域的博士学位论文不超过 10篇。这些都反映出国内对该领域的研究亟待加强。

第二节　问题的提出

基于现有研究缺口，结合现实背景，本书将从新制度主义理论视角出发，结合资源基础理论、资源依赖理论，围绕"东道国制度压力对中国企业在越南投资绩效的影响机制"这一核心问题展开后续研究。通过对东道国制度压力、本地化、自主权、领导风格、中国对越南直接投资等最新研究成果的梳理，本书根据"制度—战略（行为）—绩效（结果）"这一经典的研究范式，进一步探讨东道国制度压力、人力资源本地化、人力资源自主权、企业绩效之间的关系，并融入企业高层管理者领导风格这一情境因素，考察威权型领导与服务型领导在人力资源本地化、人力资源自主权与企业绩效的关系中可能存在的调节效应。具体而言，本书拟通过解决四个问题来深入探讨东道国制度压力对中国企业在越南投资绩效的影响机制。

第一，"东道国制度压力如何直接影响中国企业在越南投资绩效？不同维度的制度压力各自产生何种影响？"如前面所述，已有研究指出东道国制度压力能间接提升海外经营企业绩效（刘洪深，2012；刘洪深等，2013），但关于前者对后者的直接影响尚未有实证研究进行检验。基于新制度主义理论对于强制、规范和模仿三维制度压力的理论阐述，本书将对中国企业在越南投资绩效的影响因素提出新的假设，同时结合探索性案例分析和大样本实证检验加以进一步探讨。

第二，"东道国制度压力如何影响在越中国企业的人力资源本地化和人力资源自主权？三个维度的制度压力各自产生何种影响？"已有研究中较为接近的包括：有学者检验出制度距离（Baik and Park，2015）、规制压力（Ouyang et al.，2019）对人力资源本地化的影响，文化距离对子公司自主权的影响（胡玲，2012；de Jong et al.，2015），而由于研究情境的不同等原因，这些研究所得出的结论并不一致。现有研究中尚未出现完整维度的东道国制度压力对这两者的影响研究，也未有针对中国企业顺向 OFDI 情境下的相关研究。因此，本书将基于"人力资源本地化""人力资源自主权"这两个构想，着重对三个维度的东道国制度压力对这两者的内在作用机理进行深入探索。

第三，"人力资源本地化、人力资源自主权对中国企业在越南投资绩效的影响程度如何，这两者在东道国制度压力与企业绩效之间扮演者什么角色？"基于内因与外因的辩证关系，中国企业在越南投资绩效除了受到东道国制度压力影响外，还可能受到企业自身战略（行为）的影响。因此，本书拟分别揭示人力资源本地化、人力资源自主权对企业绩效（社会绩效、财务绩效）的影响机制，并提出人力资源本地化、人力资源自主权在东道国制度压力和企业绩效之间所承担的中介作用。

第四，"人力资源本地化、人力资源自主权对中国企业在越南投资绩效的影响机制在不同的领导风格下有何区别？高层管理者的威权型领导风格和服务型领导风格是否会对上述关系产生影响？"众多学者已从外因角度指出环境动态性对人力资源管理实践与组织绩效之间关系的影响（Prajogo and Oke，2016；Sung et al.，2017；李杰义等，2018；hen et al.，2019；彭娟，2020），但环境动态性是客观存在且组织无法控制的因素（刘生敏等，2019），目前鲜有研究从组织内部人力资源管理的执行层面来探讨高层管理者在人力资源管理实践对企业绩效作用过程中的影响（孙秀丽和赵曙明，2017）。另外，威权型领导广泛存在于东方社会文化中，这一观点已得到众多中国学者（郑伯埙等，2003；于海波等，2014；邓志华和陈维政，2016）和越南学者（Luu，2018；Luu and Djurkovic，2019）的一致认同，而近年来兴起的服务型领导又已逐渐成为研究热点，这两种领导风格均会对组织绩效产生显著影响（Bavik，2020）。因此，本书认为，高层管理者的领导风格会增强或削弱人力资源本地化、人力资源自主权对中国企业在越南投资绩效的影响，并将对此进行理论探索与实证检验，从而提出更为深入的中国企业在越南投资绩效影响因素的作用机理。

综上所述，本书将在阅读与梳理相关文献的基础上，将东道国制度压力、人力资源本地化、人力资源自主权、海外经营企业绩效、企业高层管理者领导风格纳入同一个理论分析框架，以进军越南的中国企业为研究对象，深入探究在新兴经济体顺向 OFDI 情境下，东道国制度压力对海外经营企业绩效的影响机制，研究逻辑结构如图 1－1 所示。

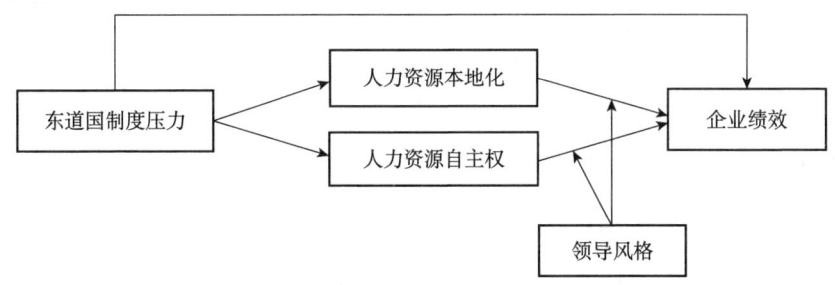

图 1－1　本书逻辑结构

第三节　关键概念内涵与界定

一、东道国制度压力

什么是制度？诺思（North，1990）基于经济学视角指出，制度是"人类设计的、形塑人际互动的约束"；斯科特（Scott，1995）基于组织社会学视角将制度定义为"规制、规范和认知的结构和活动，能为社会行为提供稳定性和意义"。制度不仅决定了什么是"合法的"，而且也决定了什么是"合情合理的"，即在一个特定社会环境中可以接受和认可的某种行事方式（Selznick，1984；Powell and Dimaggio，1991）。制度理论主要研究广泛的制度环境对组织行为与决策的约束和影响（Powell and Dimaggio，1991）。萨奇曼（Suchman，1995）指出，制度环境要求组织服从合法性机制，即采用在制度环境下"广为接受"的形式和做法，而无论这些是否有助于提升组织效率。制度环境对组织的生存带来多种要求服从的压力，这种能促使组织的形态、结构与行为变得合理、可接受和易获得支持的规则、规范、社会理念或文化的作用力被称为"制度压力"（Yiu and Makino，2002；Wang et al.，2008）。

海外经营企业受到内部（来自母国、母公司）和外部（来自东道国）的双重制度压力（Jepperson，1991；Rosenzweig and Singh，1991；Haveman，1993；Robinson，1995；Kostova，1996；Legatsky，1996；Vadlamani，1996；Kostova，1999）。与来自母国、母公司的内部制度压力相比，来自东道国的外部制度压力对企业的影响更大（Lu，2002；Xu et al.，2004），企业通常更加重视通过符合外部制度的要求来获得外部合法性（Arslan，2012）。

本书是关于企业进入东道国后的战略（行为）研究，所探讨的制度压力针对其所面临的东道国制度压力，而非母国制度压力，且特指企业面对东道国环境变化通过自身所感知到的东道国制度压力。基于国际商务研究领域研究东道国制度环境的常用范式，本书采用了迪马吉奥和鲍威尔（Dimaggio and Powell，1983）构建的制度压力模型来探究东道国制度压力对企业绩效的作用机制，即明确了制度压力的三个维度：强制压力（coercive pressure）、规范压力（normative pressure）和模仿压力（mimetic pressure）。这些不同维度的制度压力对海外经营企业的行为与绩效会产生不同的作用机制（Xu and Shenkar，2002）。

（一）强制压力

强制压力源于组织所依赖的其他组织所施加的正式与非正式压力，可能被组织感知为某种强制力量、劝诱或邀请（Dimaggio and Powell，1983）。本书中强制压力主要来自越南各级政治权力部门。中国企业进入越南后须严格遵守当地政府、专业组织、行业协会等部门所制定和颁布的法律、法规、指令以及政策。

（二）规范压力

规范压力源于专业化进程和构成合法性行为的集体期望，这些期望通过组织间转移逐渐成为共享的行为规范与价值观（Dimaggio and Powell，1983）。规范压力比强制压力更具隐蔽性（Qian and Burritt，2008），一般以非正式的形式存在（彭小宝等，2018）。本书中规范压力的主要来源包括越南当地的环境保护组织、劳工和工会组织、社会媒体、行业协会、消费者协会等非营利性组织。由于受到这些规范压力的影响，中国企业进入越南后，倾向于遵循当地社会文化、价值观以及专业机构的意见。

（三）模仿压力

模仿压力源于不确定性，即组织可能以同行业内看上去更为成功或更具合法性的组织作为参照模型以保持竞争力，而被模仿的组织并不一定知道自己被模仿或倾向于被模仿，但其成功会对其他组织形成模仿压力（Dimaggio and Powell，1983）。与强制压力和规范压力有所不同，模仿压力并非来自组织外部，而是一种内在的心理压力（Munir，2002）。本书中模仿压力主要源自中国企业在越南的竞争对手和上下游企业，特别是在越南投资时间历史更为悠久、投资规模更大的外资企业。

二、人力资源本地化

"本地化"（localiazation）也称"本地化""当地化""属地化"，与"全球一体化"〔也简称为"全球化"（globalization）或"一体化"（integration）〕相对应。目前学术界对于本地化和全球一体化都尚未给出统一的定义（叶阿次，2010）。一般来说，全球一体化可以理解为企业在全球市场坚持统一标准以追求规模经济与范围经济所带来的竞争优势（Hodgetts and Luthans，2000）；而普拉哈拉德和多兹（Prahalad and Doz，1987）则构建出"全球一体化—本地化框架（I－R框架）"，认为本地化可以理解为相对于全球一体化战略的本地经营战略，是企业针对某一国家（或地区）的竞争和消费需求所做出的"战略响应"（strategic responsiveness）。欧梅（Ohmae，1989）在此基础上提出主动的"战略内部化"（strategic insiderization）比被动的战略响应更具灵活性，能最大限度减轻外来者劣势并降低处理环境干扰和市场不确定性所带来的信息成本，从而完成在关键市场成为主导者的使命（London and Hart，2004；Luo，2007）。关于企业应该采取以全球一体化为主的战略还是以本地化为主的战略，也未有"放之四海而皆准"的答案，企业应根据外部环境和自身特点来制定切实可行的 OFDI 战略。

海外经营企业能够通过在东道国的"本地化"获取对其生存和发展意义重大的合法性（Klossek et al.，2012；Ouyang，2017）。当前，许多海外经营企业已将本地化列为重要的国际商务战略（Li et al.，2018）。本地化的内容非常宽泛，包括采用当地技术与管理人员、采购当地原材料与半成品、在当地开展研发活动，或引进当地优秀人才等方面。然而，海外经营企业无论是当地资源的投入还是生产技术的调整，都必须以当地人力资源状况为基础（薛求知和廖勇凯，2010）。因此，薛军（2008）将人力资源本地化界定为狭义上的本地化，并指出这是所有海外经营企业在东道国长期发展必须要走的路径。

黄炽森和罗胜强（Wong and Law，1999）将人力资源本地化描述为企业将境外子公司的管理权及研发任务逐步转交给东道国的当地管理者及技术人员，并最终由当地人大部分甚至全面取代外派人员的过程。人力资源本地化是一个不断培训和提高当地员工工作能力和效率的过程，目标是让他们可以替代来自母国的外派人员为企业工作（Tayeb，2003；Bhanugopan and Fish，2007）。

三、人力资源自主权

海外子公司具有独立的法人地位，并具备一定的经营管理自主权。近年来，许多学者使用不同的名称来表征这一概念，例如自主权、自治权、授权、集权化等（Doz and Prahalad，1981；Edwards et al.，2002）；无论采用何种名称，这些概念的内涵却是相似的，本书中统一称之为"自主权"（autonomy）。

自主权是国际商务领域跨国公司战略研究的一个核心概念，反映了子公司与总部之间决策权的划分（Garnier，1982）；同时，自主权也是一个定义和测量都相对复杂的概念（Brooke，1984；O'Donnell，2000；Nell and Andersson，2012；Tao et al.，2017），通常指子公司在没有总部直接干预的情况下自主做出决策的程度（O'Donnell，2000；Björkman，2003）。从某种意义上来说，自主权是总部与其子公司之间持续议价的结果（Hood and Taggart，1999；Tong et al.，2011；

徐向艺和方政，2016），不但制约了总部的过度干预（Johnson et al.，2000），而且有利于子公司获取总部的内部资源支持（Friedman et al.，2003）。如果子公司能够决定人力资源管理、财务、研发、采购、营销等主要价值链活动（Bowman et al.，2000；Edwards，Ahmad and Moss，2002），并享有高度的价值链活动决策权（Newburry et al.，2003），则其拥有更多的自主权。

斯梅尔等（Smale et al.，2013）指出，跨国公司人力资源管理控制机制研究是一个"在未来研究中需要追求的富有成果"的课题。在本书中，我们把重点放在人力资源自主权上。人力资源自主权意指子公司在多大程度上独立于总部就人力资源政策和实践做出决定（Lazarova et al.，2017）。近年来，许多学者使用不同的名称来表征这一概念，例如人力资源自主权（Belizon et al.，2013；Ferner et al.，2004；Grünhagen et al.，2014）、人力资源政策集中控制（Ferner et al.，2013）、人力资源问题的自由裁量权（Ferner et al.，2011；Koster and Wittek，2016）、子公司雇佣政策控制（Bélanger et al.，2013；Edwards et al.，2013）、人力资源决策集中化（Reiche et al.，2015）等。无论采用何种名称，这些研究对人力资源自主权的定义都与本书中的定义类似，即子公司在多大程度上能自主确定人力资源政策与实践。

四、领导风格

领导（leadership）一词由来已久，近年来在学术界（Montano et al.，2016；Banks et al.，2016；Banks et al.，2017；Banks et al.，2018；Hoch et al.，2018）和大众媒体（Rath and Conchie，2008；Covey，2014；George，2015）中该领域的研究文献也迅速增长。领导风格（leadership styles）是一种由强有力的、动态的个体所形成的能对组织活动产生影响的行为模式和作用路径（Bono and Judge，2003）。领导风格与国家和民族传统文化密切相关，具有很强的文化异质性。本书从众多领导风格中选择威权型领导（authoritarian leadership）和服务型领导（servant leadership）作为研究对象，并提出一个学术界和企业界都应思索的问题：传统的威权型领导适合在越南经营的中国企业吗？是否可以考虑源自西方的服务型领导？基于此，本书将分别探讨威权型领导、服务型领导在理论模型中的调节作用。

（一）威权型领导

"威权"一词在《韦氏大词典》中的含义为"盲目服从权威的态度或行为倾

向"。威权型领导在西方文化视角下被认为是一种高度命令式的、独裁式的领导风格（Lewin and Lippitt，1938；Likert，1967；Schriesheim and Glinow，1977；Bass and Stogdill，1990；House，1996；Harms et al.，2018），西方学者对该领域的研究曾于 20 世纪 80 年代陷入低迷期（Bass et al.，2008）。而此时，中国台湾地区学者郑伯埙的研究团队正在深入开展关于中国台湾企业、教育组织的领导模式与管理模式的案例研究与数据量化研究。郑伯埙（1995）基于前期研究成果提出一个包含威权型领导与仁慈领导的双维度家长式领导理论，即最初的"二元论"家长式领导；此后，该理论体系将德行领导纳入其中，形成了著名的家长式领导三元模式（樊景立和郑伯埙，2000；郑伯埙等，2000）。在该模式的三个维度也可作为三种独立的领导风格分开探讨（郑伯埙和樊景立，2001）。

威权型领导不仅是家长式领导中最早被识别出的核心维度（樊景立和郑伯埙，2000），也是其中最丰富且清晰鲜明的维度（吴宗佑，2008），通常被视为家长式领导中的"硬"要素（Chen et al.，2014）。在霍夫斯泰德（Hofstede，2001）的文化维度理论中，对企业领导方式影响最大的两个文化维度是"权力距离"和"个人—集体主义"（邓志华和陈维政，2016；Koo et al.，2018）。据 Hofstede 官网数据显示[①]，中国和越南的权利距离指数分别为 70 和 80，均属于高权利距离地区；两国的个体—集体主义指数均为 20，说明两国人民的个人主义倾向很低。由此可见，在本书所针对的文化环境下，威权型领导有其产生和广泛存在的条件。

结合东方文化情境，郑伯埙等学者将威权型领导定义为"领导者具有绝对的权威要求下属无条件服从，并以严格的纪律和高绩效标准来要求下属"（Cheng et al.，2004；Kim et al.，2006）。威权型领导的文化根源在于以"三纲五常"为核心的被政治化的儒家思想，以及擅长法与罚、中央集权与控制的法家思想（郑伯埙和周丽芳，2005）反映出东方文化下领导者与下属之间"上尊下卑"的关系，与西方领导理论中上下平等的理念迥然相异（吴宗佑等，2008），并展现出威服、专权、隐匿、严峻及教诲五种典型的立威行为（郑伯埙等，2010）。

（二）服务型领导

服务型领导又称仆人式领导、公仆型领导，是在西方社会发展并兴起的一种人性化领导风格。格林里夫（Greenleaf，1970）提出服务型领导这一概念，他指出，"服务型领导首先是一名服务者，始于乐于服务的天性；其次才是有意识选

---

① Hofstede G. Dimension data matrix ［EB/OL］.（2015 - 12 - 08）https：//geerthofstede. com/research-and-vsm/dimension-data-matrix/.

择去领导他人"。此后,多名学者围绕服务型领导展开了不同的界定,但却未取得统一。伊娃等(Eva et al., 2019)发表于 *The Leadership Quarterly* 上的综述性文章在回顾 1998~2018 年关于服务型领导的研究状况后,总结出服务型领导的三大核心特征:一是服务型领导的"动机"在于利他性,即远离自我导向;二是服务型领导的"模式"在于通过"一对一"的方式优先考虑跟随者的个人需求与兴趣;三是服务型领导的"心态"在于将跟随者对自我的关注转向对组织内和更大社区范围内其他人的关注。

不同于"自上而下"的领导风格,服务型领导强调"追随者第一,组织第二,领导第三"(Sendjaya, 2015),力求在追随者中建立社会认同感(Chen et al., 2015)。当追随者的个人发展被领导放在首要位置时,他们会更加投入而有效地工作(Yoshida et al., 2014)。服务型领导与"在利润和增长的祭坛上牺牲员工"的绩效导向型领导风格不同,前者注重的是长期的可持续绩效(Sendjaya, 2015)。目前,服务型领导风格已在越来越多的国际知名企业中得以实施,例如星巴克、美国西南航空、万豪、Intel、ServiceMaster、SAS 等。服务型领导也被学术界列为基于道德价值观的新兴领导风格之一(Dinh et al., 2014;Hoch et al., 2018;Lee et al., 2020);Greenleaf 服务型领导研究中心是该理论传播和发展的重要推动平台,目前在全球已有 11 家分支机构,每年出版大量该领域的研究成果(阎寒和段锦云, 2013)。

五、企业绩效

绩效(performance)的字面意义是"努力的成绩与成效"。企业绩效(enterprise performance)一般用来评估企业目标达成的水平及其运营有效性(Szilagyi, 1981;Tseng and Lee, 2014)。早期对于企业绩效的评价侧重于过去某时间段的经营成果,大多偏向于财务绩效的考察(Katz and Kahn, 1966;Ruekert et al., 1985;Venkatraman and Ramanujam, 1986;Nkomo, 1987)。然而,近 30 年来,学者们逐渐发现单纯追求财务绩效难以取得长久的竞争优势,需从社会绩效、成长绩效、创新绩效等多角度全面提升企业绩效(Venkatraman and Prescott, 1990;Teece, 2007;Koellinger, 2008;Bigné et al., 2012)。

本书中的企业绩效特指在越南经营的中国企业越南子公司的绩效。在经济全球化的超强竞争环境与越南当地制度环境的双重压力下,单纯追求财务绩效已不足以支撑中国企业在越南的长期可持续发展。在商务部(前国家对外贸易经济合作部）印发的相关文件中①，境外企业绩效评价的内容涵盖了资产运营效益、资产质量、偿债能力、发展能力和社会贡献五个方面。

吴翊民（2009）将企业绩效描述为"绩"与"效"两个方面：企业自身发展的结果和业绩称为"绩"；企业发展对公众和社会产生的效用称为"效"。前者指的是利润率、投资报酬率等表现出来的企业财务业绩；后者指的是尚未形成财务业绩的工作效果。本书参照这个思路，把在越南经营的中国企业绩效分为社会绩效（social performance）和财务绩效（financial performance）两个维度来考察。

（一）社会绩效

社会绩效是随着利益相关者理论的兴起与发展而逐渐成为研究热点的企业绩效评价维度，也是企业社会责任研究领域最重要的概念之一。社会绩效的概念有广义和狭义之分（郑海东，2007）。狭义的社会绩效主要侧重于从利益相关者的视角对企业履行社会责任的情况进行外部评价；广义的社会绩效则是一个系统的研究框架。本书主要从狭义层面来评价在越南经营的中国企业社会绩效，即从利益相关者视角对企业在越南履行和承担社会责任的情况进行评价。

（二）财务绩效

财务绩效一般被界定为企业财务水平的改善。对于海外经营企业来说，常用的财务绩效指标包括资产负债率、资产报酬率、投资收益率、营业额增长率、出口增长率等（许晖和许守任，2015）。本书中的财务绩效是指中国企业在对越南投资过程中在投入产出方面的具体表现情况。

第四节　研究基本框架

一、研究内容与章节安排

本书将在理论基础和文献综述的基础上，构建东道国制度压力对中国企业在越南投资绩效影响机制的整合性分析框架，通过现状研究、探索性案例分析和大

---

① 对外贸易经济合作部．对外贸易经济合作部关于印发《境外投资综合绩效评价办法（试行）》的通知［EB/OL］．（2003－01－17）http：//www. mofcom. gov. cn/article/bh/200301/20030100064264. shtml.

样本实证检验等方法，厘清东道国制度压力、人力资源本地化、人力资源自主权、领导风格与企业绩效之间的影响机制。具体而言，本书包含八个章节和四大部分研究内容，如图1-2所示。

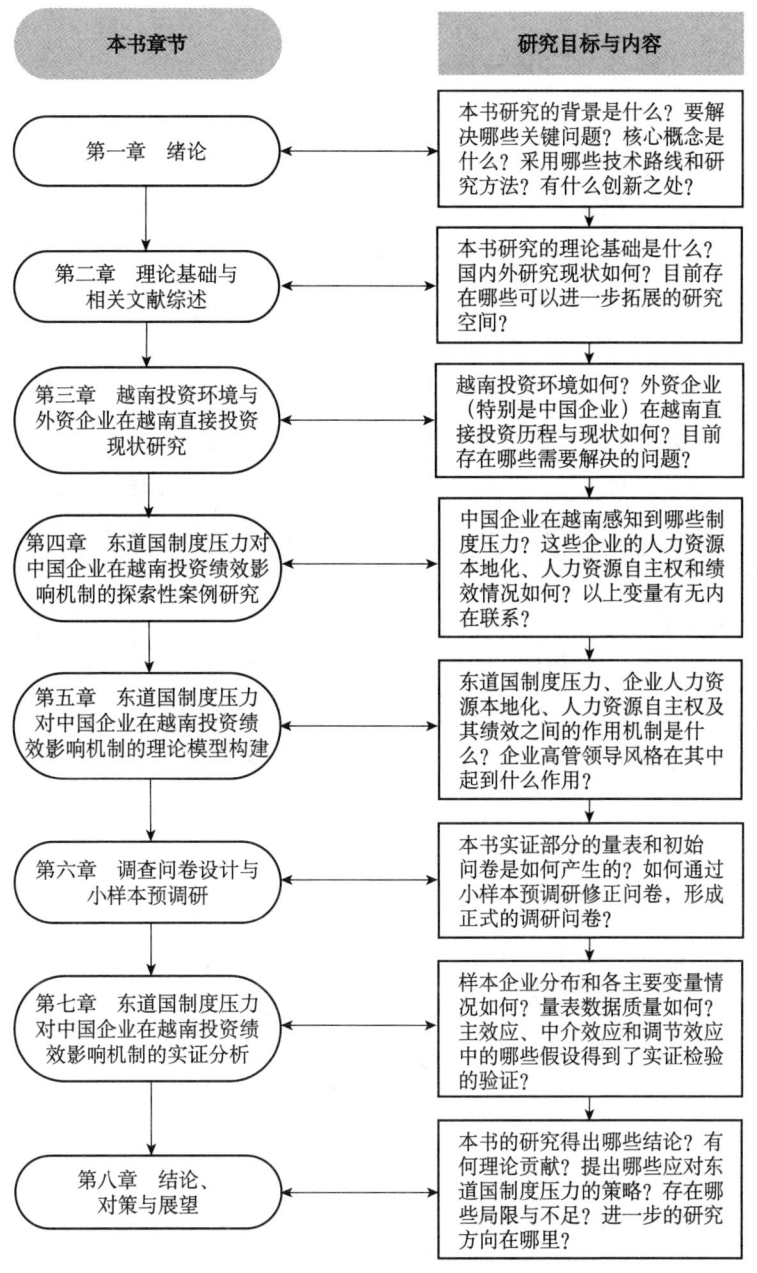

本书章节	研究目标与内容
第一章 绪论	本书研究的背景是什么？要解决哪些关键问题？核心概念是什么？采用哪些技术路线和研究方法？有什么创新之处？
第二章 理论基础与相关文献综述	本书研究的理论基础是什么？国内外研究现状如何？目前存在哪些可以进一步拓展的研究空间？
第三章 越南投资环境与外资企业在越南直接投资现状研究	越南投资环境如何？外资企业（特别是中国企业）在越南直接投资历程与现状如何？目前存在哪些需要解决的问题？
第四章 东道国制度压力对中国企业在越南投资绩效影响机制的探索性案例研究	中国企业在越南感知到哪些制度压力？这些企业的人力资源本地化、人力资源自主权和绩效情况如何？以上变量有无内在联系？
第五章 东道国制度压力对中国企业在越南投资绩效影响机制的理论模型构建	东道国制度压力、企业人力资源本地化、人力资源自主权及其绩效之间的作用机制是什么？企业高管领导风格在其中起到什么作用？
第六章 调查问卷设计与小样本预调研	本书实证部分的量表和初始问卷是如何产生的？如何通过小样本预调研修正问卷，形成正式的调研问卷？
第七章 东道国制度压力对中国企业在越南投资绩效影响机制的实证分析	样本企业分布和各主要变量情况如何？量表数据质量如何？主效应、中介效应和调节效应中的哪些假设得到了实证检验的验证？
第八章 结论、对策与展望	本书的研究得出哪些结论？有何理论贡献？提出哪些应对东道国制度压力的策略？存在哪些局限与不足？进一步的研究方向在哪里？

图1-2 本书章节分布

（一）理论准备与文献研究

围绕研究的主题，本书简要回顾了新制度主义理论、资源基础理论、资源依赖理论，并从企业国际化的制度压力、本地化、自主权、领导风格、中国企业对越南直接投资五个方面进行了文献梳理和评析。最终总结出目前有待进一步开拓的研究空间，正好对应本书拟拓展的突破口。

（二）问题识别与模型构建

1. 越南投资环境与外资企业在越直接投资现状研究

本书补充了已有研究中尚未更新与明确界定的越南投资环境发展状况，探讨越南吸引外资的优势与劣势，并详细分析外资企业（特别是中国企业）在越南直接投资的概况、发展历程与结构，对中国企业在越南直接投资中存在的问题加以总结。

2. 探索性案例研究

选取四家分别来自不同行业的典型在越中国企业开展探索性案例研究，通过案例内分析和案例间比较，根据这些企业在越南面临的制度压力、人力资源本地化、人力资源自主权与企业绩效的具体表现，结合相关理论探索其内在关系，形成本书研究的初始假设命题。

3. 理论模型构建

基于文献回顾、现状研究和探索性案例研究的相关分析，通过严谨的理论推理，构建出包含东道国制度压力（自变量）、企业绩效（因变量）、人力资源本地化（中介变量）、人力资源自主权（中介变量）以及领导风格（调节变量）的整合概念模型，形成待检验的 36 个假设。

（三）实证研究与模型检验

1. 问卷设计与小样本预调研

本书中所涉及的变量，大多借鉴以往研究设计而来，所以还需要通过预调研、搜集小样本数据进行测试，从而修正原始问卷。本部分首先介绍问卷设计方法；其次确定各变量的初始测量量表，随后进行小样本预调研，搜集数据，通过内部一致性检验和 CITC 检验、探索性因子分析对初始调研问卷进行修正，确定正式调研问卷。

2. 研究数据与实证分析

本部分针对东道国制度压力、人力资源本地化、人力资源自主权、领导风格与企业绩效之间的作用关系进行实证检验。首先，从所搜集的有效问卷中筛选、整合出企业层面的数据，并对其进行描述性统计分析。其次，运用验证性因子分析进一步检验结构效度、组合信度、聚合效度与区分效度，采用 Harman 单因素分析、标签变量检验共同方法偏差。再其次，通过结构方程模型检验：（1）主效应：东道国制度压力、人力资源本地化、人力资源自主权及企业绩效之间的影响关系，共 16 个假设；（2）中介效应：人力资源本地化、人力资源自主权分别在东道国制度压力各维度与企业绩效各维度之间的中介作用，共 12 个假设。最后，通过分层回归模型检验威权型领导、服务型领导在人力资源本地化、人力资源自主权对企业绩效影响关系中的调节效应，共 8 个假设。

（四）结论、应对策略与展望

首先，对前面章节的研究结果进行概括与总结，凝练出研究结论，并在此基础上提出本书的理论贡献；其次，提炼出中国政府和企业应对东道国制度压力的策略。此外，还探讨了本书研究存在的一些局限性与不足之处，并对未来的进一步深入研究进行了阐述和说明。

二、技术路线

适配的技术路线能确保研究过程的规范性。本书的技术路线如图 1-3 所示。

三、研究方法

科学合理的研究方法可以保证研究的质量。本书采用的研究方法主要包括文献研究法、案例研究法、问卷调研法、统计检验方法（探索性因子分析、结构方程模型、分层回归模型）等，综合运用多样性的研究方法，保证了研究的严谨性、规范性和科学性，具体体现在以下四个方面。

（一）文献研究法

本书梳理了新制度主义理论、资源基础理论、资源依赖理论，并对企业国际化的制度压力、本地化、自主权、领导风格、中国企业对越南直接投资五个研究领域的中、英、越三种语言的海量文献进行搜索与提炼。中文文献主要源于中国知网中 CSSCI 数据库的期刊文献和博士学位论文，以及各相关研究主题的专著；英文期刊先从 Web of Science 上的 SSCI 数据库中查找相关主题期刊论文的主题和摘要，再到各全文数据库中下载资源，并重点关注了 *Journal of International Business Studies*、*Academy of Management Journal*、*Strategic Management Journal*、*Journal of Business Research* 等国际权威期刊在该主题下的研究和陆亚东（Luo）、彭维

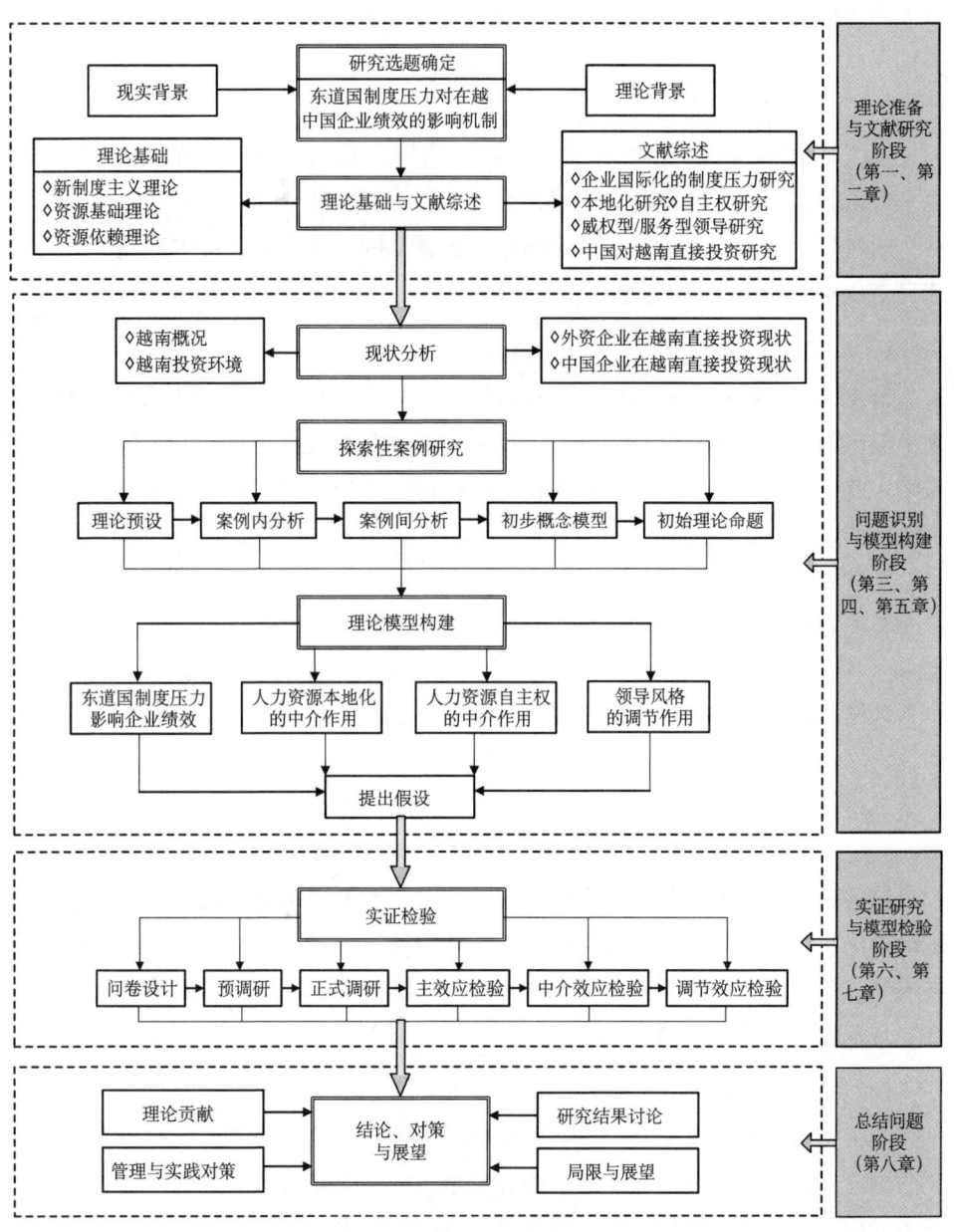

图1-3 本书的技术路线

刚（Peng）、科斯托娃（Kostova）、李应芳（Cooke）、刘晓辉（Liu）等重要学者的个人主页，从而确保获取文献的全面性；越南语文献主要通过精通越南语的同事帮助查找，并在越南调研期间向企业获取，同时笔者也在研究过程中学习了基础的越南语。

（二）案例研究法

本书通过调研、半结构化访谈和对其他二手资料的整理，获取了四家案例企业相关资料，采用访谈记录、内容分析、案例内分析、案例间分析等方式，探索东道国制度压力通过人力资源本地化、人力资源自主权影响企业绩效的演化机制。

（三）问卷调研法

为了获取在越中国企业的第一手数据资料，本书依据规范的方法设计调研问卷，利用学院相关研究平台和校友资源发放调研问卷。通过小样本预调研和大样本正式调研来获取数据。

（四）统计检验方法

首先，采用 SPSS 22 软件，对小样本进行内部一致性检验、CITC 检验和探索性因子分析，剔除没有贡献性的测量条款，形成正式调研问卷。其次，对企业层面的正式样本采用 AMOS 25 软件，通过验证性因子分析等方法检验正式样本的结构效度、组合信度、聚合效度与区分效度，并采用 Harman 单因素分析、标签变量对共同方法偏差加以检验。再其次，采用结构方程模型对主效应和中介效应进行检验。最后，采用分层回归模型对调节效应加以检验。

第五节　主要创新点

本书在借鉴新制度主义理论、资源基础理论、资源依赖理论以及相关研究成果的基础上，以科学的研究方法对东道国制度压力对中国企业在越南投资绩效的影响机制进行探讨。总体而言，创新点体现在以下四个方面。

第一，在研究视角创新方面，本书将国际人力资源管理实践作为企业的内生性战略选择，聚焦于在越中国企业的人力资源本地化和人力资源自主权，为探讨东道国制度压力与海外经营企业绩效之间关系的研究提供新的研究思路。尽管已有研究关于东道国制度压力对企业进入模式、区位选择等战略的影响进行了多层次的探索，却往往忽略了国际人力资源管理实践的重要性（Fan et al.，2016），也鲜有学者将跨国情境下的人力资源管理实践作为企业的内生性战略，探讨其与制度压力、企业绩效之间的关系。本书对本地化、自主权这两个概念细化到人力资源这一视角进行研究，探索两者在东道国制度压力与企业绩效之间的中介作用，为发掘海外经营应对东道国制度压力并提升绩效的新途径提供了有益参考。

第二，在理论创新方面，本书实现了制度、战略（行为）在企业绩效影响因素中的融合分析，也为权变分析国际人力资源管理实践和海外经营企业绩效之间的关系提供了新的研究思路。为了系统探讨海外经营企业绩效的影响因素（尤其是东道国制度环境对企业绩效的影响机制），本书突破以往的"影响因素→企业绩效"的简单研究思路，系统构建并实证检验了"东道国制度压力→人力资源本地化→企业绩效""东道国制度压力→人力资源自主权→企业绩效""领导风格——人力资源本地化与企业绩效""领导风格——人力资源自主权与企业绩效"四种分析模型，分别检验出人力资源本地化、人力资源自主权在东道国制度压力与海外经营企业绩效之间的中介作用，揭开两者之间内在反应的"黑匣子"。同时，本书通过构建企业高管领导风格的调节机制模型，进一步丰富了对国际人力资源管理实践和海外经营企业绩效之间的关系的理解，也为提升中国企业在越南投资绩效提供了可借鉴的新路径。

第三，在观点创新方面，本书揭示了新兴经济体顺向 OFDI 情境下不同维度的东道国制度压力对海外经营企业绩效所产生的影响不尽相同。OFDI 本身就是一项具备高度不确定性的活动，在处于经济转型期的新兴经济体和发展中国家更是如此，因此，东道国制度压力对绩效的影响并非一成不变，而是会因不同的行业环境、发展阶段而有所不同。本书基于探索性案例分析和大样本实证检验，发现在新兴经济体顺向 OFDI 情境下，在越南的中国企业面临的强制压力对其社会绩效造成显著的负向影响，而规范压力对社会绩效、模仿压力对社会绩效和财务绩效则产生显著的正向促进作用，从而对东道国制度压力与海外经营企业绩效之间关系的混合性发现做出解释和补充。

此外，本书弥补了现有关于中国企业对越南直接投资研究中实证不足的缺陷。已有研究中对新兴经济体顺向 OFDI（如中国对越南直接投资）的制度环境研究重视程度不够，具体体现为对关于中国企业在越南直接投资这一领域的研究基本停留于现象和数据的归纳总结层次，鲜有对越南制度环境的深度剖析与实证研究。越南语为小语种，该国信息透明度较低，这些因素都无疑增加了该领域的研究难度。本书基于"制度—战略（行为）—绩效（结果）"的范式，通过理论推理、探索性案例研究和大样本实证检验，分析越南当地制度压力对在越中国企业绩效的作用机制，在一定程度上弥补了该领域现有研究中实证不足的缺陷。

第二章　理论基础与相关文献综述

围绕本书研究主题，本章主要从理论基础和研究现状综述两个方面进行文献梳理与评析。首先，对新制度主义理论、资源基础理论、资源依赖理论进行阐述；其次，对企业国际化面临的制度压力、本地化、自主权、领导风格、中国企业对越南直接投资的研究现状进行梳理，并对每一部分的研究进展加以述评；最后，指出未来研究有待开拓的空间，为后续概念模型的构建和研究假设的提出夯实了理论平台。

第一节　理论基础

一、组织社会学中的新制度主义理论

制度理论研究大致可以分为两个阶段：（1）20 世纪中期之前属于早期制度研究阶段；（2）从 20 世纪 70 年代起，随着组织被引入制度理论的研究领域，新制度主义理论（neo-institutional theory）研究拉开序幕。在制度理论的不同流派中，新制度经济学（new institutional economics）和新组织制度主义（new organizational institutionalism）分别属于经济学视角和组织社会学视角的制度理论（Scott，1994）；前者的基础是交易成本（North，1990），后者的基础是组织合法性（Scott，1995）；本书主要关注基于组织社会学视角的新制度主义理论。

组织社会学是从社会学角度研究、解释组织现象的一门学科（周雪光，2003）。新制度主义作为该学科成熟期出现的重要理论框架，强调组织内嵌于制度环境之中，制度环境是组织结构和行为的主要决定因素（Powell and Dimaggio，1991；Jepperson，1991；Newman，2000），任何组织都必须适应制度环境而生存（Meyer and Rowan，1977）。

早期对组织进行制度分析的代表人物塞尔兹尼克（Selznick，1949）分析了组织实际运作中的非理性活动，发现组织并非封闭的系统，其发展演变是一个自然的过程，而非人为设计的结果；制度化是一个"超过组织具体任务或技术需要的价值判断渗入组织内部的过程"，即组织研究应走出理性模式，超越所谓的效率，考虑外部环境的影响（Selznick，1949；Selznick，1957）。

基于塞尔兹尼克所提出的关于组织与环境关系的理论，西尔弗曼（Silverman，1970）批判了当时主流的组织模型和理论，构建出一套组织"行动"理论和组织现象学观点，集中关注意义系统与组织在社会行动中被建构和重构的方式，主张意义不仅在个人思维中进行，也存在于社会制度中的客观"社会事实"；组织所处的环境不仅是一种资源供应仓库和输出目标，还是"各个成员组织的意义之根源"。

在西尔弗曼的影响之下，一大批学者将新制度主义理论成功引入组织社会学领域之中，最具代表性的两篇开创性论文均发表于1977年。一是迈耶和罗恩（Meyer and Rowan，1977）发表的《制度化的组织：作为神话与仪式的正式结构》，该文从宏观视角研究组织中的制度现象；坚持把制度视为一种文化性规则复合体；强调"被理性化"信仰的重要性；组织不仅是日益复杂的技术产物和关系模型产物，而且还是文化规则日益理性化的产物；组织同时受到技术环境与制度环境的双重制约；技术环境要求组织有效率，即按最大化原则组织生产；制度环境要求组织服从"合法性"机制，而无论这些做法是否有效率；广泛制度环境中的变迁会对组织结构会产生重要影响。二是迈耶的学生朱克（Zucker，1977）发表的《制度化在文化延续中的作用》，该文从微观视角研究制度，强调认知信仰对于行为的支撑和锚定（anchor）作用，并指出"社会知识一旦被制度化，就会成为客观存在的一部分，并在此基础上直接传播"。

1983年，又出现两项基于宏观视角将新制度主义理论引入组织研究的重要成果。一是迪马吉奥和鲍威尔（Dimaggio and Powell，1983）在《关于"铁笼"的再思考：组织场域中的制度性同形与集体理性》一文中阐述了组织场域中制度性同形（institutional isomorphism）变迁的三种发生机制——强制、规范和模仿；同形是制度过程和竞争过程共同作用的结果；组织因同形获得合法性认可（利益相关者的认同）继而提高组织效益；该文中所定义的场域层次也成为后续新制度主义理论分析的重要依据（Scott，2004）。二是迈耶和斯科特（Meyer and Scott，1983）在《组织环境：仪式与理性》一文中指出组织的类型特点决定其所受技术因素与制度因素的影响孰大孰小，并在后续研究中强调技术环境与制度环境并非相互排斥，而是可以共存和互补的（Scott，1987）。

上述引领和开创"组织分析的新制度主义"的研究（Powell and Dimaggio，1991）后来逐渐引发并指引着一系列的拓展研究，更多的学者试图将其用以解释其他领域的现象，从而拓展并延伸了该理论的适用范围。新制度主义理论最初用来研究解释政府、大学等非营利性组织，后来已经扩展到营利组织和组织之外的领域。例如，周雪光（Zhou，1993a）从制度化的角度解释职业领域的专业化过程，将组织研究的理论逻辑应用在职业社会学领域之中。哈恩（Han，1994）研究财务审核公司规模的两极分化问题，在实证研究部分采用社会网络测量法收集各行业两万余家企业的资料，有力证明了竞争与合法性之间既可以是冲突、替代的关系，也可以是互补的关系，并把制度理论的研究范围从非营利性组织拓展到更为广泛的经济领域。此外，理论流派演变还会出现与其他理论流派相结合的趋势。例如，弗里曼和汉南（Freeman and Hannan，1989）把新制度主义理论中的合法性机制与群体生态学中的竞争机制相结合，用以解释组织出生率所呈现出的"先上升后下降"的趋势。又如，周雪光（Zhou，1993b）把新制度主义理论与组织学习理论相结合，用以解释规章制度的演变过程。

此后，斯科特（Scott，1995）对迪马吉奥和鲍威尔的三种制度性同形扩散机制加以扩展，在《制度与组织：思想观念与物质利益》一书中提出了著名的"制度三大基础要素"，又称"三支柱制度理论"，分别为规制（regulative）、规范（normative）和文化认知（cognitive），这三个基础要素在扩散机制、同构机制、逻辑类型、合法性基础等多方面存在明显差异（Eden and Miller，2004；陈怀超，2013），如表 2 - 1 所示。

表 2 - 1　　　　　　　　　　制度的三大基础要素

维度	规制性要素	规范性要素	文化认知性要素
扩散机制	强制	规范	模仿
同构机制	强制同构	规范同构	模仿同构
遵守基础	权宜性应对	社会责任	视若当然，共同理解
秩序基础	规制性规则	约束性期待	建构性图式
逻辑类型	工具性	适当性	正统性
系列指标	规则、法律、奖惩	合格证明、资格承认	共同信念、共同行动逻辑、同形
情感反应	内疚/清白	羞耻/荣誉	确定/惶恐
合法性基础	法律制裁	道德支配	可理解、认可的文化支持
符号系统	法律、法规	价值观、期待	范畴、典型、图式
关系系统	治理系统、权利系统	政体、权威系统	结构同构、身份
惯例	协议草案、标准的运行程序	工作、角色、对义务的遵守	脚本

维度	规制性要素	规范性要素	文化认知性要素
人工器物	遵守命令性规定的客体	整合惯例、标准的客体	处理符号价值的客体
表征意义	可以/不可以	应该/不应该	能/不能

资料来源：1. SCOTT W R. Institutions andorganizations [M]. Thousand Oaks, CA：Sage Publications, 1995.

2. EDEN L, MILLER S R. Distance matters：Liability of foreignness, institutional distance, and ownership strategy. [J]. Advances in International Management, 2004（16）：187 – 221.

3. 陈怀超. 合法性视角下制度距离对中国跨国公司国际市场进入模式的影响研究 [M]. 北京：经济科学出版社, 2013.

综上所述，组织社会学视角的新制度主义理论特别看重组织能否在其所处的环境中获取合法性，这决定了组织的成败。该理论的主要贡献在于：不同于以往的效率机制，提出用合法性机制来认识、解释组织现象，尤其是趋同现象（周雪光，2003）。

二、资源基础理论

从资源角度分析企业战略最早可以追溯至彭罗斯（Penrose，1959）在《企业成长理论》一书中指出，被古典企业理论视为"黑箱"的企业资源和能力是构成企业经济效益的稳固基础；企业成长理论属于内在成长论，认为企业拥有的资源是决定其能力的基础，企业内部未利用的资源是企业创新能力的重要来源；企业为获取利润，不仅要拥有优越的资源，更要具备有效利用这些资源的能力。沃纳菲尔特（Wernerfelt，1984）发表《企业的资源基础观》一文，设计出资源基础观（resource-based view）的分析框架，把关注点从对最终产品转向对生产这些产品的要素，即以"资源观点"取代"产品观点"，强调企业通过整合和利用有价值的资源来实现企业价值创造的最大化。巴尼（Barney，1986）在《战略要素市场：期望、运气和商业策略》一文中指出，不同的企业对于不同的战略资源所产生的价值也不尽相同，因此，企业绩效不仅来自产品市场的竞争，还来自企业不同的资源；企业的战略选择应主要依据对其独特资源和能力的分析，而非分析其外部竞争环境。

1991 年，学术界出现两项将资源基础观进行更为完整阐述的重要研究成果。一是巴尼（Barney，1991）在《企业资源与持久竞争优势》一文中将资源分为物质资源、人力资源和组织资源，并建立 VRIS 模型，指出具备 VRIS 特性的战略性资源是企业持久竞争优势的来源；其中，V 代表有价值的（value）资源，R 代表资源的稀缺性（rareness），I 代表资源的不可模仿性（imperfect imitability），S

代表资源应无法被相似资源所代替（non-substitutability）。二是格兰特（Grant，1991）在《基于竞争优势的资源基础理论：对战略制定的启示》一文中，首次将资源基础观升级为资源基础理论（resource-based theory），并提出基于该理论的企业战略分析框架，如图 2-1 所示。该框架包含企业战略制定与实施的五个步骤，分别为：（1）识别企业资源；（2）识别企业能力；（3）评估企业资源与能力的盈利潜力；（4）选择能充分利用企业资源与能力的战略；（5）识别需要填补的资源缺口。

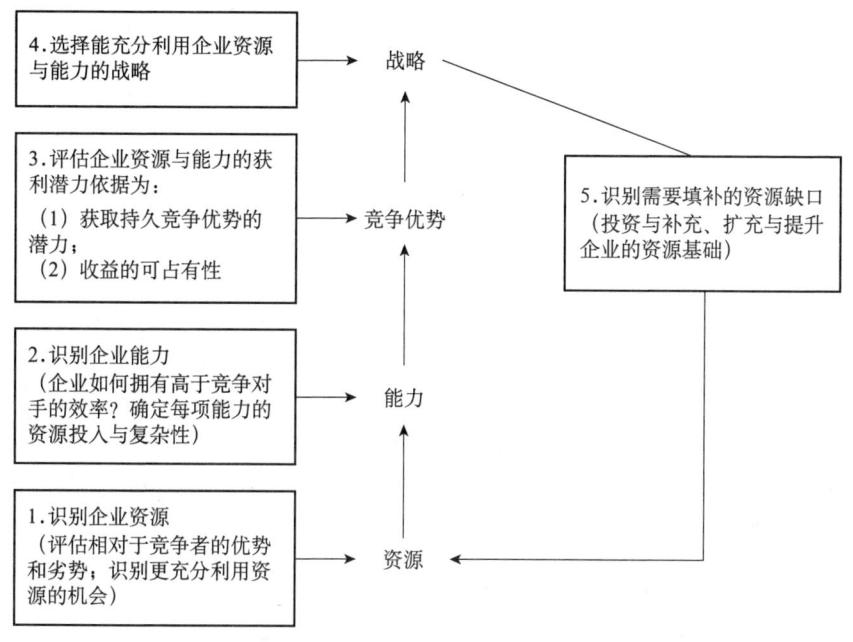

图 2-1　基于资源基础理论的企业战略分析框架

资料来源：GRANT R M. The resource-based theory of competitive advantage: Implications for strategy formulation [J]. California Management Review, 1991, 33 (3): 114-135.

此后，资源基础理论经历了后续发展与完善的过程。彼得拉夫（Peteraf，1993）发表《竞争优势的基石：资源基础观》一文，将资源基础观领域的相关研究整合进一个框架内，基于微观经济学视角构建出企业竞争优势模型，如图 2-2 所示。该模型强调维持企业竞争优势须同时满足四个条件。此项研究成为整个资源基础观理论体系中承前启后的重要一环。与此几乎同时，阿密特和休梅克（Amit and Schoemaker，1993）在《战略资产与组织租金》一文中指出，资源市场不完善性以及管理者决策误差这两大因素对某些企业可能享有持久竞争优势的重要意义；其强调资源市场不完善的作用正好呼应了巴尼（1986）的观点；其对产业层面和企业层面的重要因素加以区分，有效地界定并融合了产业与企业两个方面资源的考量，这也恰好与沃纳尔特（1984）的观点相一致。随后，科利斯和蒙哥马利（Collis and Montgomery，1995）在《20世纪90年代的资源竞争战略》一文中强调企业若要取得成功，需在业务和战略方面拥有最佳与最合适的资源储备；无论企业当前的资源价值如何，都需要不断进行资源投资与资源升级，指定有效的战略，在具有吸引力的行业中利用资源，从而创造竞争优势。

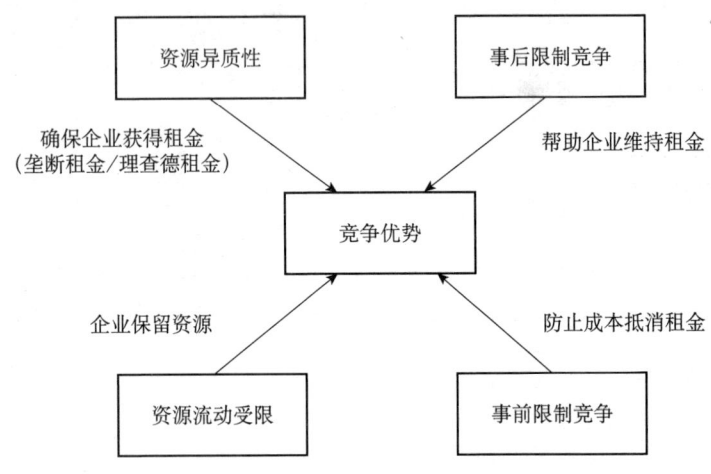

图 2-2 企业竞争优势模型

资料来源：PETERAF M A. The cornerstones of competitive advantage：A resource-based view［J］. Strategic Management Journal，1993，14（3）：179-191.

由于资源异质性的假设，资源基础理论代表了一种更为现实的企业观，这种观点日益得到支持（Dunning，1995；Buckley and Casson，1998；Porter，2006）。在解释企业绩效、企业价值等方面，资源基础理论分析的精准性优于基于市场的观点（Denis and McConnell，2003）。资源基础理论认为每个企业都拥有独特的专有资源，这些资源经其长期发展而形成，且在战略要素市场中不易交换（Barney，2001）。企业的专有资源包括独特的竞争力、技术、合作文化、顾客忠诚度、品牌、机器以及生产程序和步骤、市场区位、关系性资产、人力资源等（Barney et al.，2001）。这些资源可以是有形的，也可以是无形的，并且存在于企业的任何职能区位（Barney and Arikan，2001）。学术界运用该理论研究了许多问题，认为资源包括隐性知识（Nelson and Winter，1992）、多元化企业中共享的战略资源（Markides and Williamson，1996）、品牌价值（Combs and Ketchen，1999）。资源基础理论不仅用来研究战略联盟（Ramanathan et al.，1997；Rahman，2006）、领导能力（Helfat and Peteraf，2003）、信息系统（Wade and Hulland，2004）、组织网络（Lavie，2006）、创新战略（Liu and Atuahene-Gima，2018）等方面的问题，而且在国际商务领域得到了非常广泛的应用（Collis，1991；Roth，1995；Fahy et al.，2000；Fahy，2002；林季红，2007；Wang et al.，2012；Gaur et al.，2014；Gaur et al.，2018；Giammanco and Gitto，2019；Xiao et al.，2019；Lahiri et al.，2020）。资源基础观也是新兴经济体 OFDI 研究的"战略三脚架"之一。

三、资源依赖理论

自 20 世纪 60 年代以来，随着开放系统理论的兴起，组织理论的核心议题逐渐转向组织与其所处外部环境的关系问题。开放系统理论改变了传统的组织理论的研究视角，强调比组织更大的外部环境对于组织的重要性，并认为这种环境对组织起着塑造、制约、革新和渗透的作用。这一研究范式下有三种具有代表性的理论流派，分别为资源依赖理论、种群生态理论和制度理论（Scott，1987）。菲佛与萨兰基克（Pfeffer and Salancik，1978）合著的《组织的外部控制：资源依赖视角》整合了此前众多关于组织间相互依赖关系的研究（Emerson，1964；Pfeffer，1972a；Pfeffer，1972b；Pfeffer，1972c；Pfeffer and Salancik，1974；Thompson，1967），成为资源依赖理论的经典之作。此后，资源依赖理论经常被运用在组织之间关系、组织与环境之间的关系研究中（Davis and Cobb，2010；Patel et al.，2012）。经过 40 余年的发展，该理论已成为组织研究与战略管理领域最具影响力的理论之一（Hillma et al.，2009；Drees and Heugens，2013）。

资源依赖理论的基本假设在于：组织在一个开放性的社会系统和不确定的环境下，无法自给自足；组织为了生存需要依赖外部资源供给，同时适时提供资源给外部组织，并与外部环境不断互动，从而实现组织的持续生存与发展（Pfeffer and Salancik，1978；Ulrich and Barney，1984）。

研究一个组织行为的关键在于分析组织的外部环境和组织如何将自己与外部环境中其他的社会主体联系起来。资源依赖理论认为，任何的组织都不可能孤立存在，都存在于各种相互关联的网络之中；所有组织都必须与外部环境进行交换来获取资源以维持其生存和发展；由于组织所需要的资源（如财务资源、自然资源、人力资源等）都是从环境中得到的，因此，组织会对这些资源的提供者造成一定程度的依赖（Pfeffer and Salancik，2003）。

许多组织对环境存在较强的依赖性，然而一旦环境发生变化，组织就可能面临死亡或改变组织适应环境的艰难选择（Baum and Oliver, 1991）。环境的多变性和资源的稀缺性要求组织必须对环境的需求（尤其是对那些为组织的生存和发展提供资源的主体的需求）进行管理，从而更好地适应多变的环境，并最大限度获取稀缺的资源。因此，组织为了更好地生存与持续发展，既需要自身对组织内部进行调整和完善，又需要较好地适应和管理环境主体的需求（多宏宇，2018）。应对从环境中获取资源的不确定性，将涉及组织会使用哪种战略以及如何实施这些战略的问题。

此外，资源依赖还是利益相关者理论的前提（Pfeffer and Salancik, 1982；Merchant and Schendel, 2000；Jawahar and Mclaughlin, 2001）。鉴于对资源的依赖性，企业组织必须关注环境中掌控关键资源的人、团体和组织，即通俗意义上的利益相关者（卢山冰，2008）。

第二节　企业国际化的制度压力相关研究

本节采用文献计量法，对企业国际化过程中所面临的制度环境与制度压力相关研究进行系统的文献综述，并介绍国内外相关研究目前已取得的进展。

一、文献筛选与基本情况列表

（一）国外文献筛选

本书在 SSCI 中搜索以"制度"和"国际化"为主题的研究文献，设定的两个具体搜索条件分别为：（1）主题词同时包含 institution（或 institutional）与 foreign direct investment（或 internationalization、MNC、MNE、multinational enterprises、multinational corporations、multinational companies）的文献；（2）研究领域为管理学（management）和商务（business）。初步搜索得到的 833 篇文献研究视角较为分散，文献质量参差不齐。某一研究领域的代表性论文通常会集中在某些核心期刊之中（Price, 1976）。基于此，本书通过 bibliometric.com 网站，采用文献计量法筛选出该领域文章数量最为集中的十种期刊，如表 2 - 2 所示。并运用同样的方法筛选出该领域被引用次数排名前十位的作者，如表 2 - 3 所示。

表2-2　　　　　　　　　企业国际化制度环境研究的核心期刊

排名	期刊名	总被引用次数	文章总数
1	Journal of International Business Studies	1167	98
2	Strategic Management Journal	316	17
3	Journal of World Business	310	58
4	International Business Review	194	82
5	Journal of Management Studies	180	17
6	Asia Pacific Journal of Management	148	26
7	Global Strategy Journal	83	20
8	Journal of International Management	79	32
9	Academy of Management Review	79	2
10	Management And Organization Review	72	8

资料来源：根据 bibliometric.com 分析结果整理。

表2-3　　　　　　　　企业国际化经营制度环境研究的核心学者

排名	作者名	总被引用次数	文章总数	第一作者文章总数
1	Meyer, KE	454	17	7
2	Peng, MW	399	16	2
3	Estrin, S	168	4	2
4	Delios, A	166	12	3
5	Bhaumik, SK	153	3	2
6	Cuervo-Cazurra, A	150	8	6
7	Henisz, WJ	142	4	3
8	Dunning, JH	137	4	3
·9	Lundan, SM	124	3	0
10	Lu, JY	109	5	2

资料来源：根据 bibliometric.com 分析结果整理。

　　基于文献计量的分析结果，本书对核心期刊的 360 篇文献予以重点关注，逐一阅读这些文献的摘要，从中筛选出研究对象为跨国经营企业、研究重点为企业国际化过程中面临的制度压力对其战略、行为、绩效等方面作用机制的文献。经过三轮筛选，最终得出本书研究领域的 23 篇核心文献，对这些文献全文精读，其余文献作为辅助研究资料加以补充。制度压力对企业国际化影响机制的实证研究代表性英文文献如表 2-4 所示。

表2-4 企业国际化制度压力研究的代表性英文文献

作者	研究对象	主要结论	研究方法
Davis et al. , 2000	美国造纸业跨国公司	双重制度压力影响企业的进入模式选择	问卷调查
Henisz and Delios, 2002	日本跨国公司	双重模仿压力促使企业在海外生产基地选址上进行特点和频率的模仿	二手数据
Lu, 2002	日本跨国公司海外子公司	制度压力影响进入模式选择,投资经验在其中起调节作用	二手数据
Yiu and Makino, 2002	日本电子行业、汽车行业的海外子公司	东道国强制压力和规范压力促使企业选择合资的进入模式;东道国模仿压力促使企业选择其在当地的竞争对手最常用的进入模式	二手数据
Kostova and Roth, 2002	美国跨国公司海外子公司	双重强制压力和模仿压力使企业具备模式化、象征性的组织行为	问卷调查
Xu et al. , 2004	日本跨国公司海外子公司	东道国强制压力和规范压力促使海外子公司通过合资、减少母国外派人员的方式获取外部合法性	二手数据
Hillman and Wan, 2005	美国跨国公司的西欧子公司	母国制度压力影响海外子公司的政治战略	问卷调查
Child and Tsai, 2005	化工跨国公司在华子公司	跨国公司若将战略与制度压力相匹配,则能够在环保行为上取得一致意见	质性研究
Li et al. , 2007	世界各国在中国的子公司	来自东道国和企业内部的双重模仿压力促使企业在进入模式上效仿其他企业的做法	二手数据
Cheng and Yu, 2008	投资东南亚及中国大陆的中国台湾地区中小企业	来自母国的强制压力、规范压力和模仿压力促使中小企业更早开始国际化扩张,并采取更激进的国际化活动	问卷调查
Delios et al. , 2008	日本制造业跨国公司	来自母国的模仿压力使企业在对国际扩张时机的选择上模仿母国同行的特点与频率	二手数据
Xia et al. , 2008	世界各国在中国的子公司	来自母国同行企业的模仿压力促使大部分企业都选择合资的进入模式	二手数据
Li and Yao, 2010	世界各国在中国的制造业子公司	为应对环境不确定性,企业的进入模式受到母国同行的模仿压力影响	二手数据
Cui and Jiang, 2012	中国OFDI企业	企业所有制形式会调节制度压力(母国强制压力、东道国强制压力和东道国规范压力)对其进入模式的影响	问卷调查

作者	研究对象	主要结论	研究方法
Jiménez and Delgado-García, 2012	西班牙对外投资企业	东道国制度压力使企业在清廉指数程度低的国家通过谈判技巧、行贿等途径提升绩效	二手数据
Li and Ding, 2013	中国长三角、珠三角的OFDI企业	母国的强制压力、规范压力和模仿压力正向影响企业的国际化强度	问卷调查
Lu et al. , 2013	谷歌中国子公司、百度公司	谷歌和百度在强制压力（中国政府信息控制）下，采取的战略反映不同。前者退出中国市场，后者实施忠诚战略	质性研究
Meyer et al. , 2014	中国国有OFDI企业	中国国有企业面临比民营企业更大的东道国制度压力，因而通常选择新建而非并购的进入模式	二手数据
Bell et al. , 2008；Bell et al. , 2014	世界各国在美国的子公司	东道国制度压力促使外资企业通过海外上市获取合法性，并在董事会独立性与海外首次公开募股绩效之间起调节作用	二手数据
Chung et al. , 2016	中国OFDI企业	母国强制压力促进企业选择以合资的股权方式进入东道国，所有制在其中起调节作用	问卷调查
Ferrero and Sánchez, 2017	世界各国上市跨国公司	来自母国国家、产业层面的强制压力、规范压力和模仿压力促使跨国公司主动发布可持续发展报告	二手数据
Ouyang et al. , 2019	中国企业在美国的子公司	发达国家东道国规制压力显著正向促进中国子公司减少外派人员的意图，且该意图强于实际实施的效果	问卷调查

资料来源：根据相关研究整理。

（二）国内文献筛选

本书在阅读英文文献的基础上，在 CSSCI 中搜索以"制度"和"国际化"为主题的研究文献，设定的两个具体搜索条件分别为：（1）主题包含"对外直接投资（或跨国公司、国际化）"、篇名包含"制度"、全文包含"制度压力（或制度同构）"的文献。（2）研究领域为"经济与管理科学"。初步筛选得到149篇文献，逐一阅读这些文献的摘要，从中筛选出研究对象为跨国经营企业、研究重点为企业国际化过程中面临的制度压力对企业战略、行为、绩效等方面作用机制的文献10篇，该情境下制度环境对企业战略、行为、绩效等方面作用机制的文献20篇。对这些文献全文精读，其余文献作为辅助研究资料加以补充，其中代表性中文文献如表2-5所示。

表 2 – 5　　　海外经营企业制度压力与制度环境研究的代表性中文文献

作者	研究对象	主要结论	研究方法
潘镇 等, 2008	江苏省外商投资企业	制度距离不仅负向影响企业绩效, 而且会增强进入模式 (合资/独资) 对绩效的影响	二手数据
张建红、周朝鸿, 2010	中国企业海外收购行为	东道国制度质量并未直接影响企业的海外收购成功率, 但却在企业所有制形式、企业海外收购经验、东道国产业保护与企业海外收购完成情况之间起调节作用	二手数据
宗芳宇 等, 2012	沪深上市公司的海外子公司	东道国制度质量越差, 双边投资协定对企业到该东道国投资的促进作用越大	二手数据
刘洪深, 2012；刘洪深 等, 2013	中国 OFDI 企业	东道国制度压力正向促进企业的合理性营销战略	问卷调查
肖红军, 2014	世界各国跨国公司的中国子公司	制度距离负向影响企业社会绩效, 进入模式 (合资/独资)、投资经验在其中起调节作用	二手数据
黄胜、周劲波, 2014	国际创业企业	制度环境在国际市场进入模式与其创业绩效之间的关系中起负向调节作用	问卷调查
吴亮、吕鸿江, 2016	沪市上市的 OFDI 企业	东道国制度环境越完善, 企业越倾向于独资进入；文化距离在这一关系中起负向调节作用	二手数据
魏江 等, 2016	中国跨国公司在发达国家子公司	海外子公司选择内部同构还是外部同构, 取决于其更需要获取内部合法性还是外部合法性	质性研究
陈立敏 等, 2016	中国制造业上市 OFDI 企业	东道国模仿压力能够正向调节企业国际化程度与绩效之间的关系	二手数据
周凤秀、张建华, 2017	对外投资的中国工业企业	改善母国的制度环境会削弱 "政府干预企业 OFDI" 的负向关系	二手数据
李新春、肖宵, 2017	中国上市民营企业	母国制度压力越大, 企业越倾向于规避逃离型的 OFDI；缺乏政治关联、创新能力强的企业这种趋势更为明显	二手数据
许晖 等, 2017	中国跨国公司海外子公司	东道国制度压力促使海外子公司产生品牌生态位移, 通过品牌协同获取合法性	质性研究
牟宇鹏 等, 2017	中国 OFDI 企业	东道国制度压力促使企业采取绩效主导型战略和制度主导型战略, 但这前者并不能显著提升其合法性	质性研究、问卷调查

续表

作者	研究对象	主要结论	研究方法
汪涛 等, 2018	中国通信业 OFDI 企业	新兴经济体企业在不同国际化情境和不同制度压力下适合不同的进入模式与品牌战略	质性研究
衣长军 等, 2019	沪深上市企业海外子公司	国际化经验、企业所有制能减缓"制度距离海外子公司生存"的负相关系	二手数据
吴崇、黄彩虹, 2019	沪深上市的 OFDI 企业	东道国制度压力造成的合资进入模式在"研发投入创新绩效"中起负向调节作用	二手数据
许钢祥、朱杏珍, 2019	沪深上市的 OFDI 企业	为应对双重制度压力, 国有企业比民营企业更倾向于以合资方式进入东道国; 这个趋势在两国文化距离大的情况下更为明显	二手数据
杨柳、潘镇, 2020	中国非金融类上市公司	母国模仿压力增强"母国制度落后企业 OFDI"的正向关系	二手数据
张宁宁、杜晓君, 2020	沪深上市的 OFDI 企业	母国地区制度环境优势加强"组织污名合资进入模式"的正向关系	二手数据

资料来源: 根据相关研究整理。

二、国际商务领域中引入制度理论的过程

罗森茨维格和辛格 (Rosenzweig and Singh, 1991) 发表于 *Academy of Management Review* 的《组织环境与跨国公司》一文最早将新制度主义理论引入企业跨国经营这一情境, 强调该情境下组织环境具有复杂多变的特点, 并指出跨国公司的海外子公司同时面临着来自内部 (母国、总部) 和外部 (东道国) 的两类制度压力; 这一观点正好呼应迈耶和罗恩 (1977) 所强调的组织根植于其自身的内部制度环境与格兰诺维特 (Granovetter, 1985) 所提出的场域内许多组织共享外部制度环境。随后, 罗森茨维格和辛格的观点得到其他学者的认同与完善 (Jepperson, 1991; Haveman, 1993; Robinson, 1995; Kostova, 1996; Kostova, 1999; Legatsky, 1996; Vadlamani, 1996), 这种复杂的制度环境关系如图 2 - 3 所示。科斯塔 (Kostova, 1999) 将这种至少存在于两个制度环境 (母国、东道国) 的双重制度压力与合法性要求定义为制度双元 (institutional duality), 并在全面系统阐述跨国公司合法性研究理论的基础上, 结合案例推导出关于其合法性获取的十个命题。此外, 学术界对这两类制度压力对海外经营企业的影响加以比较, 得出的共识是来自外部 (东道国) 的制度压力对企业的影响大于来自内部

（母国、总部）的制度压力（Rosenzweig and Nohria，1994；Lu，2002；Xu et al.，2004），具体体现在：母国与东道国之间的制度差异（制度距离）引发两种制度压力与合法性诉求之间的冲突（Westney，1993；Xu and Shenkar，2002），企业被迫在两者之间做出战略选择，优先考虑哪种合法性取决于其对不同制度压力的感知（Kostova and Roth，2002）；一般而言，外来者劣势使企业倾向于优先考虑获取外部合法性（Zaheer，1995），这可能会以失去一些内部合法性和内部控制为代价，从而确保在东道国制度环境下的生存与发展（Xu et al.，2004；Peng and Khoury，2009；Nell et al.，2015）。

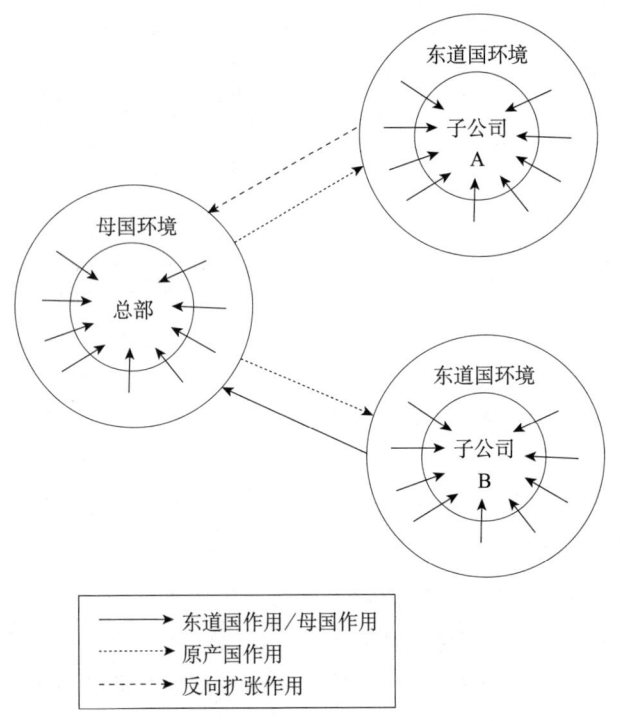

图 2-3　制度环境对跨国公司的影响

资料来源：赵曙明，刘燕，彼得·J. 道林，等. 国际人力资源管理［M］. 北京：中国人民大学出版社，2012.

三、制度压力对企业国际化的影响机制

（一）制度压力对企业战略决策的影响

首先，在母国和东道国双重制度压力下，企业在进入东道国的模式上表现出

异质性，这已得到国内外众多学者的一致认同（Davis et al.，2000；Peng，2000；Brouthers，2002；Yiu and Makino，2002；Drejer and Jørgensen，2005；Li et al.，2007；Chan and Makino，2007；Xia et al.，2008；Li and Yao，2010；阎大颖等，2010；蓝海林等，2010；Hennart and Slangen，2015；全诗凡等，2016；李玉刚和纪宇彤，2018）。这些研究从二分性视角探索了进入模式的选择过程，具体体现为：考虑股权模式还是非股权模式？股权模式中选择独资还是合资？合资模式中双方股份各占多少？独资模式考虑并购还是绿地投资？其次，在制度压力对进入模式的作用机制中，对外投资经验（Lu，2002）、环境不确定性（Roy and Oliver，2009；Xia et al.，2009）、企业所有制（Cui and Jiang，2012；Chung et al.，2016；Meyer et al.，2014；许钢祥和朱杏珍，2019）、东道国腐败程度（Rodriguez et al.，2015）等因素在其中起到调节作用。最后，制度压力还会影响海外投资区位选择（Henisz and Delios，2002；Coeurderoy and Murray，2008；李轩，2014）、国际扩张时机选择（Cheng and Yu，2008；Delios et al.，2008）、出口模式（Hessels and Terjesen，2010）、企业国际化决策（Hillman and Wan，2005；Witt and Lewin，2007；Yamakawa et al.，2008；张建红和周朝鸿，2010；齐晓飞和关鑫，2017；李新春和肖宵，2017；石丽静和洪俊杰，2019）等。此外，也有学者（刘英为等，2017；牟宇鹏等，2017；汪涛等，2018）根据母国与东道国制度差异（制度顺差/制度逆差）、企业资源优势（商业资源优势/政治资源优势）将新兴经济体企业国际化分为三种情境，并指出在不同情境下企业所面临的制度压力有所不同，分别适合不同的进入战略和品牌战略。

（二）制度压力对企业行为的影响

母国和东道国的双重制度压力使企业具备模式化、象征性的组织行为（Kostova and Roth，2002）；母国制度压力使跨国公司的海外子公司更为依赖东道国市场与合作者，从而促使其给予子公司更多自主权（Thite et al.，2012；Wang et al.，2014；崔连广等，2019）；东道国制度压力促使企业通过谈判技巧和贿赂手段（Jiménez and Delgado-García，2012）、采取合理性国际化营销战略（刘洪深等，2013）、海外上市（Bell et al.，2014）、逐步减少外派人员（Peng，2012；耿远欣和杜晓君，2017；Ouyang et al.，2019）、模仿临近企业的国家认证（Husted et al.，2016）、构建品牌族群（许晖等，2017）、主动发布可持续发展报告（Ferrero and Sánchez，2017）等方式来获取合法性。

（三）制度压力对企业国际化程度的影响

首先，在母国制度方面，制度压力会对企业国际化程度产生显著而积极的影响，企业能力在其中起到调节作用（Li and Ding，2013；Gaur et al.，2018）；母国的自由市场机制发展水平正向影响企业的出口密度（Gao et al.，2010）；母国的制度空白会导致企业的不充分国际化（Kolk et al.，2014）；企业在母国所处区域的制度环境正向促进该区域企业的国际化程度（刘飒和李元旭，2016）。其次，东道国强制压力负向影响高新技术新创企业进入该国的速度（Coeurderoy and Murray，2008），但却正向促进海外子公司在该国的国际化深度（Arregle et al.，2013）。

（四）制度压力的调节效应

除了制度压力所带来的直接影响外，还有许多研究分析其调节效应。例如，东道国制度压力在董事会独立性与海外首次公开募股绩效（Bell et al.，2008）、企业所有制形式、企业海外收购经验、东道国产业保护与海外收购完成情况（张建红和周朝鸿，2010）、母国投资者保护与海外首次公开募股抑价（Moore et al.，2010）、资产专用性与国际市场进入模式（Maekelburger et al.，2014）、国际市场进入模式与国际创业绩效（黄胜和周劲波，2014）、企业国际化程度与绩效（陈立敏等，2016）、研发投入与国际化创新绩效（吴崇和黄彩虹，2019）、母国制度落后与企业 OFDI（杨柳和潘镇，2020）等关系中起到调节作用。又如，母国制度压力在东道国制度与国际投资区位选择（García-Canal and Guillén，2008；Holburn and Zelner，2010）、企业各项特征与其国际创业绩效（Chacar et al.，2010）、企业技术资源与其国际化程度（吴航等，2012）等关系之间的调节效应。

四、企业国际化的制度压力相关研究述评

新制度主义理论视角下的企业国际化研究近 30 年来取得较大进展，国内外学者围绕企业国际化过程中面临的制度压力展开多方面研究。早期学者强调同一制度环境对企业的同构作用，即制度压力使企业不得不采取与组织场域内其他企业类似的战略、行为等以追求组织合法性，但同构并非海外经营企业获取合法性的唯一途径（Kostova et al.，2008；Tan et al.，2013）。后期学者基于奥利弗（Oliver，1997）关于组织对制度化过程的战略响应研究，不仅在理论层面指出相似制度压力下不同组织在获取合法性的行为上存在异质性现象（Clemens and Douglas，2005；Delmas and Toffel，2008；Jamali，2010；宋铁波等，2016；涂智苹和宋铁波，2016），而且把关注点从组织适应制度环境转向组织与制度环境交

互作用、协同演进（Zettinig and Benson-Rea，2008；Szyliowicz and Galvin，2010；黄胜等，2015）。然而，目前仍有一些问题有待解决，具体体现在以下三个方面。

首先，新制度主义理论视角下的企业国际化研究文献中，大多将一国范围内不同区域的制度环境假定为同一制度环境，尤其偏好基于全球治理指数[①]、经济自由度指数[②]、霍夫斯泰德文化维度[③]等档案指数衡量母国与东道国之间制度距离的研究。近期发表在国际商务和管理学权威期刊上的综述性论文不仅指出全球治理指数、经济自由度指数之间的低相关性可能对实证研究结果造成影响（Beugelsdijk et al.，2018），而且已明确提出对基于霍夫斯泰德文化维度衡量文化距离的质疑（Kostova et al.，2019）。另外，对于处在经济转型时期的新兴经济体和发展中国家来说，同一国家内不同区域、不同行业的历史文化和经济发展都存在较大的不平衡，其制度环境也普遍存在迥然相异的局面（曾萍等，2016；宋铁波等，2016）。

其次，制度压力对 OFDI 企业国际化战略和行为影响机制的研究偏重进入东道国之前的战略决策，尤其是进入模式研究，关于企业进入东道国后当地制度压力对企业行为和绩效的影响研究不够深入，特别是关于制度压力对企业绩效的直接与间接作用机制研究。

此外，研究对象主要集中于发达国家和地区企业的国际化，尽管近年来关于新兴经济体（尤其是中国）企业国际化的研究已取得较多成果，但这些研究也基本围绕其对发达国家以技术寻求动机为主的逆向 OFDI，关于新兴经济体之间、新兴经济体对发展中国家的顺向 OFDI 的制度压力研究甚少涉及。

第三节　本地化相关研究

相对于东道国本土企业，OFDI 企业在东道国环境下面临外来者劣势（Hym-

[①] 全球治理指数（World Governance Indicators，WGI）是世界银行自 1996 年来持续发布的关于世界各国政府公共治理成效方面的权威指标体系，包含话语权与问责、政治稳定与无暴力或恐怖主义、政府效率、监管质量、法治、腐败控制六个治理维度。

[②] 经济自由度指数（Economic Freedom Index，EFI），是由《华尔街日报》和美国传统基金会（Heritage Foundation）发布的年度报告，涵盖全球 186 个国家和地区，是全球权威的经济自由度评价指标之一，包含产权保障、廉洁程度、财政自由、政府支出、商业自由、劳工自由、货币自由、贸易自由、投资自由、财政自由十个方面。

[③] 荷兰心理学家霍夫斯泰德提出关于文化维度的经典研究框架，从权力距离、个人主义/集体主义、男性化/女性化、不确定性规避、长期取向/短期去向、自身放纵/约束六个方面衡量不同国家的文化差异。

er，1976；Zaheer，1995；Denk et al.，2012；吴冰等，2018）。企业在东道国实施不同程度的"本地化"成为一种较为普遍的现象。本地化基于微观视角是企业海外经营发展的战略方向之一，基于宏观视角则是企业资本在全球范围扩张的形式之一（黄卫平，2004）；采取本地化战略的 OFDI 企业通过在当地运营获得合法性，有助于其发现、吸收并利用东道国的知识与资源（Johanson and Vahlne，1977），从而采取积极行动以适应特定的东道国环境（Roth and Morrison，1990），它比全球一体化战略更加适合中国 OFDI 企业（赵楠，2003；张竹等，2016）。

一、本地化的分类与测量

薛军（2008）将本地化区分为广义范畴和狭义范畴。狭义上的本地化专指人力资源本地化。广义上的本地化包括企业"从研究开发、生产、营销、售后服务等各业务流程到其辅助部门的流通、财务、人事等所有价值链的内容"。随着企业 OFDI 的不断深入，广义本地化还涉及持股权、资金筹措、利润分配等。绝大多数学者根据本地化的表现形式来对其进行分类，也有学者从根据企业在东道国对当地经济、社会环境嵌入程度的不同加以分类，如表 2 - 6 所示。

本地化涉及的范围之广导致不同类型本地化的测量标准和方式均不同，绝大多数学者通过客观数据（Yang and Hayakawa，2015）、主观问卷（Liu et al.，2016）两种方式来测量本地化的某一类型。与此不同的是，2010 ~ 2012 年《中国企业家》联合对外经贸大学跨国公司研究中心独家开展本地化指数研究项目，通过定性指标（占 70%）与定量指标（占 30%）相结合全方位评价跨国公司本地化水平，指标选取过程包含文献研究、企业典型调查和专家讨论三个环节（范黎波，2010）。该评价体系囊括了跨国公司在华本地化发展的主要维度和整体表现，如表 2 - 7 所示。

表 2 - 6　　　　　　　　　　　　　　　**本地化的类型**

学　者	类　型
Sugiura，1990	产品本地化、利润本地化、生产本地化、管理本地化
Westney，1993	What gets done?（价值链活动在子公司被执行的程度）、Who does it?（子公司决策由谁做）、How it gets done?（经营管理方式和管理系统转移程度）
雷登攀，2003	生产本地化、研发本地化、人力资源本地化、管理本地化
赵景华，2006	市场本地化、人员本地化、投资管理本地化、技术开发本地化、企业文化本地化、利润本地化、物料本地化
谭军华，2007	资源投入本地化、经营决策本地化、企业贡献本地化

学　者	类　型
Johri and Petison, 2008	战略制定本地化、建立并开发本地化知识库、人力资源本地化、研发本地化、产品本地化、供应商本地化、制造本地化、子公司利润分配本地化、企业形象本地化
胡明礼, 2014	人力资源本地化、营销本地化、采购本地化、技术标准本地化、企业协同本地化、资本运营本地化、企业文化本地化
姚书杰、蒙丹, 2013	行为空间本地化、行为主体本地化、社会文化本地化

资料来源：根据相关研究整理。

表 2 - 7　　　　　　　　　本地化综合评价指标体系

指标类别		初级指标	获取与计算途径
定性指标（70%）	本地化运营	外资在华总体战略、组织架构、经营业绩	对企业进行深度访谈和问卷调研，并邀请35位国内外著名专家作为评委书面评分
	融合与贡献	文化整合、合规经营、人才培养、利益相关方	
	本地化创新	研发体系构建、研发投入、研发成果	
定量指标（30%）	本地化规模度	中国员工总数、在华经济实体数量、在华营业收入比率	选择能全面测量且可获取性强的数据，采用因子分析法
	本地化依赖度	在华研发中心数量、在华高管国籍	
	本地化深度	在华投资累计总额、在华开办业务实践	

资料来源：范黎波. 竖起本土化量化评估的年度标尺——首个跨国公司本土化指数报告 [J]. 中国企业家, 2010 (20)：56 - 60.

二、本地化的前因研究

截至 2020 年 4 月底，本书收集到 13 篇大样本检验 OFDI 企业本地化前因的实证研究，如表 2 - 8 所示。这些研究经历了一个不断演进的过程：早期研究基于资源基础观更加强调影响本地化程度的内部因素，例如母公司的规划、支持以及外派人员的态度和能力；而近 10 年的研究将理论视角加以拓展，基于产业组织理论、战略权变理论、文化理论、制度理论、资源依赖理论、社会资本理论等，并认识到外部因素，例如环境、制度距离等对本地化的重要作用。基于对这 13 篇实证研究的分析，可以看出现有研究对本地化影响因素分类不够完整，层次也不够清晰。为更全面地揭示 OFDI 企业本地化的前因，本书从制度、组织、个体三个层面来加以区分。

表2-8 本地化前因研究

作者	本地化类型	前因变量	研究样本	研究方法	理论视角	结论
Selmer, 2004	人力资源本地化	外派者不情愿与能力欠缺	165名跨国公司在华子公司外派人员	问卷调查/多元回归模型	N/A	M
Fryxell et al., 2004	人力资源本地化	正式规划本地化、重视人才招聘选拔、留住人才、信任归属	67家跨国公司中国子公司	问卷调查/多元回归模型	N/A	M
Law et al., 2004	人力资源本地化	对本地化重视程度、本地化规划工作、与本地化相关的人力资源实践	139名跨国公司中国子公司	问卷调查/多元回归模型	资源基础观	P
Law et al., 2009	人力资源本地化	母公司支持、子公司高管承诺、与本地化有关的人力资源实践	229家跨国公司中国子公司	问卷调查/多元回归模型	资源基础观、资源依赖理论	P
叶阿次, 2010	本地化战略	环境因素、企业能力	136家跨国公司中国子公司	问卷调查/结构方程模型	资源基础观、产业组织理论	M
金伦希, 2011	价值链本地化、人力资源本地化、决策权本地化	企业资源、战略导向、产业环境、东道国宏观环境	231家在华中小韩资企业	问卷调查/多元回归模型	资源基础观、战略权变理论	M
Yoo, 2015	管理本地化	文化距离	100家跨国公司在华子公司	二手数据/多元回归模型	文化理论	M
Baik and Park, 2015	人力资源本地化	区域内和区域间多元化、正式和非正式制度距离	1068家韩国跨国公司在各国子公司	二手数据/层次线性模型	制度理论	M
Liu et al., 2016	营销本地化、投入本地化	政治风险、行业风险	206家中国对外投资企业	问卷调查/结构方程模型	资源依赖理论	M
Kim and Kim, 2017	人力资源本地化	总部投资目标和企业文化、子公司网络嵌入程度、母子公司沟通	222家韩国跨国公司在华子公司	问卷调查/多元回归模型	社会资本理论	M

续表

作者	本地化类型	前因变量	研究样本	研究方法	理论视角	结论
Li et al., 2018	人力资源本地化	子公司规模、运营时间、区位	184 家中国台湾地区公司在大陆子公司	二手数据/多元回归模型	制度理论	M
Ouyang et al., 2019	人力资源本地化	跳板意图、把当地公司作为主要竞争对手、东道国监管政策	100 家中国跨国公司在美子公司	问卷调查/多元回归模型	制度理论	P
Jeong et al., 2019	品牌本地化	市场不确定性、市场相似度、国际化程度、研发强度	韩国跨国公司在各国子公司	多元回归模型	战略权变理论	M

注：理论视角部分 N/A 表示无具体理论视角；结论部分 M = 混合，P = 正相关，N = 负相关。
资料来源：根据相关研究整理。

（一）制度层面

制度层面的本地化影响因素主要来自企业所处的东道国制度环境、行业环境、组织间关系等。战略管理理论提出影响企业战略制定的三个主要因素分别为行业市场要素、利益相关者期望、组织资源与能力（Johnson et al., 2005），其中前两个因素就涉及制度层面。

首先，东道国制度环境方面。战略权变理论认为企业需选择与环境相匹配的战略（Child, 1972），东道国制度环境的变化性（叶阿次，2010）、母国与东道国之间的权利距离（Yoo, 2015）会促使企业选择本地化战略。从本地化的各维度来分析，东道国政策限制显著正向促进价值链本地化程度和决策权本地化程度（金伦希，2011）；非正式制度距离显著正向促进人力资源本地化程度，正式制度距离显著负向影响人力资源本地化程度（Baik and Park, 2015）；发达国家东道国监管政策显著正向促进中国跨国公司子公司的人力资源本地化意图且该关系强于其对人力资源本地化的实施情况的促进作用（Ouyang et al., 2019）。

其次，行业环境方面。资源依赖理论认为行业风险会抑制跨国企业对东道国环境的依赖转而更加依赖母公司（Pfeffer and Nowak, 1976a；Pfeffer and Nowak, 1976b；Carney et al., 2011），以组织内资源来取代组织间关系（Gulati and Sytch, 2007），从而导致本地化程度的显著降低，民营企业比国有企业更能抵抗行业风险（Liu et al., 2016）；市场成长性和显著正向促进本地化程度（金伦希，2011）；市场的不确定性显著正向促进品牌本地化，市场相似度则负向影响品牌本地化（Jeong et al., 2019）。

此外，组织间关系方面。企业社会资本理论认为子公司在东道国当地的网络嵌入和积极的总部—子公司沟通都意味着建立高质量的关系资源，有利于交换新信息并开发新技术，提高人力资源本地化水平（Kim and Kim，2017）。

（二）组织层面

组织层面的本地化影响因素主要包括企业的战略规划、资源与能力等方面。

首先，企业战略规划方面。资源基础观认为人力资源是企业的重要资源之一，成功实施人力资源本地化比单纯制定政策要难得多（Fryxell et al.，2004），母公司对本地化的支持和重视程度、良好的本地化规划工作、与本地化相关的人力资源实践、子公司高管承诺、重视人才招聘选拔均能显著正向促进人力资源本地化程度（Law et al.，2004；Law et al.，2009）；相对于效率追求性企业，市场导向型企业显著正向促进本地化程度（金伦希，2011）；跳板意图、把当地公司作为主要竞争对手的程度均显著正向促进中国民营企业在美国子公司的人力资源本地化意图，而且该关系强于其对人力资源本地化的实施的促进作用（Ouyang et al.，2019）。

其次，企业能力与资源方面。市场能力、网络能力则显著正向促进企业实施本地化战略，技术能力则显著负向影响企业做出本地化战略决策（叶阿次，2010）；企业灵活性、企业家精神、企业与东道国政府的关系资本显著正向促进企业的本地化程度（金伦希，2011）；企业国际化程度显著正向促进品牌本地化，企业规模和研发强度显著负向影响品牌本地化（Jeong et al.，2019）；子公司规模、所处区位发达程度显著正向促进人力资源本地化程度，子公司产品在东道国市场销售比率对人力资源本地化的影响呈"U"形曲线关系（Li et al.，2018）。

（三）个体层面

现有研究主要把外派人员的行为作为个体层面的本地化影响因素。塞尔玛（Selmer，2004）认为实施人力资源本地化出于节约成本、提高当地员工士气并协助企业在东道国建立关系网的考虑，但可能会失去长期竞争优势，外派人员的不情愿态度显著负向影响人力资源本地化。

三、本地化的后果研究

截至2020年4月底，本书共收集10篇大样本检验本地化后果的实证研究，其中有8篇探讨本地化对子公司绩效的影响，如表2-9所示。本书从本地化的不同类型加以总结。

表 2 - 9 本地化后果研究

作者	本地化类型	后果变量	研究样本	研究方法	理论视角	结论
Sakakibara and Yamawaki, 2008	营销本地化	子公司绩效	数千家日本跨国公司在海外的数万家子公司	二手数据/面板数据回归模型	N/A	M
Law et al. , 2009	人力资源本地化	子公司绩效	229 家跨国公司在华子公司	问卷调查/多元回归模型	资源基础观	P
Lam and Yeung, 2010	人力资源本地化	子公司绩效	111 家跨国公司在华子公司	问卷调查/多元回归模型	资源基础观	M
Ito and Fukao, 2010; Yang and Hayakawa, 2015	采购本地化、销售本地化、管理本地化	子公司盈利能力	数千家日本跨国公司海外子公司	二手数据/多元回归模型	N/A	P
金伦希, 2011	价值链本地化、人力资源本地化、决策权本地化	子公司绩效	231 家在华中小韩资企业	问卷调查/多元回归模型	资源基础观、战略权变理论	M
Ando, 2014	人力资源本地化	子公司绩效	4662 家日本跨国公司海外子公司	二手数据/多元回归模型	制度理论	P
Yang and Hayakawa, 2015	营销本地化、生产网络本地化、研发网络本地化	子公司研发活动	数百家中国台湾地区跨国公司在大陆子公司	二手数据/两步 Heckman 选择模型	N/A	M
Hitotsuyanagi-Hansel et al. , 2016	人力资源本地化	当地员工组织承诺、当地员工离职意向	197 名跨国公司京沪子公司员工	问卷调查/结构方程模型	社会认同理论	M
Liu et al. , 2016	营销本地化、投入本地化	子公司绩效	206 家中国对外投资企业	问卷调查/结构方程模型	资源基础观	P
Kim and Kim, 2017	人力资源本地化	子公司绩效	222 家韩国跨国公司在华子公司	问卷调查/多元回归模型	资源基础观、代理理论	M

注: 理论视角部分 N/A 表示无具体理论视角; 结论部分 M = 混合, P = 正相关, N = 负相关。
资料来源: 根据相关研究整理。

第一，人力资源本地化。资源基础观认为人力资源是具有 VRIS 特性的无形资源（Barney，1991）。企业通过人力资源本地化来培养当地经理，有助于在东道国获取有价值的难以模仿的独特资源，从而对子公司经济绩效（Law et al.，2009）和组织绩效（金伦希，2011）产生显著的正向促进作用，但制度距离对于两者之间的正向关系起到负向调节作用（Ando，2014）；而在此基础上结合代理理论则发现外派人员和当地经理一样也是关键资源，在转移总部技术优势、保持与总部目标的一致性、控制代理问题和机会主义行为上发挥着不可替代的作用，人力资源本地化与子公司经济绩效并非线性关系，而是倒"U"形关系，即当人力资源本地化程度较低时，其显著正向促进子公司绩效，在人力资源本地化程度较高时，其显著负向影响子公司绩效（Lam and Yeung，2010；Kim and Kim，2017）。此外，人力资源本地化还能增强东道国员工的组织承诺，并降低其离职意愿（Hitotsuyanagi-Hansel et al.，2016），员工性别、受教育程度在其中起到调节作用。

第二，营销本地化。营销本地化能促进子公司的研发活动（Yang and Hayakawa，2015），还能提升产品和服务在当地的接受度并避免对当地需求的误判（Eden and Miller，2004），从而提升子公司经济绩效（Liu et al.，2016）。但有日本学者从更细致的角度以日本 OFDI 企业为样本对此关系进行检验（Sakakibara and Yamawaki，2008），发现水平型 OFDI 企业的营销本地化程度显著正向促进子公司经济绩效，但在垂直型 OFDI 情境下结论则正好相反，其营销本地化程度显著负向影响子公司经济绩效。还有学者发现，营销本地化程度显著正向促进生产中间产品的子公司经济绩效，但却显著负向影响生产最终产品的子公司经济绩效（Ito and Fukao，2010；Yang and Hayakawa，2015）。

此外，采购本地化和管理本地化（Ito and Fukao，2010；Yang and Hayakawa，2015）、价值链本地化和决策本地化（金伦希，2011）、投入本地化（Liu et al.，2016）均显著正向促进子公司经济绩效；子公司研发网络本地化，即与东道国科研机构合作的情况，能有效促进其研发活动的开展（Yang and Hayakawa，2015）。

四、本地化相关研究述评

国内外学者围绕 OFDI 企业本地化的内涵、构成维度与测量方法、本地化的前因与后果等多方面展开研究，对深入了解本地化的特点，以及如何更好地利用本地化优势提升子公司绩效等问题提供了依据。目前已基本形成研究框架，包括其前因与后果，如图 2 – 4 所示。

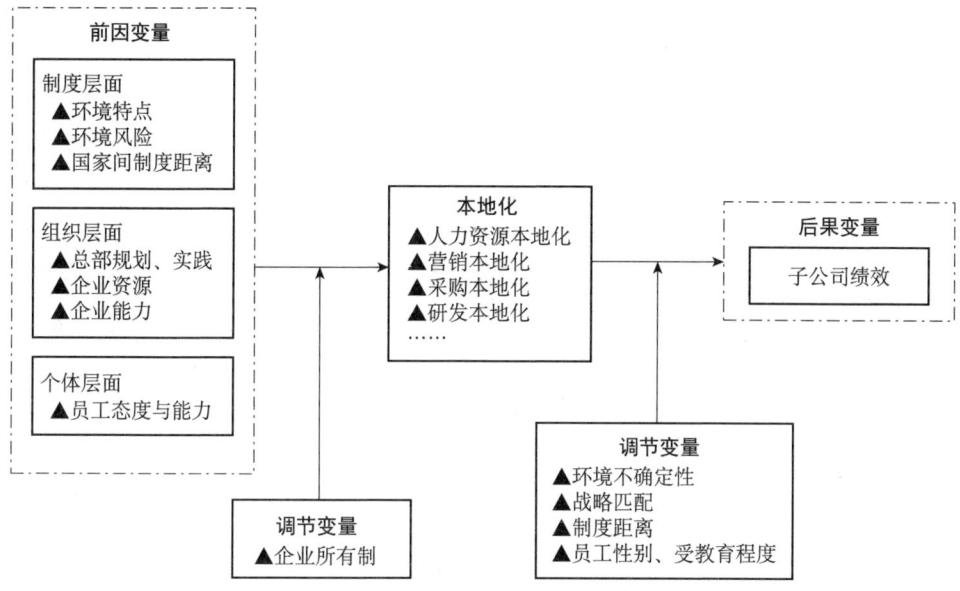

图 2 – 4 OFDI 企业本地化模型

本地化的构成与测量研究日趋完善和成熟。依照本地化的表现形式、嵌入东道国的程度，本地化被划分多个维度，也已形成一些测量本地化程度的量表和数据指标。外部环境与风险、总部规划与人力资源实践、企业能力与资源等因素对本地化具有影响作用。现有研究从制度、组织、个体三个层面考察了本地化的驱动因素，这也是先前研究所关注的重点。这些研究为未来研究在剖析本地化相关问题时，将企业的规模、年龄、所有制、进入模式等因素作为控制变量提供了实证依据。此外，关于本地化与子公司绩效间的关系，目前尚未得出一致的结论，基于所选样本、分析维度等差异，本地化与子公司绩效之间存在正相关、倒"U"形、"U"形、不相关等情况，这也使企业应注意本地化应保持一定的度，过犹不及。

总体而言，国内外关于 OFDI 企业本地化的研究因涉及概念维度较多且缺乏统一标准，对其理解模糊且缺乏一致性，导致研究进展相对缓慢，大多数研究停留在对其内容及重要性的描述和总结，实证研究所占比例不高且只有 15 年左右的历史。目前存在以下三个方面的缺口，也构成了未来进一步研究的方向。

首先，前因构成有待完善。鉴于数据获取的限制，现有研究放弃对利益相关者期望这一关键因素的探讨（叶阿次，2010），忽视了企业实际处于其与众多利益相关者所构成的战略生态系统之中（张燚和张锐，2003），企业在东道国环境下具有从各利益相关者那里获取社会认同（合法性）的动机，陆亚东（Luo，2007）前瞻性地提出积极主动提高组织合法性对于实现 OFDI 企业本地化从被动的"战略响应"到主动的"战略内本化"这一跳跃必不可少，但目前这一过程尚未得到充分研究（Luo et al.，2019），也鲜有文献对这一理论逻辑进行实证检验。

其次，后果构成也有待完善。在本地化后果研究方面局限于新古典经济学模型中的财务绩效，忽视了海外子公司绩效是其与东道国外部环境互动的结果，组织在海外的生存和发展依赖于东道国各利益相关者对其主观感知而非实际财务绩效（Delmar and Shane，2004），单纯的财务绩效无法表达企业通过发展与利益相关者关系等行为对企业无形价值的提升作用（Lubatkin and Shrieves，1986）。

此外，研究对象不够全面。OFDI 企业本地化研究大多以来自美国、日本、韩国等发达国家和地区的跨国公司为研究对象，少量关于来自中国等新兴经济体的企业 OFDI 本地化研究，主要围绕面向发达国家东道国的逆向 OFDI，或是通过二手资料对本地化内容及其重要性的描述和总结；由于受到发展中国家东道国信息透明度的限制，缺乏对新兴经济体企业顺向 OFDI 情境下本地化的实证研究。

第四节　自主权相关研究

自 20 世纪 90 年代以来，随着国际经营环境的变迁，海外子公司的理论研究从以跨国公司整体为研究对象转移到以子公司为研究对象，探索子公司的角色演变与自主发展（毕红毅和张绍辉，2018），并特别强调子公司自主权的重要性（Birkinshaw and Hood，1998；Delany，2000；Sargent and Matthews，2006；Balogun et al.，2011；Cavanagh et al.，2017）。通过对现有文献的梳理，本节从海外子公司自主权研究的发展脉络、自主权的前因和自主权的后果三个方面对海外子公司主权的相关研究进行阐述。

一、自主权研究的发展脉络

伯金肖和胡德（Birkinshaw and Hood，1998）对当时已有的子公司理论研究进行归纳总结，将其划分为三大研究流派，分别为母子公司关系流派（headquarters-subsidiary relationship stream）、子公司角色流派（subsidiary role stream）和子公司发展流派（subsidiary development stream）。随后，伯金肖和彼得森（Birkin-shaw and Pedersen，2001）在上述分类基础上进行补充，加入了战略—结构流派（strategy-structure stream），更为全面地展示了海外子公司理论研究的发展脉络。这些流派都在不同程度上强调了子公司自主权，如图2-5所示，关于子公司自主权的研究在后期文献中逐渐增加，尤其是子公司角色流派、子公司发展流派都逐渐以子公司自主权作为研究重点。

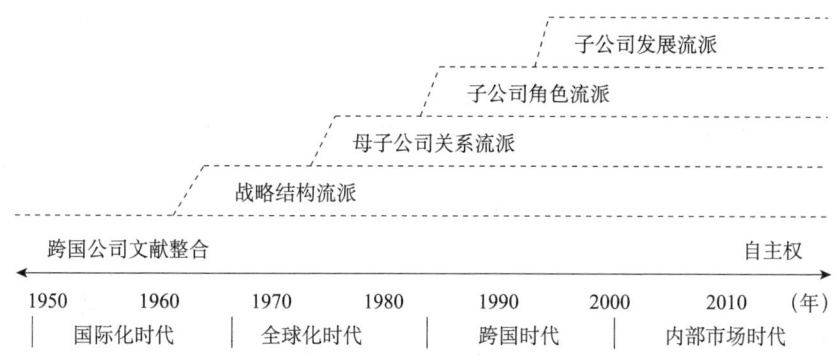

图2-5 子公司管理研究逐渐聚焦子公司自主权

资料来源：CAVANAGH A, FREEMAN S, KALFADELLIS P, et al. Assigned versus assumed: Towards a contemporary, detailed understanding of subsidiary autonomy [J]. International Business Review, 2017, 26 (6): 1168-1183.

（一）战略—结构流派

战略与结构之间联系的思想基础起源于20世纪60年代的早期组织管理文献中，并且在哈尔钦（Harzing，1999）的"全球化时代"开始蓬勃发展。钱德勒（Chandler，1962）在《战略与结构：美国工商企业成长的若干篇章》一书中提出"结构跟随战略"的观点，即企业的组织结构必须与企业的目标战略相匹配。随后，弗农（Vernon，1966）指出传统的跨国公司结构承担为国家完成计划以及制造产品的责任。由此，学术界开始集中关注集权、正式控制以及在组织范围内使成本最小化的战略（Fayerweather，1969），有学者认为应该在区域范围内进行控制、决策，而更高层次的决策则应该与全球标准化产品和形象相关（Dichter，1962）。斯托普福德和威尔斯（Stopford and Wells，1972）提出"阶段模型"，用企业海外销售的比重和产品的多样化程度作为衡量尺度，描述了跨国公司在国际化不同阶段组织结构的演化过程。在普拉哈拉德和多兹（1987）的"全球一体化—本地化"分析框架的基础上，巴特利特和高沙尔（Bartlett and Ghoshal，1989）所提出的"跨国组织"理论大大发展了战略—结构流派；该理论将跨国公司分为多国组织、国际组织、全球组织和跨国组织，不同组织类型下的跨国公司与海外子公司的不同关系会导致子公司角色与地位的差异化。

尽管战略—结构流派承认本地化的重要性（Lee，1965；Pryor，1965），但大多数研究仍对于子公司具体战略方向考虑较少，主要从跨国公司总部的角度分析，进而强调效率和集权等问题（Fayerweather，1969），而忽略了子公司进行战略决策和行动的能力。因此，该流派内的大部分研究对子公司自主权的理解非常有限。

（二）母子公司关系流派

自 20 世纪 70 年代以来，母子公司关系流派开始逐渐成为海外子公司理论研究的主流。该流派主要研究子公司和总公司之间的二元关系（Pisoni et al.，2010），即继续关注决策的集权化和形式化（Hedlund，1981；Gates and Egelhoff，1986），基于总部的视角探讨有效的生产区位、规模经济和减少重复的活动（Paterson and Brock，2002）以及如何整合子公司的资产，使得跨国公司的利益最大化（Picard，1980）。对跨国公司母子公司关系研究的重视，主要是因为当时子公司大多数局限于当地的销售和生产，母公司如何控制与协调子公司成为一个非常重要的问题，因而所有子公司的研究都始于子公司与母公司的联结（Birkinshaw and Hood，1998）。巴特利特和高沙尔（Bartlett and Ghoshal，1989）总结出在跨国公司中盛行的三种不同的协调模式，分别是在日本跨国公司中主导的集权制模式、在美国跨国公司中主导的正规化模式以及在欧洲跨国公司中主导的社会化模式。此外，跨国公司通过子公司所在区位的差异寻求优势的来源也逐渐受到重视（Jarillo and Martínez，1990；Roth and Morrison，1992 ；Taggart，1998）。在随后的几年中，学术界出现关于母子公司关系动态性的研究，即总部无法再通过正式的控制机制或自主权限制来实施对子公司的控制（Prahalad and Doz，1981；O'Donnell，2000），但这并不等同于支持子公司自主权（Paterson and Brock，2002），总部只是交出了"能感知到的"权力（Brandt and Hulbert，1976）。

这一时期跨国公司的主要目标仍是控制与整合（Paterson and Brock，2002；Pisoni et al.，2010）。尽管有研究提出子公司拥有自主权和影响力（Hulbert et al.，1980；Prahalad and Doz，1981），但母子公司关系流派对于子公司自主权方面的知识与研究非常有限，尤其是对子公司独立决策和行动的研究相对匮乏。

（三）子公司角色流派

子公司角色流派开始认识到子公司独特的资源和高水平的自主权使得子公司

能够担当及胜任各种角色，单位子公司角色分析开始从总部转移到子公司，这成为子公司角色流派的重要特征（Paterson and Brock，2002），强调子公司应拥有较高水平自主权以及独特的资源与能力的相关研究开始增加（Bartlett and Ghoshal，1986；Dörrenbächer and Geppert，2009）。对母公司而言，每个子公司都扮演着某种角色，承担着特定任务。随着海外子公司地位的提升，以子公司角色分类的研究逐渐受到学术界的重视（White and Poynter，1984；Bartlett and Ghoshal，1986；Jarillo and Martínez，1990；Gupta and Govindarajan，1991；Taggart，1998）。由于子公司面临着各种各样的情境及环境因素，子公司需要行使不同的活动，因而不同的子公司角色（Jarillo and Martínez，1990；Taggart，1997）以及同一个跨国公司的位于不同国家的子公司的角色是不同的（Gupta and Govindarajan，1991）。海外子公司是总部创建的一个世界产品授权（World Product Mandates，WPMs）或子公司卓越中心（Centres of Excellence，COEs）角色，使人才与资源、知识等可以在跨国公司内部转移（Paterson and Brock，2002）。

基于决策过程视角（Burgelman，1983），鲁格曼和道格拉斯（Rugman and Douglas，1986）将 WPMs 定义为"用于特定产品线的整体开发、生产和销售的海外子公司"，因而需要赋予其诸如研发与战略管理等关键职能的自主权（D'Cruz，1986；Rugman and Douglas，1986；Feinberg，2000）。然而，WPMs 并未考虑到职能的专业化，如擅长生产的子公司可能并不擅长研发（Birkinshaw，1997；Feinberg，2000），因而需要母公司施加一定的干预以减少决策失误（Vachani，1999；Pisoni et al.，2010；Gammelgaard et al.，2011；Collinson and Wang，2012），且有必要考虑子公司在一个特定的功能和在某些情况下的专业化能力，并在这个领域内给予其相应的自主权（Gammelgaard et al.，2012）。另外，WPMs 的局限性可以通过 COEs 解决。COEs 是"具备一系列为价值创造重要来源的能力的子公司，目的在于让其他子公司利用或传播这些能力"（Frost et al.，2002），一般在更为狭窄的专业领域内运营（Gammelgaard et al.，2011）。

（四）子公司发展流派

从 20 世纪 90 年代开始，全球竞争环境日益复杂，海外子公司的自主性和创新意识不断加强，学术界逐渐从发展的角度研究海外子公司角色和地位的演进过程，子公司发展流派也逐渐成为目前跨国公司理论研究中最重要的分支之一。子公司发展流派认为子公司本身能够对其自身发展产生重大影响（Birkinshaw and Hood，1998；Delany，2000；Sargent and Matthews，2006；Balogun et al.，2011），即便在没有总部支持的情况下也可能如此（Paterson and Brock，2002）。随着时间的推移，海外子公司通过它的网络关系或自身的发展可以积累有价值的能力和资源，提高在跨国公司组织网络中的战略地位和重要性。由此可见，子公司发展流派以跨国公司的网络性和资源基础观为基础（Ghoshal and Bartlett，1990；Andersson and Forsgren，1996）。

子公司发展流派将跨国公司看作一个网络组织，认识到不同网络节点上各个子公司在创新能力、企业家精神和战略地位方面的异质性，对比前三个流派的区别主要体现在两个层面（Cavanagh and Freeman，2012）：一是摆脱了层级制组织结构的束缚（Hedlund，1981）；二是强调子公司不再是总部授权的被动接受者（Birkinshaw and Hood，1998；Balogun et al.，2011；Cavanagh and Freeman，2012）。与此相反，子公司管理层积极支持包含一定程度上的自主权在内的子公司发展计划，并积极寻求开发自身资源，以增强其在跨国公司的地位与价值提升（Birkinshaw and Hood，1998；Holm and Pedersen，2000；Dörrenbächer and Geppert，2010；Schotter and Beamish，2011；Suwannarat and Leemanonwarachai，2012；Strutzenberger and Ambos，2014）。

子公司网络嵌入问题是子公司理论的研究热点之一。然而，目前该研究领域的应用基本仅限于组织层面，从而过于简化了当地环境因素所造成的影响。事实上，子公司内部的特定价值职能在不同程度上受到当地环境的影响（Rugman et al.，2011；Collinson and Wang，2012），在讨论当地环境因素对子公司行为的影响时（尤其是在评估子公司自主权水平时），跨国公司的网络模型需要在部门间而并非仅仅在组织层面上应用（Luo and Bu，2018）。

二、自主权的前因研究

根据现有关于子公司自主权的相关研究可以将其影响因素分为子公司特征、总部战略动机和外部环境三个层面。

（一）子公司特征

20世纪末，已有多名西方学者指出规模较大（Hedlund，1981；Gates and Egelhoff，1986；Taggart and Hood，1999）、成立时间较长（Harzing，1999；Taggart and Hood，1999）、独资建立（Andersson and Forsgren，1996；Harzing，1999）的海外子公司拥有更多的自主权；胡玲（2014）以美、欧、韩跨国公司在华子公司为样本得出相似的结论。基于子公司自身原因的自主权差异主要体现在其具备的资源和能力两个层面。

首先，子公司掌握经营资源的程度影响子公司自主权。例如，技术层面的资源，如果海外子公司需要以自己的能力与资金进行新品的开发，或者需要自己从外部市场进行专利和诀窍的获取，甚至可能具备了超过母公司的资源，那么海外子公司的自主程度就可能较高（Ghoshal and Bartlett，1990）；若跨国公司的内部技术网络关系强大并呈现多元化（Chiao and Ying，2013），从总部流入子公司的技术越多（王珏等，2010），则子公司自主权水平相应较低。又如，生产方面的资源，海外子公司如果主要依靠母公司或者其他子公司等跨国公司内部组织提供生产所需的重要零部件等投入物，海外子公司就会对母公司及其他子公司产生较大的依附，其自主权就会相对较小。此外，销售方面的资源会显著增强本地市场导向型子公司自主权水平，但对出口导向型子公司自主权水平不产生显著影响（Li et al.，2013）。

其次，子公司自身能力状况影响子公司自主权。子公司将跨国公司网络中获得的优势资源进行吸收、转化，从而培育自身成长及发展所需的独立于总部的能力，以此提升自身在跨国公司组织体系内以及海外市场中的竞争优势，战略地位变得更加重要（胡玲，2012），战略角色也从被动执行者转变为自主决策者（张爽等，2018）。当海外子公司积极主动寻求发展（Ambos et al.，2011），具有较强的一体化制造能力和技术创新能力（王珏等，2010），并且可以根据东道国的市场需求，进行研发、生产、制造，那么海外子公司会得到总部更多的关注（Ambos and Birkinshaw，2010）。此时子公司则会与母公司进行博弈（刘鹄和章文光，2016），争取在跨国公司组织内更加有利的战略地位与战略角色，以获得更加优质的资源配置与更多的子公司自主权，继而获得更多的发展机遇。反之，若子公司不具备上述能力，总部则会加强对子公司的监控，其自主权程度相应降低（Ambos et al.，2011）。

（二）总部战略动机

海外子公司自主权受到总部战略动机及其全球战略价值观变化的影响。冯永春等（2019）基于新兴经济体跨国公司子公司的实践检验发现，总部战略资产寻求（尤其是市场知识寻求、技术知识寻求）会显著正向促进海外子公司的自主权。由于总部基于一定的战略动机对海外子公司进行授权，若国际化战略发生变化，那么跨国公司内部组织结构可能会随之发生改变，其他子公司在跨国公司中的战略角色以及各个子公司之间的互动模式也会随之发生变动，子公司的自主权也会跟随以上战略变动、组织结构调整以及互动模式的改变而发生一些变化。

（三）外部环境

任何企业的经营与发展都受制于其所处的外部环境，所以企业的决策制定必须充分结合企业所处外部环境情况合理进行。首先，海外子公司自主权受到东道国一般环境不确定性的影响。母国与东道国之间的文化距离越大，海外子公司自主权越小（胡玲，2012）；也有学者（de Jong et al.，2015）基于委托代理理论得出相似的结论并通过实证检验，但其基于商业网络理论得出的相反结论未得到实证检验的支持。其次，海外子公司自主权还会受到东道国市场上诸如供求关系、消费结构、政府政策、产品标准、消费者需求、原料供应、人力资源管理等方面系列不确定因素的影响。若子公司处于本地化的产品组织结构下，其产业链对东道国有较强的依赖（王珏等，2010），子公司外部网络（供应商、分销商网络等）关系和力量强大、外部嵌入性高（Li et al.，2013）并呈现出多元化的特点（Chiao and Ying，2013），其自主权程度相应较高。

三、自主权的后果研究

关于子公司自主权所造成的影响，学术界也已展开了较为深入的研究，大部分集中在对子公司绩效的作用机制上。值得一提的是，自巴特利特和高沙尔（1989）将子公司自主权分为战略自主权（strategic autonomy）和运营自主权（operational autonomy）之后，多名学者依照这一思路对不同维度的自主权所造成的影响进行更细致的探究，并得出了不一样的结论，即认为战略自主权一般带来负面影响，而运营自主权则往往带来正向促进效应（Birkinshaw and Morrison，1995；Birkinshaw，1996；Nobel and Birkinshaw，1998；Vereecke et al.，2006；Keupp et al.，2011；Gammelgaard et al.，2012；Palmié et al.，2014；陈志军和郑丽，2016；Beugelsdijk and Jindra，2018）。

（一）子公司自主权对子公司绩效的影响

近20年来，跨国企业管理研究领域已广泛讨论子公司自主权对其绩效的影响，得出的研究结论莫衷一是；同时，关于不同东道国情境下的子公司自主权与其绩效的关系也出现了不一致的结论（Gammelgaard et al.，2012；Kawai and Strange，2014；Lee and Shi，2015；陈志军和郑丽，2016）。

一方面，有学者指出，若海外子公司战略自主权过高不仅会导致子公司与跨国公司其他部门的脱离，处于边缘地带（Phelps and Fuller，2000），难以识别并共享企业内部的重要资源和知识（Birkinshaw et al.，1998）；而且在总部与子公司目标不一致或信息不对称的情况下，总部若赋予子公司过高的战略自主权容易导致代理问题（Mudambi and Navarra，2004；陈登彪，2015）或约束资源水平

（Rugman and Verbeke，2001），总部可能会面临高额的协调与控制成本（Keupp et al.，2011）。

另一方面，更多学者指出，子公司自主权是跨国公司国际战略的重要组成部分（Tran et al.，2010；Gammelgaard et al.，2012）。自主权（尤其是运营自主权）不仅能够促进子公司嵌入由各利益相关者组成的当地网络，在当地获取宝贵的外部资源（Tao et al.，2017），迅速对当地需求做出反应（Slangen and Hennart，2008），而且有助于子公司营销创新（Venaik et al.，2005）、提升灵活性和创新性（McDonald et al.，2008）、节约交易成本和运营成本（Ambos et al.，2011；Rangan and Drummond，2011；Tian and Slocum，2014）、开发核心能力（Kawai and Strange，2014）、知识创造和传播（McDonald et al.，2016），还能在跨国公司网络中吸引总部关注并实现高绩效（Ambos and Birkinshaw，2010；Marulanda et al.，2015），弥补总部在管理国际业务方面经验的劣势（Wang et al.，2014），提升创新绩效（胡玲，2014）。同时，技术不确定性和外派人员参与程度（Kawai and Strange，2014）、高新技术行业（陈志军和郑丽，2016）、东道国制度质量（Tao et al.，2017）、连锁企业数量（杨英英和徐向艺，2020）等情境因素还会调节子公司自主权对绩效的正向促进作用。这些将自主权视为有利因素的关键论点在于海外子公司不会受到总部强加的规则约束，而是能够更好地应对当地制度环境的特性，充分利用当地资源，从而提升绩效（Pedersen et al.，2013；Strutzenberger and Ambos，2014）。

此外，还有一种观点认为，高自主权和低自主权都会提升企业绩效，但中等程度的自主权却无法起到这样的作用（Birkinshaw and Morrison，1995）。

（二）子公司自主权对子公司能力与发展等方面的影响

子公司自主权与子公司发展之间有着密切的联系（Paterson and Brock，2002），即自主权不仅是子公司发展的前提，也是其发展的结果。

首先，子公司自主权的提升有助于子公司积累知识与能力（White and Poynter，1984），能显著提升其通过网络扩散创新的能力（Ghoshal and Bartlett，1988），帮助其进入外部网络获取独有知识（Holm and Pedersen，2000），促进零售企业境外物流模式本地化（汪旭晖和李燕艳，2012）、提升子公司的知识开发程度（Najafi-Tavani et al.，2015）、应对环境变化的能力（于飞和刘明霞，2014）、研发能力（Hemmert et al.，2015）和技术职位比例的增加（McDonald et al.，2016），促进子公司驱动的创新（Song et al.，2018）；决策自主权与子公司产品开发创新之间成倒"U"形关系，在多个职能领域中（如生产、销售、营销、财务、研发等）拥有决策自主权的子公司比单一职能领域（如仅含研发）拥有决策自主权的子公司具备更高的产品开发创新水平（Beugelsdijk and Jindra，2018）。

其次，根据哈拉德和多兹（1987）的"全球一体化—本地化"研究框架，在总部与子公司之间的关系中，海外子公司自主权较高会提升子公司的当地响应能力；反之，自主权较低则会提升总部的全球整合能力；同时，自主权还能显著促进子公司外派人员的总体适应水平，而全球一体化压力在其中起着负向调节作用（Takeuchi et al.，2008）。

此外，关于战略自主权和决策自主权所带来的不同影响，有研究显示，战略自主权负向影响子公司价值与能力，运营自主权对此则起到正向促进作用（Palmié et al.，2014）

（三）子公司自主权对总部的影响

首先，子公司自主权能促进海外子公司向总部的逆向知识转移（Tsai，2002；Foss and Pedersen，2004；刘明霞和于飞，2013），其中营销自主权、人力资源自主权对逆向知识转移的影响呈倒"U"形（冯永春等，2019）。

其次，子公司自主权会影响其内部与外部网络关系。子公司是跨国公司整体网络中的一个节点。其中，子公司的内部网络是总部和各国子公司之间的关系网络，决定着子公司能否将自身的专有知识转移到跨国公司的其他单元，并从其他单元吸收所需的知识与技能；外部网络则是与外部的供应商、销售商、联盟伙伴以及东道国政府等利益相关者之间的关系网络，决定了子公司如何吸收并开发出根植于当地的专有知识与技能。子公司自主权能显著促进组织间网络关系，但却显著降低组织内网络关系（Gammelgaard et al.，2012）。

此外，自主权还能促进子公司对东道国和跨国公司的技术贡献（王珏等，2010）和直接就业的增长（McDonald et al.，2016）。

（四）子公司自主权的调节作用和中介作用

首先，子公司自主权能增强子公司网络嵌入性对子公司创业（王世权等，2012）、国际创业导向对子公司创新行为（Hakala et al.，2016）、海外并购中互补性资源对并购方技术创新（李飞和陈岩，2018）、组合竞争对国际营销绩效（Luo and Bu，2018）的正向促进作用。

其次，母国与东道国的文化距离、子公司的战略地位均能通过子公司自主权来实现子公司战略目标（胡玲，2012）。

四、自主权相关研究述评

子公司自主权领域的早期研究大多将自主权作为因变量，探讨影响自主权的诸多要素。此后，越来越多的研究将自主权作为影响子公司能力与发展的自变量等加以探讨，并对战略自主权与运营自主权加以区分。经过近40年的发展，已取得较多成果。然而，目前仍存在一些问题，具体体现在以下两个方面。

首先，针对某一类型自主权的深入研究有待加强。现有关于探讨不同类型自主权的实证研究中，主要对战略自主权、运营自主权分别进行探讨；尽管已有学者开发出包含营销、人力资源、财务、生产、研发等子公司职能的多维度自主权量表（冯永春等，2019；刘鹊，2015），但针对子公司某一职能的自主权研究仍较为匮乏。

其次，中国国内关于子公司自主权的研究较为滞后。国际上关于子公司自主权的研究始于20世纪70年代初，至今已有近半个世纪的历史；而中国学术界对该领域的研究则相对滞后、缺乏，详情已在第一章的理论背景中阐述，此处不再赘述。

第五节 领导风格相关研究

一、威权型领导相关研究

通过对现有文献的梳理，本书从威权型领导的前因与后果两个方面对其相关研究进行阐述。

（一）威权型领导的前因

影响威权型领导风格的因素主要来自两个方面。

首先，文化背景。不同的国家和社会有其自身特定的文化，领导风格具有很强的文化异质性。在高权利距离和集体主义文化下，追随者倾向于理所当然遵守领导的指示，并对垂直权利的合法性深信不疑（Padilla et al.，2007）；东方文化下的传统儒家思想、法家思想也是威权型领导产生的重要原因。

其次，领导者自身的个人特质。例如，马基利维亚主义者的控制欲较强，一般会表现出更多的威权主义（Kiazad et al.，2010；Harms et al.，2018）。

（二）威权型领导的后果

目前学术界关于威权型领导对下属、组织所带来的影响存在分歧，出现了明显的效应悖论现象（孙雨晴和罗文豪，2018）。这种效应悖论具体体现在探讨威权型领导对同一结果变量的影响中，不同的研究得出不一致的结论。威权型领导所带来的主要影响效应分别体现在对员工、组织和团队两个层面。

1. 威权型领导对员工的影响

第一，威权型领导会造成员工的心理紧张（Pellegrini and Scandura，2008；Chen and Kao，2009）、对领导的不信任和不公平感知（Greenberg，2003；Michel and Tews，2016），甚至可能导致情绪耗竭、抵触，以及愤怒情绪（吴宗佑等，2002；赵安安和高尚仁，2005；Gopinath，2011）等，显著负向影响下属的工作满意度、组织承诺和工作主动投入程度（Li et al.，2019），极有可能刺激员工出现职场偏差行为（刘冰等，2017）；但下属的情绪智力在其中起到弱化负面效应的作用（吴宗佑，2008；杨五洲等，2014），工作嵌入却增强了这些负面影响（李锡元和蔡瑶，2018）。

第二，威权型领导会显著负向影响员工的组织自尊（景保峰，2015）、组织公民行为（Liang et al.，2007）、工作绩效（Chen and Aryee，2007；Kiazad et al.，2010；Liu and Wang，2015）、创新行为（李珲等，2014；王双龙和周海华，2013；马璐和张哲源，2018；王磊和邢志杰，2019）、工作满意度和组织承诺、留任意向等，还会通过增加员工心理依赖的方式而影响其创造力（Shen et al.，2019；张怡凡等，2019）；仁慈领导（Chen and Aryee，2007；Chan et al.，2013）、领导—成员交换质量（阮超，2010）、权利距离氛围（Schaubroeck et al.，2017）、群体传统性（Shen et al.，2019）、德行领导（Gu et al.，2020）等因素在其中起到弱化负面效应的作用。基于增益损耗视角，夏莹（2019）发现威权型领导能够通过挑战性压力对组织公民行为起到正向促进作用，领导—成员交换质量对该中介效应起到正向调节作用。

第三，威权型领导会显著负向影响员工的心理授权、隐性知识共享，而员工的权利距离取向（陈璐等，2013）、传统性（张亚军等，2015）以及领导的人情观（Chen et al.，2018）能够弱化这些负面效应；然而，威权型领导也可能通过有效整合资源渠道给予员工安全感，促使其增加对工作的投入，促进内部知识转移（魏蕾和时勘，2010；罗瑾琏等，2014；王丹和宫晶晶，2016）。

第四，威权型领导会显著负向影响员工的建言行为，员工对权威的认可包容度会增强这一影响（Li and Sun，2015），而主动型人格（景保峰，2015）和领导的工作投入度（李嘉和杨忠，2018）则能缓和这一负面效应，但在政府部门、事业单位中则不存在此调节效应（武晓龙和余顺坤，2015）。

第五，威权型领导会增强员工对领导的心理敬畏感（郑伯埙和樊景立，2001），带来服从、认同、感恩等积极效应（樊景立和郑伯埙，2000；郑伯埙等，2003），从而促使员工在工作中表现得更为积极，但却极有可能引发员工的亲组织非伦理行为（张永军等，2017）；下属对领导的依赖性（Tsui，2006；Pellegrini and Scandura，2008）、员工传统性、权利导向（Cheng et al.，2004）在其中起到正向调节作用。

此外，作为情境因素，威权型领导在员工的集体主义倾向对其心理所有权（李锐等，2012）、员工的工作投入对其心理韧性和心理幸福感（王羽等，2017）、员工的外向性人格特质对其建言行为（李嘉和杨忠，2017）、正向差错管理气氛对利用式创新和探索式创新（李忆和吴梳梅，2019）、前馈学习流和反馈学习流与员工创新（苑双杰，2019）等之间起负向调节作用。在正向调节作用方面，威权型领导能增强领导创新工作对员工创造力的促进作用（潘静洲等，2013），并增强了职业生涯资本在新生代员工心理所有权与其绩效之间的中介效应（付蕾，2019）。

2. 威权型领导对组织和团队的影响

首先，威权型领导显著负向影响组织的创新绩效（杨轶清等，2016；晋琳琳等，2016；陈艳艳等，2019）和组织的管理创新（张振刚等，2015）；但也有学者指出威权型领导能够通过利用式创新（傅晓等，2012）、增强互动导向（杨国亮和卫海英，2014）等方式来提升组织创新绩效，而领导的社会责任感能增强该正向促进作用（杨国亮和卫海英，2012）。同时，还有一些研究并未检验出威权型领导对组织创新绩效的负面效应（林春培和庄伯超，2014；常涛等，2016）。

其次，威权型领导风格导致领导与员工之间缺乏沟通（Zhang et al.，2011；Zhang et al.，2015），显著负向影响团队绩效（鞠方辉等，2008；邱伟年等，2014；杨五洲等，2014）；领导的自我情绪抑制增强了团队情绪耗竭在这一过程中所起的中介效应（Chiang et al.，2020）；但领导才能却起到了显著弱化负面效应的作用（高昂等，2014）。

最后，威权型领导显著增加团队冲突（张新安等，2009），会对团队合作造成负面影响（Pellegrini and Scandura，2008；郑伯埙等，2003）。

此外，威权型领导还能显著加强德行领导、仁慈领导对团队创造力的促进作用（常涛等，2016）。

二、威权型领导相关研究述评

威权型领导风格属于中国本土化的领导风格，主要存在于东方社会文化背景下，关于威权型领导的深入研究也大多集中在中国、韩国、越南等东方国家。西方国家对威权型领导多带有专治、独裁的负面刻板印象，关于该领域的研究也较为有限，这也是造成学术界威权型领导的研究兴趣较低、研究成果较少的根本原因。

由此可见，不能脱离环境背景与文化脉络来讨论领导风格，其适用性会根据社会文化价值观的不同而出现异质性，出现明显的效应悖论现象。虽然威权型领导在西方文化视角下被人诟病，甚至被许多西方学者归类到消极的领导风格之中（Harms et al.，2018；Lee et al.，2020），但其经过历史和文化沉淀后仍普遍存在于东方社会中，说明有其存在的必然性和延续发展的合理性（刘寒，2016；付蕾，2019）。

三、服务型领导相关研究

通过对现有文献的梳理，本书从服务型领导研究的前因与服务型领导的后果分别对其相关研究加以阐述。

（一）服务型领导的前因

领导风格的影响因素通常包括组织和团队文化、政策以及领导者的个性和人口统计学特征等。

（1）文化因素。文化因素影响着下属对领导者的认知。基于霍夫斯泰德文化维度框架，哈内（Hannay，2007）发现在低权力距离、较低或适度的个人主义、较低或适度的男子气概、低不确定性规避以及长期导向一般或明显的文化环境中最为适用。服务型领导在不同文化背景下的侧重点也有所不同。例如，中国文化背景下的服务型领导强调为人民服务、责任感等理念（Han et al.，2010）；澳大利亚文化背景下的服务型领导则更重视真诚对待下属（Pekerti and Sendjaya，2010）。

（2）组织特征。不同的组织对组织领导者和成员都有特定的要求，因而这些特征会影响领导风格。服务型领导显然与官僚式的、严格的科层式企业文化相冲突（Horsman，2001；Savage-Austin and Honeycutt，2011）。

（3）领导者特征。已有研究表明，随和度高、外向度低（Hunter et al.，2013）、自我评价高（Flynn et al.，2016）、正念度高（Verdorfer，2016）、组织认同感高、自恋程度低（Peterson et al.，2012）的领导者通常表现出较高程度的服务型领导风格。相对于男性，女性领导者更容易表现出利他主义、情感愈合和组织管理行为（Beck，2014），因而更倾向于服务型领导风格（de Rubio and Kiser，2015）；同时，女性员工对服务型领导风格的期望也高于男性员工（Hogue，2016）。

（二）服务型领导的后果

1. 服务型领导对员工的影响

（1）服务型领导对员工行为与态度的影响。首先，服务型领导显著促进员工的组织公民行为（Walumbwa et al.，2010；于海波和郑晓明，2014；Chen et al.，2015；Panaccio et al.，2015；Chiniara and Bentein，2016；Zhao et al.，2016；Bouzari and Karatepe，2017；Amah，2018）。其次，服务型领导能促进员工的帮助行为（Neubert et al.，2008；Zou et al.，2015）、主动行为和建言行为（Duan et al.，2014），显著提升员工的敬业心（van Dierendonck et al.，2014；Coetzer，2017；胥彦和李超平，2019）、忠诚度（Schneider and George，2011）、工作满意度、组织承诺（Lapointe and Vandenberghe，2018）和组织认同感（de Sousa and van Dierendonc，2014；Chughtai，2016）。此外，服务型领导还能显著减少一些员工的负面态度与行为，例如玩世不恭（Bobbio et al.，2012）、情绪耗竭（Rivkin et al.，2014）、组织犬儒主义（Verdorfer et al.，2015）、回避承担责任（Lacroix and Verdorfer，2017）、工作无聊（Walumbwa et al.，2018）、越轨（Sendjaya et al.，2019）等。

（2）服务型领导对员工绩效的影响。首先，服务型领导能显著促进员工的创造力（Neubert et al.，2008；Yoshida et al.，2014；Neubert et al.，2016；Yang et al.，2017a；Williams et al.，2017；张艳萍，2019）和创新能力（Panaccio et al.，2015；Krog and Govender，2015；Rasheed et al.，2016）。其次，服务型领导能全方位显著提升员工的主动型客户服务绩效（Koyuncu et al.，2014；Chen et al.，2015；Hsiao et al.，2015；Linuesa-Langreo et al.，2017；董霞等，2018）、销售业绩（Hunter et al.，2013；Jaramillo et al.，2015；Luu，2016；Schwepker，2016）、任务绩效（凌茜和汪纯孝，2010；林文静和段锦云，2015；Chiniara and Bentein，2016；颜爱民等，2017）和自我管理绩效（刘平青和史俊熙，2017）。

2. 服务型领导对团队、组织的影响

（1）服务型领导显著促进团队的组织公民行为。例如，服务型领导能通过营造积极的组织氛围（Walumbwa et al.，2010；Hunter et al.，2013）、增强团队效能（Hu and Liden，2011；Liden et al.，2015）和团队凝聚力（Chiniara and Bentein，2018）、改善领导—员工关系（田启涛和万君宝，2017），从而促进团队积极主动实施组织公民行为。然而，团队中的权利距离氛围却会负向调节服务型领导对团队组织公民行为的促进作用（张维，2016）。

（2）服务型领导能有效增强团队工作积极性和创造力。例如，服务型领导不仅能通过营造信任氛围提升团队忠诚度及其组织承诺（Ling et al.，2017），而且能通过加强团队情感承诺来有效促进团队在工作中的茁壮成长（Walumbwa；2018）。又如，服务型领导能通过增强团队效能感（Yang et al.，2017b）、团队潜能（Liden et al.，2015）从而提升团队的创造力。

（3）服务型领导能显著提升团队和组织的绩效。例如，服务型领导不仅能通过平衡合作—竞争冲突从而提升团队的客户服务绩效（Yang et al.，2018），而且能通过团队的组织公民行为提升团队的服务质量（Kwak and Kim，2015）和社会资本（Linuesa-Langreo et al.，2018）。又如，服务型领导可以通过促进领导—成员交换和团队成员交换（赵红丹和彭正龙，2013）、提升组织承诺和运营绩效（Overstreet et al.，2014）、强调服务文化（Liden et al.，2014）、改善组织氛围（Huang et al.，2016）、形成员工导向的组织文化并促进内部知识共享（张新怀，2016）等进一步提升组织创造力和绩效。

（4）服务型领导还能显著减少一些团队和组织的负面现象。例如，服务型领导还能通过营造服务氛围从而减少团队的离职意向（Hunter et al.，2013）。又如，服务型领导擅长维持道德行为与发展道德文化，不会利用员工的信任来追逐个人私利（Johnson，2015），能显著减小组织中可能出现的代理问题（Politis，2015），而且女性领导者的服务型领导风格对减少代理问题的作用更为显著（Politis and Politis，2018）。

3. 服务型领导对领导者的影响

关于服务型领导对领导者自身产生的影响研究较少。服务型领导有助于增强领导者的心理资本，而领导—成员交换质量能显著增强这一正向促进作用（Coggins and Bocarnea，2015）。此外，服务型领导对领导者自身还会带来负面影响（Zhou et al.，2020），即服务型领导会导致领导者的日常情绪耗竭，从而引发其工作—家庭冲突，低员工责任感会强化这一负面效应。

四、服务型领导相关研究述评

现今的服务型领导研究相对于威权型领导研究要成熟、丰富得多。服务型领导风格最早出现在西方情境下，后期研究证明其在东方情境下依然适用。服务型领导对许多结果变量都有自己独特的贡献，该领导风格依然是目前领导学的研究热点（李超平，2019），未来的研究可以从丰富理论视角、改进研究设计、加强可操作性研究等方面加以突破（Eva et al.，2019）。

第六节　中国企业在越南直接投资相关研究

一、现代中越双边关系研究

良好的双边关系能显著推动中国在"一带一路"沿线国家的 OFDI（张建红和姜建刚，2012；潘镇和金中坤，2015；韩民春和江聪聪，2017）。中国和越南于 1950 年 1 月 18 日正式建立外交关系，中国是世界上最早承认越南并与之建交的国家①。在长期的革命斗争中，两国曾创造过"同志加兄弟"的外交佳话。然而，20 世纪 70 年代后期，中越关系曾一度恶化。1991 年 11 月，越共中央总书记杜梅率团访华，双方宣布实现"关系正常化"。从世纪之交提出的"十六字"方针和"四好"精神，到 2008 年以来的全面战略合作伙伴关系，中越关系一直在稳步向前发展（成汉平，2020）。近年来，"一带一路""两廊一圈""澜湄合作"等经贸合作框架为新形势下推动两国全面战略合作伙伴关系注入了强劲动力。2015～2020 年，中越高层共进行了 11 次互访和 4 次疫情期间通电话②标志着两国关系进入"合作共赢"的新时期。

---

① 中国驻越南大使馆. 熊波大使出席庆祝中越建交七十周年友好会见活动［EB/OL］.（2020 - 01 - 16）http：//vn. china-embassy. org/chn/sgxw/t1732926. htm.

② 中国外交部. 中国同越南的关系［EB/OL］.（2019 - 11 - 30）https：//www. fmprc. gov. cn/web/gjhdq_ 676201/gj_ 676203/yz_ 676205/1206_ 677292/sbgx_ 677296/.

二、中国企业在越南直接投资状况研究

（一）中国企业在越南直接投资的规模与结构研究

根据中国商务部、越南统计年鉴的相关数据，众多中国学者（覃丽芳，2012；张磊，2018；金丹和杜方鑫，2019）和越南学者（陈海燕，2019；阮秋红，2019）对中国企业历年来在越南直接投资的流量、存量的变化趋势进行了纵向对比，并与东盟其他国家进行了横向对比（罗仪馥，2020），同时还分析了这些投资行业的分布情况（梁文苏，2018；裴长洪，2019），得出的结论是中国企业在越南直接投资逐年稳步增加，主要集中在第二产业中的制造业，中国的投资能力未能有效对接越南吸引外资的优势与潜力，存在较大的提升空间。

（二）中国企业在越南投资基础设施状况研究

中国企业在越南投资工业园、路桥、电力能源等基础设施项目，建设水平与投资额较高，投资主体以国有企业为主，但同时也面临着合作机制不够完善、与当地缺乏有效融合、工期拖延缓慢等困境（张协奎和陈敬安，2019）。曾刚等（2018）从园区投资环境、园区发展绩效和园区增长潜力三个层面构建中国海外园区建设和发展的评价维度，评估结果显示，越南龙江工业园在45个"一带一路"沿线的中国海外园区中排名第一。孟广文等（2019）采用灰色度关联分析法比较龙江工业园内各行业的投资效益，发现轻纺新材料加工、原材料加工和机械电子类行业的投资效益较高，具备较强的发展潜力。

（三）中国企业在越南投资案例研究

李应芳和林肇宏（Cooke and Lin，2012）聚焦于中国企业在越南的投资动机，选取三家在越中国企业进行比较分析，其中两家旨在利用越南低廉劳动力成本优势的民营制造企业并未在越南做长远规划，但进入越南市场后发现同行竞争异常激烈，工人的维权意识也超乎其想象，并遭遇到当地民族情绪、媒体偏见等压力的严重影响；另一家国有建筑公司子公司则竞标了许多越南基础设施项目的建设，在遭遇类似压力时重新评估形势，迅速调整战略。此后，有学术团队专门针对浙商在越南投资的10个成功案例进行研究，介绍这些案例企业在越南投资的发展历程和宝贵经验（杜群阳等，2014），与之类似的研究还有阮文生（2018）对三家较为成功的在越中国企业的经验介绍。

（四）中国企业对越南投资所产生的效果

由于中国企业与越南企业之间的技术差距较小，有学者认为，相对于发达国

家，中国这样的新兴经济体在越南的投资过程能建立更多的垂直联系，越方也能从中收获更多的技术溢出，并在 64 家在越中国企业的调查中得到有力验证（Kubny and Voss，2014）。

基于中国对越南投资存量、越南 GDP、两国进出口额等历史数据，众多学者分析了中国企业对越南投资所产生的效应，结论是中国对越南直接投资存量不仅有利于中国对越南的进口（李元媛和张捷，2012），而且有利于中国对越南的出口（常秋笭，2016；王汝祺，2019），甚至还有学者发现投资与两国进出口额存在双向促进关系（黎清海，2017）。此外，中国对越南投资直接存量还对越南 GDP、产业结构优化调整等方面存在显著的正向促进作用（陶忠坚，2015；孟广文等，2019）。

三、中国企业在越南直接投资相关研究述评

围绕中国企业对越南直接投资这一主题，众多中国学者、越南学者与少数第三国学者从不同视角对越南的政治经济与社会人文环境、中国对越南投资状况等加以探讨。关于中国是否应加大对越南直接投资的力度，学术界持不同的观点。一方面，有学者从越南投资环境、中越经济结构比较等视角阐述现阶段中国对越南直接投资的机遇，将其视为当前"逆全球化"复杂局面下中国维持经济对外开放的有力途径（邱普艳，2018；裴长洪，2019）；另一方面，也有学者持保守态度，认为越南当地的制度压力不容忽视，中国企业（特别是低端的劳动密集型产业）单纯出于规避关税壁垒而将生产基地转移到越南并非长久之计，越南吸引外资的优势将随该国经济社会发展而逐渐消失（葛红亮，2019）。

罗仪馥（2018）回顾了 2007～2017 年中国的东南亚研究现状，指出目前关于东南亚国家经济方面的研究并未得到应有的重视（远落后于政治方面的研究），在理论、方法等方面存在较大不足，经管类专业背景的学者从事东南亚研究的比例极低。本书聚焦于回顾中国企业在越南直接投资相关研究，发现该领域研究不仅在理论和方法上存在不足，而且研究深度亟待加强，具体体现在实证研究的相对匮乏之上。目前，大多数研究仅停留在对现象和数据的归纳总结层次。案例研究大多停留在对成功投资企业的经验总结上；实证研究所采用的数据基本为多年来被广泛、重复使用的二手数据，例如 GDP、FDI 流量、FDI 存量、进口额、出口额等。迄今为止，该领域鲜有针对特定研究问题展开的新理论框架下的案例研究和一手数据实证研究。

第七节　本章小结

基于前面对与本书相关的理论基础和研究现状的述评，可以发现目前已取得许多丰富的成果，但同时也存在有待进一步开拓的研究空间，具体体现在以下三个方面。

第一，关于新兴经济体顺向 OFDI（例如中国对越南直接投资）的制度环境研究重视程度不够。

该领域的早期研究在研究对象上大多以发达国家跨国公司为主，尽管目前以中国、印度等为代表的新兴经济体海外经营企业的研究逐渐占据重要地位，但通常围绕其对发达国家的逆向 OFDI；同时，由于发展中国家东道国信息透明度低（Luo and Bu，2018），关于新兴经济体企业顺向 OFDI 制度环境的实证研究遭遇瓶颈，而这恰好是中国对"一带一路"沿线国家 OFDI 最常见的研究情境。正如前面所述，中国企业在越南直接投资这一研究领域的研究基本停留于现象和数据的归纳总结层次，鲜有对越南制度环境的深度剖析与实证研究。因此，这也形成了本书拟拓展的突破口之一。

第二，关于企业进入东道国后的人力资源管理研究较为匮乏。

目前，关于制度压力对 OFDI 企业国际化战略和行为影响机制的研究偏重于企业的首次国际化决策（齐朝顺和杜晓君，2017），即其进入东道国之前的战略决策，尤其是进入模式研究；而关于企业进入东道国后如何积极应对当地制度压力的研究不够深入（Regnér and Edman，2014；Zhang et al.，2017）。关于制度压力对海外经营企业影响的国内外文献中，往往将一国范围内不同区域的制度环境假定为同一制度环境，而实际情况是在一国范围内不同行业、不同区域的制度环境压力都有所差异（新兴经济体尤其如此）。东道国制度压力对海外经营企业的人力资源管理实践产生强大的影响（赵曙明等，2012；Meyer and Peng，2016），这些企业的人力资源管理实践对其在东道国的生存与发展起到至关重要的作用（Farndale et al.，2010；Xing et al.，2016；Yang and Lin，2019）。然而，目前鲜有学者对东道国制度压力对海外经营企业的人力资源管理实践进行实证研究，这正形成了本书拟拓展的突破口之二。

第三，海外经营企业绩效研究中偏重财务绩效。

从制度压力、本地化、自主权等因素对海外经营企业绩效作用机制的研究中可以发现，现有研究较为偏重新古典经济学模型中的财务绩效；而海外经营企业绩效是其与东道国外部环境互动的结果，企业所在的外部制度环境对其战略及其社会责任实践活动形成了外在的约束力量（谢名一，2016）。因此，企业在海外的生存和发展依赖于东道国各利益相关者对其主观感知，单纯的财务绩效无法表达企业通过发展与利益相关者关系等行为对企业无形价值的提升作用，单纯追求经济效益的企业也难以获取可持续竞争优势（吴剑峰和乔璐，2018）。基于此，将在越南经营的中国企业的社会绩效与其财务绩效相结合评价其在东道国的实际经营状况，将成为本书拟拓展的突破口之三。

第三章　越南投资环境与外资企业在越南直接投资现状研究

本章在第二章中所阐述的已有相关研究的基础上，首先对越南发展史、自然地理与资源状况、行政区划、人口与劳动力资源等做出简要介绍；其次补充了已有研究中尚未更新与明确界定的越南投资环境发展状况，探讨越南吸引外资的优势与劣势；再其次详细分析了外资企业（特别是中国企业）在越南直接投资的概况、发展历程与结构；最后对中国企业在越南直接投资中存在的问题加以总结，以期为后续的在越中国企业探索性案例分析和理论模型构建奠定基础。

第一节　越南概况

一、越南发展简史

越南，古称"交趾""安南"。公元 968 年，越南成为独立的封建国家，此后经历了 1884 年沦为法国殖民地、1945 年"八月革命"胜利并宣布独立、1945 年法国再次入侵、1954 年北方实现解放、1975 年南方全面解放等一系列重大历史事件。1976 年 7 月 2 日，越南宣布国家统一，并将国名改为"越南社会主义共和国"。1986 年，越南实行"革新开放"（越南语：Đổi Mới）政策，经济实现较快发展。1995 年，越南加入东盟。1998 年，越南加入亚洲太平洋经济合作组织（APEC）。2007 年，越南加入世界贸易组织（WTO）。2015～2019 年，越南国内生产总值年平均增长率为 6.76%[①]，成为世界上经济发展较快的国家之一，并已被列入"新钻 11 国""展望五国"。

---

① 越南统计局网站，http：//www.gso.gov.vn.

二、自然地理与资源状况

越南地处中南半岛东部，（戴克来和于向东，1998；中国外交部，2019），3/4的面积为山地和高原，地形弯曲狭长，中间细、两头宽，略呈"S"形，海岸线长达3260千米（赵和曼，2000），处于从太平洋通往印度洋的国际航道之侧，战略位置非常重要，近代以来成为兵家必争之地。此外，越南的物产资源非常丰富，素有"一根扁担、两只谷筐"和"金山银海"等美誉（余兆富，2014）。

根据地理环境和自然条件，可将越南划分为6个区域，如表3-1所示。越南设有5个直辖市和58个省，主要城市包括首都河内、胡志明市、海防、岘港等。

表3-1   越南省市分布

编号	区域	省市列表
1	红河平原地区11省市	河内*、海防*、永福、北宁、广宁、海阳、兴安、太平、河南、南定、宁平
2	北部山区14省	河江、高平、北洤、宣光、老街、安沛、太原、谅山、北江、富寿、奠边、莱州、山萝、和平
3	中北部沿海地区14省市	岘港*、清化、义安、河静、广平、广治、承天—顺化、广南、广义、平定、富安、庆和、宁顺、平顺
4	西原地区5省	昆嵩、多乐、林同、嘉莱、多农
5	南部东区6省市	胡志明市*、平福、平阳、同奈、巴地—头顿、西宁
6	湄公河平原地区13省市	芹苴*、隆安、前江、槟椥、茶荣、永隆、同塔、安江、坚江、后江、朔庄、薄寮、金瓯

注：标*为直辖市。

资料来源：根据 Niên giám thống kê Việt Nam 2018 （《越南统计年鉴》（2018 年））第一章整理。

三、人口与劳动力资源状况

截至 2018 年底，越南总人口为 9466.6 万，居世界第 15 位，人口平均年龄为 31 岁，从事经济活动的 15 岁以上劳动人口数量为 5535.42 万人，占总人口的 58.47%，较 2017 年底增加 53.04 万人[①]。越南人口结构年轻，劳动力资源以勤

---

① 根据 Niên giám thống kê Việt Nam 2018 （《越南统计年鉴》（2018 年））第二章整理。

劳能干、工资相对低廉而著称，但也存在技术水平不足等问题。饶志明（2017）从工资、劳动人口、人力资源、素质三个方面综合测算出越南的劳动力资源禀赋综合排名位列东盟国家第一。

越南国会每年都会立法上调最低月工资标准。该标准是在正常的劳动条件及工作时间提供正常劳动的前提下，企业向劳动者支付的最低劳动报酬。如表 3 - 2 所示，2016 年越南各地区最低月工资上调幅度曾高达 12% ~13%，给企业造成相当大的压力；此后几年有所回落，保持在 5% ~6%。但由于近年来外资企业赴越南投资的热潮，导致劳动力供不应求，技术工人和管理人员更为紧俏；企业支付给员工的薪酬通常远高于最低工资标准，每年也会有相应幅度的上调。

表 3 - 2　　　　　　　　　　越南最低月工资标准（2015~2020 年）

地区[①]	2015 年	2016 年	2017 年	2018 年	2019 年	2020 年
一类区	3100000 đ （944 元）[②]	3500000 đ （1066 元）	3750000 đ （1142 元）	3980000 đ （1212 元）	4180000 đ （1273 元）	4420000 đ （1346 元）
二类区	2750000 đ （837 元）	3100000 đ （944 元）	3320000 đ （1011 元）	3530000 đ （1075 元）	3710000 đ （1130 元）	3920000 đ （1194 元）
三类区	2400000 đ （731 元）	2700000 đ （822 元）	2900000 đ （883 元）	3090000 đ （941 元）	3250000 đ （990 元）	3430000 đ （1045 元）
四类区	2150000 đ （655 元）	2400000 đ （731 元）	2580000 đ （786 元）	2760000 đ （841 元）	2920000 đ （889 元）	3070000 đ （935 元）

　　注：①越南将全国分为四个类别区，实施不同的最低工资标准。一类区为河内和胡志明市；二类区为河内和胡志明市的农村地区，以及芹苴、岘港和海防市区；三类区为省级城市及北宁、北江、海阳和永福市区；四类区为其他区域。

　　②括号内为折算成人民币的金额，参考汇率为 1 越南盾 = 0.0003045 人民币（2019 年 10 月 27 日）

　　资料来源：越南中国商会. 越南最低工资标准年度对比（更新至 2020 年）[EB/OL].（2019 - 07 - 13）http：//www. vietchina. org/ynzx/5052. html.

第二节　越南投资环境发展现状

一、越南宏观经济现状

2019 年，越南连续第二年在经济社会发展方面完成国会年初所提出的 12 个目标中的所有指标（Thứ Tu，2020）。其中，国内生产总值（GDP）增长率继续保持高标准，达7.02%。2008～2019年越南GDP增长率总体呈稳定上升趋势，如图3－1所示。

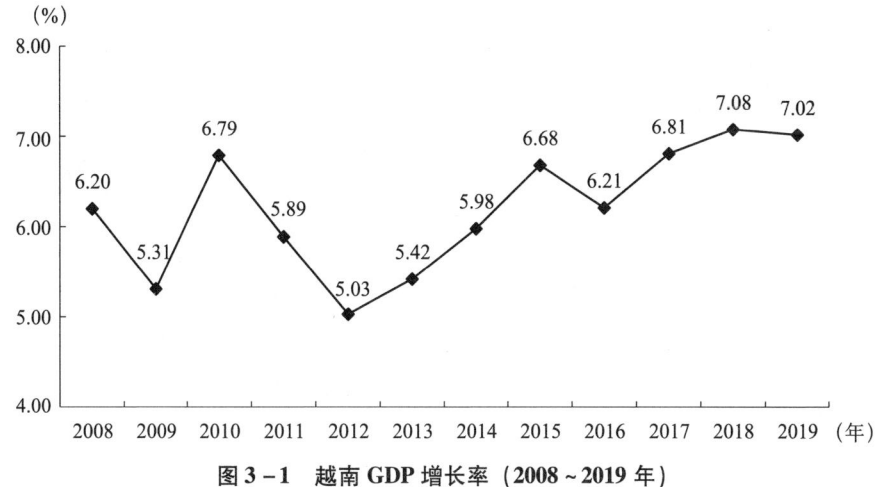

图3－1　越南GDP增长率（2008～2019年）

资料来源：越南统计局网站，http://www.gso.gov.vn.

2018年和2019年，在世界经济形势复杂多变的大背景下，越南的GDP增长率仍能超过7%实属不易。王志刚（2020）对该现象做出过深入分析，认为从内因上看，这是越南自2008年金融危机以来经历较长时间阵痛，积极调整经济结构的成果；从外因上看，虽然美联储加息对新兴经济体不利，但中美之间的贸易摩擦加速了劳动密集型产业向越南的迁移，使越南意外获利。

同时，越南的国家财政状况也得到改善。2019年，越南国家财政收入总额达1539.32万亿越南盾，比预算高出9.1%[①]。国家财政赤字占GDP的比重为3.4%，处于近年来最低水平[②]。

二、越南贸易现状

2019年，越南连续第4年实现高额贸易顺差。尽管世界市场的总需求下降，但越南的进出口总额仍达近5170亿美元，比2018年增长7.20%。其中，出口总额为2634.5亿美元，增长7.65%；进口总额为2535.1亿美元，同比增长6.74%；实现

---

① 资料来源于越南统计局网站 http://www.gso.gov.vn.
② 近年来该国财政赤字占GDP比重：2013年5%，2014年4.7%，2015年4.26%，2016年5.05%，2017年3.5%，2018年3.6%。

贸易顺差99.4亿美元①。2008年以来越南的进出口额数据如表3-3所示。

表3-3 **2008~2019年越南贸易进出口情况** 单位：亿美元

年份	出口额	进口额	进出口总额	净出口额
2008	626.9	807.1	1434.0	-180.2
2009	571.0	699.5	1270.5	-128.5
2010	722.4	848.4	1570.8	-126.0
2011	969.1	1067.5	2036.6	-98.4
2012	1145.3	1137.8	2283.1	7.5
2013	1320.3	1320.3	2640.6	0
2014	1502.2	1478.5	2980.7	23.7
2015	1620.2	1657.8	3278.0	-37.6
2016	1765.8	1749.8	3515.3	16.0
2017	2151.2	2132.2	4238.4	19.0
2018	2447.2	2375.1	4822.3	72.1
2019	2634.5	2535.1	5169.6	99.4

资料来源：越南统计局网站，http://www.gso.gov.vn；越南工贸部网站，http://www.mpi.gov.vn。

2019年，美国依然是越南最大的出口市场，中国也依然是越南最大的进口市场。中国已经连续16年成为越南最大的贸易伙伴（张磊，2020）。据中国商务部的统计数据②，2019年中越双边贸易额约1620亿美元，比2018年增长9.6%，其中，中国对越出口约979亿美元，比2018年增长16.7%，进口约641亿美元，同比增长0.2%；越方贸易逆差199.4亿美元，同比增加69.5%。根据越南海关总局的统计数据，2019年中越双边贸易额1168.7亿美元，同比增长9.5%，越南对华出口414.1亿美元，自华进口754.5亿美元，同比增长分别为0.3%和15.37%。越方贸易逆差340.4亿美元，同比增长140.8%。以上数据反映出2019年越南产品的对华出口情况并不尽如人意。

三、越南自由贸易协定签署情况

自由贸易协定（Free Trade Agreement，FTA）是两国或多国间具有法律约束

---

① THÁI BÌNH. 22, 6% kim ngạch xuất nhập khẩu của Việt Nam đến từ Trung Quốc [EB/OL]. (2020 - 02 - 01) https://haiquanonline.com.vn/226-kim-ngach-xuat-nhap-khau-cua-viet-nam-den-tu-trung-quoc-119349.html.

② 商务部亚洲司. 2019年1~12月中国与亚洲周边国家双边贸易统计 [EB/OL]. (2020 - 03 - 30) http://yzs.mofcom.gov.cn/article/g/date/202003/20200302949562.shtml.

力的契约，目的在于促进经济一体化，消除贸易壁垒，允许产品与服务在国家间自由流动。越南自21世纪初以来一直致力于谈判、签署FTA，目前已成为东南亚地区参与FTA较多的国家之一。据越南工商会WTO与国际贸易中心公布的信息显示，截至2020年5月底，越南已参加9个以成员身份签署的区域性FTA和6个以独立方签署的双边FTA，另有2项FTA正在谈判中，如表3-4所示。多项FTA的签署和生效，既是越南落实独立、自主、实现国际关系多边化、多样化的外交政策的重要举措，同时也使越南融入国际经济合作的水平大幅提升，成为当前越南吸引外国直接投资最为突出的优势之一（罗仪馥，2020）。

表3-4　　　越南已参加或正在谈判的FTA（截至2020年3月底）

类别	FTA名称	生效日期	主要内容
区域性	东盟FTA	1993年1月1日	实现东盟内部经济一体化和区域内贸易零关税
	东盟—中国FTA	2005年7月1日	中国与东盟加强和增进经济、贸易和投资合作；逐步实现货物和服务贸易自由化，创造透明、自由和便利的投资机制
	东盟—韩国FTA	2007年6月1日	韩国对东盟近8000种商品给予免关税，东盟对韩国45%的商品给予削减关税；2010年开始取消90%以上进出口商品的关税壁垒
	东盟—日本FTA	2008年12月1日	双方10年内基本实现贸易投资自由化，日本对从东盟进口总额93%的产品取消关税
	东盟—澳大利亚—新西兰FTA	2010年1月1日	2010~2020年东盟逐渐对澳大利亚和新西兰削减96%货物的关税
	东盟—印度FTA	2010年1月1日	2010年起双方减免80%的商品品种的关税
	东盟—中国香港FTA	2020年2月20日	《自贸协定》和《投资协定》范围全面，涵盖货物贸易、服务贸易、投资、经济和技术合作、争端解决机制及其他相关范畴
	全面与进步跨太平洋伙伴关系协定（CPTPP）	2018年12月30日	签署国将撤销或削减工业品和农产品的关税；还将合作降低手机国际漫游资费，取消跨境数据交换限制，共同制定禁止网络交易诈骗行为的法令等
	区域全面经济伙伴关系协定（RECP）	已于2020年11月15日签署，预计2022年1月1日生效	拓展了原有多个"10+1"自贸协定的规则领域，对标国际高水平自贸规则纳入了知识产权、电子商务、贸易救济、竞争、政府采购等议题，作出符合区域特点和需要的规定

类别	FTA 名称	生效日期	主要内容
双边	越南—日本 FTA	2009 年 10 月 1 日	双方 10 年内实现贸易自由化；日本对从越南进口总额 92% 的产品、越南对从日本进口总额 88% 的产品实行零关税
	越南—智利 FTA	2014 年 1 月 1 日	推动两国在货物交易、扩大市场以及加强各领域的合作
	越南—韩国 FTA	2015 年 12 月 20 日	韩国将支持越南提升韩国具有优势而越南拥有合作需求的领域竞争力；为越南创造更多就业机会
	越南—欧亚经济联盟 FTA	2016 年 10 月 5 日	双方对大部分商品品种减免进口关税
	越南—欧盟 FTA	2020 年 8 月 1 日	双方将实现 99% 的关税减让；开放公共采购和服务市场
	越南—英国 FTA	2021 年 5 月 1 日	不仅开放了商品和服务贸易，而且还纳入了许多其他重要因素，例如面向绿色增长和可持续发展等
	越南—以色列 FTA	尚在谈判中	
	越南—欧洲自由贸易联盟 FTA		

资料来源：越南工商会 WTO 与国际贸易中心网站，http：//www. trungtamwto. vn/fta.

四、越南投资相关法律现状

越南法律属于大陆法系，现行宪法为第五部宪法。越南自"革新开放"以来，以发展经济为重心，加快融入国际。特别是在 2006 年 11 月加入 WTO 后，越南给予外资企业国民待遇，政府大力清理国内法律法规，力求与国际接轨。

越南《投资法》对外国投资行为和越南国内投资行为进行统一的规定。经过多次修订与完善，不仅在增加投资政策的优惠力度和扶持领域的同时取消多项业务的投资经营限制条件，还取消了对外国投资商在经济组织中持有注册资金的限制，在合作经营合同①（business cooperation contract，BCC）形式的投资中，对公私伙伴（public-private Partnership，PPP)② 合同项目的领域、条件、手续加以具体规定。越南关于外商投资方式的规定如表 3 – 5 所示。

---

① 合作经营合同指不设立经济组织的投资商之间以合作经营、利润分成、产品分成为目的而签订的合同。

② 公私伙伴合同是指国家职能管理部门与投资商、项目企业之间为按越南《投资法》第二十七条中的规定实施投资项目而签订的合同。

表 3 - 5 　　　　　　　　　　越南关于外商投资方式的规定

	直接投资方式		间接投资方式
设立经济组织	• 外商独资企业 • 与当地企业合资 • 外资合并与收购（可通过购买上市企业股票或者购买股份制企业股权的方式）		• 购买股票、债券和其他有价证券 • 通过证券投资基金 • 通过对当地企业和个人的股份、债券和其他有价证券进行买卖 • 通过其他中介金融机构投资
不设立经济组织	以 BCC 合同形式投资	• 典型模式为 PPP 合同投资 • 按照实施方式可分为 BOT①、BT②、BOO③、BTO④ 等合同方式进行投资	
	通过购买股票或融资方式参与投资活动管理		

资料来源：中国驻越南经商参处. 越南投资法 ［EB/OL］.（2015 - 07 - 24）http：//vn. mofcom. gov. cn/article/ddfg/tzzhch/201507/20150701059946. shtml.

　　除此之外，与在越南经营的外资企业相关的其他法律笼统分布在《越南土地法》《环境保护法》《越南工会法》《越南企业法》《越南竞争法》《反不正当竞争法》《关于驻越公司越南的外资企业的劳动法》《关于外国人在越南就业管理规定实施细则》等一些零散的法律法规中。

五、越南吸引外资的优劣势分析

　　世界银行每年发布的《全球营商环境报告》中显示，近年来越南营商环境在全球的排名不断提升，如表 3 - 6 所示。越南吸引外资的优势主要体现在强劲的国民经济增长、庞大而成熟的自由贸易体系、优惠的招商引资政策、得天独厚的地理位置、相对低廉的原料和劳动力成本这五个方面，越南也被许多分析人士

---

　　① BOT 是对"建设—拥有—转让"（build-own-transfer）和"建设—经营—转让"（build-operate-transfer）形式的简称，现在通常指后一种含义。

　　② BT 是 BOT 的一种历史演变，即"建设—转让"（build-transfer）。政府通过特许协议，引入国外资金或民间资金进行专属于政府的基础设施建设，基础设施建设完工后，该项目设施的有关权利按协议由政府赎回。通俗地说，BT 投资也是一种"交钥匙工程"，社会投资人投资、建设，建设完成以后"交钥匙"，政府再回购，回购时考虑投资人的合理收益。

　　③ BOO 是对"建设—拥有—经营"（build-own-operate）形式的简称，指承包商根据政府赋予的特许权，建设并经营某项产业项目，但是并不将此项基础产业项目移交给公共部门。

　　④ BTO 是对"建设—移交—经营"（build-transfer-operate）形式的简称，指民营机构为基础设施（水务、电力等）融资并负责其建设，完工后即将设施所有权（注意实体资产仍由民营机构占有）移交给政府方；随后政府方再授予该民营机构经营该设施的长期合同，使其通过向用户收费，收回投资并获得合理回报。

称为亚太地区最具吸引力的投资目的地①。

表 3 - 6 越南营商环境排名情况 (2015~2020 年)

序号	营商环境指标	2015 年	2016 年	2017 年	2018 年	2019 年
		在 190 个经济体中的排名				
1	设立企业	125	119	121	123	104
2	办理施工许可证时间	12	12	24	20	21
3	电力资源获取	130	108	96	64	27
4	资产登记	58	58	59	63	60
5	信贷获取	36	28	32	29	32
6	中小投资者保护	121	122	87	81	89
7	纳税	172	168	167	86	131
8	跨境贸易	98	98	93	94	100
9	合同履行	74	74	69	66	62
10	破产处理	125	123	125	129	133
	总排名	93	91	83	68	69

资料来源：世界银行全球营商环境报告网站，https：//chinese. doingbusiness. org/.

然而，越南吸引外资的劣势主要体现在以下七个方面。

第一，劳动力效率和素质有待提高。越南人有小富即安的心态，生产效率大约比中国国内工人低 30%，即便提供高额加班费也不愿意加班，更热衷于参加休闲活动（Zhou and Shi, 2019）。此外，越南当地的专业人才较为缺乏，短期内难以形成发展高科技能力，也缺少雄心勃勃的大工程建造能力。

第二，对外资企业的保护有待提高。与发达国家政府所倡导的新自由主义治理思想有所不同（Cooke and Lin, 2012），为保障本土企业的利益，越南政府经常通过政治影响力干涉跨国商务活动，外资企业经常成为劳资关系检查和制裁的目标。此外，越南清廉指数排名表现情况一直欠佳②，越南政府的行政效率有待提高，法律体系也不够成熟，难以保障公平的投资秩序。

第三，外汇管制严格。越南货币越南盾不可自由兑换，外汇管制较为严格，投资者在使用美元时受到较大限制，可能会面临越南盾汇率不稳定的风险。越南金融市场服务外资企业的金融衍生产品种类较少，不能满足外来投资企业在越南发展的融资需求（王志刚, 2018）。

---

① PWC. Việt Nam tiếp tục là quốc gia thu hút đầu tư nước ngoài hàng đầu ［EB/OL］. (2019 - 12 - 17) https：//baodautu. vn/pwc-viet-nam-tiep-tuc-la-quoc-gia-thu-hut-dau-tu-nuoc-ngoai-hang-dau-d113043. html.

② 详见透明国际网站，http：//www. transparency. org/.

第四，基础设施薄弱。越南的全球基础设施竞争力指数排名较为靠后①，比中国落后大约 15 年，特别是在交通设施和水电供应方面（陈志彪，2016）。

第五，工业基础配套结构不合理。越南的工业基础较差，配套工业较落后，生产所需机械设备和原材料大部分依赖进口。

第六，物流业发展滞后。越南物流业整体竞争力仍较低，物流费用较高。

第七，自然灾害和疾病的影响。越南地处热带，湿热多雨，洪水、台风和干旱等自然灾害经常发生，还是传染病的多发地区。

第三节　外资企业在越南直接投资现状

一、外资企业在越南直接投资概况与发展历程

越南曾经是世界上较贫穷的国家之一，人均 GDP 不足 100 美元。1986 年 12 月，越南确立了"革新开放"的国家发展战略。30 余年来，越南在吸引外国直接投资方面实现了突飞猛进的成就，1988～2019 年外资企业在越南直接投资额、项目数和增长率数据如表 3－7、图 3－2 和图 3－3 所示。其中，2019 年外资企业在越南直接投资额高达 380.2 亿美元，同比增长 7.2%，创 10 年来新高，为 1988 年的 111.3 倍；实际到位投资额为 203.8 亿美元，同比增长 6.7%，创有史以来最高。

表 3－7　　　　　越南吸收外国直接投资情况（1988～2019 年）

年份	项目数		投资额	
	当年项目数（项）	同比增长（%）	当年投资额（亿美元）	同比增长（%）
1988	26	—	3.4	—
1989	72	176.9	5.7	67.2
1990	113	56.9	6.9	20.7
1991	152	34.5	12.8	86.2
1992	196	28.9	20.8	61.8
1993	274	39.8	28.3	36.2

---

① 详见世界经济论坛网站 https：//www.weforum.org/.

续表

年份	项目数		投资额	
	当年项目数（项）	同比增长（％）	当年投资额（亿美元）	同比增长（％）
1994	372	35.8	42.6	50.6
1995	415	11.6	79.3	85.9
1996	372	− 10.4	96.4	21.6
1997	349	− 6.2	59.6	− 38.2
1998	285	− 18.3	48.7	− 18.2
1999	327	14.7	22.8	− 53.2
2000	391	19.6	27.6	21.0
2001	555	41.9	32.7	18.2
2002	808	45.6	29.9	− 8.3
2003	791	− 2.1	31.7	6.0
2004	811	2.5	45.3	42.9
2005	970	19.6	68.4	50.9
2006	987	1.8	120.0	75.5
2007	1544	56.4	213.5	77.8
2008	1171	− 24.2	717.3	236.0
2009	1208	3.2	231.1	− 67.8
2010	1237	2.4	198.9	− 13.9
2011	1186	− 4.1	156.2	− 21.5
2012	1287	8.5	163.5	4.7
2013	1530	18.9	223.5	36.7
2014	1843	20.5	219.2	− 1.9
2015	2120	15.0	241.2	10.0
2016	2613	23.3	268.9	11.5
2017	2741	4.9	371.0	38.0
2018	3046	11.1	354.6	− 4.4
2019	3883	27.5	380.2	7.2

资料来源：越南统计局网站，http：//www.gso.gov.vn；越南计划投资部网站，https://www.mpi.gov.vn.

根据图 3 - 2、图 3 - 3 所显示的 1988 ～ 2019 年外资企业在越南直接投资额、项目数、增长率的起伏趋势，结合特定时间段国际形势变化与越南国内因素，本书将越南吸引外国直接投资发展历程分为六个阶段，如表 3 - 8 所示。

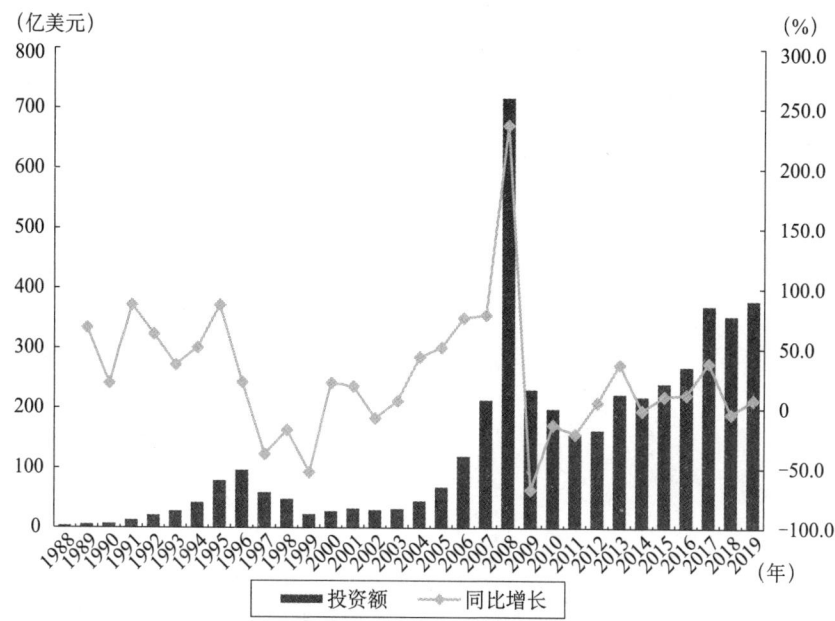

图 3 - 2　越南吸引外国直接投资额趋势（1988～2019 年）

资料来源：越南统计局网站，http：//www. gso. gov. vn；越南计划投资部网站，https：//www. mpi. gov. vn.

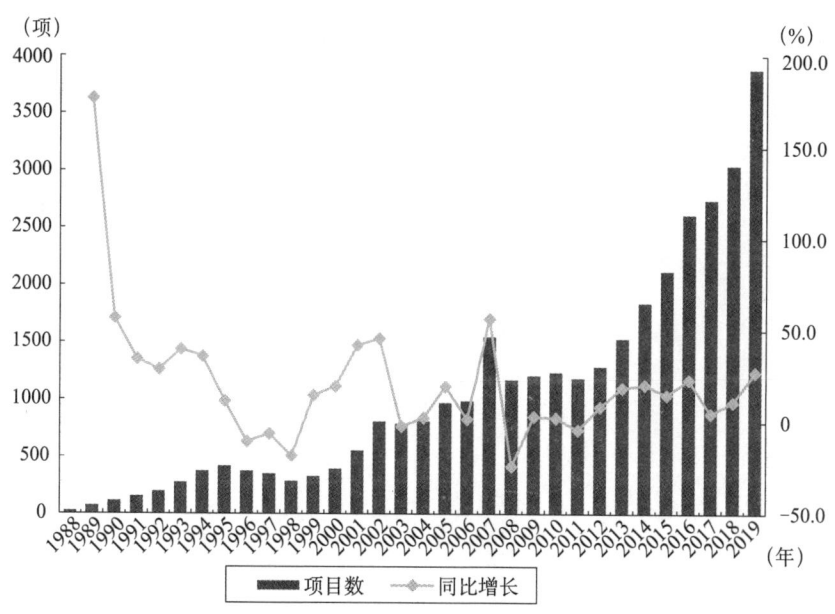

图 3 - 3　越南吸引外国直接投资项目数趋势（1988～2019 年）

资料来源：越南统计局网站，http：//www. gso. gov. vn；越南计划投资部网站，https：//www. mpi. gov. vn.

表 3 - 8　　　　　　　　　　**越南吸引外国直接投资情况发展阶段**

年份	特点	年平均投资额（亿美元）	投资额年平均增长率（%）	年平均项目数（项）	项目数年平均增长率	具体情况	原因分析
1988 ~ 1996	快速增长期	32.9	53.8	221	46.8	项目数、投资额均快速增长	1987 年颁布的《外商投资法》开放程度高，有效吸引外资，且外来投资者看好越南的发展潜力
1997 ~ 1999	大幅下降期	43.7	- 36.5	320	- 3.3	项目数缓慢下降、投资额大幅下降	1997 年亚洲金融危机的影响；来自中国等其他亚洲国家的竞争；《外商投资法》1996 年修订版缩小鼓励外资领域并加强对外资的监督；投资项目规模缩小
2000 ~ 2003	缓慢恢复期	30.5	9.2	636	26.2	项目数迅速增加；投资额缓慢增加	亚洲金融危机后的缓慢恢复阶段；投资项目规模缩小
2004 ~ 2008	第二个高速增长期	232.9	96.9	1097	11.2	项目数量缓慢增长、投资额快速增长	《投资法》将外国投资与国内投资统一管理，投资领域与形式更为灵活开放；2006 年成功举办第 14 届 APEC，加入WTO 并与美国实现贸易正常化；投资项目规模增大
2009 ~ 2011	第二个下降期	195.4	- 34.4	1210	0.5	项目数缓慢下降；投资额大幅下降	2008 年美国金融危机的影响；投资项目规模缩小
2012 ~ 2019	第三个增长期	277.8	12.7	2383	16.2	项目数和投资额总体保持增长，但后者中途偶有小幅下跌	美国金融危机后开始复苏；投资项目规模缩小；《投资法》经多次修订，优惠力度和扶持领域不断增加，审批手续不断简化

资料来源：越南统计局网站，http：//www. gso. gov. vn；越南计划投资部网站，https：//www. mpi. gov. vn.

综上所述，越南"革新开放"30 余年来，吸收外国直接投资情况经历了迅速增长、大幅下降、缓慢恢复、再次迅速增长、再次下降、第三次增长这六个起伏阶段，总体呈螺旋上升趋势；越来越多的国家和地区带着先进的科技技术和资金涌向越南。另据越南外交部公布的数据显示①，外国直接投资为越南创造的直接就业人数从 1999 年的 33 万增至 2017 年末的 360 万，还创造了约 600 个间接就业机会。这个处于快速发展阶段的东南亚国家，正逐步站上世界的舞台，吸引全球投资者的目光。

二、外资企业在越南直接投资结构分析

（一）外资来源国分布

2019 年，外国企业在越南直接投资额和项目数排名前五位的来源国情况如表 3-9 所示。受中美贸易战的影响，来自中国内地和中国香港地区的投资在 2019 年增长尤为明显。中国不仅投资额上升到第五位，为 2018 年同期的 1.61 倍，而且投资项目数跃至第二位；中国香港地区的投资额则飙升至 2018 年同期的 2.58 倍。

表 3-9　　　　　　　　**2019 年对越南直接投资前五名来源地**

投资额排名	国家或地区	直接投资额（亿美元）	项目数排名	国家或地区	项目数（项）
1	韩国	79.2	1	韩国	1137
2	中国香港	78.7	2	中国	683
3	新加坡	45.0	3	日本	435
4	日本	41.4	4	中国香港	328
5	中国	40.6	5	新加坡	296

资料来源：越南计划投资部网站，https://www.mpi.gov.vn.

截至 2019 年底，越南累计吸收外国直接投资额 3625.8 亿美元，项目 30827 项，对越南累计直接投资排名前十位的国家和地区分布情况如表 3-10 所示。

表 3-10　　　　**对越南累计直接投资前十名来源地（截至 2019 年底）**

投资额排名	国家或地区	直接投资额（亿美元）	项目数排名	国家或地区	项目数（项）
1	韩国	677.1	1	韩国	8467

---

① TRÚC T L. Toàn cành về FDI cúa Trung Quốc t ại Việt Nam ［EB/OL］. （2019-05-07）https://ngkt.mofa.gov.vn/toan-canh-ve-fdi-cua-trung-quoc-tai-viet-nam/.

投资额排名	国家或地区	直接投资额（亿美元）	项目数排名	国家或地区	项目数（项）
2	日本	593.3	2	日本	4385
3	新加坡	497.8	3	中国	2807
4	中国台湾	323.7	4	中国台湾	2692
5	中国香港	234.5	5	新加坡	2421
6	英属维尔京群岛	217.3	6	中国香港	1735
7	中国	162.7	7	美国	988
8	马来西亚	126.4	8	英属维尔京群岛	841
9	泰国	109.0	9	马来西亚	616
10	荷兰	100.5	10	法国	563

资料来源：越南计划投资部网站，https：//www.mpi.gov.vn。

由此可见，越南的投资伙伴主要来自亚洲。韩国一直是越南最大的投资来源国，新加坡、日本、中国也基本保持在靠前位置。

（二）区域分布

2019年，外国投资商对越南53个省市进行投资，河内、胡志明市、平阳省、同奈省和北宁省分别为该国吸引外资排名前五的省市，如表3-11所示。目前，外国直接投资已经覆盖到越南所有的63个省市，但这些外资的区域分布却存在明显差异。截至2019年底，越南六个区域①吸引外商直接投资累计资金总额和项目数的情况如表3-12所示。

表3-11　　　　2019年越南吸引外国直接投资排名前五位的省市

省市	投资额（亿美元）	所占比例（%）	项目数（项）	所占比例（%）	项目平均金额（亿美元）
河内	84.6	22.2	879	22.6	0.10
胡志明市	83.0	21.8	1320	34.0	0.06
平阳省	34.1	9.0	243	6.3	0.14
同奈省	21.4	5.6	121	3.1	0.18
北宁省	15.8	4.2	247	6.4	0.06

资料来源：越南计划投资部网站，https：//www.mpi.gov.vn。

---

① 越南六个区域依照《越南统计年鉴》（2018年）的标准划分，参见 Niên giám thống kê Việt Nam 2018，前面"3.1.3 行政区划"中有相关论述。

表3－12　　越南各区域吸引外国直接投资情况（截至2019年底）

区域	投资额（亿美元）	所占比例（%）	项目数（项）	所占比例（%）	项目平均金额（亿美元）
南部东区	1537.7	42.4	15664	51.5	0.10
红河平原地区	1051.6	29.0	10263	32.6	0.10
中北部沿海地区	588.1	16.2	1963	6.3	0.30
湄公河平原地区	230.3	6.4	1699	5.6	0.14
北部山区	181.1	5.0	1042	3.3	0.17
西原地区	9.3	0.3	146	0.5	0.06
油气	27.7	0.8	50	0.2	0.55
合计	3408.5	100	27454	100	0.12

资料来源：越南计划投资部网站，https：//www.mpi.gov.vn.

外国直接投资在越南六个区域中的分布极不平衡。首先，南部东区不论是投资金额还是项目数上都排名第一，拥有绝对优势。越南最大的城市胡志明市位于南部东区；该地区不仅自然资源丰富，而且处于水陆空交通枢纽位置，是该国经济和基础设施最发达的区域。其次，红河平原地区在投资金额和项目数上均排名第二。越南首都河内和第三大城市海防都位于红河平原地区；该地区与中国接壤，为越南人口密度最大的区域，具备明显的人才优势和丰富的旅游资源，是越南的政治文化中心。最后，中北部沿海地区在投资金额和项目数上均排名第三，但项目平均投资金额排名第一（除油气项目之外）。该地区处于越南国土"S"形中间的最窄处，东边沿海，海岸线长度超过1000千米，水陆空交通网络发达，自然资源和旅游资源都极为丰富。与上述三个地区形成鲜明对比的是西原地区在吸引外资的投资金额和项目数所占比例均未超过1%，该地区也是越南少数民族聚居地，人口密度最低，也是全国GDP最低的地区，基础设施较为落后。

另外，本书以各省和直辖市为研究对象，观察外资的区域分布状况。截至2019年底，越南吸引外商直接投资金额排名前10位和后10位的省市分别如表3－13和表3－14所示。

表3－13　　越南吸收外国直接投资额排名前十位的省市（截至2019年底）

排名	省市	投资额（百万美元）	所占比例（%）	项目数（项）	所占比例（%）	项目平均金额（万美元）
1	胡志明市	47341.5	13.1	9173	29.8	520
2	平阳省	34388.2	9.5	3772	12.2	910
3	河内	34113.1	9.4	5934	19.2	570

排名	省市	投资额 （百万美元）	所占比例 （％）	项目数（项）	所占比例 （％）	项目平均金额 （万美元）
4	同奈省	31226.4	8.6	1659	5.4	1880
5	巴地—头顿省	31026.0	8.6	466	1.5	6660
6	北宁省	18849.6	5.2	1510	4.9	1250
7	海防	18744.2	5.2	779	2.5	2410
8	清化省	14190.8	3.9	142	0.5	9990
9	河静省	11729.0	3.2	77	0.2	15230
10	太原省	8277.9	2.3	157	0.5	5270

注：因涉及项目平均金额计算，故表格中投资额单位设为百万美元。

资料来源：越南计划投资部网站 https://www.mpi.gov.vn.

从表 3-13 可以看出，排在前三位的胡志明市、平阳省与河内的吸收外资额所占比例已经超过全国的 30%。此外，除了一直排名靠前的几大省市之外，来自中北部沿海地区的清化省、河静省，吸收外资项目平均金额遥遥领先，也存在极大的吸引外资潜力。

表 3-14　　越南吸收外国直接投资额排名后十位的省市（截至 2019 年底）

排名	省市	投资额 （百万美元）	项目数（项）	项目平均金额 （万美元）
1	莱州省	1.5	1	150
2	奠边省	3.0	1	300
3	河江省	4.2	6	70
4	北洴省	6.4	4	160
5	嘉莱省	12.2	6	200
6	高平省	52.4	18	290
7	广治省	85.0	19	450
8	崑嵩省	93.9	9	1040
9	山萝省	135.7	10	1360
10	多乐省	144.4	12	1200

注：因涉及项目平均金额计算，故表格中投资额单位设为百万美元。

资料来源：越南计划投资部网站，https://www.mpi.gov.vn.

从表 3-14 可以看出，在越南吸收外国直接投资额排名后十位的省市中，有八个省市 30 余年来吸引外企不足 1 亿美元，不仅远远落后于排名靠前的省市，而且与各省市平均投资额相差甚远。此外，这十个省市并非完全来自前面所述的六个区域中最落后的西原地区；而是有六个来自北部山区，三个来自西原地区，一个来自中北部沿海地区。中北部沿海地区项目平均投资金额排名第一，在投资金额和项目数上也并不落后，而该地区的广治省 30 余年来吸引外资却不足一亿美元，说明中北部沿海地区内部发展也极不平衡。

以上数据再次强有力地验证了越南各区域、各省市吸引外国直接投资能力的极度不平衡。鉴于此，越南政府在 2015 年开始实施的《投资法》中特别强调对落后投资地区的鼓励，把鼓励投资的行政区域分为经济社会条件特别困难地区（A 区）和经济社会条件困难地区（B 区）两大类，分别享受特别鼓励优惠及鼓励优惠政策。

（三）行业分布

2019 年，外国投资商在越南对各行业领域进行投资。其中，制造业是吸引外资最多的领域，协议资金近 245.6 亿美元，占总额的 64.6%；房地产业排名第二，协议资金达 38.8 亿美元，占 10.2%；批发零售业位居第三。截至 2019 年底，越南各行业累计吸收外国直接投资情况如表 3 - 15 所示。

表 3 - 15　　　　越南各行业吸收外国直接投资情况（截至 2019 年底）

产业及行业类别		投资额（百万美元）		项目数（项）	项目平均金额（万美元）
		金额	所占比例（%）		
第一产业	农林渔业	3508.5	0.97	497	710
第二产业		255991.5	70.60	16430	1560
1	制造业	214174.9	59.07	14422	1490
2	电力、热力、燃气及供水、排污与废物处理业	26511.3	7.31	207	12810
3	建筑业	10407.8	2.87	1693	610
4	采矿业	4897.5	1.35	108	4530
第三产业		103903.6	28.66	13971	740
1	房地产业	58433.3	16.12	868	6730
2	住宿餐饮业	11990.2	3.31	839	1430
3	批发零售与机车修理业	8144.2	2.25	4544	180
4	交通运输与仓储业	5067.3	1.40	823	620
5	教育培训业	4376.2	1.21	525	830
6	信息与通信业	3871.0	1.07	2145	180
7	娱乐艺术业	3388.4	0.93	135	2510
8	科学研究与技术服务业	3200.1	0.88	3217	100

	产业及行业类别	投资额（百万美元）		项目数	项目平均金额
		金额	所占比例（%）	（项）	（万美元）
9	人类健康与社会工作业	1989.4	0.55	148	1340
10	管理与支持服务业	969.0	0.27	438	220
11	金融、银行与保险业	822.9	0.23	71	1160
12	其他	1651.6	0.46	218	760

注：因涉及项目平均金额计算，故表格中投资额单位设为百万美元。

资料来源：越南计划投资部网站，https：//www.mpi.gov.vn.

由此可见，越南的三大产业无论在吸引外资的金额、数量还是在项目平均金额上，都存在较大的不平衡，主要体现在以下三个方面。

首先，第一产业吸引外资能力最弱。越南是一个传统的农业国，陆地资源和海洋资源都非常丰富，但其第一产业吸收外资却相对有限，仅占投资总额的1%，尚未发挥其应有的潜力。造成这一现象的原因与该国第一产业在国民经济中占比逐步下降和人口城镇化有关。越南现行的《投资法》中特别加强了对第一产业的扶持。例如，第十五条第2款中将"位于农村且使用500名劳动力以上的投资项目"列为享受投资优惠的对象。又如，第十六条第1款中把"养殖、加工农林水产品；种植和保护森林；制盐；捕捞海产品及渔业后勤服务；生产植物种子、动物种苗、生物科技产品"列为享受优惠的行业领域。

其次，第二产业为外国直接投资的重点。第二产业占据了外国直接投资总额的69.4%，而且集中在制造业上的外资就已接近总额的60%。这些行业多为劳动密集型，越南年轻的人口结构、丰富的劳动力资源、相对较低的原材料成本以及灵活开放的贸易政策是投资集中于第二产业的主要因素。近年来，除了传统重工业项目外，外国投资者更倾向于投资轻工业和科技类制造业，这与越南政府开始主张甄选外资项目，提升外资质量有关。例如，越南政府在《企业所得税法》中规定"从事石油、天然气及自然资源等企业须按其项目类别缴纳32%～50%的企业所得税"。又如，越南《投资法》第十六条第1款中将"高技术生产、高技术辅助工业产品；生产新材料、新能源、清洁能源、再生能源；生产节能产品；生产科学通信、软件、数据内容等产品；回收、处理、再生产或再使用废弃物"都列为享受优惠的行业领域。

此外，第三产业吸引外资潜力逐渐突显。房地产业为第三产业中外资投资的重点，占历年累计总投资额的16.12%；2019年房地产业依旧保持名列第二的位置（仅次于制造业），但所占比例已经降低到10.2%，呈现出下降趋势。这与越南计划投资部将"房地产项目"列为限制投资项目有关。此外，批发零售业、教育培训业吸引外资比例都明显呈升高趋势。批发零售业外资的增加体现出越南近年来居民生活水平不断提升，消费能力增强，外资非常看好越南当地的市场潜力。教育培训业外资增加的原因一是来自越南《投资法》把"幼儿教育、基础教育、职业教育"列为享受投资优惠的行业领域；二是源自越南居民对教育逐步重视。

第四节　中国企业在越南直接投资现状

中国与越南是山水相连、唇齿相依的邻邦，同处在"一带一路"倡议、"两廊一圈"、澜沧江—湄公河合作、亚太经济合作组织（APEC）、中国—东盟自由贸易区以及即将签署的区域全面经济伙伴关系（RCEP）等经贸合作框架内，这些都为两国经贸合作提供了难得的新契机，也为两国的企业带来巨大的发展机遇。

一、中国企业在越南直接投资概况与发展历程

中越两国山水相连，自 1991 年关系正常化以来，两国关系逐渐迈入新的发展阶段。与韩国、日本、新加坡等其他越南主要的外资来源国相比，中国对越南直接投资起步较晚，始于 1995 年①。此后一段时间内，中国对越南直接投资流量及其年增长率并不突出。然而，自 2010 年起中国对越南直接投资明显增加（见表 3 – 16、图 3 – 4），越南日益成为中国企业 OFDI 的重要目的地。

表 3 – 16　　　　中国对越南直接投资流量与存量（2004~2019 年）

年份	直接投资流量			直接投资存量	
	金额（万美元）	同比增长（%）	占中国总 OFDI 流量比例（%）	金额（万美元）	同比增长（%）
2004	1685	—	0.3	16032	—
2005	2077	32.2	0.2	22918	43.0
2006	4352	109.5	0.2	25363	10.7
2007	11088	154.8	0.4	39699	56.5

① 中国商务部. 境外投资企业（机构）名录 ［EB/OL］. http：//wszw. hzs. mofcom. cn/fecp/fem/corp/fem_ cert_ stat_ view_ list. jsp.

续表

年份	直接投资流量			直接投资存量	
	金额（万美元）	同比增长（%）	占中国总OFDI流量比例（%）	金额（万美元）	同比增长（%）
2008	11984	8.1	0.2	52173	31.4
2009	11239	−6.2	0.2	72850	39.6
2010	30513	171.5	0.4	98660	35.4
2011	18919	−38.0	0.3	129066	30.8
2012	34943	84.7	0.4	160438	24.3
2013	48050	37.5	0.4	216672	35.1
2014	33289	−30.7	0.3	286565	32.3
2015	56017	68.3	0.4	337356	17.7
2016	127904	128.3	0.7	498363	47.7
2017	76440	−40.2	0.5	496536	−0.4
2018	115083	50.6	0.8	560543	12.9
2019	164852	43.3	1.2	707371	26.2

资料来源：中国商务部，国家统计局，国家外汇管理局. 2019 年度中国对外直接投资统计公报 [R]. 2020.

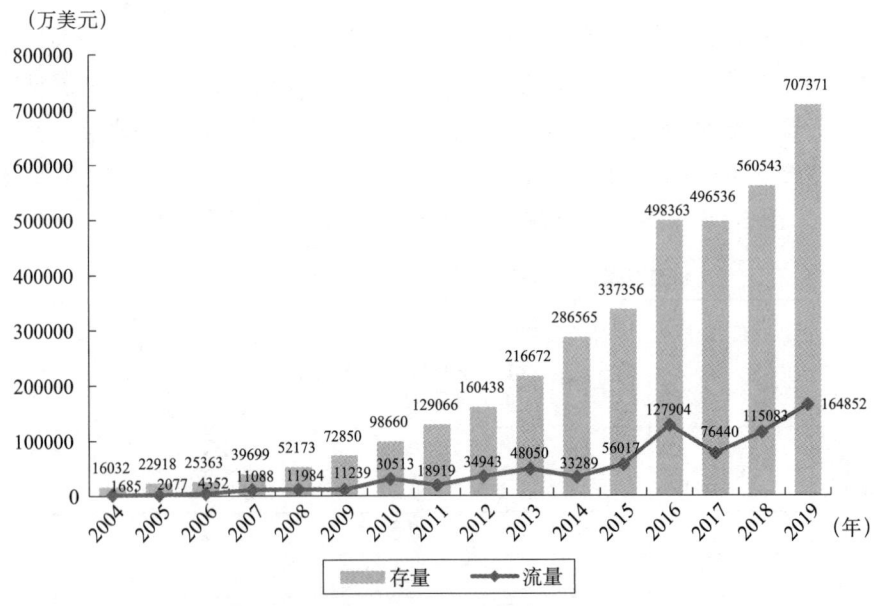

图 3 - 4 中国对越南直接投资流量与存量趋势（2004～2019 年）

资料来源：中国商务部，国家统计局，国家外汇管理局. 2019 年度中国对外直接投资统计公报 [R]. 2020.

表 3 - 16 和图 3 - 4 显示近年来中国对越南直接投资流量偶有波动，FDI 存量持续增加，总体呈增长趋势；投资额占中国 OFDI 总流量比例也在不断增长。在此期间，中国对越南直接投资流量分别于 2010 年、2016 年（同比增长 128.3%）和 2018 ~ 2019 年出现过三次明显的提升：一是 2010 年，不仅被当年中国—东盟自由贸易区的正式全面启动所推动，而且受到 2009 年美国商务部对中国出口商品（如钢管、汽车零件等）实施反补贴、反倾销制裁的影响；二是 2016 年，与当时的 TPP 谈判不断推进有关；第三次则与 2018 年中期以来中美贸易摩擦不断加剧有关，受此影响最典型的行业是家具行业。由此可见，中国企业对越南直接投资的最主要动机是突破"原产地"的限制，规避发达国家的对华贸易壁垒。

综上所述，中国企业对越南直接投资总体呈现明显的向上增长趋势。本书借鉴越南社会科学翰林院中国研究所阮庭廉博士的观点，将中国对越南直接投资发展历程分为三个阶段（Nguyễn Đình Liêm，2016）。

1. 初步探索与缓慢增长阶段（2001 年之前）

以在中国商务部备案时间为准，中国在越南直接投资的第一家企业为中国机械进出口（集团）有限公司 1995 年在越南设立代表处。在 2001 年之前，中国对越的直接投资的项目数量和规模都较小，项目平均投资金额仅为 15 万美元，主要集中在食宿服务（如宾馆和饭店）和日用品制造等领域，大部分与越南当地企业合资，处于初步探索与缓慢增长阶段，对越南经济社会发展尚未起到明显的促进作用。

2. 快速增长阶段（2002 ~ 2010 年）

2002 ~ 2010 年，在中国政府"走出去"战略指引下，在两国建立全面战略合作伙伴关系的推动下，中国对越的直接投资逐年增长；与此同时，越南《外商投资法》历经四次修订，又于 2005 年颁布将外国投资行为和国内投资行为进行统一规定的《投资法》，使外来投资的程序更为简化，投资环境更为宽松，这些都成为中国对越南直接投资增长的重要促进因素。2009 年美国金融危机导致中国对越南投资短期小幅下跌，但在随后的 2010 年即迅速恢复，当年投资流量创造出同比增长 171.5% 的好成绩，投资存量也同比增长 35.4%。更为重要的是，此阶段中国对越南投资的大规模项目逐渐增多，投资行业领域、投资形式也呈现出多样性，投资区域也进一步扩大。

3. 稳步增长阶段（2011 年至今）

2011 年之后，中国对越南的投资项目及投资总额大幅增长，中国已在 2017 ~ 2019 年排在越南外资来源地前五的位置，原因主要来自三个方面：其一，中美贸易摩擦的影响，以纺织行业享受 CPTPP 关税减免为例，按照原产地的要求，必须原材料上从纱线到布料的生产，加工上从剪裁到缝制的过程均在CPTPP成员境内完成；其二，中国政府"走出去"战略、"一带一路"倡议以及两国多个经贸合作框架的推动，此时中越两国关系也进入新时期，高层领导频繁互访，政治经济领域合作不断加强；其三，越南《投资法》的不断修订，继续加大投资扶持和优惠政策的力度，放宽市场准入限制，并增加更为多样的投资方式。

二、中国企业在越南直接投资结构分析

中国和越南对于投资输出和投资输入的统计数据存在不一致的现象，以2019年中国对越南直接投资流量为例，中国商务部、国家统计局、国家外汇管理局发布的《2019年度对外直接投资统计公报》中数据为164852万美元，而越南计划投资部公布的此项数据为406294万美元。若细化到中国各省份和各行业对越南直接投资的数据、越南各省市和各行业吸收中国投资的数据，则更加难以实现统一的标准。鉴于此，本书中，关于中国企业对越南直接投资来源地和行业分布依照中国商务部《境外投资企业（机构）备案结果公开名录》进行分析；关于中国企业在越南直接投资的地区分布则参考越南官方的统计资料。

（一）投资来源地分布

根据中国商务部《境外投资企业（机构）备案结果公开名录》，截至2020年3月底，中国企业在越南设立子公司、代表处共计1693家。除青海省外，所有省（区、市）都已对越南进行直接投资。其中，在越南设立子公司和代表处数量大于200家的有三个省，分别为浙江省、江苏省和广东省。此外，广西壮族自治区、山东省、湖南省、上海市也是投资较多的省份。具体如表3-17所示。

表3-17　中国在越南设立企业（机构）来源地排名（截至2020年3月底）

排名	省（区、市）	企业（机构）数量	所占比例（%）
1	浙江省	275	16.24
2	江苏省	210	12.40
3	广东省	204	12.05
4	广西壮族自治区	135	7.97
5	山东省	134	7.91
6	湖南省	107	6.32
7	上海市	93	5.49
8	中央企业	75	4.43

续表

排名	省（区、市）	企业（机构）数量	所占比例（％）
9	云南省	63	3.72
10	福建省	48	2.84
11	四川省	47	2.78
12	北京市	40	2.36
13	重庆市	38	2.24
14	辽宁省、安徽省	34	2.01
16	河北省	32	1.89
17	湖北省	28	1.65
18	天津市	27	1.59
19	江西省、河南省	16	0.95
21	山西省	9	0.53
22	海南省	6	0.35
23	贵州省	5	0.30
24	陕西省	4	0.24
25	吉林省、新疆维吾尔自治区	3	0.18
27	内蒙古自治区、宁夏回族自治区	2	0.12
29	黑龙江省、甘肃省、西藏自治区	1	0.06
32	青海省	0	0

资料来源：2015 年底之前的企业名录从中国商务部《境外投资企业（机构）名录》中筛选整理而成，参见 http：//wszw. hzs. mofcom. gov. cn/fecp/fem/corp/fem_ cert_ stat_ view_ list. jsp；2016 年至今的企业名录从中国商务部《境外投资企业（机构）备案结果公开名录》中筛选整理而成，参见 http：// femhzs. mofcom. gov. cn/fecpmvc/pages/fem/CorpJWList. html.

由此可见，中国对越南的直接投资呈现出以东部经济发达省市和与越南毗邻省市为主的特征，尤其是东部经济发达省市发展基础较好的产业，如纺织等加工制造业、工业和农副业等，成为其独特的投资优势。浙江省、江苏省、广东省凭借在改革开放进程中的先发优势，构成了中国对越南投资的第一梯队。

首先，浙江省是中国目前对越南投资最多的省份。浙江省企业中已涌现出一批知名度较高的中越经贸合作典范。例如，前江投资管理有限责任公司投资设立的越南龙江工业园是越南第一个中国独资的工业园区，也是首批通过中国商务部确认考核的境外经贸合作区，在"一带一路"沿线 45 家中国海外园区综合排名和增长潜力排名均名列第一（曾刚等，2018）；截至 2020 年 3 月底，该工业园总共吸引 48 家企业入园投资，其中中国企业 36 家，代表性企业如 2019 年荣登美国《财富》杂志世界 500 强榜单①的海亮集团有限公司的两家子公司——越南海亮金属制品有限公司和海亮（越南）铜业有限公司。此外，2019 年浙江本土民营企业跨国经营 30 强中有 8 家企业已经在越南设立子公司②，分别为浙江三花智能控制股份有限公司、海亮集团有限公司、富通集团有限公司、百隆东方股份有限公司、杭州巨星科技股份有限公司、博威集团有限公司、杰克缝纫机股份有限公司和福莱特玻璃集团股份有限公司。

其次，江苏省对越南直接投资也较为集中。如表 3 - 18 所示，近 6 年来，江苏省新批准对越南投资项目数总体保持上升趋势（排除 2017 年中国政府出台限制企业利用对外直接投资额度将资产转移至境外这一因素导致的暂时下降），对越南投资项目数在总投资项目中的比重则每年均保持上升趋势；同时，江苏省企业对越南直接投资额方面则表现出更为强劲的增长趋势，6 年间增长 7.9 倍。

表 3 - 18　　　　江苏省对越南直接投资项目数与投资额情况（2014～2019 年）

年份	新批项目数			中方协议投资额		
	数量（项）	同比（%）	比重（%）	金额（万美元）	同比（%）	比重（%）
2014	6	-25.00	0.80	5921	-46.40	0.80
2015	8	33.30	0.90	2581	-56.41	0.30
2016	18	125.00	1.69	24841.8	862.49	1.75
2017	11	-38.89	1.74	11557.452	-53.48	1.25
2018	37	236.36	4.71	24082.269	108.37	2.54
2019	56	51.35	6.77	52613.329	118.47	5.88

资料来源：江苏省商务厅，http：//swt.jiangsu.gov.cn/col/col12421/index.html。

最后，广东省是中国对越南投资省份前三名中离越南最近的省份。广东省的知名品牌企业，例如华为、中兴、格力、美的等，在越南先后投资设立了生产基地和营销网络。中越深圳—海防经济贸易合作区既是中越两国经贸合作的典范和重要载体，又是广东省对越南投资的重要平台，该园区在拉动越南地方经济增长的同时，也对广东省在"一带一路"沿线市场优化产业布局、培养经贸合作新载体发挥了积极作用。

---

① 海亮集团.《财富》发布 2019 年世界 500 强榜单 海亮集团首次登榜 [EB/OL].（2019 - 07 - 22）http：//www.hailiang.com/big/index.php/news/info/814.

② 根据浙江省商务厅网，http：//www.zcom.gov.cn/art/2019/9/23/art_ 1389602_ 38335189.html 与中国商务部《境外投资企业（机构）备案结果公开名录》匹配整理而成。

（二）行业分布

中国商务部《境外投资企业（机构）备案结果公开名录》显示，截至 2020 年 3 月底，中国企业在越南设立子公司和代表处的行业分布情况如表 3 – 19 所示。

表 3 – 19 中国企业在越南设立企业（机构）行业分布情况
（截至 2020 年 3 月底）

产业类别		企业（机构）数量	所占比例（%）
第一产业	农林渔业	44	2.6
第二产业		1067	63.1
1	制造加工业	948	56.0
2	电力、热力、燃气及供水、排污与废物处理业	18	1.1
3	建筑与安装业	53	3.1
4	采矿业	49	2.9
第三产业		581	34.3
1	代表处	357	21.1
2	批发零售业	83	4.9
3	科学技术与信息技术服务业	59	3.5
4	交通运输与仓储业	17	1.0
5	商务服务业	16	0.9
6	房地产业	7	0.4
7	其他服务业	42	2.5
合计		1693	100

资料来源：2015 年底之前的企业名录从中国商务部《境外投资企业（机构）名录》中筛选整理而成，参见 http：//wszw. hzs. mofcom. gov. cn/fecp/fem/corp/fem_ cert_ stat_ view_ list. jsp；2016 年至今的企业名录从中国商务部《境外投资企业（机构）备案结果公开名录》中筛选整理而成，参见 http：//femhzs. mofcom. gov. cn/fecpmvc/pages/fem/CorpJWList. html.

从在商务部备案的企业（机构）数量上看，三大产业存在较大的不平衡。第二产业，尤其是其中的制造加工业，占据了中国在越南设立企业（机构）的半数以上。纺织服装、机械制造、摩托车、汽车配件、五金制品、矿业生产以及办公用品生产等都是中国企业在越南投资的制造加工业的重点领域。第一产业的企业（机构）数量占比仅为 2.6%；第三产业的企业（机构）数量占比为 34.3%。形成这一现象的原因主要体现在以下两个方面。

第一，规避贸易壁垒的需要。在发达国家贸易保护主义显著加剧、全球贸易体系碎片化的背景下，出口零关税和低税率已成为中国出口导向型企业为规避高额关税纷纷来越南投资建厂或增加投资的最主要原因，同时也是 2019 年中国对越南直接投资流量比 2018 年猛增 61% 的直接原因。

第二，节约生产成本的需要。来自中国的少部分企业是为了利用越南的农林渔与矿产资源，而绝大部分企业则是被越南充足而低廉的劳动力资源、土地厂房租金等工业化初期优势所吸引。

随着中国经济发展进入新常态，产业转型升级和优质产能成为中国对外直接投资的重要引擎，也是"一带一路"倡议的重要组成部分；另外，越南政府也日益重视新能源和可再生能源的开发。在此背景下，中国对越南投资领域涌现出新变化，能源行业等中国具有较大优势的产业逐渐成为中国对越南直接投资的重要领域。例如，中国南方电网有限责任公司等多家单位于 2015 年 7 月开始投资建设的越南永新燃煤电厂一期 BOT 项目①，是中越两国经贸合作五年发展规划和产能合作的重点项目，有效缓解了越南南方用电紧张局面，得到越南政府和越南国家电网的高度肯定和赞扬。又如，常州天合光能有限公司 2016 年在越南投资建设的太阳能光伏电池工厂②，单体设计总产能达 1GW，成为目前越南国内最大规模的太阳能光伏电池制造项目，荣获越南北江省"杰出贡献企业奖"，还被北江省环保局评为工业区环保排放优秀典型企业。

近年来，随着越南经济的高速发展和国民生活水平的提升，中国对越南的第三产业投资也在蓬勃发展。首先，越南电商市场已经吸引到中国知名电商企业的极大兴趣。阿里巴巴集团已于 2017 年正式进军越南，并于 2019 年 3 月宣布与越南跨境电商 Fado 签署合作文件③，将协助越南企业在阿里巴巴展位上向全球推广产品。京东集团也于 2018 年向越南本地电商平台 Tiki 投资 4400 万美元④，成为其最大股东之一。其次，中国企业在越南投资建设的海外工业园区也成为中国企业进入越南的重要平台和中国政府推进"一带一路"建设的有力抓手。截至 2020 年 12 月底，中资企业在越南共投资建设五个工业园区，如表 3 - 20 所示。此外，越来越多中国企业的投资流向越南资本市场，通过物色业绩惨淡的中小规模公司继而进行整体收购和增资并包装上市。

---

① 中国驻胡志明市总领馆经商室. 中国投资的越南永新一期煤电项目开工建设 [EB/OL]. (2015 - 07 - 20) http：//hochiminh. mofcom. gov. cn/article/zxhz/zzjg/201507/20150701051314. shtml.

② 天合光能. 天合光能投资越南最大规模太阳能光伏电池工厂开业 [EB/OL]. (2017 - 01 - 06) https：// www. trinasolar. com/cn/news/20170101.

③ 中国驻越南经商参处. 阿里巴巴公司协助越南中小企业出口 [EB/OL]. (2019 - 03 - 18) http：// vn. mofcom. gov. cn/article/jmxw/201903/20190302843756. shtml.

④ 智通财经. 京东（JD. US）成为越南电商平台 Tiki 最大股东 [EB/OL]. (2019 - 08 - 07) https：// www. zhitongcaijing. com/content/detail/225599. html.

表3-20　　　　中国企业在越南建设工业园区情况（截至2020年12月底）

工业园区名称	面积（公顷）	地点	开建时间	建设情况
铃中出口加工区	600	胡志明市、西宁省	1995年	中越合资，中国企业在国外的第一个工业区，已实施三期项目
龙江工业区	600	前江省	2007年	中国独资，已引进入园企业48家，是已通过中国商务部考核的20家国家级境外经贸合作区之一，浙江省"一带一路"建设重点项目
深圳—海防经贸合作区（安阳工业区）	800	海防市	2008年	中国独资，已成功引进20家科技企业入驻，项目分三期建设，将于2022年完成全部投资
仁会工业区B区（康洋工业园）	452	平定省	2017年	中越合资，已有4家企业入驻，项目还在建设中
天虹海河工业区	3300	广宁省	2017年	中国独资，核心行业为纺织，园区建设起点高、规模大，项目还在建设中

资料来源：中国商务部. 对外投资合作国别（地区）指南—越南（2020）［R］. 商务部国际贸易经济合作研究院、中国驻越南大使馆经济商务处、商务部对外投资和经济合作, 2020.

（三）区域分布①

关于中国企业在越南各省市投资状况的数据较少且相对滞后。据越南外交部统计资料显示，截至2017年4月，中国企业已对越南54个省市进行直接投资。

首先，中国企业对越南直接投资省市前三位并非来自前面所列出的越南吸收外国直接投资额排名前十位的省市之中。中国企业在越南投资最多的省为位于越南中北部沿海地区的平顺省，仅7个项目，投资额却高达20.3亿美元，占中国企业在越南总投资额的18.1%。前面所提及的越南永新燃煤电厂一期BOT项目位于平顺省，总投资额达17.5亿美元，是中越两国经贸合作的标杆项目和国家"一带一路"建设中的示范项目。中国企业在越南投资额列第二的是南部东区的西宁省，46个项目的投资额为16.5亿美元，占中国在越南总投资的14.8%。中国企业在国外的第一个工业区——铃中出口加工区的第三区位于西宁省，吸引79个投资项目，注册资金达近3.14亿美元。中国知名纺织企业申洲集团、百隆东方都已在西宁省设立生产基地，为当地创造数以万计的就业机会。北部山区的北江省排名第三，61个项目的投资额约为9.6亿美元；前面所提及的天合光能科

---

① TRÚC T L. Toàn cảnh về FDI của Trung Quốc tại Việt Nam［EB/OL］.（2019 - 05 - 07）https：// ngkt. mofa. gov. vn/toan - canh - ve - fdi - cua - trung - quoc - tai - viet - nam/.

技（越南）有限公司位于北江省云中工业区，总投资额达 1.36 亿美元。

其次，中国企业对越南投资偏好人口密集、交通便利和基础设施发达的省市。例如，红河三角洲地区的河内（162 个项目）、海防（73 个项目）、广宁省（67 个项目），南部东区的胡志明市（130 个项目）、平阳省（82 个项目）都是中国企业投资越南的热点地区。

此外，中国企业对越南的投资还偏重中越边境省市。由于基础设施条件欠佳，经济基础薄弱，这些省市经常被外来投资者所忽视；但基于地缘优势，它们却能够吸引来自中国的投资。例如，老街省（27 个项目）、谅山省（20 个项目）、高平省（7 个项目）、莱州（2 个项目）等。莱州省为越南吸引外国投资额最低的省市，高平省也是排名后十位的省市之一。中国企业对越南相对落后地区的投资有助于提升这些地区的现代化和城市化，弥补北部山区欠发达省市与越南其他地区之间的差距。

三、中国企业对越南直接投资存在的问题与挑战

近年来，中国企业对越南直接投资呈现出稳步增长趋势，但大多数中国企业对于进入越南投资过程中"想当然"的成分偏多，认为越南与中国情况相似，都是共产党领导的社会主义国家。把中国已有的经验照搬到越南，结果往往是行不通的。中国企业对越南直接投资目前存在的问题与挑战主要体现在以下四个方面。

（一）越南当地制度环境对中国企业的挑战

（1）法律法规复杂多变。越南政府制定的涉及外国企业投资法律较多，每年还有众多中央政府总理的决定、决议和各省市政府的决定（齐建国，2014）。这些法律、决定、决议变动频繁，缺乏可预测性、透明度和一致性。中国企业在越南经营过程中经常由于不熟悉当地法律法规，遭遇各种制度风险，影响合法经营，造成不必要的损失。

（2）刻板印象所造成的歧视性待遇。中国企业往往认为越南是一个低端市场，销往越南的商品常常以次充好，忽视产品质量和售后服务。例如，21 世纪初，中国品牌摩托车因其价格实惠的优势曾占据了越南 80% 的市场；但由于中国企业的恶性竞争，产品质量差，失去了绝佳的发展机会；时至今日，中国摩托车在越南依然难以获得消费者的认可，这一低质量形象甚至泛化到越南人对各种中国产品的印象中（施展，2020）。

（3）反华情绪和提防心理。中越历史上长期的战争和领土争端使越南人民的提防心理很重，不会轻易地建立信任（陈志彪，2016），也不希望越南国内的中国元素太多，试图尽量减少中国经济对越南的影响。近百年来，无论是法国还是美国，最初到越南时都是打着帮助越南人民的旗号，这就导致越南人民即使面对中国送上门来的机会也认为是陷阱。随着中美贸易摩擦的加剧，尽管"越南获益于中美贸易战"已是中国学者（顾强，2019；张明和王碧珺，2019）与越南学者（Quang Lôc，2019）的共识，但越南官方对于国际媒体频频谈论此观点充满戒心，担心引起美国方面的反感和政策调整，成为美国及其跟风国家的"新靶子"。

（二）中国企业产业结构亟待优化

2019 年 8 月 20 日，越共总书记、国家主席阮富仲签发关于到 2030 年完善相关体制政策，提高外商投资合作质量和效果定向的第 50/NQ/TW 号决议，被视为越南 30 年吸引外资由"兼收并蓄"转向"择优引资"的重要信号。该决议明确指出，越南今后吸引外资的战略优先方向主要是吸引高新技术、绿色技术、现代化管理、附加值高、带动性强，对打造价值链和全球供应链发挥重要作用的项目[①]。

目前日、韩等国已在越南布局高新技术产业与产业链中的研发环节，投资领域也趋于多样化[②]，更为符合越南政府对该国未来经济发展的战略定位和越南民众的舆论导向，对在越中国企业造成无形的竞争压力（罗仪馥，2020）。相比之下，中国企业在越南直接投资的产业结构极不平衡，在第一产业与第三产业的直接投资远落后于第二产业，各产业内部也出现分布不均衡的问题。

在第二产业中，中国企业对越南的投资重点领域集中在传统的劳动密集型制造加工业。随着越南经济社会发展水平的提升，土地、劳动力等要素成本水涨船高，集中在产业链低端环节对越南的直接投资所能享受的利润空间将逐渐缩小甚至消失，亟待关注越南的发展需求，积极投资具有较大发展潜力的、符合发展需

① BỘ CHÍNH TRỊ. Nghị quyết số 50 – NQ/TW ngày 20/8/2019 Về định hướng hoàn thiện thế chế, chính sách, nâng cao chất lượng, hiệu quả hợp tác đầu tư nước ngoài đền năm 2030［EB/OL］（2019 – 08 – 20）http：//tulieuvankien. dangcongsan. vn/he-thong-van-ban/van-ban-cua-dang/nghi-quyet-so-50-nqtw-ngay-2082019-cua-bo-chinh-tri-ve-dinh-huong-hoan-thien-the-che-chinh-sach-nang-cao-chat-luong-hieu-qua-5629.

② 中国驻越南经商参处. 越媒称日本企业在越投资逐渐多样化［EB/OL］.（2014 – 10 – 17）http：//vn. mofcom. gov. cn/article/jmxw/201410/20141000763272. shtml.

越通社. 胡志明市与韩国各大型集团加强合作［EB/OL］.（2015 – 05 – 27）https：//zh. vietnamplus. vn/胡志明市与韩国各大型集团加强合作/39051. vnp.

求的高新技术产业、新能源产业等。此外，美国已开始关注"赴越投资热"[1]，对来自越南但原产地并非越南的钢铁制品征收高额惩罚性关税[2]，而越南迫于美国的压力也出台相应规定避免外资企业"借道"越南的出口行为[3]，这些都给中国企业对越南直接投资带来更多的限制与更为严峻的挑战。

在第三产业中，中国企业的投资重点领域集中在批发零售业，却不够重视金融服务业的投资。

（三）越南劳动力紧缺和罢工的影响

目前，越南的劳动力成本上涨迅速。首先，随着外资企业纷纷涌向越南投资，某些产业密集地区已出现"用工荒"，不少企业普遍面临"用工贵"的问题。越南人受到西方工作和生活价值观的影响，敬业心不足，生产效率较低。其次，在越南的中国企业面临着日益增多的工人罢工事件。据越南劳动与荣军社会部统计，2019 年上半年，全国发生 67 起罢工事件[4]，其中中国企业 10 起，平均每起罢工事件持续 2~3 天。一旦发生罢工事件，对企业经营成本、商誉的损失巨大。此外，越南劳务市场的信息体系建设相对滞后（张磊，2018）。例如，越南各地区之间的信息不通畅，概况、收集和供应信息的能力不能满足劳务市场对劳动力的需求。目前，越南还缺乏可靠而一贯的劳务市场预测模式，从事劳动力统计、分析、预测工作的专业人员短缺。

（四）日益严格的技术和环境标准的挑战

目前，越南政府吸引外资的导向为欢迎高科技、高附加值产业、具有良好环境保障的项目。许多在越南的外资企业采用全球最先进的技术与设备，某些工业区甚至要求达到 A 级排放标准。2016 年，中国台湾地区某钢铁厂的严重海洋污染事件给越南社会造成了极大的负面影响。越南政府高度重视环境保护，与此相关的政策法令相对其现今发展阶段而言相当严格，有些方面甚至超过了发达国家的标准。越南政府明确强调发展经济不能以破坏环境为代价，环境压力已成为越南可持续发展进程中重要的问题，特别是外资企业大量投资的金属炼制、造船、成衣纺织、鞋类等消耗能源和自然资源的行业（张磊，2018）。然而，这些行业

---

① 环球时报. 特朗普：越南是"最恶劣的贸易施虐者"［N］. 环球时报, 2019 – 06 – 27.

② 李东尧. 456%！美国宣布对来自越南且原产于韩国与台湾（地区）的钢铁制品征收惩罚性关税［EB/OL］.（2019 – 07 – 03）https：//world. huanqiu. com/article/9CaKrnKliqL.

③ 中国—东盟自由贸易区. 越南出台新规：出口的须 100% 是海外进口原料［EB/OL］.（2019 – 08 – 07）http：//www. cn – asean. org/hwmy/hmdt/201908/t20190807_ 883044. html.

④ 搜狐网. 越南罢工事件上半年共 67 起，大部分发生在外企［EB/OL］.（2019 – 08 – 04）https：//www. sohu. com/a/331392343_ 100093606.

正是现阶段中国企业投资的重要领域，因此，在越南日益严格的技术和环境保护压力下，中国企业对越南的直接投资正在接受严峻考验。

第五节　本章小结

本章阐述越南投资环境并对外资企业在越南直接投资发展历程、现状和问题加以分析，得出以下结论。

第一，越南投资环境优势与劣势并存。越南吸引外资的优势主要体现在强劲的国民经济增长、庞大而成熟的自由贸易体系、优惠的招商引资政策、得天独厚的地理位置、相对低廉的原料和劳动力成本等。越南吸引外资的劣势则主要体现在政府过多干涉投资活动、清廉指数低、法律体系不够成熟完善、劳动力效率低、外汇管制严格、基础设施和工业基础配套薄弱等方面。

第二，越南吸引外国直接投资情况总体呈显著上升趋势。越南"革新开放"30余年来，吸收外国直接投资情况经历了迅速增长、大幅下降、缓慢恢复、再次迅速增长、再次下降、第三次增长这六个起伏阶段，总体呈螺旋上升趋势，这些外资主要来源于韩国、日本、新加坡、中国等亚洲国家。然而，越南各地区、各省市吸引外资能力却存在明显差异。此外，外国直接投资的产业分布也呈现出较大的不平衡，第一产业吸引外资能力最弱；第二产业为外国直接投资的重点；第三产业吸引外资的潜力正逐渐突显。

第三，中国企业对越南直接投资情况总体呈显著上升趋势。自1991年中越关系正常化以来，中国企业对越南直接投资经历了初步探索与缓慢增长阶段、快速增长阶段和稳步增长阶段。在此期间，投资额的三次明显提升都带有明显的订单转移性质；而投资额出现的四次偶然下降，一次是被美国金融危机所影响，还有一次是受到中国政府监管政策的影响，另外两次因两国领土争端事件而导致。对越南直接投资的中国企业以东部经济发达省区和与越南毗邻省区为主。中国企业对越南直接投资的产业分布呈现出明显差异，第二产业所占比例显著高于第一产业和第三产业。此外，中国企业对越南直接投资省市前三位并非来自越南吸收外国直接投资额排名前十位的省市之中，分别为平顺省、西宁省和北江省。

第四，中国企业对越南直接投资存在以下亟待解决的问题。一是越南当地制度环境的挑战；二是产业结构亟待优化；三是劳动力紧缺和罢工的影响；四是日益严格的技术和环境标准的挑战。

第四章 东道国制度压力对中国企业在越南投资绩效影响机制的探索性案例研究

本章在第二章文献综述和第三章越南投资环境与外资企业在越南直接投资状况研究的基础上，选取四家分别来自不同行业的典型企业开展探索性案例研究，通过案例内分析和案例间比较，根据这些企业在越南面临的制度压力、人力资源本地化、人力资源自主权与企业绩效的具体表现，结合相关理论探索其内在关系，形成本书的初始假设命题。

第一节 案例研究方法概述

案例研究权威学者美籍华人应国瑞（Yin，1989）对案例研究做出的经典定义为"案例研究是一种实证性的探究，用以探讨当前现象在实际生活场景下的状况"。被誉为"案例研究女皇"的美国斯坦福大学教授艾森哈特（Eisenhardt，1989）将案例研究称为"恰当且受青睐"的组织研究方法。在许多重要的管理学期刊中，采取案例研究法的论文逐年增加，并取得了一定的研究正当性。例如，在国际上公认的两本组织管理领域顶级期刊 *Academy of Management Journal* 和 *Administrative Science Quarterly* 中，理论构建式的案例研究论文数量占最佳论文总数的48%（毛基业，2020）。又如，中国人民大学商学院与国内管理学权威期刊《管理世界》共同主办的"中国企业管理案例与质性研究论坛"自创办起已连续举办了13届，该论坛以案例研究为依托，以"洞见企业、构建理论"为使命，深度发掘本土企业管理的优秀实践、构建有中国特色的本土理论。这些现象都反映出案例研究越来越受到国内外研究者的重视和采用。

案例研究是一项周详而完整的研究策略，同时包含了特有的设计逻辑、特定的数据搜集及独特的数据分析方法（Yin，2003），特别适合以下三种情形（Yin，2017）：（1）主要研究问题的目的是回答"为什么改变（why）"和"如何改变

（how）"；（2）研究者几乎无法控制研究对象；（3）研究重点是当前现实对象。

根据研究目的，案例研究可以区分为三大类，包括探索性（exploratory）、描述性（descrtive）及因果性（causal）案例研究（Yin，1994）；根据所选案例的数量，案例研究可以分为单案例研究和多案例研究。

本书的核心问题——东道国制度压力、人力资源本地化、人力资源自主权与企业绩效——属于当前现实问题，不同于其他易从现实中抽象出来的理论研究问题；研究对象——在越南经营的中国企业也不受研究者的主动干预和控制；研究目的正是揭示人力资源本地化、人力资源自主权的原因（why）以及如何提升绩效（how）。此外，目前关于新兴经济体跨国公司如何进行人力资源管理实践的研究并不多见（Luo and Tung，2017）。基于此，本书采用探索性多案例研究方案，在理论梳理及案例数据分析的基础上，提取研究逻辑与框架，形成本书的初始假设命题，为后续的实证研究奠定基础。

艾森哈特（Eisenhardt，1989）基于构建理论的流程将案例研究总结与归纳为准备、执行和对话三大阶段，应国瑞（Yin，2003）则更为强调理论预设的重要性。中国学者项保华和张建东（2005）结合两者的观点，提出包含如图 4 - 1 所示的六个步骤。本书将依照此步骤，构建东道国制度压力对中国企业在越南投资绩效影响机制的分析框架，基于理论预设、案例数据和理论三者互相匹配的原则形成初始假设命题。

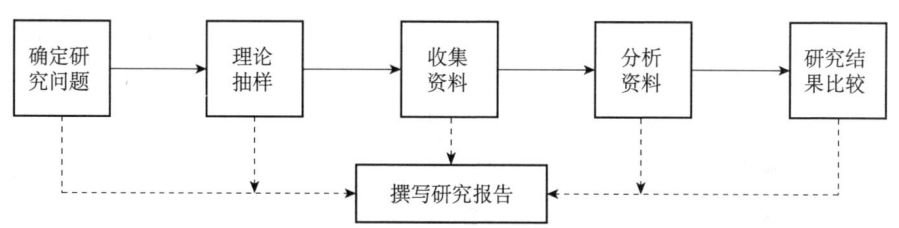

图 4 - 1　项保华和张建东提出的案例研究步骤

资料来源：项保华，张建东．案例研究方法和战略管理研究［J］．自然辩证法通讯，2005（5）：64 - 68.

第二节　案例探索的理论预设

资源基础观认为，企业各自所拥有的独特的有形或无形资源与能力能为其带来竞争优势。同时，新制度主义理论则强调，海外经营企业国际化过程中，不仅受到其自身资源和能力的影响，更取决于企业能否在跨国背景下的制度环境下获得组织合法性。正如德勤中国（2018）在《中国企业海外投资运营指南》中的调查结果显示，关于中国企业海外投资面临的最大挑战方面，有55%的受访者选择了"东道国监管要求"。

组织合法性研究与制度压力研究密切相关（刘洪深，2012）。海外经营企业面临着东道国国家、行业、文化等多层面的制度压力。例如，国家层面的法律、法规、政策、指令等，由东道国政府部门制定，对企业形成强制性的压力。又如，当地的社会知识、价值观、信仰以及社会准则，由教育系统以及社会交互过程所塑造（Kostova and Zaheer，1999），对企业产生软性的约束。此外，东道国当地行业市场都有其独特的管理商业模式的规章制度，企业进入不同行业所面临的制度环境也不同。因此，东道国制度环境中的合法参与者对海外经营企业的国际人力资源管理实践有着自身的要求和限制，企业必须遵守这些要求和限制才能获取合法性（Chan and Makino，2007）。

在东道国制度的压力下，海外经营企业根据当地制度环境调整其国际人力资源管理实践显得尤为必要（Child and Marinova，2014），这些企业往往通过改变企业的内部控制制度（如安排外派人员、子公司自治等）来应对东道国的制度压力（Tao et al.，2017）。基于此，海外经营企业试图在其人力资源管理实践中实现合法性和一致性，以适应当地立法、文化和社会环境，从而实现在东道国的经营目标（Kamoche et al.，2015）。

根据"制度—战略（行为）—绩效（结果）"的研究范式，一方面，东道国制度压力可直接作用于海外经营企业绩效；另一方面，东道国制度压力还可能通过企业的人力资源管理实践进而影响绩效。因此，人力资源管理实践上的差异也将是形成不同绩效的内部根源，是东道国制度压力影响企业绩效的中间过程。

基于以上分析，本书以东道国制度压力为切入点，将人力资源本地化与人力资源自主权这两个中介变量引入东道国制度压力作用于企业绩效的机理之中，考察东道国制度压力如何通过相应的路径作用于企业绩效，如图4-2所示。本书将在该理论预设的指导下，通过四家典型企业的探索式案例分析，厘清东道国制度压力、人力资源本地化、人力资源自主权、企业绩效之间的内在关系，最终形成东道国制度压力对企业绩效影响机制的初始理论命题，为第五章更为全面的理论模型构建奠定良好的基础。

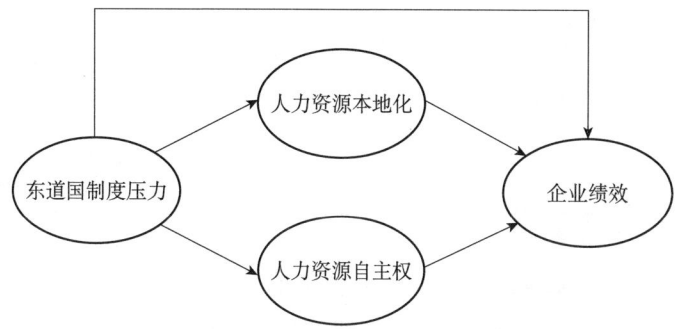

图 4 - 2 东道国制度压力对企业绩效影响机制的理论预设

第三节 案例设计方法论

一、案例选择

探索性多案例研究应选择符合研究对象要求并能带来有意义数据的案例（Leonard - Barton，1990），数量以 4 ~ 10 个为宜（Eisenhardt，1989）。本书研究团队自 2013 ~ 2018 年共访谈 16 家在越中资企业，从中选择四家作为案例企业，基本情况如表 4 - 1 所示。应受访企业的商业信息保密要求，本书中对企业名称做匿名处理，以字母代码来表示。

表 4 - 1   案例企业概况

企业名称	行业	总部所有制	股权	越南子公司员工规模（人）	在越南经营时间	基本情况
D 公司	制造业	国有	合资	150	12 年	总部为国家电网公司下属子公司，越南的 D 公司主营业务为电力产品制造
J 公司	制造业	民营	独资	3200	6 年	总部为中国袜业唯一上市公司，已在越南投建三家生产基地
L 工业园	服务业	民营	独资	65	13 年	中国在越南首家独资工业园，越南最大的中资工业园，中国商务部国家级境外经贸合作区

续表

企业名称	行业	总部所有制	股权	越南子公司员工规模（人）	在越南经营时间	基本情况
W 所	服务业	民营	独资	13	14 年	中国在越南首家为在越中资企业提供专业法律服务的律师事务所

资料来源：根据访谈资料、网络资料整理而成。

具体而言，本书基于以下四个基本原则选取案例。

第一，适配性原则。本书所选取的四家案例企业与研究主题高度相关，均属于在越南经营的中国企业，在国内有总部，在越南有子公司，这些子公司均面临着来自越南当地不同程度的制度压力。

第二，理论抽样原则。为了更好解释变量之间的关系，案例研究需遵循理论抽样原则。本书立足于探讨东道国制度压力对在越中国企业绩效的影响机制，为此在选择案例企业时，不仅从行业、总部所有制、股权类型、企业规模、在越南经营时间等多方面考虑案例对象的代表型，而且独具匠心地选择了 D 企业这样目前受巨大的强制压力影响而被迫转型的企业。这些差异为本书研究提供了丰富的情境，为理论的差别复制与扩展提供了便利，并为验证竞争性解释创造了条件。

第三，复制性逻辑。四家案例企业在选择的过程中，充分考虑了可以进行复制、对比的原则，以实现多重验证的目的。艾森哈特和格雷布纳（Eisenhardt and Graebner，2007）认为案例数量偶数为佳，这样可以通过案例对象之间的分组对比构建改善理论。本书选择的四家案例企业中，制造业和服务业各占一半，而且四家企业的绩效也具有不同的层次，这些都为案例对比提供了前提和基础，有利于深入挖掘当地制度压力对企业绩效影响的过程，深化研究结论并进行理论扩展，提高研究结论的效度和准确性。

第四，数据材料的丰富性和可获得性。四家案例企业均在越南经营 6 年以上，有丰富的关键节点证据链与回溯性数据，保证了本书研究的理论饱和度。本书研究团队在研究过程中经常与案例企业的中高层管理人员沟通、合作，具备良好的资料与数据基础，确保了信息和数据的真实性与准确性，以及案例研究的信度与效度。

二、数据搜集

本书主要通过两种方法搜集资料。一是文献搜索法，即通过浏览案例企业官网、宣传手册等二手资料来获取案例企业的背景知识；二是访谈法，即在文献梳理的基础上，形成初步预设，设计访谈提纲（见附录1），再对四家企业的高层管理者进行半结构化访谈。本书的访谈对象包括两类：一是国内总公司分管海外业务高管；二是在越南子公司高管。他们从事该企业的管理工作均超过5年，从而确保对该公司在越南的经营状况有深刻而全面的了解，并拥有丰富的档案资料，具体情况如表4-2所示。

表4-2　　　　　　　　　　　四家案例企业访谈情况

受访企业	访谈时间	地点	访谈对象	访谈内容
D公司	2019年10月21日 15：30～17：30	D公司总部会议室 （中国杭州）	F总 （D公司总经理）	公司在越南发展情况；公司在越南感受当地制度压力情况；公司人力资源本地化和人力资源自主权状况；公司社会绩效和财务绩效状况
	2019年11月25日 9：00～10：40	D公司办公室 （越南胡志明市）	D总 （D公司副总经理）	
J公司	2019年11月11日 10：30～11：35	J公司总部办公室 （中国杭州）	F总（J公司 总部副总经理）	
	2019年11月27日 14：20～16：05	J公司办公室 （越南海防）	L总 （J公司总经理）	
L工业园	2019年11月22日 13：20～14：00	某茶楼 （中国杭州）	W董 （L工业园董事长）	
	2019年11月26日 11：00～12：00	L公司会议室 （越南前江）	W总（L工 业园副总经理）	
W所	2019年11月26日 15：10～17：00	W所办公室 （越南胡志明市）	F总 （W所合伙人）	

本书采用以下两个方面数据搜集措施提高案例访谈的质量。

（一）及时记录、分析并追踪访谈信息

本书研究团队每次访谈均在取得受访者同意的情况下进行录音；访谈时间控制在1.5～2小时。访谈小组共3人，1人负责现场询问，2人负责现场记录和补充提问。访谈小组在访谈结束一天之内对访谈内容进行事后笔记整理，根据访谈录音对访谈记录内容进行逐字逐句核对，并使用标准格式对访谈内容进行再现、解析、分类和编码。第二天再将访谈内容通过再次访谈、电话、邮件等方式交给受访者审阅，对于不清楚的关键点再次向受访者询问，从而保证所搜集访谈资料的原始性和准确性。最后将确认后的内容与该企业的其他档案资料统一归档到案例研究资料库备用。

（二）使用多种数据来源

除半结构化深度访谈之外，本书还搜集企业档案资料作为三角验证和资料补充。其中，内部档案资料包括企业发展历程、会议记录等，外部档案资料包括媒体网络资料、上市公司年报、相关出版物。这些二手资料不仅在访谈前为我们提供企业背景和在越南投资方面的感性认识，有助于与受访者进行顺利沟通，还有助于我们获取更为全面的数据。

三、数据分析

数据分析是案例研究的核心，也是难度最大的部分，研究者需遵循研究程序才能获得一定水平的结果。本书的数据分析分为案例内和案例间两个层面，拟采用内容分析法（content analysis）和分析性归纳法（analytic induction）对所搜集的案例数据进行分析和解读。

首先，基于前面提出的理论预设，即按照东道国制度压力、人力资源本地化、人力资源自主权和企业绩效进行数据归类。其次，3人小组分别采用内容分析法对上述资料各自分工进行编码。再其次，3人小组一起对之前分工编码的企业加以数据复核。最后，在编码的基础上进行案例间数据分析，将案例内数据分析得到的变量间关系与理论预设加以比对，不断修正理论框架。

值得一提的是，分析性归纳法的使用贯穿于整个过程之中。每次访谈前，均根据上一次访谈结果和新的资料以及研究想法对本次访谈提纲进行适当调整，不断修正理论框架。

第四节　案例企业简介

一、D公司

D公司总部是国家电网公司下属的全资子公司，主要承担建设、运营、发展省级电网的任务。为响应国家"走出去"的战略号召，开拓越南市场，D公司总部经认真调研，于2004年7月在胡志明市成立办事处，于2006年9月与越南国家第二电力公司（现更名为越南南方电力总公司）签署"合作备忘录"。经过两年多的深入谈判，中越合资的D公司于2008年12月成功注册，主营业务为电力产品制造。D公司在建设初期（2009～2011年）已顺利完成土地租赁①、厂房和生产线的建设，并根据越南当地标准和实际情况研发电子式电能表及自动抄表系统。2012～2016年，D公司在越南各地已建立起强大的销售网络。其中，在批量投产的第一年，即2012年，其主打产品单相电能表产量就已超过年初总部下达的目标，利润高达180万元人民币，D公司也成为越南第一家有大量电子式电能表及抄表系统运行在现场的电表生产企业，同时还是越南具有"自有知识产权"的高科技企业。当时，越南电能表市场潜力巨大，全国共2000多万个用户，而其中90%以上用户的机械电表都有改造需求。2013年，D公司生产和销售25万只单相电能表，1万只三相电能表，销售区域扩大到越南全境并出口到柬埔寨、老挝、缅甸等国家。此后，D公司产品的产量、销售量和利润均迅速增长，2016年税后利润超过2000万元人民币。

然而，自2017年起，D公司受到越南政府关于电力产品限价令和国有企业私有化这两项政策的严重影响，被迫出售国有股份，并筹划业务转型。D公司总部依然非常看好越南市场的巨大潜力，会保留在越南所租赁的土地，计划转向技术咨询服务、新能源项目的工程总承包、越南当地大型火电厂的调试等方面的业务。

二、J公司

J公司总部为全球最大的棉袜生产制造企业，也是中国袜业企业中唯一一家上市公司。为响应国家"一带一路"倡议，同时出于规避发达国家贸易壁垒、享受越南当地税收优惠政策的考虑，J公司总部决定在越南投建生产基地，目前已在越南设立三家子公司，累计投资超过1.5亿美元。其中J公司于2014年率先成立，占地10公顷，现有员工3200余人，位于海防VSIP工业园。J公司的产品不在越南当地销售，主要以ODM、OEM的方式为世界知名品牌商和零售商自有品牌提供专业服务，产品销往欧盟、美国、日本和澳大利亚等国家和地区。J公司下设五个工厂，其中第一工厂的1000台袜机，为H&M、HHA生产；第二工厂的500台袜机，为安德玛生产；第三工厂的500台袜机，为PUMA生产；第四工厂的500台袜机，为优衣库生产；第五工厂为氨纶厂，有2500台氨纶机②。绝

---

① 《越南土地法》规定外国投资者不能在越南购买土地，可租赁土地并获得土地使用权，使用期限一般为50年，对于投资大而资金回收慢或是在社会经济条件困难地区投资的项目可申请延期，但最长不超过70年。

② 氨纶为棉袜原材料之一。

大部分生产原料来自越南兴安的另外一家子公司。2019 年，J 公司棉袜销量 1.46 亿双，同比增长超过 30%。6 年来，J 公司在管理团队建设、有序生产、优化流程、产品质量管理等方面均进展顺利，深受新老客户欢迎，订单供不应求。

三、L 工业园

L 工业园成立于 2007 年 11 月，项目期限为 50 年，占地 600 公顷（工业区 540 公顷、住宅服务区 60 公顷），总投资额 1.05 亿美元，是越南第一家中国独资工业园，是已通过中国商务部考核的 20 家国家级境外经贸合作区中唯一一家位于越南的多元综合型工业园①。L 工业园位于前江省新福县，紧邻胡志明市——中良高速公路，距胡志明市中心和新山国际机场约 1.5 小时车程，距胡志明市主要港口约 1 小时车程，园区内建有码头，可以直接运抵美荻港、协福港及 Bourbon 港口等。L 工业园主要为入驻企业提供中介、公共设施、手续代办等服务。截至 2020 年 3 月，园区总共吸引 48 家企业入园投资，其中已签发执照的企业为 45 家，中资企业为 36 家（含中国香港地区、中国台湾地区企业）；入园企业主营企业为纺织轻工、机械电子和建材化工，总投资额超过 40 亿美元。这些企业在此享受着便利的区位优势、完备的基础设施、丰富的劳动力资源②、相对优惠的税收和土地租用政策③以及相对低廉的员工薪资标准④等优势。

四、W 所

W 所于 2006 年 8 月在河内成立，为中国在越南首家为在越外资企业提供法律服务的律师事务所，可同时使用普通话、粤语、越南语和英语等作为工作语言为客户提供全程而专业的法律服务。从 W 所成立之初至 2014 年，由于在越中国

---

① 商务部．通过确认考核的境外经贸合作区名录［EB/OL］．http：//fec. mofcom. gov. cn/article/jwjmhzq/article01. shtml.

② 新福县人口 57640 人，其中 35 岁以下人口占 70%，具备年轻、勤劳的劳动力特点。

③ 根据《越南投资法》规定，L 工业园位于经济社会条件特别困难地区，可享受以下优惠政策：第一，自企业产生纯利润起（最迟不超过 3 年）可享受 4 年的企业所得税免除，免税期满后继续享受 9 年 5% 的优惠税率，紧接 6 年征 10%，之后再按普通项目征收 20% 的企业所得；第二，自投产之年起，对于国内未能生产的原料、物资及零件可免前 5 年的进口税；第三，对国内未能生产及构成固定资产的机器设备免进口税；第四，属出口产品生产加工可免征出口关税或退税；第五，土地租用费最长可减免 15 年。

④ 根据越南国家工资委员会对地区最低薪资定额的规定，L 工业园位于第四区，执行全国最低标准，2020 年标准为每月 3070000 越南盾（约合人民币 935 元）。

企业以中小企业为主，法律意识淡薄，所以整个行业形势不佳，基本维持收支平衡，略有盈利。自 2015 年起，进入越南的中国企业增多，企业规模也在不断扩大，管理更加规范，法律需求明显增加，W 所的业绩迅速增长，截至目前，该所已为 40 余家中国、新加坡企业收购各领域越南公司提供了法律服务。

第五节　案例内数据分析

本节主要基于案例数据编码和归类，针对四家典型企业的制度压力、人力资源本地化、人力资源自主权以及企业绩效等变量进行描述和评估，为后续深入揭示变量之间的关系奠定基础。

一、东道国制度压力

新制度主义理论探讨了组织行为超越经济范畴的不同背景和动机，拓宽了以往大多数研究基于经济理性的假设（Esteban – Lloret et al.，2018）。企业所做的决策不仅是追求效率最大化的理性结果，而且还深受其所处制度环境的影响（Dimaggio and Powell，1983；Kostova，1999）。基于上述逻辑，本书中的东道国制度压力可以理解为东道国社会环境对海外经营企业的合法性建构和制度性同构过程。通过与四家在越中国企业高管的半结构化访谈，本书整理出这些企业在越南面临的制度压力状况。

（一）D 公司

D 公司为主营电力产品制造的中越合资企业。在成立之初，D 公司就面临了2008 年国际金融危机的考验。在国际经济严重下滑的大背景下，越南的经济也受到了极大的影响。D 公司领导班子经过认真分析面临的形势，统一思想，认为危机当中也孕育着机遇，正好可以利用 2 ~ 3 年的国际经济下滑期，静心精心做好该公司的各项基础性建设工作。在 2009 ~ 2011 年，D 公司在董事会的领导下，在各股东单位领导的帮助下，主要完成了土地租赁（租地 2 公顷，租期 50 年）、厂房和生产线建设、产品型式试验、试运行、批量生产等前期基础性工作。

在 2012 年批量投产之初，D 公司遭遇越南《青年报》（Báo Tuổi Trẻ）的媒体报道风波。该报对 D 公司的自动抄表系统准确度提出质疑，舆论危机导致产品滞销。后经过权威技术监督机构第三方认证，确认产品技术先进且质量过硬。2012 年下半年，D 公司生产、销售了 16 万只单相电能表和相应的自动抄表系统，超额完成年初总部下达的 10 万只电表的生产任务。这些设备运行起来安全稳定，抄表成功率和准确率均在 97% 以上，得到了越南客户的一致好评；同时 D 公司也收获了巨大的经济效益。

此后至 2016 年底，D 公司成长迅速，满足了越南当地市场的巨大需求。但自 2017 年初开始，D 公司受到两项越南政府相关政策的严重影响。一是越南政府下达部分电力产品限价令，导致大批单相电能表的货品积压，只能依靠未受到限价令影响的三相电能表来维持运营，仍保持了一定的利润；二是越南政府发布《2016 – 2020 年经济重组计划决议》，强制要求国有企业出售股份。2019 年 10 月，D 公司已售完所有越方的国有股份，并逐步开始出售中方国有股份给越南当地民营企业及私人资本，谋划业务转型。

（二）J 公司

J 公司为主营棉袜制造的中国独资企业。据 J 公司总经理反映，越南政府在环保、税务、劳资关系、海关等方面的政策越来越严格；尤其是越南的环保政策相对于该国现今的发展水平而言非常严格，某些方面甚至超过发达国家的环保标准；这些环保标准在理论上难以达到要求，环保评估压力较大，但越南当局的执法弹性很大，需要耗费大量的精力和财力。另外，越南《劳动法》规定，若非极其恶劣的情况，企业不能处罚和擅自辞退工人，这无疑增加了员工管理的难度。

J 公司在越南所感受到的非正式制度压力主要体现在三个方面。首先，越南与中国存在一定的文化差异。越南员工受到西方工作和生活价值观的影响，敬业心不足，生产效率大约比中国国内工人低 30%，即便提供高额加班费也不愿意加班，更热衷于参加休闲活动，导致企业面对紧急任务的赶工压力较大。其次，外资企业之间的恶性竞争逐渐加剧。近年来外资企业纷纷涌向越南投资，导致企业招工难、用工难，竞相抬高工资，形成恶性竞争。最后，越南旅游业较为发达，老百姓就业渠道多，无形中增加了企业的用工成本。为了解决这一难题，J 公司采取了两个方案：一是改进技术，优化生产线，提高工作效率；二是通过增加单个岗位的工作量和工人收入来完成生产任务。但后者解决不了根本问题。此外，越南员工的维权意识强，罢工被视为"家常便饭"。

（三）L 工业园

L 工业园为中国独资的综合性产业园区。据 L 工业园副总经理反映，越南政府针对企业投资方面的政策变动频繁，导致企业经常措手不及，从而增加了各种有形和无形的运营成本。此外，越南国家工资委员会每年都会制定该国的最低工资标准调整方案，每年均有一定幅度的上涨，从而导致企业的用工成本逐年增加。

L工业园在越南所感受到的非正式制度压力主要来自两个方面。首先，规范压力来自越南民众的反华情绪。由于历史原因，中国和越南之间存在边界争端、南海开发等问题，这些都会引起越南公众的民族情绪，而媒体也往往倾向于夸大宣传一些负面信息，容易导致一些不必要的误解。其次，规范压力来自越南各级政府的管理效率。越南政府的办事效率给企业的高效率运营带来障碍，企业经常需要花大量的财力和精力来应付各种各样的检查。

（四）W所

W所是为在越中国企业提供专业法律服务的中国独资律师事务所。据W所合伙人介绍，该所在越南所感受到的强制压力主要来自越南《律师法》的相关规定。例如，在经营范围方面，越南《律师法》规定外籍律师事务所不能做诉讼代理、不能接刑事案件的官司，外籍律师也不能出庭。

W所的竞争对手来自两方面。一是来自价格低廉的越南当地律师事务所，这些事务所运营成本较低，也熟悉越南当地环境，但办事效率有待提高；二是来自新加坡等国的老牌外资律师事务所，这些事务所在越南当地的网络嵌入能力强于中资律师事务所，经过多年的运营，绝大部分的基层律师都来自越南当地，运营成本也逐渐降低。

二、人力资源本地化

人力资源本地化不仅意味着外派人员人数上的减少，而且通过调整海外经营企业的人力资源组合，使企业人力资源能发挥当地优势，以便适应东道国的制度环境（薛求知和廖勇凯，2010）。本书通过与四家在越中国企业高管的半结构化访谈，整理出这些企业的人力资源本地化状况。

（一）D公司

在2017年遭遇电力产品限价令和国有企业私有化这两项政策的严重影响之前，D公司仅有总经理1人为中国外派人员，越南籍经理占管理层总人数的96%，他们在与当地利益相关者的沟通上发挥着极其重要的作用。自2017年下半年起，D公司总部开始谋划该公司的业务转型，逐渐与公司的越南籍管理人员和员工解除劳动关系，从国内调派新的管理人员和技术骨干。

（二）J公司

J公司在人员配比上采取"一加一"制度，即重要管理岗位聘用一个中国人和一个越南人。目前 J 公司的越南籍经理约占管理层总人数的 2/3，这些管理骨干大多精通中文，工作表现好，队伍较为稳定，工资待遇较高。此外，J 公司还有一项针对中国外派人员的要求，即每位外派人员在越南工作期间，都需要培养出能胜任其工作的 2~3 名越南当地员工，以便将来接替他们的工作。

（三）L工业园

L 工业园一直重视招聘和培育越南当地人参与园区管理。目前 L 工业园的越南籍管理人员占管理层总人数的 75%，这些当地经理工作得力，也熟悉当地环境，经常提出好的工作建议。

（四）W 所

W 所在成立之初，中国外派人员队伍很不稳定，给该所运营造成一定影响。经过在越南多年的运营，逐步培养出当地的业务骨干。目前 W 所的越南籍管理人员占管理层总人数的 75%，在建立越南当地网络关系过程中发挥着重要作用。

三、人力资源自主权

海外经营企业的人力资源自主权一般涉及当地的员工招聘与解雇、员工考核、薪酬与培训等内容（Rabbiosi，2011；Lazarova et al.，2017）。本书通过与四家在越中国企业高管的半结构化访谈，整理出这些企业的人力资源自主权状况。

（一）D 公司

D 公司一直以越南当地市场为导向，所以需要在当地开展人才的规划工作，把人力资源管理职能外包给越南当地专业公司。但自 2017 年起，D 公司开始谋划业务转型，人力资源方面的决策权逐渐交回国内总部。

（二）J 公司

在人员考核方面，J 公司只有高层管理者由总部考核，其余人员实施矩阵管理模式，即由团队负责人进行团队成员考核。在人员薪酬激励机制方面也较为灵活，除了基本的奖励制度，还设置了旅游奖、安全奖等制度，极大调动了员工的工作积极性。

（三）L 工业园

总部一直给予 L 工业园充分的人力资源决策空间，L 工业园可以根据业务和发展需要，进行人力资源的分析预测和规划，确定各个岗位的资质要求和人数。员工的薪酬和奖励制度均根据当地市场情况自行制定。

（四）W 所

W 所在成立之初基本由国内总部统管，运营经费也来自总部。发展壮大后，自 2014 年起 W 所开始自主经营，自负盈亏。员工考核完全自行完成，但考核内容与总部类似。员工的招聘和薪酬水平完全依据该所在越南经营状况而定。据悉，W 所灵活的薪酬激励机制和广阔的发展空间对越南当地优秀人才已产生了极大的吸引力。

四、企业绩效

企业绩效包含"绩"与"效"两个方面。其中，"绩"是指利润率、投资报酬率等表现出来的企业财务业绩，"效"是指尚未形成财务业绩的工作效果。本书通过与四家在越中国企业高管的半结构化访谈，整理出这些企业的绩效状况。

（一）D 公司

D 公司在越南正式批量生产的第一年（2012 年）就以过硬的产品质量实现扭亏为盈，产量逐年稳步增长，从 2013 年的 25 万只增长到 2016 年的 100 万只。2016 年，D 公司税后利润超过 2000 万人民币，若按照这个形势发展下去，很快可以收回全部投资成本。但自 2017 年遭遇电力产品限价令和国有企业私有化这两项政策的严重影响之后，D 公司的产量和利润大幅缩减，目前正在积极应对，筹划业务转型。

D 公司总经理指出对于以越南为市场的企业来说，利润并不是唯一目的，更重要的是"要在当地扎下根，搭建平台开拓市场，发挥桥头堡的作用"。首先，D 公司严格遵守越南《劳动法》的相关规定确保员工权益，员工薪酬和福利待遇处于行业内较高水平，但 2017 年遭遇电力产品限价令和国有企业私有化这两项政策的严重影响之后，D 公司不得不逐渐与公司的越南籍管理人员和员工解除劳动关系。其次，在 D 公司的主打产品受到限价令而滞销之前，其产品为越南老百姓的生活带来了极大的便利，业内企业一致公认该公司对行业发展有突出贡献。此外，D 公司积极参与慈善捐赠和社会服务，也在业内赢得了较好的口碑。

（二）J 公司

J 公司 2018 年实现营业收入近 4 亿元人民币，同比增长 14.29%。自 2014 年在越南投产以来，实现累计营业收入超 15 亿元人民币，每年的销售额、利润等指标增长率保持在 15% 左右。

除了经济取得的绩效之外，J 公司还高度重视环境保护，目前已投资 500 万元人民币建造污水处理设备和动态检测装置，不仅接受越南当地政府部门的监督，而且每年接受商业社会标准认证（business social compliance initiative，BSCI）和全球回收标准（global recycle standard，GRS）的检验，确保遵守环保、企业社会责任方面的要求。此外，J 公司共招聘三千余名越南员工，为当地创造出大量的就业机会，同时充分重视员工需求，每年企业调研员工满意度均保持在 80% 以上且呈逐年上升的趋势。与此同时，J 公司还积极响应当地政府和工业园区关于支援当地建设和服务社会的要求和行动。

（三）L 工业园

截至 2019 年底，L 工业园区企业共为前江省提供劳动就业岗位约 20000 个，并通过就业培训等方式全面提高当地劳动力素质。L 工业园重视环保，仅污水排放一项标准就需符合 36 个指标的要求，同时坚持"不吸引污染环境的企业入园"的原则。园区内的企业不仅能享受越南《投资法》对经济社会条件特别困难地区在税收和土地租用费上的优惠，而且 L 工业园还为园区企业设定了特别的政策。例如，园区每平方米土地的年租金仅为 1 美元。又如，L 工业园与当地公安部门签署安保联防协议，维护园区安全。此外，L 工业园还与当地工业区管理委员会联合开通"一个窗口"式服务，园区企业所有与政府管理事务相关的投资手续都可以在此解决。

2018 年度 L 工业园已投产企业实现工业生产总值超过 7 亿美元，超过前江省 2018 年工业生产总值的 30%，带动前江省的出口额超过 6.2 亿美元。截至 2018 年底，L 工业园所缴纳的税收超过 5000 万美元，成为前江省税收和创汇大户。此外，L 工业园积极投身当地社会公益活动，通过设立"L 工业园奖学金"、修建民生桥、维修基础设施、扶贫、慈善捐赠等方式，积极履行社会责任，并与越南当地媒体保持和谐的互动，获得广大利益相关者的信任与支持。此外，L 工业园的建设还促进当地配套产业发展和周边城市化建设，带动配套的商贸、金融、物流、餐饮以及娱乐等服务业繁荣，提升当地居民的生活水平。

经过 12 年的建设，L 工业园在海内外享有极高知名度，成为中越经贸合作的典范，连年获得越南前江省政府主席颁发的"出色完成经济任务优胜奖""社会慈善事业突出贡献奖""帮助受害者慈善奖"等荣誉，获得了越南政府颁发的"九龙江平原最佳品牌"荣誉称号。在"一带一路"沿线 45 家中国海外园区综合排名和增长潜力排名均名列第一（曾刚等，2018）。

（四）W 所

W 所的规模虽然较小，但也充分重视企业社会责任，除了定期参与商会组织的慈善捐赠活动，在配合中国驻胡志明市总领事馆为大陆干部①争取权益上发挥了重要的作用。由于近年来中国大陆地区劳动力短缺、人工成本增长，这些中国台湾企业把原先位于中国大陆的生产基地转移到了越南，大陆干部也跟随这些中国台湾企业迁入越南。然而，中国台湾企业为了节省工资成本，往往在招聘到了工资更低的越南当地管理和技术人员之后，就开始逐渐批量解聘来自中国大陆的干部。多年来，W 所免费协助中国驻胡志明市总领事馆处理了许多有关大陆干部的法律咨询服务，在业内获取了极佳的口碑。

总体而言，W 所自 2015 年开始业绩明显好转，该行业呈现出的巨大商机也吸引了国内更多的律师事务所纷纷来越南设立分所。

第六节　案例间数据分析

本书在完成案例内数据分析后进行案例间数据分析。

一、概念与维度编码

首先，本书基于前面案例内数据分析的描述性编码结果对制度压力和企业绩效加以诠释性编码，得出制度压力的三个维度：强制压力、规范压力和模仿压力，以及企业绩效的两个维度：社会绩效和财务绩效。

制度压力的编码结果如表 4 – 3 所示。结果表明，四家案例企业在越南均受到强制压力的影响，尤其是 D 公司自 2017 年起遭遇电力产品限价令和国有企业私有化这两项政策的影响，导致该公司无法正常运营，不得不积极寻求业务转

---

① 大陆干部，简称陆干，本书中特指中国台湾地区企业聘用的来自中国大陆的管理和技术人员。

型。L 工业园和 D 公司的编码结果还显示出这两家企业在规范压力方面都曾受到越南民众和媒体的反华情绪影响。J 公司和 W 所的编码结果则体现出模仿压力给这两家企业所带来的影响。

表 4-3　　　　　　　　　　制度压力的编码结果

编码结果（概念维度）	案例数据要点			
	D 公司	J 公司	L 工业园	W 所
规制压力	2017 年越南政府下达部分电力产品限价令，导致主打产品库存积压；2017 年越南政府发布关于加快国企私有化进程的行政指令，该公司被迫出售国有股份	越南政府在环保、税务、劳资关系、海关等方面的政府越来越严格，尤其是环保要求相对现今发展水平来说非常严格，某些细节甚至超出发达国家的标准；越南《劳动法》过于维护员工在外资企业的权益	越南政府政策变动频繁，导致企业经常措手不及；越南最低工资标准每年上涨约 10%，人力成本优势逐渐消失	越南《律师法》对外籍律师事务所的经营范围有限制，例如不能做诉讼代理、不能接刑事案件、外籍律师不得出庭等
规范压力	2012 年批量投产之初曾遭遇越南当地媒体不实报道的舆论危机，导致产品滞销达半年之久	每年接受 BSCI 和 GRS 两项国际标准验厂；越南员工工作效率低，不够敬业，企业赶工压力大；越南员工维权意识强，经常罢工	历史原因导致越南民众和媒体有反华情绪；越南政府廉洁性有待提高，办事效率较低	越南律师协会的影响力一般，媒体和网络起到一定的监督作用
模仿压力	该公司技术能力在越南具有极大优势，因此同行的行为对其影响不大	外资企业蜂拥越南投资，导致招工难，形成竞相抬高工资等恶性竞争	该园区已具备较高知名度，因而非常注重企业形象	来自越南当地价格低廉的律师事务所和老牌外资律师事务所的竞争压力

　　企业绩效的编码结果如表 4-4 所示。结果表明，四家案例企业都非常重视企业社会责任建设，取得了良好的社会绩效。其中，四家企业都不同程度参与了社会服务工作，例如扶贫、慈善捐赠、支援当地建设等，W 所还发挥自身专业优势免费协助中国驻胡志明市总领事馆为大陆干部争取权益；J 公司和 L 工业园都为当地创造出大量的就业机会。财务绩效的编码结果则体现出四家企业在盈利能力上均具有一定的实力。

表 4 – 4　　　　　　　　　　　　企业绩效的编码结果

编码结果（概念维度）	案例数据要点			
	D 公司	J 公司	L 工业园	W 所
社会绩效	严格遵守越南《劳动法》员工薪酬和福利待遇处于行业内高水平；业内企业一致公认该公司对行业发展有突出贡献；积极参与慈善捐赠和社会服务	每年接受 GRS 和 BSCI 标准验厂；已投资 500 万建造污水处理设备和动态检测装置；积极响应当地政府和园区关于支援当地建设和服务社会的要求和行动；为当地创造大量就业机会	积极投身社会公益活动，例如修建民生桥、设立奖学金、扶贫、慈善捐赠等；为园区企业争取到许多优惠政策；园区企业为当地创造大量就业和培训机会，也成为当地税收和创汇大户	免费协助中国驻胡志明市总领事馆为"陆干"争取权益；定期参与商会组织的慈善捐赠活动
财务绩效	2017 年之前，销售额、利润等指标每年增长率超过 40%；目前正积极应对，筹划企业转型	销售额、利润等指标每年增长率保持在 30% 左右	获得越南各级政府颁发的多项荣誉，中国海外园区综合排名和增长潜力排名均为第一	自 2015 年开始业绩明显好转，该行业呈现出的巨大商机也吸引了许多国内同行来越南投资

其次，基于案例内数据分析的描述性编码情况对人力资源本地化、人力资源自主权这两个概念在四家案例企业中的体现进行编码，分别如表 4 – 5、表 4 – 6 所示。

表 4 – 5　　　　　　　　　　　　人力资源本地化的编码结果

编码结果（概念维度）	案例数据要点			
	D 公司	J 公司	L 工业园	W 所
人力资源本地化	2017 年之前仅有总经理 1 人为中国人；现在逐渐与公司的越南籍管理人员和员工解除劳动关系	采取重要管理岗位人员配比"一加一"制度，目前越南籍经理约占管理层总人数的 2/3	招聘和培育越南当地人参与园区管理，目前越南籍经理约占管理层总人数的 75%	成立之初中国外派人员队伍不稳定，经逐步培养越南当地人后，目前越南籍经理约占管理层总人数的 75%

表 4 – 6　　　　　　　　　　　　人力资源自主权的编码结果

编码结果（概念维度）	案例数据要点			
	D 公司	J 公司	L 工业园	W 所
人力资源自主权	2017 年之前将人力资源职能外包；现在逐渐将人力资源决策权交回总部	除高管外其余人员均自行考评，以团体考评为主；设置适合当地情况的特别奖励	人力资源决策完全自行决定，不受总部影响	成立之初由国内总部统管，发展壮大后已独立经营，自负盈亏

从表4-5可以看出，四家案例企业均在确保企业正常运营的情况下致力于授权给当地管理者，提升和挖掘他们的能力，降低企业在越南的运营成本，更好地实现人力资源本地化的目标。

从表4-6可以看出，四家案例企业在正常运营期间的人力资源自主权程度都较高，这些都有助于企业在越南根据相应的外部环境，进行灵活、高效、快速的人力资源决策。

二、案例间信息评估

在前面数据编码、描述分析和归纳总结的基础上，3人研究小组综合受访者的意见并对四家案例企业的制度压力、人力资源本地化、人力资源自主权、企业绩效及其内在维度加以评估。该步骤采用定性研究常用的"很高（很好）、高（好）、较高（较好）、中等、较低（较差）、低（差）、很低（很差）"七档分类法来表示四家案例企业的各项指标水平，通过"分别打分、寻找差异、统一协商"的方式进行。在具体打分过程中，本书采用同类横向比较法和关键词分析法，即在同一子类别中，着重寻找相应的标杆性或特殊性做法，突出共性、寻找差异，比较各企业的异同，尽可能挖掘出可信的定性结论。本书还另外邀请两位专家在阅读案例材料后对各个变量的取值进行评判和打分，综合考虑得出最终评分，如表4-7所示。

表4-7　　　　案例企业制度压力、人力资源本地化及人力资源
自主权与绩效水平评分

评估变量及维度		D公司	J公司	L工业园	W所
制度压力	强制压力	低（2017年之前）	中等	中等	较低
		很高（2017年之后）			
	规范压力	较高	较高	较高	中等
	模仿压力	较低	中等	中等	较高
人力资源本地化		很高（2017年之前）	较高	较高	较高
		较低（2017年之后）			
人力资源自主权		高（2017年之前）	较高	高	较高
		较低（2017年之后）			
企业绩效	社会绩效	较好（2017年之前）	较好	好	好
		较差（2017年之后）			
	财务绩效	很好（2017年之前）	好	好	较好
		较差（2017年之后）			

三、初始假设命题与讨论

基于前面对四家在越中国企业的探索性案例分析，本书对这四家企业的各组变量加以对比分析，进而呈现出越南当地的制度压力对企业绩效作用过程中的微观机理与潜在逻辑，并提出初始假设命题。

（一）制度压力与企业绩效

前面理论预设中，本书提出的越南当地的制度压力对企业绩效的重要影响作用在四个探索性案例分析中得到了印证。

从表4-7中可以看出，强制压力与社会绩效、财务绩效负向相关，这在D公司的情况中表现最为明显。从投产之初至2016年，D公司的发展如日中天，不仅销售额、利润等指标每年增长率超过40%，而且产品给越南老百姓的生活带来极大便利，赢得了极佳的口碑。但2017年D公司突然遭遇两项巨大的强制压力，即电力产品限价令和国有企业私有化，给企业的发展带来极大的阻碍。限价令导致大部分产品积压，而国有企业私有化政策则给D公司带来更为致命的一击，直接影响企业的正常运营，导致其被迫通过谋划业务转型来应对巨大的强制压力。与D公司相比，J公司所面临的强制压力基本属于在越南运营的外资制造企业的普遍问题，处于整体和宏观的层面，对其造成的负面影响远不如D公司，因此，J公司的发展较为顺利，保持了较好的社会绩效和财务绩效。

不仅在制造业，在服务业企业L工业园和W所的数据分析中，同样较为明显地体现出强制压力与企业绩效之间的负向影响关系。这与李应芳和林肇宏（Cooke and Lin，2012）在分析越南制度环境时得出的结论相呼应，即越南政府为了追求自身利益最大化，经常通过其政治影响力干涉企业的商务活动。因此，当中国企业在越南面临的强制压力较大时，为获取合法性和声誉，企业不得不舍弃某些利益选择遵从，从而在与当地企业竞争时处于不利地位，继而对其社会绩效和经济绩效产生不利影响。

另外，从表4-7中可以发现，规范压力、模仿压力与社会绩效、财务绩效正向相关。J公司在越南遭遇到的规范压力和模仿压力也属于在越南运营的外资制造企业的普遍问题，该公司采取了积极的应对方式，即以符合越南当地规范的方式行事，并接受BSCI和GRS两项全球标准的检验，充分体现出其对环境保护和企业社会责任的重视。与J公司相比，W所在越南面临的模仿压力则更多来自竞争压力，这对于该所的业务能力提出了更高的要求，有助于敦促其学习同行的成功经验从而不断自我成长。

通过 J 公司和 W 所这两家企业面临的规范压力、模仿压力和企业绩效关系的分析并扩展到 D 公司和 L 工业园，可以较为明显地发现规范压力、模仿压力与企业绩效之间的正向影响关系。首先，当中国企业在越南感知到的规范压力较大时，倾向于以各种正式和非正式的方式加强沟通，并相应调整经营实践来加强其合法性，更加重视劳资关系和企业文化建设，优化产品或服务的质量，提升企业在公众心目中的形象，最终得到广泛利益相关者的支持，从而获取长期稳定的绩效回报。其次，在模仿压力下，通过模仿在越南投资时间历史更为悠久、投资规模更大的外资企业的成功做法，成为在越中国企业最直接、最保险的选择，同时也是节约搜索和实验成本的策略。

基于以上分析，本书得出命题 1，相应的初始概念模型如图 4 - 3 所示。

命题 1：中国企业在越南面临的制度压力显著影响企业绩效。其中，强制压力显著负向影响企业绩效（社会绩效、财务绩效）；规范压力、模仿压力显著正向促进企业绩效（社会绩效、财务绩效）。

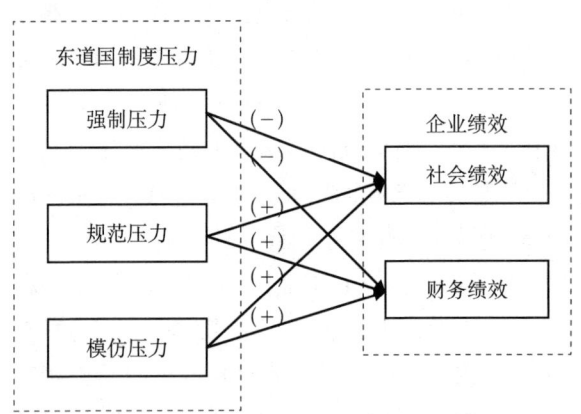

图 4 - 3　制度压力影响企业绩效的初始概念模型

（二）制度压力与人力资源本地化

本书在理论预设中所提出的关于越南当地的制度压力对人力资源本地化的重要影响作用也在四个案例企业的探索性分析中得到验证。

从表 4 - 7 中可以看出，强制压力与人力资源本地化负向相关，这也在 D 公司的情况中表现最为明显。D 公司是一家以越南本地市场为导向的制造型企业，自成立之初就致力于在越南各地构建强大的销售网络，至 2016 年底该公司的人力资源本地化程度高达 96%。但自 2017 年突然遭遇两项巨大的强制压力后，D

公司的销售网络被迫逐步削减，对当地人力资源的依赖转向了对母国人力资源的依赖，逐渐与公司的越南籍管理人员和员工解除劳动关系，从国内调派新的管理人员和技术骨干。而与 D 公司形成对比的是，J 公司、L 工业园、W 所在越南面临的强制压力虽然在一定程度上存在，但尚未达到严重影响企业正常运营的地步，这三家企业依然按照既定目标实施人力资源本地化，招聘和培养有能力的越南人加入管理层，使中国外派人员与越南当地人员的比例趋于合理，以此更好地融入和了解当地制度环境。上述证据链也符合资源依赖理论的建构逻辑，当中国企业在越南面临较大的强制压力时，与资源获取相关的风险和交易成本增加，使这些依赖当地人力资源的意愿受到抑制（Yildiz and Fey，2012），只能寻找获取稀缺资源的替代方法来应对，这些企业倾向于从母公司获取人力资源来减小对当地人力资源的依赖，从而导致人力资源本地化程度的降低。

另外，从表 4－7 中还可以发现，规范压力、模仿压力与人力资源本地化正向相关。这两个层面的制度压力都在 J 公司的访谈过程中得到了深刻体现，一是中越两国的文化差异；二是历史原因造成的民众反华情绪；三是行业内企业之间的竞争。面对这些问题，J 公司通过吸收越南当地人参与企业管理这样一种人力资源本地化措施来应对，取得了良好的效果。与此同时，D 公司和 L 工业园面临的规范压力以及 W 所面临的模仿压力也都说明了同样的问题。因此，在越南经营的中国企业迫切需要具有越南当地特色的资源和知识来协助指导企业的经营实践。

基于以上分析，本书得出命题 2，相应的初始概念模型如图 4－4 所示。

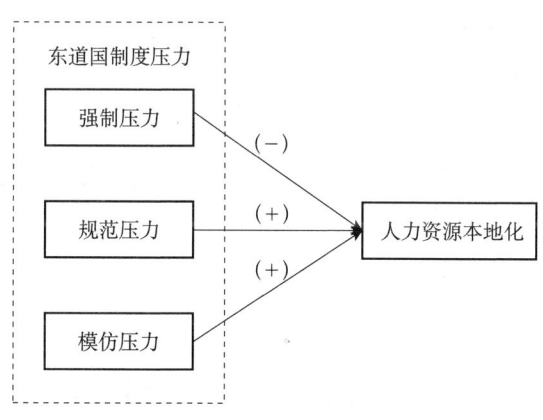

图 4－4　制度压力影响人力资源本地化的初始概念模型

命题 2：中国企业在越南面临的制度压力显著影响人力资源本地化。其中，强制压力显著负向影响人力资源本地化；规范压力、模仿压力显著正向促进人力资源本地化。

(三)制度压力与人力资源自主权

本书在理论预设中所提出的关于越南当地的制度压力对人力资源本地化的重要影响作用也在四家企业的探索性案例分析中得到验证和支持。

从表4-7中可以看出,强制压力与人力资源自主权负向相关,这在D公司的情况得到了有力验证。以2017年为分界,在此之前的快速发展阶段,D公司把人力资源管理职能外包给越南当地的专业公司,总部从未加以干涉;而在遭遇巨大的强制压力之后,D公司开始谋划业务转型,总部也逐渐加强对该公司人力资源的控制。而与D公司形成对比的是,J公司、L工业园、W所虽然都面临一定程度上的强制压力,但并未严重影响企业的正常运营,这三家企业依然拥有较高程度的人力资源自主权,以加强对当地环境变化的灵活应对能力。

另外,从表4-7中还可以发现,规范压力、模仿压力与人力资源自主权正向相关。J公司总经理明确表示:"我们自己最清楚我们需要什么样的人才,所以本地的人才规划工作由我们来做。"因此,J公司在人力资源方面的政策极富越南当地特色,不拘泥于总部的形式。同时,D公司、L工业园和W所在规范压力和模仿压力的作用下,纷纷采用适合当地制度环境的人力资源管理实践,模仿在越南已经确定合理的做法以获取合法性。

基于以上分析,本书得出命题3,相应的初始概念模型如图4-5所示。

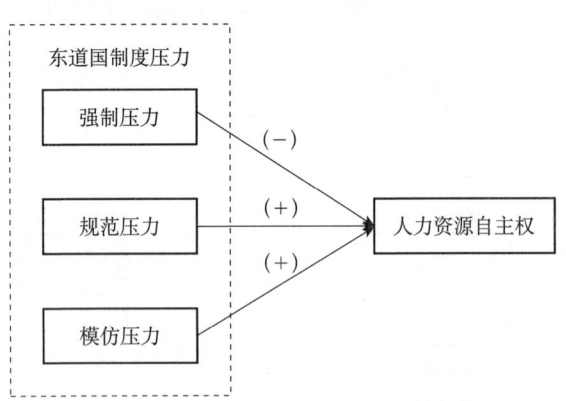

图4-5 制度压力影响人力资源自主权的初步概念模型

命题3:中国企业在越南面临的制度压力显著影响人力资源自主权。其中,强制压力显著负向影响人力资源自主权;规范压力、模仿压力显著正向促进人力资源自主权。

（四）人力资源本地化与企业绩效

前面理论预设中还提及人力资源本地化对企业绩效的作用机制，这也在探索性案例分析过程中得到了有力验证。

从表4-7中可以看出，人力资源本地化能有效促进在越中国企业的社会绩效和财务绩效。J公司、L工业园、W所这三家企业中越南籍经理占管理层总人数的比例均超过2/3，J公司还采取"一加一"制度来规范人员配比。这些越南当地人不仅对当地情况的了解优于总部外派人员，而且能够降低企业的薪酬成本和运营成本，还在与当地利益相关者的沟通上发挥着极其重要的作用。对比D公司在2017年前后截然不同的情况，也能得出同样的结论。D公司的人力资源本地化程度在2016年底曾一度高达96%，当年该公司的税后利润也已超过2000万元人民币，业内口碑和员工福利待遇都处于高水平；但此后D公司被迫开始谋划业务转型，越南籍管理人员数量逐渐减小，企业绩效也随之下降。

基于以上分析，本书得出命题4，相应的初始概念模型如图4-6所示。

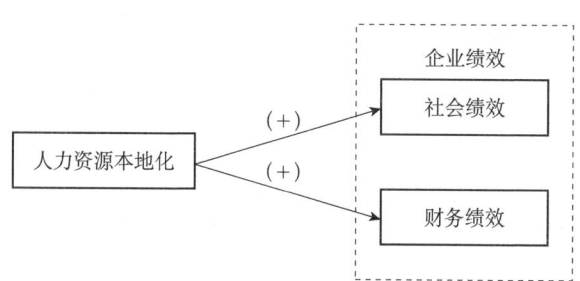

图4-6　人力资源本地化影响企业绩效的初始概念模型

命题4：在越中国企业的人力资源本地化显著正向促进企业绩效（社会绩效、财务绩效）。

（五）人力资源自主权与企业绩效

前面理论预设中还提及人力资源本地化对企业绩效的作用机制，这也在探索性案例分析过程中得到了有力验证。

从表4-7中可以看出，人力资源自主权能有效促进在越中国企业的社会绩效和财务绩效。L工业园拥有高程度的人力资源自主权，该园完全根据自身发展和业务需要进行人力资源管理实践，D公司在2017年之前的情况也是如此，将人力资源管理职能外包给越南当地的专业公司。与此相对应，它们的社会绩效和财务绩效也处于高水平，L工业园不仅社会公益活动上表现极为突出，而且在中国海外园区建设的多项评比中排名第一；D公司当时的发展也是如火如荼，呈现一片蓬勃之势。与此形成鲜明对比的是，D公司在2017年之后开始把人力资源方面的决策权逐渐交回国内总部，该公司的绩效也大不如从前，亟待转型寻找新的商机。

通过L工业园和D公司这两家企业人力资源自主权与企业绩效关系的分析并扩展到J公司和W所，同样较为明显地发现理论预设中提出的人力资源自主权对企业绩效的正向促进作用。以上证据链也与相关学者（Smale et al.，2013）的研究结论相一致，即人力资源实践中必须存在一定程度的本地响应。在越中国企业需要高度融入当地的制度环境，若将人力资源实践设计得与当地法律、法规、价值观、信仰和规范等相协调，与当地员工的期望相一致，与当地市场建立更加紧密的联系，则有利于改善企业的社会绩效和财务绩效。

基于以上分析，本书得出命题5，相应的初始概念模型如图4－7所示。

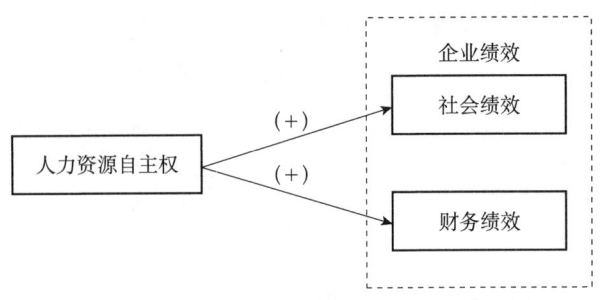

图4－7 人力资源自主权影响企业绩效的初始概念模型

命题5：在越中国企业的人力资源自主权显著正向促进企业绩效（社会绩效、财务绩效）。

第七节 本章小结

本章遵循项保华和张建东（2005）的探索性案例研究步骤，在理论预设的基础上，选择四家具有代表性的企业，通过案例内、案例间数据分析，将在越中国企业在当地面临的制度压力对企业绩效的作用机制进行初步探索，认为制度压力会显著影响人力资源本地化、人力资源自主权和企业绩效，而人力资源本地化、人力资源自主权也会正向促进企业绩效。最终得到五个初步概念模型，如图4－3至图4－7所示；同时也推导出一系列初始假设命题，如表4－8所示。

表 4-8　　　　　　　　　　　　　　　本书初始假设命题汇总

编号	初始假设命题
命题1	中国企业在越南面临的制度压力显著影响企业绩效。其中，强制压力显著负向影响企业绩效（社会绩效、财务绩效）；规范压力、模仿压力显著正向促进企业绩效（社会绩效、财务绩效）
命题2	中国企业在越南面临的制度压力显著影响人力资源本地化。其中，强制压力显著负向影响人力资源本地化；规范压力、模仿压力显著正向促进人力资源本地化
命题3	中国企业在越南面临的制度压力显著影响人力资源自主权。其中，强制压力显著负向影响人力资源自主权；规范压力、模仿压力显著正向促进人力资源自主权
命题4	在越中国企业的人力资源本地化显著正向促进企业绩效（社会绩效、财务绩效）
命题5	在越中国企业的人力资源自主权显著正向促进企业绩效（社会绩效、财务绩效）

　　上述初始假设命题基本揭示出东道国制度压力对企业绩效的影响机制，既是对已有研究的拓展与补充，又为本书构建概念模型和研究假设奠定了基础。当然，由于案例数量等因素，本章提出的五个初始假设命题的外部效度有待进一步验证。基于此，本书第五章将结合已有研究的理论基础对初始假设命题进行更为深入、细致而全面的探讨，从而丰富本章所提出的初始假设命题，并提出更加明确而具体的研究假设。

第五章 东道国制度压力对中国企业在越南投资绩效影响机制的理论模型构建

通过对四家典型企业的探索性案例研究，本书提出五个初始命题，即东道国制度压力对中国企业在越南投资绩效会产生重要影响，且这种影响是由东道国制度压力影响企业的人力资源本地化和人力资源自主权，人力资源本地化和人力资源自主权再进而正向推动企业绩效的机制来实现。也就是说，人力资源本地化和人力资源自主权在整个模型中可能承担着中介作用。但东道国制度压力、在越中国企业人力资源本地化和人力资源自主权对企业绩效各自的影响机制是什么？各种不同维度的东道国制度压力分别如何通过影响在越中国企业人力资源本地化和人力资源自主权进而影响企业绩效？在越中国企业管理者的领导风格对上述关系是否起到调节作用？这些问题都有待进行更为深入的探究。因此，本章将针对以上问题，基于已有相关文献开展理论探讨，构建出本书的理论模型与研究假设。

第一节 理论模型的提出

对于在海外经营的中国企业来说，跨国情境下的制度差异不仅为企业带来机遇，同时也使其面临着"新生者劣势"与"外来者劣势"所带来的巨大挑战（张红芳等，2019）。如何应对"双重劣势"？许多研究注重从经济实力、国际化经验、产品质量、技术水平等硬件因素展开探讨，却往往忽略了重要的软件因素——人力资源（Fan et al.，2016）。资源基础观认为，人力资源是具有VRIS特性的无形资源（Wernerfelt，1984；Barney，1991），同时人力资源还不受边际效应递减规律的影响（田立法，2017），因而越发受到企业的重视和青睐，在支持海外经营企业的战略和绩效方面发挥着越来越重要的作用（Cooke，2012；Horwitz，2017）。由于缺乏经验，与发达国家相比，中国跨国公司在人力资源管理上效率低下，困难重重（Fan et al.，2016），探索有效的人力资源管理实践方式对中国跨国公司的生存和发展至关重要（Chang et al.，2012；Fan et al.，2013；Horwitz et al.，2015）。然而，尽管有关中国等新兴经济体 OFDI 的研究越来越受到学者重视，但关于新兴经济体跨国公司如何进行人力资源管理实践的研究却很少（Luo and Tung，2017）。众多学者指出关于新兴经济体跨国公司的国际人力资源管理实践依然是未来十年的一个关键研究问题（Fan et al.，2016；Luo and Tung，2017；Cooke et al.，2017；Cooke et al.，2019）。

新制度主义理论探讨了组织行为超越经济范畴的不同背景和动机，拓宽了以往大多数研究基于经济理性的假设（Esteban-Lloret et al.，2018）。人是"制度人"（谢凌玲，2008），企业也并非完全理性。制度力量和理性力量并非相互排斥，而是互为补充（Berrone et al.，2009；Yang and Konrad，2011）。母国和东道国之间的制度距离进一步提升了海外经营企业需根据东道国制度环境调整人力资源管理实践的必要性（Child and Marinova，2014），东道国制度压力通过许多不同方式下对人力资源管理产生强大的影响（Ferner，2007；赵曙明等，2012）。新兴经济体跨国企业起源于欠发达的制度环境，会通过改变企业的内部控制制度（如安排外派人员、子公司自治等）来应对东道国的制度环境（Tao et al.，2017）。鉴于此，海外经营企业试图在其人力资源管理实践中实现合法性和一致性，以适应当地立法、文化和社会环境，从而实现在东道国的经营目标（Kamoche et al.，2015）。

此外，本书认为，海外经营企业高层管理人员的领导风格是影响其绩效的重要因素。组织内部、外部环境均影响着人力资源管理实践的有效性（Schuler and Jackson，1987；Lengnick-Hall et al.，2009；Li et al.，2015），但鲜有研究从组织内部人力资源管理的执行层面来探讨高层管理者在这一过程中的影响。本书的研究对象是在越南经营的中国企业，这些企业高层管理者的领导风格在人力资源本地化、人力资源自主权对企业绩效作用过程中扮演着关键的角色。

综上所述，本书在阅读与梳理相关文献的基础上，根据新制度主义理论、资源基础观、资源依赖理论，把东道国制度压力、人力资源本地化、人力资源自主权、海外经营企业绩效、企业高层管理者领导风格纳入同一个理论分析框架，以在越南经营的中国企业为例，深入探究在新兴经济体顺向 OFDI 情境下，东道国制度压力对海外经营企业绩效的影响机制。

在直接效应方面，本书的目的是探索越南当地制度压力与中国企业在越南投资绩效之间的关系，因此，在模型构建中以在越中国企业绩效为因变量，以制度压力为自变量，分析其对企业绩效的直接影响。

在间接效应方面，本书提出了人力资源本地化和人力资源自主权的双路径中介作用。在模型中，制度压力通过两条路径影响企业绩效，一条是"东道国制度压力→人力资源本地化→企业绩效"；另一条是"东道国制度压力→人力资源自主权→企业绩效"。

在调节效应方面，本书引入领导风格，探讨不同的领导风格对人力资源本地化、人力资源自主权与企业绩效关系间的调节作用。

基于此，本书构建出制度压力对企业绩效的影响机制的整合模型，其中包括东道国制度压力（自变量）、企业绩效（因变量）、人力资源本地化（中介变量）、人力资源自主权（中介变量）以及领导风格（调节变量），整合概念模型如图5-1所示。

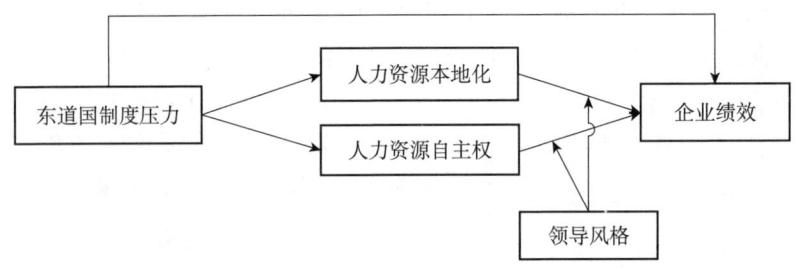

图5-1　制度压力对企业绩效作用机制的概念模型

第二节　研究假设

提出理论模型之后，本节内容主要探讨模型中核心变量之间的相互作用关系。基于理论分析和逻辑推演，结合已有相关研究的结论与本书第四章实地调研访谈资料，提出切实反映核心变量之间关系的研究假设，共同构建出本书的概念模型。

一、东道国制度压力与企业绩效关系假设

企业在其所处的组织场域中不可避免遭遇到的制度压力是考察企业运营过程中不可忽视的重要变量之一，其作用的发挥一直以来受到诸多学者的关注，并已取得丰富的研究成果。在有关研究探讨中，主要考察了制度压力与绩效之间的直

接效应关系，通常分别对正式压力与非正式压力关于企业各方面绩效的不同影响加以分析，具体探讨的结果变量包括环境绩效、环境管理策略、环境管理实践、社会绩效、竞争优势、经济效益、运维效率、经济绩效等（Zhu and Sarkis，2007；沈奇泰松，2010；Simpson，2012；Li，2014；Boiral et al.，2015；林润辉等，2016；Vanalle et al.，2017；王歌等，2018；张劲松等，2019）。现有研究的结论表明，制度压力对企业绩效大多产生积极影响，但也有部分研究并未得出完全一致的结论。

在国际商务领域，制度环境对企业绩效的影响主要集中在以制度距离（制度落差）为前因变量的研究中（Kostova et al.，2019）。因此，综合现有研究的结论，在东道国制度压力领域的考察范围内，关注特定的前因变量，探讨其与企业绩效之间的关系，将有助于对制度压力作用效应的进一步把握。基于此，本书拟依照迪马吉奥和鲍威尔（1983）对制度压力的经典分类体系，从强制压力、规范压力、模仿压力三个方面对中国企业在越南面临的制度压力进行考察，从社会绩效、财务绩效两个方面对中国企业在越南的经营成果进行考察，为三种不同来源的制度压力直接影响企业绩效的效果模式提供了比较的基础。

（一）东道国强制压力与企业绩效

强制压力是迪马吉奥和鲍威尔所定义的制度压力的第一个维度，源于政治影响与合法性问题。在某些情况下，组织的变迁是对国家法令的一种直接反应。强制压力的核心理念在于通过一种既支持又制约权力实施的框架而合法化，从而使权利转化为权威，得到别人的遵守。

中国企业在越南面临的强制压力主要来源于越南各级政府所制定和颁布的法律、法规、指令、政策。此外，当地社会环境中产生的主导期望若得到法律的支持，也会形成强制压力（Mezias，2002）。一个国家良好的治理环境体现在法律和政务公开透明、产权保护制度健全、交易自由等方面（Globerman and Shapiro，2003）。在有效的强制压力监管之下，企业易于了解明确的规则和条例，减少了法律保护方面的不确定性。但另一个角度，东道国政府也可以利用其监管和法律权利直接限制外资企业的行为，或提供激励和指导来影响其行为，特别是有可能会对该国或该国本土企业构成潜在威胁的行为（Grewal and Dharwadkar，2002）。例如，越南2019年7月1日开始实施的新《竞争法》对会触发并购申报义务的经济集中行为增加了更为严格的量化标准，综合市场份额、营业额、资产和交易价值超过一定标准都需进行申报，达到或者超过50%市场份额的经济集中行为则被严令禁止①。结合文献阅读与实地调研，本书认为，中国企业在越南经营所面临的强制压力对企业运营造成较大的负面影响，主要体现在以下五个方面。

第一，越南政府对外资的过度干涉。越南政府经常通过政治影响力干涉跨国商务活动，为追求自身利益最大化，保障本土企业的利益，倾向于最大限度利用外国投资者所能给当地带来利益的机会，给外资企业带来不合理的障碍，如市场价格限制、有条件追加外商直接投资、提高土地价格和房屋拆迁成本等。在某种情况下，这些限制对企业绩效所带来的影响可能是致命一击。

第二，各级政府投资规定错综复杂。越南中央政府与各级地方政府相互竞争博弈，外资企业不仅要严格遵守《投资法》《劳动法》《企业法》《竞争法》等，还不得不遵从各级地方政府的投资规定，若中央政府对某个地区进行约束和管理，就会增加外资企业的交易成本。

第三，政策法律不够成熟完善。越南的法律法规实施时间较短，变动较为频繁，缺乏可预测性、透明度和一致性，经常让外资企业感到措手不及。

第四，优惠政策有待加强。越南对外国直接投资企业的优惠政策"比下有余，比上不足"，即与某些国家相比有较大的竞争力，但与同处东盟地区的泰国、菲律宾、印度尼西亚等邻国相比仍显不足。

第五，执行力有所欠缺。越南执法弹性较大，有效性低，导致政策与实践之间存在差距，影响外资项目的国际竞争力。

此外，研究者在越南实地调研企业过程中收集的一些访谈资料中也有部分记录为强制压力与企业绩效之间的影响关系提供了印证。

"我们公司在越南正式运营的前五年，产量和利润发展喜人。如果按照这个形势下去，很快可以收回全部投资成本，而且当初购买的土地都已增值50%以上。但是，2017年初越南政府下达部分电力产品限价令，电力领域投资的收益大幅降低，只能依靠未受到限价令影响的三相电能表销售来维持运营。"

"2017年2月，越南总理发布行政指令，要加快国有企业私有化进程，强制要求我们的越南合作方出售其在国企所持的大量股份。因此，他们陆续出售股份，直到2019年10月售完国有股。我们作为国有企业，也无法继续做下去，只能和他们一样，出售股份给越南当地私营企业和私人资本，寻求下一阶段的转型方案。"

① HỘI ĐỒNG CẠNH TRANH VIỆT NAM. Luật Cạnh tranh 2018 ［EB/OL］.（2018－06－12）http：// www. hoidongcanhtranh. gov. vn/default. aspx? page＝document&do＝detail&type＝legal&field_ id＝1&id＝20.

"政策上对我们外资公司明文的禁令倒是不多，但各种隐性的歧视性和限制性政策还是很多的，比如我们办手续有很多的隐形成本。他们的政策也经常变化，有时我们的货还在路上，海关又出台一个新的规定，马上就要执行。"

"我们厂刚刚投资两百多万人民币建好了污水处理设备，马上又出台一个新的标准，又要花钱去改进。"

基于前面的理论分析与逻辑推理，结合在越南实地调研访谈资料的整理，研究者发现，当中国企业在越南面临的强制压力较大时，企业不得不舍弃某些利益选择遵从，从而导致与当地企业竞争时处于不利地位，继而对其社会绩效和经济绩效产生不利影响。这也与芮怀川和伊普（Rui and Yip，2008）所提出的观点相呼应，即强势组织为追求自身利益的最大化，倾向于发挥制度的能动性，而弱势组织则被动接受制度的约束。

由此，本书提出以下假设。

H1a：中国企业在越南面临的强制压力对企业的社会绩效产生显著的负向影响。

H1b：中国企业在越南面临的强制压力对企业的财务绩效产生显著的负向影响。

（二）东道国规范压力与企业绩效

规范压力源于专业化进程和构成合法性行为的集体期望，这些期望通过组织间转移逐渐变成共享的行为规范和社会文化价值观（Powell and Dimaggio，1991）。这些行为规范和社会文化价值观可能起源于某个组织对环境的反应，随后继续扩散到为寻求合法性而采用这些规范和价值观的其他组织（Hinings et al.，1996）。规范压力遵循"适当性逻辑"，是一种社会互动情境下群体成员的适当行为准则，体现为一个国家或地区的民族文化、亚文化、道德理念、价值观、规范和信仰体系（Hirsch，1997；Ang and Michailova，2008）。因此，规范压力是由于同一组织场域内其他组织形成的规范对焦点组织造成的压力（Arslan，2012）。这些规范压力有时可能与政治权利部门施加的强制压力相互交织，违反这些规范也可能导致类似于违反法律规则的后果（Henisz and Delios，2002）。

在国际商务领域，规范压力还包括经济决策集中化、政府事务公开透明度、灵活适应经济新常态等问题（Gaur and Lu，2007；Gaur et al.，2007），这些都会影响跨国公司子公司的管理和实践转移以及对当地制度环境的适应（Kostova，1999；Kostova and Roth，2002）。此外，规范压力还可能来源于工会组织、媒体、消费者协会，它们对外资企业施加隐形的规范压力（Voinea and Van Kranenburg，2018）。

虽然中越两国地理临近，文化相似，但中国企业在越南面临的规范压力仍不可忽视。首先，越南工人的维权意识强烈，即使提供高额加班费也不愿意加班，罢工权利被视为合法。其次，由于历史上的领土争端等原因，越南对中国和中国企业存在一定的民族情绪，媒体往往倾向于夸大宣传一些负面信息，导致产生不必要的误解。研究者结合文献阅读与实地调研，认为中国企业在越南经营所面临的规范压力有助于企业最终实现经营目标。当中国企业在越南感知到的规范压力较大时，倾向于以符合越南当地规范的方式行事，以各种正式和非正式的方式加强沟通，并相应调整经营实践来加强其合法性，更加重视劳资关系和企业文化建设，优化产品或服务的质量，提升企业在公众心目中的形象，最终得到更为广泛的利益相关者的支持，从而获取长期稳定的绩效回报。

研究者在越南实地调研企业过程中收集的一些访谈资料中也有部分记录为规范压力与企业绩效之间的影响关系提供了印证。

"我们公司遭遇越南当地反华媒体的负面报道时，陷入了舆论危机。后来我们马上联系权威技术监督机构第三方认证，确认产品技术先进且质量过硬，销量猛增。"

"2014年1月底的时候，越南媒体炒作我们银行的河内分行建议在中越贸易中使用人民币结算一事。分行了解情况以后，联系越南工商会协助解决。越南工商会找到炒作此事的记者，通过客观报道，这个事情得到了比较好的解决。"

基于前面的理论分析与逻辑推理，结合在越南实地调研访谈资料的整理，本书提出以下假设。

H2a：中国企业在越南面临的规范压力对企业的社会绩效产生显著的正向影响。

H2b：中国企业在越南面临的规范压力对企业的财务绩效产生显著的正向影响。

（三）东道国模仿压力与企业绩效

关于海外经营企业在东道国面临的模仿压力，得到的研究关注较少，科斯托娃等（Kostova et al.，2008）曾指出，跨国公司受到的制度约束主要来自强制（规制）方面。本书聚焦于中国企业在越南面临的制度压力研究，出于对制度压力全过程中涉及的各方面问题的全面性考虑，将模仿压力与强制压力、规范压力并列探讨予以描述。此外，研究者在访谈调研阶段发现，中国企业在越南经营实践中模仿压力也对于企业产生了一定影响，基于此，本书也将对模仿压力进行较为深入的理论阐述。

模仿压力源于组织面对不确定性进行合乎公认的回应。当组织面临原因不明晰、解决方案也模糊不定甚至是相互矛盾的问题时，倾向于寻找同行业内看上去更为成功或更具合法性的组织作为参照模型。新兴经济体企业在发展中东道国所面临的环境不稳定且变化迅速（Li et al.，2008），中国企业既是"新生者"又是"外来者"，在越南面临中高级别的国家风险（许梅和陈炼，2011；张明，2018），也缺乏清晰的目标和实现途径。来自韩国、日本、新加坡等国家和地区的企业都先于中国进入越南，已抢先形成品牌效应，投资经验也更为丰富。在强大的竞争压力下，模仿在越南投资时间历史更为悠久、投资规模更大的外资企业的成功做法，成为最直接且保险的选择，同时也是节约搜索和实验成本的策略（林润辉等，2016）。企业不但学习已有的成功案例，而且从同行企业的失败经验中吸取教训（Yang et al.，2009）。这些模仿压力下的行为至少表明企业担心落后于竞争对手，正在努力改善，以避免被视为缺乏创新或反应迟钝（Goodstein，1994），这不仅是出于竞争的需要，也是为了在组织场域中获得合法性和社会适应性（Li and Ding，2013）。对于首次进入不熟悉的东道国或目标国的外资企业来说，模仿策略尤其重要（Arslan，2012；Khan and Lacity，2014），是减小外来者劣势的有效途径之一（Salomon and Wu，2012）。

研究者在越南实地调研企业过程中收集的一些访谈资料中也有部分记录为模仿压力与企业绩效之间的影响关系提供了印证。

> "我们是最早进入越南的中资律师事务所，主要面向在越南经营的中国企业提供法律服务。我们面临着更早进入越南的来自其他国家的外资律师事务所的竞争，特别是来自新加坡的律师事务所，同时也面临着越南本土律师事务所的竞争。前者的特点是经验丰富、服务完善；后者的特点则是价格低廉。在这样的压力下，我们不断提升服务水准，密切关注和学习领先同行的动态，最终以出色的工作业绩获得客户的高度赞誉。"

基于前面的理论分析与逻辑推理，结合在越南实地调研访谈资料的整理，本书认为，中国企业在越南面临的模仿压力有助于在当地获取合法性，最终全面提升绩效，并提出以下假设。

H3a：中国企业在越南面临的模仿压力对企业的社会绩效产生显著的正向影响。

H3b：中国企业在越南面临的模仿压力对企业的财务绩效产生显著的正向影响。

综上所述，本书将中国企业在越南面临的制度压力作为研究模型的前因变量，具体选取了强制压力、规范压力、模仿压力分别进行衡量，并分别对以上三个方面对企业绩效的不同作用机制进行具体考察。基于以上对制度压力与企业绩效之间关系提出的假设及其分析推理，本书认为强制压力、规范压力、模仿压力均会对企业绩效产生重要的影响，然而不同来源的制度压力对企业绩效的影响不尽相同。换言之，制度压力与企业绩效显著相关，并且制度压力的不同维度对企业绩效产生不同的影响作用。在考虑中国企业在越南面临的各种制度压力对企业绩效的直接影响的同时，接下来将联系制度压力对企业在人力资源本地化、自主权方面的影响进行分析。

二、东道国制度压力与人力资源本地化关系假设

人力资源管理对于长久维持和提升企业的企业核心竞争力起着不可替代的作用。2015 年 7 月 1 日开始实施的越南《投资法（修订）》中已将"发展人力资源"作为投资扶持的七种形式之一①。人力资源本地化是中国企业在越南长期发展所必须要走的路径。

（一）东道国强制压力与人力资源本地化

如前面所述，当中国企业在越南当地遭遇较大的强制压力时，中国企业将面临重大挑战，盈利能力也会降低。然而，企业并非制度压力的被动接受者，会根据当地资源和自身资源的状况表现出被动、回避或主动的战略反应（涂智苹、宋铁波，2016）。

资源依赖理论与制度理论都认为组织通过战略行动来获取环境的支持是可行的，但两者区别在于：资源依赖理论重视环境的物质条件，而制度理论强调环境中的文化准则、价值观和社会期望。根据资源依赖理论，组织处于开放系统之中，依赖于外部环境来获取关键资源，受到外部环境的支持和约束（Pfeffer and Salancik，1978；Bruton and Ahlstrom，2003）。因此，越南当地的制度环境构成了在越中国企业所寻求的稀缺资源来源，这些资源包括人力资源、营销资源、信息资源、生产投入等（Luo，2003）。

---

① 中国驻越南经商参处．越南投资法［EB/OL］．（2015 – 07 – 24）http：//vn. mofcom. gov. cn/article/ddfg/tzzhch/201507/20150701059946. shtml.

当中国企业在越南面临较大的强制压力时，与资源获取相关的风险和交易成本增加，使这些依赖当地人力资源的意愿受到抑制（Yildiz and Fey，2012），只能寻找获取稀缺资源的替代方法来应对。母公司是这些企业可以依赖的最重要的资源提供者（Luo，2003）。为了减少在当地获取人力资源可能出现的风险，这些企业会更多地通过从母公司获取人力资源来减小对当地人力资源的依赖。因此，在越南这样管理制度模糊、市场不发达、监管执法不力的东道国，内部人力资源流动成为企业减缓强制压力的一种应对机制（Feinberg and Gupta，2009；Liu et al.，2016），这些企业依靠总部获得资源，从而最大限度地减少对越南当地制度环境的外部依赖，导致人力资源本地化程度相应降低。

研究者在越南实地调研企业过程中收集的一些访谈资料中也有部分记录为强制压力与人力资源本地化之间的影响关系提供了印证。

　　"我们的越南合作方已经出售了国企的股份，我们只能照做，待逐渐售完我们的股份后，我们会与公司的越南籍管理人员和员工解除劳动关系，从国内总部调派新的管理人员和技术骨干，着手开发新业务，力争成功转型。"

基于前面的理论分析与逻辑推理，结合在越南实地调研访谈资料的整理，本书提出以下假设。

H4a：中国企业在越南面临的强制压力对企业的人力资源本地化产生显著的负向影响。

（二）东道国规范压力与人力资源本地化

越南当地的规范压力主要源于当地的行为规范和社会文化价值观。在越南经营的中国企业迫切需要采取实质性行动，如与当地环境所期望的做法，以表达在越南经营的善意（Ouyang，2017），从而获取合法性（Widmier et al.，2008）；同时也迫切需要具有越南当地特色的资源和知识来协助指导企业的经营实践。越南当地的管理人员不仅能更有效地与越南员工沟通（Cooke，2012），而且他们的知识优势更发挥着不可替代的"文化中介者"作用（Erdener and Torbiörn，1999；Ando，2014）。因此，规范压力的增加会促使企业更倾向于依赖越南当地管理人员来获取在当地的外部合法性（Peng，2012），人力资源本地化程度相应提高，这也意味着企业将更多依赖于当地实践中基于东道国的竞争优势（Dickmann et al.，2019）。

研究者在越南实地调研企业过程中收集的一些访谈资料中也有部分记录为规范压力与人力资源本地化之间的影响关系提供了印证。

　　"我觉得多让越南当地人参与企业管理能够让公司运转得更顺畅，提高效率，这样的管理模式比较适合我们。没有最好的管理模式，只有最适合的管理模式。"

"我们公司大约有一半的中层是越南人。他们各有长处。当地的经理可以更容易地与当地员工沟通。而且，他们更熟悉当地政府行政管理的程序和规章制度等，他们知道可以从哪里找到资源。"

"我们公司的中国人实际上并不监督基层的越南员工做他们的工作，而是教他们方法。实际的监督工作是由越南籍的班组长来完成的。这是比较普遍的做法。"

基于前面的理论分析与逻辑推理，结合在越南实地调研访谈资料的整理，本书提出以下假设。

H4b：中国企业在越南面临的规范压力对企业的人力资源本地化产生显著的正向影响。

（三）东道国模仿压力与人力资源本地化

在越南当地的模仿压力下，中国企业会密切关注业内其他企业的整体运营情况，从中找出标杆企业和竞争对手的相关战略变化。如果他们通过实施人力资源本地化行为而获得了相对竞争优势，那么中国企业也会效仿，通过聘用和培训越南当地管理人员来提升其人力资源本地化的程度。

研究者在越南实地调研企业过程中收集的一些访谈资料中也有部分记录为模仿压力与人力资源本地化之间的影响关系提供了印证。

"我们对面的中国香港工厂是最早进这个工业园的外资企业了，他们除了总经理之外其他都是越南当地的管理人员，大大节省了运营成本。"

基于前面的理论分析与逻辑推理，结合在越南实地调研访谈资料的整理，本书提出以下假设。

H4c：中国企业在越南面临的模仿压力对企业的人力资源本地化产生显著的正向影响。

综上所述，本书分别对中国企业在越南面临的强制压力、规范压力、模仿压力对人力资源本地化的不同作用机制进行具体考察，发现不同来源的制度压力对人力资源本地化的影响不尽相同。换言之，制度压力与人力资源本地化显著相关，并且制度压力的不同维度对企业的人力资源本地化产生不同的影响作用。强制压力对企业的人力资源本地化产生显著的负向影响，而规范压力、模仿压力对企业的人力资源本地化产生显著的正向影响。

三、东道国制度压力与人力资源自主权关系假设

国际人力资源管理的重要问题之一是处理好总部控制和海外子公司独立自主之间的内在权衡（Lazarova et al.，2017）。从子公司的角度来看，关键的问题在于是按照总部规定的方式管理其人力资源，还是独立做出本地决策（Smale et al.，2012；Smale et al.，2013）。在总部不控制子公司人力资源政策和实践的情况下，子公司的人力资源自主权最高。芬顿—奥克里维等（Fenton-O'Creevy et al.，2008）曾指出，海外经营企业的人力资源自主权不仅取决于其与总部之间的关系，而且受到其所处的制度环境（包括法律法规状况、文化环境等）的影响。本书接下来对东道国制度环境的三个维度对人力资源自主权的作用机制分别展开论述。

（一）东道国强制压力与人力资源自主

当中国企业在越南面临较大的强制压力时，得不到有效的制度保护（Buckley et al.，2010），对制度的信赖感降低，而外部不确定性却在增加，风险也相应增加（Delios and Henisz，2000；Henisz，2000；Wang et al.，2014）。根据资源依赖理论，这些企业会更加依赖于从总部转移过来的人力资源，来取代组织间的人力资源交换，因此，在越南这样管理制度模糊、市场不发达、法规执行不力的东道国，加强总部对海外子公司人力资源的控制也成为企业减缓强制压力的一种应对机制（Feinberg and Gupta，2009；Liu et al.，2016），人力资源自主权程度也相应降低。

由此，本书提出以下假设。

H5a：中国企业在越南面临的强制压力对人力资源自主权产生显著的负向影响。

（二）东道国规范压力与人力资源自主权

人力资源管理实践深深根植于企业所处的规范制度环境中（Brewster et al.，2018），企业有强烈的动机去遵循占主导地位的规范惯例（Cooke et al.，2019）。因此，在越南这样一个存在差异的规范制度环境下，如果中国企业引入源自本国的人力资源管理实践，则可能会遭到当地员工的抗议或拒绝。规范制度环境差异越大，企业适应当地制度环境的能力下降，总部对企业的控制难以达到预期效果（Luo et al.，2001），此时降低总部的控制权利大于弊（Kawai and Strange，2014），当地人力资源管理实践的采用率也越高（Myloni et al.，2004；Liu，2014）。

研究者在越南实地调研企业过程中收集的一些访谈资料中也有部分记录为规范压力与人力资源自主权之间的影响关系提供了印证。

"除了总经理之外，我们这边所有员工的薪资水平、考核、人事变动、培训计划都不需要报总部审批。因为总部并不了解我们这里的实际情况"。

"只要我们在人事方面的做法不影响总部的利益，可以根据我们越南这边的情况进行灵活而快速的处理。如果我们上报给总部，等总部的通知的话，决策不一定能让越南员工接受，也耽误时间"。

基于前面的理论分析与逻辑推理，结合在越南实地调研访谈资料的整理，本书提出以下假设。

H5b：中国企业在越南面临的规范压力对人力资源自主权产生显著的正向影响。

（三）东道国模仿压力与人力资源自主权

中国企业相对于更早进入越南的发达国家外资企业来说属于新生者，资源和国际经验都不具备优势，原本国内的战略人力资源管理能力就有所欠缺，通常难以依靠总部资源来转移、制定和实施人力资源政策和实践，往往需要模仿越南当地更为成功的外资企业的做法（Cooke，2012）。当中国企业在越南面临的模仿压力较大的时候，面临的合法性挑战也更大，总部对其控制权降低，企业更加倾向于模仿在越南已经确立为合法的当地做法（Tran et al.，2010）。这些企业在当地的模仿压力越大，总部越来越依赖于子公司获取信息，而这些信息要么无法直接提供给总部，要么成本极高（Roth and O'Donnell，1996），因而总部越倾向于将人力资源的决策权交给子公司（Shenkar，2012）。

研究者在越南实地调研企业过程中收集的一些访谈资料中也有部分记录为模仿压力与子公司人力资源自主权之间的影响关系提供了印证。

"我们从2014年开始，借鉴了园区里日本企业的做法，把人力资源管理职能外包给了越南当地的人力资源合作伙伴，让他们帮助设计人力资源政策、员工手册、绩效考核办法。这样有助于我们的人事工作符合当地实际情况，还能跟上更先进企业的步伐。"

"我们借鉴了一些大型跨国公司的矩阵管理模式，即实行团队考核。考核的时候，团队负责人汇总各个核心组成员的考核意见，再把这些意见反映到职能部门经理那里，再由职能部门经理来确定最终的考核结果。"

基于前面的理论分析与逻辑推理，结合在越南实地调研访谈资料的整理，本书提出以下假设。

H5c：中国企业在越南面临的模仿压力对人力资源自主权产生显著的正向影响。

综上所述，本书分别对中国企业在越南面临的强制压力、规范压力、模仿压力对子公司人力资源自主权的不同作用机制进行具体考察，发现不同来源的制度压力对子公司人力资源自主权的影响不尽相同。换言之，制度压力与子公司人力资源自主权显著相关，并且制度压力的不同维度对子公司人力资源自主权产生不同的影响作用。强制压力对子公司人力资源自主权产生显著的负向影响，而规范压力、模仿压力对子公司人力资源自主权产生显著的正向影响。

四、人力资源本地化与企业绩效关系假设

资源基础观认为，企业之间竞争优势的差异取决于各自拥有的资源以及如何利用这些资源（Wernerfelt，1984；Combs and Ketchen，1999）。海外经营企业离不开其所处的市场和竞争环境（Barney and Arikan，2001）。因此，总部外派管理者和当地管理者都是非常宝贵的资源，也是海外经营企业竞争优势的源泉，两者分别扮演着不同的角色，各有优势和不足。

外派管理者作为总部和海外业务之间的沟通桥梁，负责将总部在技术、财务、人力和管理知识方面的优势转移到海外子公司（Ando et al.，2008；Tao et al.，2017），同时在减少子公司可能产生的机会主义行为和代理问题上发挥着重要的作用（Yan and Duan，2003；Kim and Kim，2017）。

当地管理者更是非常重要的人力资源。本书认为，在越中国企业人力资源本地化对其绩效的促进作用主要体现在以下四个方面。

首先，人力资源本地化有利于提升在越南经营的中国企业的管理效率。中国企业把来自总部的人员派到越南进行管理，带来了中国的管理模式、管理方法。但是像越南这样的发展中国家有其自身的特点，如果把中国的管理模式、管理方法照搬到越南并不见得完全有效。中国外派人员不了解越南当地的环境、文化与法律情况，可能会造成管理决策的误判，或者有些对外工作无法顺利开展。因此，在越南采用部分当地经营管理人员，例如市场营销部经理等与当地接触频繁的职位，他们对当地情况的了解优于总部外派管理者（Lam and Yeung，2010；Latukha and Malko，2019），因此，通过他们来制定与越南当地具体情况有机融合的策略，有助于企业的经营适合当地文化、风俗习惯、消费者心理等要求，最终提升管理效率和管理水平。

其次，人力资源本地化有助于节省交易成本。抽象的经济理论往往设定交易成本为零，但把经济理论上升到应用层面时，必然要分析交易成本。海外经营企业为了实现利润最大化，必须缩小或节约交易成本。人力资源本地化可以从两个方面节约成本，一是节约中国外派管理者的高额薪资（Hitotsuyanagi-Hansel et al.，2016）；二是降低在越南的研发、生产、销售成本。越南当地管理者更能准确地了解、接触和开拓当地市场，从而建立强大的当地商业网络（Azungah et al.，2018），还可以根据当地市场的偏好调整产品的要素，因此研发、生产、销售过程可以少走弯路，产业也更加适销对路，符合当地消费习惯。

再其次，人力资源本地化有助于中国企业在越南吸引优秀人才，增强竞争力。中国企业在进入越南初期，重要职位一般由总部外派人员担任，即使是有表现优异的当地员工，最多也只能担任技术性的职位，这样企业内部会形成所谓的"玻璃天花板"。如此一来，不仅会影响组织士气，造成当地员工与总部外派人员之间的隔阂，还会增加彼此的冲突。因此，要解决这个问题，可以通过人力资源本地化政策打破当地人才升迁的"玻璃天花板"，提供当地人才的职业生涯发展机会，鼓舞越南当地员工的士气，有助于留住并吸引越南当地优秀人才（Li et al.，2018）。人力资源，特别是优秀的越南当地经营管理人才，是在越南经营的外资企业之间激烈争夺的目标，因为谁能拥有最优秀的经营管理人员，谁就能在竞争中获胜，在越南站稳脚跟。

此外，人力资源本地化有利于减少语言和文化等障碍。来自中国的总部外派人员不擅长以越南当地语言进行交流，往往需要借助翻译，这可能会导致企业与当地供应商、客户、消费者甚至是一线越南员工之间的沟通障碍，容易形成文化冲突。由于具有相同的文化背景，越南当地管理者不仅可以减少沟通障碍，还能提高经营绩效。

最后，人力资源本地化有助于改善企业与当地政府与民众的关系。人力资源本地化有利于中国企业减少"刻板印象"的负面效应，恢复信誉与形象（Luo and Bu，2018）；同时，从越南各级政府对当地员工的发展支持来看，政府会把人力资源本地化视为该企业对当地承诺的标志（周丹妮和项丽亚，2020），从而改善企业与当地政府以及当地民众的关系，提升企业的社会绩效。

研究者在越南实地调研企业过程中收集的一些访谈资料中也有部分记录为模仿压力与子公司人力资源自主权之间的影响关系提供了印证。

"有些从国内派来的高管办不成的事，交给当地员工来处理，反而能完成。"

"我们公司要占领越南当地的市场，越南当地员工的作用必不可少。他们总能想到我们所想不到的方案，发现我们所发现不了的问题。"

"我们银行是中国在越南资产最大、员工最多的商业银行。河内分行现在有64名员工，其中有80%是越南本地人。这些越南员工充分发挥了'中越金融桥梁'的作用。"

"中国管理人员不懂当地的文化和市场，只能观察到表象，当地人才能说清楚内在的机理，所以必须得有一个越南当地人站在同样层次的管理位置上，提供另一种视野。"

基于前面的理论分析与逻辑推理，结合在越南实地调研访谈资料的整理，本书提出以下假设。

H6a：在越中国企业的人力资源本地化对其社会绩效产生显著的正向影响。

H6b：在越中国企业的人力资源本地化对其财务绩效产生显著的正向影响。

五、人力资源自主权与企业绩效关系假设

根据哈拉德和多兹（1987）的"全球一体化—本地化框架"研究框架，在总部与子公司之间的关系中，海外子公司自主权较高会提升其当地响应能力，反之，自主权较低则会提升总部的全球整合能力。本书第二章已将子公司自主权（不局限于人力资源）对其绩效影响的研究现状加以总结和评述。这些研究使用了不同的自主权和绩效度量指标，得出不一致的结论。虽然跨国公司内部的某些职能（例如采购等）受益于全球一体化，但当海外子公司能够做出独立的本地决策时，其他职能的工作成效会更加突出（Zellmer-Bruhn and Gibson，2006）。由于人力资源经理需要招募、雇用和培训当地员工，因此，人力资源管理是与东道国当地制度环境联系最紧密、最有可能遵循当地惯例的组织职能（Rosenzweig，2006）；人力资源管理在子公司自主权研究中的重要地位已得到较多学者的认同（Ferner et al.，2011；Belizón et al.，2014；Kynighou，2014）。

战略国际人力资源管理研究表明，作为海外经营企业人力资源实践的一个方面，其人力资源自主权与绩效之间存在一定的关系（Lazarova et al.，2017）。根据制度理论，海外经营企业要在东道国获取合法性，就必须遵守当地普遍存在的法律法规和社会价值观（Edwards and Kuruvilla，2005；Kostova et al.，2008），借鉴当地看上去更为成功或更具合法性的企业的做法有助于克服外来者劣势（Fenton-O'Creevy et al.，2008；Salomon and Wu，2012）。人力资源管理学者也提

出，即使国际人力资源整合有强大的驱动力，人力资源实践中也必须存在一定程度的本地响应（Smale et al.，2013）。

已有研究表明，新兴经济体跨国公司通常将海外子公司自主权作为克服本国劣势的有力手段（Wang et al.，2014）。本书侧重于人力资源自主权对在越中国企业社会绩效和财务绩效的影响。首先，在越南当地法律法规和当地社会文化规范的约束下，若国内总部对越南子公司实行过多的控制会形成一种极大的约束，影响它们在当地做出恰当的人力资源管理决策的能力；反之，由于需要高度融入越南当地的制度环境，若将人力资源实践设计得与当地法律、法规、价值观、信仰和规范等相协调，与当地员工的期望相一致，与当地市场建立更加紧密的联系，这些都有助于改善企业的社会绩效和财务绩效。其次，较高水平的人力资源自主权有助于提升其创新与知识传播能力，从而促进子公司与国内总部的协同合作，增强竞争优势（Ghoshal and Bartlett，1990；Young and Tavares，2004；徐向艺、方政，2016）。最后，人力资源自主权有助于子公司灵活应对越南当地制度环境的变化，迅速做出决策。此外，人力资源自主权的增强有利于激发子公司高管团队的士气（Mirchandani and Lederer，2008），充分发挥他们内在的主观能动性（卫武等，2012），从而进一步提升子公司绩效。

由此，本书提出以下假设。

H7a：在越中国企业的人力资源自主权对其社会绩效产生显著的正向影响。

H7b：在越中国企业的人力资源自主权对其财务绩效产生显著的正向影响。

六、人力资源本地化、人力资源自主权的双中介作用的相应假设

前面已经论证了东道国制度压力的三个维度对在越中国企业绩效的影响（X→Y）；同时，东道国制度压力的三个维度又对在越中国企业人力资源本地化、人力资源自主权产生影响（X→M1，X→M2），而人力资源本地化、人力资源自主权又能促进企业绩效（M1→Y，M2→Y）。由此可见，东道国制度压力既可以直接作用于企业绩效，又可以通过人力资源本地化、人力资源自主权传递给企业绩效（X→M1→Y，X→M2→Y），而后者正是管理学研究中经常提及的中介效应（温忠麟、叶宝娟，2014）。

外部制度压力对企业经营结果的影响需要通过企业的行动和反应来体现（Liang et al.，2007；田野，2008）。沈奇泰松（2010）在其博士论文中详细分析了企业社会战略反应在制度压力与企业社会绩效之间的中介作用。李怡娜和叶飞（2011）以珠三角地区148家企业为样本，分析了绿色环保创新实践在制度压力

和企业绩效之间的中介效应，发现强制压力和竞争压力可以通过绿色环保创新实践促进环境绩效继而促进经济绩效，但规范压力却不能。朱蓉（2014）基于62家中国商业银行的年报、财务数据和企业社会责任报告，指出监管压力、媒体和公众压力、社会认可压力不仅直接促进商业银行的财务绩效，还能通过企业社会责任战略来实现。彭荷芳等（2016）对江苏省238家民营企业高管进行调研，发现员工社会责任行为在制度压力与民营企业绩效之间起到中介作用。胡美琴等（2016）基于对248家华东地区企业管理者的问卷调查，发现制度压力可以通过参与型战略反应间接提升社会绩效。李春友等（2018）以205家浙江省制造企业为样本，证实了强制压力、规范压力、模仿压力通过企业升级的中介作用正向促进财务绩效。王歌等（2018）基于中国六大城市的128位重大工程项目管理层的问卷调研，指出环境公民行为在模仿压力、规范压力与环境管理策略和实践中起到部分中介作用。张劲松等（2019）以中国汽车制造企业为样本，发现制度压力不仅对企业绩效产生积极影响，而且还能通过促进绿色供应链管理实践从而提升企业绩效。

基于此，本书分别将人力资源本地化、人力资源自主权作为中介变量来研究，试图揭开在越中国企业如何应对当地制度压力，从而促进绩效的"黑匣子"，故提出以下假设。

H8a：越南当地的强制压力通过人力资源本地化的中介作用间接负向影响在越中国企业的社会绩效。

H8b：越南当地的强制压力通过人力资源本地化的中介作用间接负向影响在越中国企业的财务绩效。

H8c：越南当地的规范压力通过人力资源本地化的中介作用间接正向影响在越中国企业的社会绩效。

H8d：越南当地的规范压力通过人力资源本地化的中介作用间接正向影响在越中国企业的财务绩效。

H8e：越南当地的模仿压力通过人力资源本地化的中介作用间接正向影响在越中国企业的社会绩效。

H8f：越南当地的模仿压力通过人力资源本地化的中介作用间接正向影响在越中国企业的财务绩效。

即人力资源本地化对"制度压力→企业绩效"的关系有中介作用。其中，越南当地的制度压力分别包括强制压力、规范压力与模仿压力三个维度的考察；在越中国企业绩效分别包括社会绩效、财务绩效两个维度的考察。提出以下假设。

H9a：越南当地的强制压力通过人力资源自主权的中介作用间接负向影响在越中国企业的社会绩效。

H9b：越南当地的强制压力通过人力资源自主权的中介作用间接负向影响在越中国企业的财务绩效。

H9c：越南当地的规范压力通过人力资源自主权的中介作用间接正向影响在越中国企业的社会绩效。

H9d：越南当地的规范压力通过人力资源自主权的中介作用间接正向影响在越中国企业的财务绩效。

H9e：越南当地的模仿压力通过人力资源自主权的中介作用间接正向影响在越中国企业的社会绩效。

H9f：越南当地的模仿压力通过人力资源自主权的中介作用间接正向影响在越中国企业的财务绩效。

即人力资源自主权对"制度压力→企业绩效"的关系有中介作用。其中，越南当地的制度压力分别包括强制压力、规范压力与模仿压力三个维度的考察；在越中国企业绩效分别包括社会绩效、财务绩效两个维度的考察。

七、领导风格的调节作用关系假设

（一）威权型领导的调节作用

中国企业在越南的经营环境也充满着不确定性。企业高层管理者的领导风格是企业内部非常重要的情境因素（Maruping et al.，2015）。因此，将东方文化下广泛存在的威权型领导作为重要的情境变量，纳入企业人力资源管理实践与绩效的关系模型一并考虑是非常有必要的。

中国与越南同属于权力距离指数较高的东方国家，在越中国企业的员工与高层管理者之间存在一定的权力距离，一般通过自己的直接领导来获取信息和资源，因此，在员工视角下，领导的行为就是企业的代表。在这样的文化背景下，威权型领导的影响力更为凸显，时刻影响着员工的情绪和心理体验（Chen et al.，2013；Chughtai et al.，2015）。

威权型领导强调领导者具有绝对的权威，不容许员工的任何挑战，对员工进行严密的约束和管控，并要求员工毫无保留地服从。具体体现在工作中，领导表现为不愿意授权、拒绝透露信息、漠视员工建议、贬损员工贡献、维护自己的面子和尊严并对员工提出高绩效的要求。另外，员工表现为尊敬并顺从领导、公开场合附和领导、保留自己的想法等行为（李忆和吴梳梅，2019）；组织则表现为压抑、沉默的气氛。在这样的氛围下，威权型领导会影响企业人力资源本地化作用的有效发挥。

首先，威权型领导给员工带来心理压力。随着人力资源本地化程度的提升，越南当地经理越来越多，他们在中资企业工作，缺乏归属感导致其心理韧性相对较低（王羽等，2017）。在这种情境下，威权型领导更容易使员工产生心理压力，自我怀疑，缺乏安全感和被尊重感，从而抑制其工作的主动性和投入水平（杨五洲等，2014），工作往往只停留在面上，最终给企业绩效带来不利影响（刘冰等，2017）。

其次，威权型领导抑制员工的创新。威权型领导的控制欲限制了员工的工作自由，未经领导授权，员工不得擅自改进现状或创新方案，否则会被视为对领导权威的挑战（李嘉和杨忠，2017）。在这种情况下，即使企业的人力资源本地化程度提升了，招聘了更多的越南当地经理参与企业管理，高层管理者依然按照自己的固有思维去经营企业，削弱了人力资源本地化对企业绩效的促进作用。

最后，威权型领导影响组织交流。威权型领导非常注重面子，容不得与自己观点相悖的言论。员工若想反映工作问题或提出工作建议，会习惯性先考虑领导对此事的看法，造成过多的顾忌，极易保持沉默，久而久之形成一种害怕出错的气氛，影响组织成员之间的交流沟通（苑双杰，2019）。另外，威权型领导对很多信息不公开，严重阻碍了知识的有效流动（Duan et al.，2017）。在这种情况下，企业体现不出越南当地经理参与企业管理的优势，同样削弱了人力资源本地化对企业绩效的促进作用。

相比之下，若企业高层管理者不实施威权领导作风，体贴关心下属，积极沟通，则能发挥越南当地人参与企业管理的优势，强化人力资源本地化对企业绩效的正向促进作用。

研究者在越南实地调研企业过程中收集的一些访谈资料中也有部分记录为威权型领导在其中的消极作用提供了印证。

"我曾经在越南的台资企业工作过。这些企业中有中国台湾籍的高管，我们一般称为'台干'，也有我们这些中国大陆过来的干部，称'陆干'，还有越南的基层干部。这三个群体只有在工作时间会互动，吃饭、休闲的时候基本都是自己的圈子，这样大家之间的关系就很清晰地界定成了劳工和雇主的关系，很少有跨圈子的非正式交流。这些'台干'在私下里还有一种尽量避免和越南人打交道的思维，来维护自己的权威，认为台资企业到越南来是给落后地区带入'进步观念'。这样下去对企业的经营肯定是不利的，招聘了那么多越南的基层干部来，除了节省工资的考虑，更多的是为了充分发挥他们在社会关系和沟通能力上的优势。只有尊重他们，才能调动他们的积极性把工作做好。如果摆出高姿态，他们的工作也就容易只是敷衍了事，没有动力来努力工作，不能充分发挥这些越南人的独特优势。"

基于前面的理论分析与逻辑推理，结合在越南实地调研访谈资料的整理，本书提出以下假设。

H10a：威权型领导，在人力资源本地化对社会绩效的积极影响中起到了负向调节作用。

H10b：威权型领导，在人力资源本地化对财务绩效的积极影响中起到了负向调节作用。

威权型领导带有自上而下的单向沟通特质（汪林等，2010），企业内信息不透明，决策基本取决于高层管理者的意见。威权型高层管理者虽然能够力排众议，集中调动资源，表面上很有效，但实际上通常难以取得预期效果，影响企业人力资源自主权作用的有效发挥。

首先，威权型领导影响企业应变能力。威权型领导认为自己是企业的信息中心，没有必要把无关信息透露给下属，也无须通过下属的途径获取信息，甚至认为向下属了解情况是否认自己能力的表现，极可能导致对突发状况视而不见，无法及时调整相关的人力资源决策，人力资源自主权所带来的优势几乎形同虚设。

其次，威权型领导增加机会主义风险。随着在越中国企业人力资源自主权的提升，企业在人力资源管理方面的决策权增加，企业内部信息不透明会加剧谋取私利的机会主义风险，严重削弱人力资源自主权对企业绩效的促进作用。

相比之下，若面对威权程度较低的领导，虽然面临一定的机会主义风险，但至少不会加剧，这样更能体现出人力资源自主权的优势，强化人力资源本地化对企业绩效的正向促进作用。

由此，本书提出以下假设。

H11a：威权型领导，在人力资源自主权对社会绩效的积极影响中起到了负向调节作用。

H11b：威权型领导，在人力资源自主权对财务绩效的积极影响中起到了负向调节作用。

（二）服务型领导的调节作用

中国企业在越南的人力资源管理实践充满风险和挑战。基于社会交换理论、社会认同理论、社会学习理论，我们发现了服务型领导的优势。

首先，社会交换理论认为互惠是影响社会交换最基本的规范之一（Gouldner，1960；Blau，1964）。在互惠规范中，服务型领导通过提供有价值的资源和支持来换取员工的资源和支持，即当服务型领导关注员工的成长与发展时，员工也会通过积极行为来进行回报（Schwepker，2016）。员工得到的资源和支持越多，相应的回报也越大（许爽，2017）。

其次，社会学习理论认为，当员工相信自己的领导者是组织中可信的榜样时，他们会学习和模仿领导者的态度、价值观和行为（Bandura，1977）。服务型领导行为具有利他性，把领导职位看作帮助、支持并推动他人发展的机会（Russell and Stone，2002），而且并不从下属那里寻求短期的回报，因而经常被视为其组织内可以信赖的榜样（Hunter et al.，2013；Song et al.，2015）。

最后，社会认同理论认为，服务型领导能够通过其以员工为中心的理念和实践与员工建立深厚的感情，让员工感觉自己与领导者都是组织中的伙伴（Tajfel，1978）。一旦员工对组织（Chughtai，2016）、团队（Chen et al.，2015）或领导者（Yoshida et al.，2014）产生了强烈的认同感，他们就更有可能做出对企业有利的行为（Rivkin et al.，2014）。

研究者在越南实地调研企业过程中收集的一些访谈资料中也有部分记录为服务型领导在其中的积极作用提供了印证。

"我们管理这个公司先得把自己管理好，做好榜样。一是什么事情我得先做到，比如每天准时上班，比如工作任务必须不折不扣来完成；二是这里的员工，特别是越南本地人的学历不太高，如果强制要求他们怎么做，这个效果不会太好。所以我们要站在他们的角度思考问题，有可能他们的思考角度和我们是不一样的，从他们的角度来考虑问题，这样沟通就容易多了。"

"员工的工作主动性很重要，所以他们平时所做的工作，做得好的，我们要及时认可和奖励，被认可了他们就更有积极性，就更会想办法把他们自己的资源主动用到工作中来，这样就形成了一种良性循环。"

"我们跟员工，特别是公司里的越南本地员工关系融洽了，把员工放在第一位，包括一些管理工作和日常工作都是这样，他们就会发自内心热爱工作，觉得努力工作有前途、有价值。"

同样，在中国与越南这样权利距离指数较高的文化背景下，服务型领导的影响力也会更为显著。当企业中充满服务型领导的氛围时，从高层管理者到一线员工都会致力于实现企业目标，企业的人力资源本地化会对企业绩效会产生更加积极的影响。

首先，服务型领导有利于杜绝机会主义行为。随着人力资源本地化程度的提高，担任管理者职位的越南当地人比例越来越高，有可能产生利用职权谋取私利的情况（Lam and Yeung，2010；Kim and Kim，2017）。服务型领导倡导"员工为先、组织次之、领导者个人第三"的理念，展现出为整体利益服务、诚信、正直和关爱他人等道德特征（van Dierendonck，2011），不太可能利用下属的信任来谋取个人私利（Johnson，2015），能明显减少代理行为的产生（Politis，2015；Politis and Politis，2018）。因此，若在越中国企业高管在人力资源本地化过程中采用服务型领导风格，则能在一定程度上杜绝机会主义的隐患。

其次，服务型领导有助于提升企业员工对组织的承诺。服务型领导为人力资源本地化作用的发挥提供了更为有利的外部条件，向员工传递与其成长和发展有关的信息，当员工产生对组织的强烈归属感时，其内心能力、自由和成长需求得到满足，倾向于接受管理者所指向的目标和过程，这些都会促使其在工作之中投入更多的个人资源，有助于全面提升企业绩效。

最后，服务型领导的服务理念的促进作用。服务型领导强调关注员工的福祉，将他人的需求置于优先位置（Huang et al.，2016；Schwarz et al.，2016），员工受到领导的支持，也会将自身所体验到的服务在工作中运用，尽可能全身心为同事、客户、社区居民等利益相关者服务，这些都有助于提升企业的社会绩效。

相比之下，企业中若缺乏服务型领导可能会弱化人力资源本地化与企业绩效之间的积极关系。这种情况下，组织中缺乏一个强有力的激励来促进他们对组织目标的承诺，有可能导致企业员工对目标和过程漠不关心，这反过来又降低了他们对组织能力的信心，削弱甚至消除人力资源本地化对企业绩效的正向促进作用。

基于前面的理论分析与逻辑推理，结合在越南实地调研访谈资料的整理，本书提出以下假设。

H12a：服务型领导，在人力资源本地化对社会绩效的积极影响中起到了正向调节作用。

H12b：服务型领导，在人力资源本地化对财务绩效的积极影响中起到了正向调节作用。

即服务型领导对"人力资源本地化→社会绩效""人力资源本地化→财务绩效"间关系均有积极的调节作用。

服务型领导所展现出的乐于授权、负责任的道德精神（Bande et al.，2016），以及帮助员工的发展和成功等品质（Ling et al.，2016），能在组织中形成良好的服务型氛围。从员工的视角来看，在越中国企业的人力资源自主权意味着越南子公司员工对人事方面的政策享有更多的知情权和建议权，因此，服务型领导与实施人力资源自主权的目标导向相得益彰（Chiniara and Bentein，2016），两者的交互作用能显著提升在越中国企业的绩效。

首先，服务型领导乐于授权的促进作用。服务型领导信任下属，对下属充分授权，这种授权赋予员工在工作中更大的自主性，从而更深刻感知总部赋予越南子公司人力资源自主权的积极意义，例如，员工会认为工作上做出的努力更可能转化为薪资、职位的上升以及培训机会的增加，将组织目标内化为个人工作目标（Bavik et al.，2017），更好地利用服务型领导赋予的自主权，这些都能为他们的工作带来更多动力。

其次，服务型领导重视可持续发展的促进作用。服务型领导特别关注企业长期的可持续绩效（Schwepker and Schultz，2015），通常将生态环境置于管理者自身和所有经济利益之上（Afsar et al.，2016）；同时借助人力资源自主权中的某些措施，例如把员工亲环境行为纳入考核体系等，来积极落实企业的环境保护措施，这些都有助于企业的长期可持续发展和社会绩效的提升。

最后，服务型领导有助于预防代理问题。随着在越中国企业人力资源自主权的提升，这些企业在人力资源管理方面的决策权增加，若总部与越南子公司目标不一致或越南子公司管理层出现自利行为，则会导致代理问题。服务型领导的利他性使其坚持"服务优先"而非"领导优先"，增强了企业高管团队的凝聚力（王杰群，2017），能在一定程度上预防代理问题的发生。

相比之下，若企业高层管理人员的服务型领导行为处于较低水平，则难以展现出领导者与追随者未达到共同愿景而共同合作的过程。例如，领导对员工缺乏真诚，缺少宽容和耐心（Sousa and van Dierendonck，2017），则极有可能导致员工在面对人力资源自主权时，发现组织战略与领导的实际行为大相径庭，从而迷失工作方向，缺少努力工作的动力，给企业绩效带来不利影响。

基于前面的理论分析与逻辑推理，结合在越南实地调研访谈资料的整理，本书提出以下假设。

H13a：服务型领导，在人力资源自主权对社会绩效的积极影响中起到了正向调节作用。

H13b：服务型领导，在人力资源自主权对财务绩效的积极影响中起到了正向调节作用。

即服务型领导对"人力资源自主权→社会绩效""人力资源自主权→财务绩效"间关系均有积极的调节作用。

八、假设汇总

本书基于新制度主义理论、资源依赖理论、资源基础观，借鉴"制度—战略（行为）—绩效（结果）"的研究范式，形成了"东道国制度压力—人力资源本地化—企业绩效"与"东道国制度压力—人力资源自主权—企业绩效"的研究逻辑，梳理了核心变量间的关系，如图 5-2 所示，并提出待检验的 36 个假设，如表 5-1 所示。

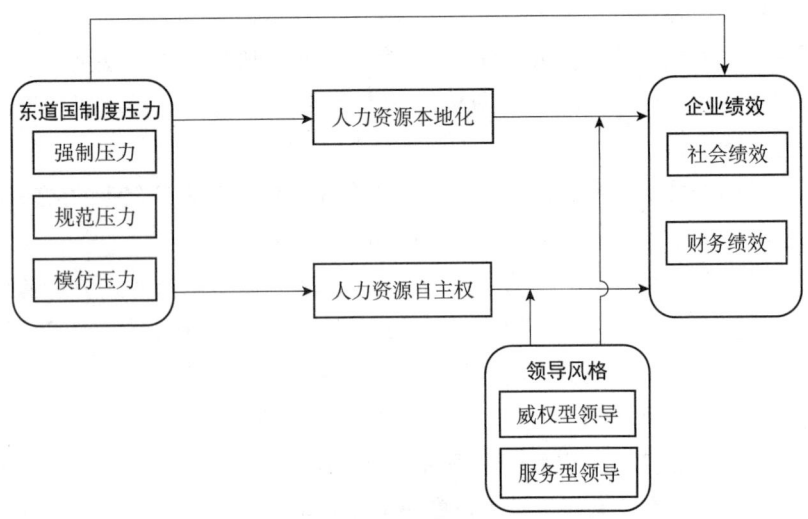

图 5-2　本书的变量关系

表 5-1　　　　　　　　　　　　本书假设汇总

编号	假设描述
东道国制度压力对企业绩效的影响	
H1a	东道国强制压力对企业社会绩效产生显著的负向影响
H1b	东道国强制压力对企业财务绩效产生显著的负向影响
H2a	东道国规范压力对企业社会绩效产生显著的正向影响
H2b	东道国规范压力对企业财务绩效产生显著的正向影响
H3a	东道国模仿压力对企业社会绩效产生显著的正向影响
H3b	东道国模仿压力对企业财务绩效产生显著的正向影响
东道国制度压力对人力资源本地化的影响	
H4a	东道国强制压力对人力资源本地化产生显著的负向影响
H4b	东道国规范压力对人力资源本地化产生显著的正向影响
H4c	东道国模仿压力对人力资源本地化产生显著的正向影响

续表

编号	假设描述
东道国制度压力对人力资源自主权的影响	
H5a	东道国强制压力对人力资源自主权产生显著的负向影响
H5b	东道国规范压力对人力资源自主权产生显著的正向影响
H5c	东道国模仿压力对人力资源自主权产生显著的正向影响
人力资源本地化对企业绩效的影响	
H6a	人力资源本地化对企业社会绩效产生显著的正向影响
H6b	人力资源本地化对企业财务绩效产生显著的正向影响
人力资源自主权对企业绩效的影响	
H7a	人力资源自主权对企业社会绩效产生显著的正向影响
H7b	人力资源自主权对企业财务绩效产生显著的正向影响
人力资源本地化的中介作用	
H8a	强制压力通过人力资源本地化的中介作用间接负向影响企业社会绩效
H8b	强制压力通过人力资源本地化的中介作用间接负向影响企业财务绩效
H8c	规范压力通过人力资源本地化的中介作用间接正向影响企业社会绩效
H8d	规范压力通过人力资源本地化的中介作用间接正向影响企业财务绩效
H8e	模仿压力通过人力资源本地化的中介作用间接正向影响企业社会绩效
H8f	模仿压力通过人力资源本地化的中介作用间接正向影响企业财务绩效
人力资源自主权的中介作用	
H9a	强制压力通过人力资源自主权的中介作用间接负向影响企业社会绩效
H9b	强制压力通过人力资源自主权的中介作用间接负向影响企业财务绩效
H9c	规范压力通过人力资源自主权的中介作用间接正向影响企业社会绩效
H9d	规范压力通过人力资源自主权的中介作用间接正向影响企业财务绩效
H9e	模仿压力通过人力资源自主权的中介作用间接正向影响企业社会绩效
H9f	模仿压力通过人力资源自主权的中介作用间接正向影响企业财务绩效
威权型领导的调节作用	
H10a	威权型领导在人力资源本地化对企业社会绩效的积极影响中存在负向调节效应
H10b	威权型领导在人力资源本地化对企业财务绩效的积极影响中存在负向调节效应
H11a	威权型领导在人力资源自主权对企业社会绩效的积极影响中存在负向调节效应
H11b	威权型领导在人力资源自主权对企业财务绩效的积极影响中存在负向调节效应
服务型领导的调节作用	
H12a	服务型领导在人力资源本地化对企业社会绩效的积极影响中存在正向调节效应
H12b	服务型领导在人力资源本地化对企业财务绩效的积极影响中存在正向调节效应
H13a	服务型领导在人力资源自主权对企业社会绩效的积极影响中存在正向调节效应
H13b	服务型领导在人力资源自主权对企业财务绩效的积极影响中存在正向调节效应

第三节 本章小结

本章首先在对相关理论与文献进行回顾与整合的基础上提出了本书的概念模型。其次结合实地调研资料，基于研究主题进行相应的理论逻辑推理，提出了36个研究假设：根据东道国制度压力与企业绩效之间的关系，提出了6个假设；根据东道国制度压力与人力资源本地化之间的关系，提出了3个假设；根据东道国制度压力与人力资源自主权之间的关系，提出了3个假设；根据人力资源本地化与企业绩效之间的关系，提出了2个假设；根据人力资源自主权与企业绩效之间的关系，提出了2个假设；根据人力资源本地化对东道国制度压力与企业绩效中的中介作用，提出了6个假设；根据人力资源自主权对东道国制度压力与企业绩效中的中介作用，提出了6个假设；根据威权型领导在人力资源本地化与企业绩效中的调节作用，提出了2个假设；根据威权型领导在人力资源自主权与企业绩效中的调节作用，提出了2个假设；根据服务型领导在人力资源本地化与企业绩效中的调节作用，提出了2个假设；根据服务型领导在人力资源自主权与企业绩效中的调节作用，提出了2个假设。

第六章 调查问卷设计与小样本预调研

关于制度压力对企业绩效影响机制的研究，不仅需要充分的理论支撑和案例探索，还需要定量实证方法的检验。本章首先介绍问卷设计方法；其次确定各变量的初始测量量表；最后进行小样本预调研，搜集数据，通过内部一致性检验和CITC 检验、探索性因子分析对初始调查问卷进行修正和净化，确定正式调查问卷，为第七章的大样本实证检验奠定基础。

第一节 问卷设计方法

问卷调查法是一种基于某一特定样本搜集数据的方法，研究者以此为基础能够得出关于样本总体的定量化描述（Groves et al.，2009），具有其他数据搜集方法无法比拟的实用性（梁建和谢家琳，2018）。梁建等（2017）对 2006～2015年将 11 本覆盖战略管理、组织行为学、人力资源管理等领域的国际期刊中发表的文章进行梳理，发现使用中国样本的 406 篇文章中有 233 篇（占 57.4%）采用问卷调查法搜集数据。由此可见，问卷调查法已经成为中国学者进行组织管理研究时主要依赖的方法之一。

本书采用问卷调查方式来搜集数据主要基于以下考虑：（1）大多数档案数据，例如经济自由度指数、全球竞争力指数等，通常用于衡量各国的一般制度环境（Kostova and Roth，2002），并未考虑到企业的异质性；（2）本书的研究对象——在越南经营的中国企业处于信息透明度低、难以获得有效的档案数据的情境之下（Luo et al.，2019），无法应用公开的外部资料库做出合理评估；（3）企业决策者对制度压力的感知会影响其战略决策过程（Santangelo and Meyer，2011），因而适合主观感知测量。

一、问卷设计原则

问卷质量的好坏会直接影响调查数据的真实性、有效性和回收率，进而影响整个调查的质量。一般而言，问卷设计尽量使用高质量的国际权威期刊论文中所使用的成熟量表，但成熟量表有时会受到内容差异、文化差异、时间差异和翻译偏差的影响（梁建和谢家琳，2018）。因此，本书在问卷设计原则上首先尽量采用已有研究中被广泛使用的成熟量表，若非中文量表则通过反向翻译①以力求内容准确（Parameswaran and Yaprak，1987），若现有量表的内容和情境不适合则对其进行修订和完善。

二、问卷设计过程

本书采纳罗胜强和姜嬿（2014）所建议的调查问卷设计方法和流程进行问卷开发设计。

（一）文献梳理与借鉴分析

本书广泛梳理有关制度环境与制度压力、跨国企业本地化战略、子公司自主权、企业绩效、威权型领导、服务型领导等不同视角和主题的相关文献近400篇。对已有相关变量测量量表的信度和效度进行综合考量，同时综合考虑使用率、内容情境符合度等因素。基于本书的研究情境、案例结论和理论框架，对细分维度和相关测项进行校正，适当调整、整合现有量表，得出一系列可供讨论的初始变量条款。

（二）结合企业访谈加以调整

通过企业访谈的方式，听取四家在越中国企业高管的建议，对变量测项的表述方式和措辞进行修改，使问卷题项更加符合企业运营实践且便于受访对象更好地理解。

（三）征询专家意见加以调整

通过当面咨询或电话、邮件等形式征求本领域专家的建议，并与所在的研究

---

① 反向翻译（back translation）即用两组不同的研究人员分别翻译同一个量表。比如，在一组研究人员将量表由英文译成中文以后，由另一组研究人员将量表由中文译成英文，两组研究人员共同研究在双重翻译中产生的差异，并予以解决。反向翻译的重点在于减少在翻译中出现的主观偏差，从而提高翻译的准确性。需要指出的是，即使是最严格的反向翻译，或三重翻译，仍不能彻底解决在翻译量表中存在的客观障碍。

团队成员进行反复讨论。

（四）小样本预调研

依托学院的越南研究平台和校友社会关系，通过邮寄纸质问卷与发放电子版问卷相结合的方式进行预调研和小样本测试。根据小样本预测试结果，对初始问卷的条款进行净化，再将拟删除的条款征求企业高管与专家的建议后，确定最终问卷。

第二节 各变量的初始测量量表

本书研究涉及五个主要变量，分别为制度压力、人力资源本地化、人力资源自主权、企业绩效和领导风格。基于前期的文献阅读和归纳，这些都属于比较成熟的概念，现有研究中已有丰富的测量方式。本书对这五个主要变量的初始量表均采用主观感知的方法进行设计，即 Likert7 点式计分量表法。

一、制度压力的测量量表

本书采用问卷评分测量法，依照迪马吉奥和鲍威尔（1983）的三种制度同构压力的框架，基于强制压力、规范压力、模仿压力三个维度的内涵与外延，比较和鉴别现有研究中的成熟量表，以加强本书量表在中国企业在越南经营的制度环境下的适用性。

（一）东道国强制压力的初始测量量表

本书参考相关学者（Cui and Jiang，2012；Ouyang et al.，2019）的研究，采用三项 Likert7 点条款来测量中国企业在越南所面临的强制压力，并将在随后的研究中结合小样本预测的情况对其加以修正和完善，如表6-1所示。

表6-1　　　　　　　　　　　　强制压力的初始测量量表

变量	测量条款	条款内容
强制压力	CP1	本公司在越南的经营受到越南各级政府的法律法规限制
	CP2	本公司在越南的经营受到当地其隐形限制性政策的影响（如价格控制、增加办手续的成本等）
	CP3	越南政府政策中存在国家保护主义

（二）东道国规范压力的初始测量量表

本书参考相关学者（Cui and Jiang，2012）的研究，采用四项 Likert7 点条款来测量中国企业在越南所面临的规范压力，并将在随后的研究中结合小样本预测的情况对其加以修正和完善，如表 6 - 2 所示。

表 6 - 2 规范压力的初始测量量表

变量	测量条款	条款内容
规范压力	NP1	越南当地的行业标准与中国国内存在差异
	NP2	越南当地的经商方式与中国国内存在差异
	NP3	与越南本地人或其他外籍人士相比，中国人在越南明显受到不平等的待遇
	NP4	与越南本地企业或其他国家企业相比，中国企业不受越南当地社会欢迎

（三）东道国模仿压力的初始测量量表

本书参考相关学者（Teo et al.，2003）的研究，采用四项 Likert7 点条款来测量中国企业在越南所面临的模仿压力，并将在随后的研究中结合小样本预测的情况对其加以修正和完善，如表 6 - 3 所示。

表 6 - 3 模仿压力的初始测量量表

变量	条款	条款内容
模仿压力	MP1	本公司的竞争对手通过雇用和培训越南当地员工、自主进行人力资源管理实践等方式获得很好的效益
	MP2	本公司的竞争对手通过雇用和培训越南当地员工、自主进行人力资源管理实践等方式受到供应商青睐
	MP3	本公司的竞争对手通过雇用和培训越南当地员工、自主进行人力资源管理实践等方式受到客户的青睐
	MP4	本公司的竞争对手通过雇用和培训越南当地员工、自主进行人力资源管理实践等方式受到业内其他人的青睐

二、人力资源本地化的测量量表

本书将采用罗胜强等（Law et al.，2009）的七项 Likert7 点条款来测量中国企业在越南的人力资源本地化状况，并将在随后的研究中结合小样本预测的情况对其加以修正和完善，如表 6 - 4 所示。

表 6-4 人力资源本地化的初始测量量表

变量	条款	条款内容
人力资源本地化	HRL1	本公司的许多越南籍经理已成功取代中国外派经理
	HRL2	本公司雇用和培训越南当地员工的工作进展很成功
	HRL3	本公司已培养出充足的越南籍经理来取代中国外派经理
	HRL4	本公司已培养出一批有能力随时取代中国外派经理的越南籍经理
	HRL5	本公司雇用和培训越南当地员工的情况非常满意
	HRL6	本公司的许多越南籍经理参与制定重要战略决策
	HRL7	本公司将很快培养出充足的越南籍经理来取代中国外派经理

三、人力资源自主权的测量量表

本书借鉴相关学者（Grünhagen et al., 2014; Lazarova et al., 2017）的研究，采用六项 Likert7 点量表来测量中国企业在越南的人力资源自主权状况，并将在随后的研究中结合小样本预测的情况对其加以修正和完善，如表 6-5 所示。

表 6-5 人力资源自主权的初始测量量表

变量	条款	条款内容
人力资源自主权	HRA1	越南子公司在员工薪酬福利方面的决策权
	HRA2	越南子公司在员工招聘和选拔方面的决策权
	HRA3	越南子公司在员工绩效考评方面的决策权
	HRA4	越南子公司在劳资关系（与工会的关系）方面的决策权
	HRA5	越南子公司在扩招（或裁员）方面的决策权
	HRA6	越南子公司在员工培训和发展方面的决策权

四、企业绩效的测量量表

（一）社会绩效的初始测量量表

社会绩效是企业社会责任履行结果的体现。相对于财务绩效来说，社会绩效更为长期和无形。本书借鉴相关学者（De Giovanni, 2012; Thong and Wong, 2018）的研究，采用五项 Likert7 点量表来测量中国企业在越南的社会绩效状况，并将在随后的研究中结合小样本预测的情况对其加以修正和完善，如表 6-6 所示。

表6-6   社会绩效的初始测量量表

变量	条款	条款内容
社会绩效	SP1	近3年来，本公司在越南的产品（或服务）形象有显著进展
	SP2	近3年来，本公司与越南当地利益相关者（如非政府组织、社区活动家等）的关系有显著进展
	SP3	近3年来，本公司在确保员工健康安全的工作环境上有显著进展
	SP4	近3年来，本公司在对鼓励和解决当地就业上起到积极作用
	SP5	近3年来，本公司在员工培训和人力资源开发上有显著进展

（二）财务绩效的初始测量量表

本书对在越中国企业的访谈过程中发现，几乎所有的企业都在回避具体的财务数据。鉴于财务指标信息的敏感性，而主观指标评分可以获取多样化的数据，本书参考刘晓辉等（Liu et al.，2016）的三项 Likert7 点量表来测量中国企业在越南的财务绩效状况，并将在随后的研究中结合小样本预测的情况对其加以修正和完善，如表6-7所示。

表6-7   财务绩效的初始测量量表

变量	条款	条款内容
财务绩效	FP1	近3年来，本公司在越南的市场份额显著增长
	FP2	近3年来，本公司在越南的销售额显著增长
	FP3	近3年来，本公司在越南的利润显著增长

五、领导风格的测量量表

（一）威权型领导的初始测量量表

威权型领导的测量量表主要由中国台湾地区和中国香港地区学者开发，并一直在不断完善。本书参考郑伯埙等（2003）、邓志华和陈维政（2016）的文献，采用单维度五项 Likert7 点量表测量在越中国企业的威权型领导风格，并将在随后的研究中结合小样本预测的情况对其加以修正和完善，如表6-8所示。

表6-8   威权型领导的初始测量量表

变量	条款	条款内容
威权型领导	AL1	我不会随意把无关信息透露给下属
	AL2	开会时，都是按照我的原则来做最后的决定

变量	条款	条款内容
威权型领导	AL3	我在工作中会刻意与下属保持一定距离
	AL4	若下属未完成工作目标，我会对其责骂
	AL5	若下属未按照我的原则办事，我会对其严厉处罚

（二）服务型领导的初始测量量表

服务型领导的测量量表非常丰富，主要由西方学者开发，并一直在不断地完善与精简。迄今为止，英文文献中共有16种测度服务型领导的量表。本书从中选择了SL-28的精简版SL-7（Liden et al.，2008；Liden et al.，2014；Liden et al.，2015）来测量在越中国企业高层管理者服务型领导行为，该量表包含七项Likert7点条款，并将在随后的研究中结合小样本预测的情况对其加以修正和完善，如表6-9所示。

表6-9　　　　　　　　　　　服务型领导的初始测量量表

变量	条款	条款内容
服务型领导	SL1	我总是把下属的利益放在我的个人利益之前
	SL2	我总是优先考虑下属的职业生涯发展
	SL3	我会指出下属在工作中的错误
	SL4	下属与工作无关的个人问题可以求助于我
	SL5	当下属面临棘手问题时，我会给予他们充分的自由来选择自己心目中的最佳处理方式
	SL6	我不会为了获得成功而违反道德规则
	SL7	我经常向下属强调回馈社会的重要性

六、控制变量的测量

在因果关系分析中，经常会出现多个因素共同对同一个结果起作用的情况。海外经营企业的社会绩效和财务绩效通常会受多重因素影响。因此，本书针对可能会影响企业绩效但并非本次研究重点的因素加以控制处理，防止这些因素对企业绩效外部效度的干扰。为了提高研究效度，本书研究在调研过程中，对在越中国企业（越南子公司）的行业类型、规模、在越南经营时间、股权形式等特征都进行了记录。现将其具体测度方法整理如下。

（一）行业类型

行业对企业的海外经营有着重要的影响。例如，服务业海外经营与制造业海外经营在许多方面有所不同，受到制度环境的影响也有所不同（游锡火，2018）。行业特点本身能推动企业进行全球一体化或当地响应，服务业往往比制造业的本地化程度更高，也更少受到总部的集中控制（Fenton-O'Creevy et al.，2008）。因此，本书将在越南经营的中国企业（越南子公司）所处行业作为控制变量，将这些企业的主营业务划分为制造业和服务业两类，让受访者在问卷中以选择题的形式作答。制造业编码为 0；服务业编码为 1。

（二）在越南经营时间

企业在海外经营的时间越长，总部对其实施集中控制的必要性越低；同时该企业对当地制度环境更加熟悉，这同样也会影响企业的决策。因此，本书将企业在越南经营时间作为控制变量，采取测量企业在越南经营至今的年限方案，让受访者在问卷中填写何时在越南成立，研究者再据此计算出时间（以年为单位）并在计算时取自然对数。

（三）规模

企业规模在一定程度上反映出经营实力。大型企业更容易引起总部和越南当地利益相关者的关注，也具备更多资源吸引当地的优秀人才，同时还更有可能投入更多资源提升其社会绩效。因此，本书将在越南经营的中国企业（越南子公司）的员工人数作为控制变量，让受访者在问卷中以直接填答的形式获取数据，并在计算时取自然对数。

（四）股权比例

海外经营企业的所有权结构也是影响企业行为与绩效的重要因素。中越合资模式有利于中国企业开发和利用越南合作者的有价值的资源，并最小化投资风险，但由于合作方所具备的能力、各自的利益和目标存在差异，这种模式也会时常给中国企业带来挑战。反之，中国独资模式使企业具有较大的自主权，但难以获得越南当地利益相关者的认可，往往在克服外来者劣势方面存在较大的困难。

已有研究惯例中，通常以 95% 的股份为独资与合资的分界点（陈怀超和范建红，2014）。本书将所有权形式分为中越合资与中国独资，让受访者在问卷中填写中方股权所占比例，研究者再以此为依据进行编码。中方大于 95% 的股份为独资模式，编码为 0；中方小于或等于 95% 的股份为合资模式，编码为 1。

综上所述，企业特征的测量条款如表 6 - 10 所示。

表 6 – 10　　　　　　　　　　　　　　　企业特征测量条款

变量		内容
企业特征	行业类型	1. 贵公司（不是贵公司总部）的主营业务属于＿＿＿＿ A. 制造业　　　B. 服务业
	股权比例	2. 贵公司（不是贵公司总部）中方所占股份比例为＿＿＿＿ %
	在越南成立时间	3. 贵公司于＿＿＿＿ 年在越南成立
	规模	4. 贵公司（不是贵公司总部）的员工人数为＿＿＿＿ 人

第三节　小样本预调研

本书所采用的初始测量量表虽然绝大多数来自已有研究中获得普遍认可的成熟量表，但这些量表大多来自西方学者的研究文献，在本书研究情境下的信度和效度需要进一步加以检验。因此，在开展正式的大规模调研之前，需要先进行小样本预调研，根据信度、效度的检验情况对测量量表进行调研。

一、小样本抽样与描述性统计分析

（一）小样本发放与回收

小样本预调研于 2019 年 7 月至 2019 年 9 月进行。本书研究团队依托学院的越南研究平台和校友社会关系形成调研名单，共联系了浙江省 106 家企业的越南子公司，通过现场方法纸质问卷、邮寄纸质问卷与发放电子版问卷的方式进行调研。本书内容涉及企业战略、人力资源状况等多个方面，因此，在调研过程中，邀请每家越南子公司的总经理、副总经理、人事部负责人都参与调研。总共发放问卷 318 份，收回 279 份。经过筛选，除去填答不完全、答案中明显存在规律性的无效问卷，最终得到 196 份有效问卷，有效回收率为 61.6%。

（二）小样本预调研数据的描述性统计分析

本书采用 SPSS 22 软件对小样本预测数据进行描述性统计分析，各测量条款的均值、标准差、偏度和峰度如表 6 – 11 所示。各测量条款的均值介于 3.64 ~ 5.44（Likert7 点条款），标准差介于 1.115 ~ 1.919，超过 0.75，说明各条款在不同答题者之间已产生足够的区分度。此外，本书各测量条款的偏度介于

−1. 196～0. 488，绝对值小于 3；峰度介于 −1. 107～1. 277，绝对值小于 10。因此，本书的小样本预测数据符合基本要求。

表 6－11　　　　　　　小样本预调研的描述性统计分析（N ＝196）

维度	条款	N 统计量	均值统计量	标准差统计量	偏度		峰度	
					统计量	标准误	统计量	标准误
强制压力	CP1	196	4. 20	1. 606	− 0. 209	0. 174	− 0. 744	0. 346
	CP2	196	4. 26	1. 574	− 0. 349	0. 174	− 0. 506	0. 346
	CP3	196	4. 43	1. 355	− 0. 202	0. 174	− 0. 776	0. 346
规范压力	NP1	196	5. 01	1. 230	− 0. 561	0. 174	0. 445	0. 346
	NP2	196	4. 86	1. 324	− 0. 738	0. 174	0. 390	0. 346
	NP3	196	4. 82	1. 472	− 0. 564	0. 174	− 0. 180	0. 346
	NP4	196	4. 99	1. 332	− 0. 862	0. 174	0. 551	0. 346
模仿压力	MP1	196	4. 84	1. 430	− 0. 655	0. 174	− 0. 024	0. 346
	MP2	196	4. 89	1. 345	− 0. 608	0. 174	0. 063	0. 346
	MP3	196	4. 75	1. 341	− 0. 629	0. 174	0. 206	0. 346
	MP4	196	4. 74	1. 376	− 0. 688	0. 174	0. 198	0. 346
人力资源本地化	HRL1	196	4. 33	1. 319	0. 436	0. 174	0. 074	0. 346
	HRL2	196	4. 33	1. 342	0. 429	0. 174	− 0. 205	0. 346
	HRL3	196	4. 55	1. 367	0. 378	0. 174	− 0. 373	0. 346
	HRL4	196	4. 67	1. 405	0. 340	0. 174	− 0. 737	0. 346
	HRL5	196	4. 59	1. 449	0. 352	0. 174	− 0. 789	0. 346
	HRL6	196	4. 49	1. 357	0. 488	0. 174	− 0. 455	0. 346
	HRL7	196	5. 44	1. 340	− 0. 815	0. 174	0. 301	0. 346
人力资源自主权	HRA1	196	5. 09	1. 286	− 0. 378	0. 174	0. 214	0. 346
	HRA2	196	5. 01	1. 320	− 0. 208	0. 174	− 0. 570	0. 346
	HRA3	196	5. 04	1. 219	− 0. 319	0. 174	− 0. 014	0. 346
	HRA4	196	5. 19	1. 274	− 0. 264	0. 174	− 0. 523	0. 346
	HRA5	196	4. 92	1. 467	− 0. 339	0. 174	− 0. 246	0. 346
	HRA6	196	5. 05	1. 286	− 0. 364	0. 174	0. 011	0. 346
社会绩效	SP1	196	5. 22	1. 289	− 1. 051	0. 174	0. 930	0. 346
	SP2	196	5. 16	1. 137	− 0. 844	0. 174	1. 277	0. 346
	SP3	196	5. 32	1. 129	− 0. 778	0. 174	0. 572	0. 346
	SP4	196	5. 21	1. 183	− 0. 799	0. 174	1. 080	0. 346
	SP5	196	5. 33	1. 157	− 0. 624	0. 174	0. 341	0. 346

续表

维度	条款	N 统计量	均值统计量	标准差统计量	偏度		峰度	
					统计量	标准误	统计量	标准误
财务绩效	FP1	196	5.07	1.259	−1.196	0.174	0.340	0.346
	FP2	196	4.84	1.412	−0.844	0.174	−0.657	0.346
	FP3	196	4.95	1.298	−1.065	0.174	0.019	0.346
威权型领导	AL1	196	3.87	1.115	−0.407	0.174	−0.030	0.346
	AL2	196	4.18	1.657	−0.098	0.174	−1.107	0.346
	AL3	196	4.57	1.457	−0.559	0.174	−0.377	0.346
	AL4	196	4.06	1.477	−0.135	0.174	−0.706	0.346
	AL5	196	3.86	1.595	0.053	0.174	−0.883	0.346
服务型领导	SL1	196	3.91	1.763	−0.052	0.174	−1.035	0.346
	SL2	196	3.96	1.872	−0.144	0.174	−1.059	0.346
	SL3	196	3.89	1.902	0.059	0.174	−1.096	0.346
	SL4	196	3.84	1.919	−0.001	0.174	−1.029	0.346
	SL5	196	3.64	1.738	0.056	0.174	−0.933	0.346
	SL6	196	3.69	1.780	0.000	0.174	−1.012	0.346
	SL7	196	3.85	1.570	−0.266	0.174	−0.944	0.346

二、小样本检验方法

为了确保问卷调查质量，研究者需要衡量测量的一致性与有效性，即信度与效度。在小样本预调研阶段，需要对内部信度、内容效度和结构效度加以检验。

（一）内部信度

内部信度又称内部一致性信度，用来测量同一个概念的多个计量指标的一致性程度，一般通过内部一致性检验和 CITC 检验来分析，常用的指标为克隆巴赫系数（Cronbach's α 系数）和校正项总体相关值（Corrected Item – Correlation，CITC 值）。

克隆巴赫（Cronbach，1951）提出采用 Cronbach's α 系数衡量量表中多个题项得分之间的一致性，其统计量取值介于 0～1；当 Cronbach's α 系数越接近 1，则表明内部一致性越高；若 Cronbach's α 值大于 0.9，表明内部一致性非常理想；若介于 0.8～0.9，表示理想；若介于 0.7～0.8，表示可以接受；低于 0.7 则表示不能接受（吴明隆，2010）。

CITC 值通常用来净化问卷题项，若 CITC 值大于 0.5 则表明内部信度较好，可接受的门槛为大于 0.35（卢纹岱，2006）；在进行 CITC 检验的同时需计算 Cronbach's α 系数，若某一题项的 CITC 值较小，且在删除这一题项后 Cronbach's α 系数增大，则表明应删除该题项（徐碧祥，2007）。

（二）内容效度

内容效度表示测量内容在多大程度上反映或代表研究者所要测量的构想（Haynes et al.，1995）。本书的测量量表基于现有成熟量表，并经过了企业高管和本领域专家的反复讨论和调整，基本能确保其内容效度。

（三）结构效度

结构效度是指用测量工具所得到的数据结构是否与研究者对构想的预期结构相一致，一般用因子分析来判别。因子分析有两种：探索性因子分析（exploratory factor analysis，EFA）和验证性因子分析（confirmatory factor analysis，CFA）。在小样本预调研阶段，研究者尚未完全明确构想的内部结构，一般采用探索性因子分析法，主要考察各题项的因子载荷。进行探索性因子分析的先决条件为通过 KMO 值检验和 Barlett 球体检验。

KMO 是 Kaiser-Meyer-Olkin 的取样适当性量数，介于 0 ~ 1；当 KMO 值越接近 1 时，变量间的共同因素越多，变量间的净相关系数越低，越适合进行因子分析（吴明隆，2010）；若 KMO 值大于 0.9，表明非常适合做因子分析；若介于 0.8 ~ 0.9 表示很适合；若介于 0.7 ~ 0.8 则表示一般适合；若介于 0.6 ~ 0.7 表示勉强接受；低于 0.6 则不太能接受（马庆国，2002）。Barlett 球体检验用来判断各变量是否独立，若其显著性小于 0.001，则可认为各变量之间显著相关，可以进行探索性因子分析（马庆国，2002）。

本书的初始测量量表中，有些是直接采用已有的成熟量表，例如规范压力、人力资源本地化、财务绩效、威权型领导、服务型领导；有些是将已有的多个成熟量表整合而成，例如强制压力、模仿压力、人力资源自主权、社会绩效。为确保所有变量的维度结构以及各变量条件之间不产生交叉重合，应对所有题项进行探索性因子分析。因此，本书采用 SPSS 22 软件，首先通过探索性因子分析对所有测量题项的维度结构进行初步判断，检验其结构效度；其次通过内部一致性检验和 CITC 检验对每个维度的测量题项进行分析，检验其内部信度。

三、小样本检验结果

(一) 探索性因子分析结果

首先，使用 KMO 值检验和 Barlett 球体检验判断样本是否适合进行探索性因子分析。如表 6 – 12 所示，KMO 值为 0.963，Bartlett 的球形度检验显著性小于 0.001，说明样本适合进行探索性因子分析。

表 6 – 12　　　　小样本数据的 KMO 值和 Bartlett 球度检验 (第一次)

KMO 和 Bartlett 的检定		
取样足够度的 Kaiser-Meyer-Olkin 度量		0.863
Bartlett 的球形度检验	近似卡方	5842.797
	df	946
	Sig.	0

其次，通过主成分分析法提取特征根大于 1 的因子，采用方差最大法对因子加以旋转，进行第一次探索性因子分析。如表 6 – 13 所示，最终总共呈现出 9 个特征根大于 1 的因子，共解释 70.385% 的方差。

表 6 – 13　　　　小样本数据探索性因子分析的总方差解释 (第一次)

成分	初始特征值			提取平方和载入			旋转平方和载入		
	合计	方差的 %	累积 %	合计	方差的 %	累积 %	合计	方差的 %	累积 %
1	10.119	22.998	22.998	10.119	22.998	22.998	5.799	13.179	13.179
2	6.046	13.740	36.739	6.046	13.740	36.739	3.968	9.017	22.196
3	3.742	8.504	45.242	3.742	8.504	45.242	3.812	8.664	30.861
4	2.498	5.678	50.920	2.498	5.678	50.920	3.627	8.242	39.103
5	2.329	5.293	56.213	2.329	5.293	56.213	3.211	7.297	46.400
6	1.974	4.485	60.699	1.974	4.485	60.699	2.956	6.718	53.118
7	1.608	3.654	64.352	1.608	3.654	64.352	2.764	6.281	59.399
8	1.462	3.322	67.674	1.462	3.322	67.674	2.453	5.574	64.973
9	1.193	2.711	70.385	1.193	2.711	70.385	2.381	5.412	70.385
10	0.993	2.257	72.642						
11	0.931	2.115	74.758						
12	0.764	1.737	76.494						
13	0.756	1.717	78.212						

续表

成分	初始特征值			提取平方和载入			旋转平方和载入		
	合计	方差的 %	累积 %	合计	方差的 %	累积 %	合计	方差的 %	累积 %
14	0.686	1.559	79.771						
15	0.626	1.423	81.194						
16	0.598	1.359	82.553						
17	0.553	1.258	83.811						
18	0.500	1.136	84.947						
19	0.468	1.064	86.012						
20	0.452	1.028	87.039						
21	0.433	0.984	88.023						
22	0.417	0.949	88.972						
23	0.375	0.852	89.824						
24	0.361	0.821	90.644						
25	0.339	0.770	91.414						
26	0.316	0.717	92.131						
27	0.314	0.714	92.846						
28	0.281	0.638	93.484						
29	0.265	0.602	94.086						
30	0.254	0.577	94.663						
31	0.243	0.553	95.216						
32	0.227	0.516	95.731						
33	0.209	0.475	96.207						
34	0.209	0.475	96.682						
35	0.188	0.428	97.109						
36	0.181	0.410	97.520						
37	0.169	0.383	97.903						
38	0.160	0.363	98.266						
39	0.157	0.357	98.623						
35	0.188	0.428	97.109						
36	0.181	0.410	97.520						
37	0.169	0.383	97.903						
38	0.160	0.363	98.266						
39	0.157	0.357	98.623						

续表

成分	初始特征值			提取平方和载入			旋转平方和载入		
	合计	方差的 %	累积 %	合计	方差的 %	累积 %	合计	方差的 %	累积 %
40	0.147	0.335	98.958						
41	0.143	0.325	99.283						
42	0.131	0.298	99.581						
43	0.106	0.242	99.823						
44	0.078	0.177	100.000						

注：提取方法为主成分分析法。

再其次，如表 6 - 14 显示，本书删除在所有因子上的因子载荷均小于 0.5 的条款 HRL7（本公司将很快培养出充足的越南籍经理来取代中国外派经理）和 SP4（近 3 年来，本公司在对鼓励和解决当地就业方面起到积极作用）。

表 6 - 14　　小样本数据探索性因子分析的旋转成分矩阵（第一次）

条款	因子								
	1	2	3	4	5	6	7	8	9
SL7	0.913	- 0.093	- 0.117	0.104	- 0.047	- 0.105	- 0.074	- 0.075	- 0.058
SL3	0.890	- 0.025	- 0.045	- 0.013	- 0.033	- 0.112	- 0.060	- 0.081	- 0.036
SL5	0.885	- 0.025	- 0.054	0.049	- 0.063	- 0.042	- 0.056	- 0.013	- 0.007
SL4	0.883	- 0.014	- 0.112	- 0.011	- 0.021	- 0.082	- 0.120	- 0.081	0.022
SL2	0.868	- 0.085	- 0.132	0.041	0.051	- 0.108	- 0.043	- 0.095	- 0.080
SL6	0.845	- 0.146	- 0.154	0.044	- 0.018	- 0.078	- 0.125	- 0.070	- 0.040
SL1	0.831	- 0.088	- 0.157	0.011	- 0.028	- 0.079	- 0.047	- 0.049	- 0.081
HRA6	- 0.055	0.793	0.103	0.059	0.071	0.060	0.145	- 0.116	- 0.070
HRA1	- 0.007	0.761	0.044	0.136	0.106	- 0.001	- 0.109	0.024	0.186
HRA4	- 0.052	0.744	0.053	0.167	0.181	0.052	- 0.060	0.058	0.014
HRA2	- 0.047	0.738	0.076	0.215	0.051	0.134	0.040	- 0.025	0.049
HRA3	- 0.094	0.703	0.025	0.034	0.041	0.090	0.216	- 0.154	0.094
HRA5	- 0.125	0.528	- 0.123	0.067	- 0.049	- 0.044	0.086	0.115	0.316
HRL7	- 0.197	0.492	- 0.152	0.119	0.247	0.033	0.079	- 0.092	0.275
AL1	- 0.087	- 0.032	0.895	- 0.001	0.062	0.150	0.107	0.112	0.023
AL4	- 0.186	- 0.008	0.812	- 0.005	- 0.001	0.213	0.064	0.116	0.011
AL2	- 0.149	0.171	0.793	- 0.024	0.138	0.127	0.154	0.053	0.003
AL5	- 0.167	- 0.028	0.771	- 0.002	- 0.125	0.244	- 0.028	0.143	- 0.007
AL3	- 0.140	0.033	0.713	0.056	0.179	0.079	0.105	0.108	0.072

条款	因子								
	1	2	3	4	5	6	7	8	9
HRL6	0.009	0.144	− 0.094	0.829	0.157	0.005	0.030	− 0.023	0.002
HRL5	0.006	0.257	0.027	0.782	0.102	0.076	0.071	− 0.069	0.169
HRL3	0.035	0.050	− 0.055	0.724	0.111	− 0.015	0.220	0.090	− 0.043
HRL4	0.043	0.265	− 0.051	0.686	0.093	0.050	0.058	− 0.135	0.189
HRL1	0.121	− 0.029	0.034	0.677	0.064	0.091	0.034	− 0.002	0.141
HRL2	− 0.008	0.143	0.175	0.655	0.166	− 0.061	0.111	0.075	− 0.036
SP5	− 0.032	0.017	0.021	0.252	0.794	0.060	0.159	− 0.095	0.136
SP3	− 0.041	0.096	0.032	0.203	0.777	0.033	0.070	− 0.116	0.140
SP1	− 0.034	0.153	0.071	0.067	0.773	0.136	0.127	− 0.076	0.142
SP2	0.020	0.116	0.158	0.103	0.764	0.116	0.023	0.127	0.187
SP4	− 0.062	0.281	− 0.018	0.168	0.440	0.149	0.209	0.095	0.169
MP4	− 0.159	0.068	0.221	0.023	0.088	0.831	0.131	0.122	0.090
MP2	− 0.132	0.129	0.220	0.043	0.154	0.819	0.085	0.110	0.098
MP3	− 0.159	0.015	0.197	0.057	0.101	0.799	0.194	0.141	0.052
MP1	− 0.168	0.171	0.274	0.037	0.133	0.677	0.299	0.035	0.036
NP1	− 0.165	0.069	0.031	0.155	0.178	0.178	0.804	0.100	0.080
NP2	− 0.128	0.188	0.228	0.102	0.098	0.127	0.737	0.171	0.070
NP4	− 0.124	0.203	0.150	0.048	0.143	0.159	0.722	0.181	0.045
NP3	− 0.085	− 0.114	0.043	0.268	0.084	0.153	0.651	0.086	0.090
CP3	− 0.110	− 0.093	0.149	0.004	− 0.006	0.106	0.108	0.880	− 0.004
CP2	− 0.135	− 0.122	0.180	− 0.043	0.008	0.146	0.138	0.820	0.027
CP1	− 0.171	0.063	0.185	0.007	− 0.136	0.117	0.247	0.792	− 0.010
FP3	− 0.081	0.191	0.043	0.076	0.262	0.129	0.025	0.001	0.814
FP2	− 0.124	0.097	0.048	0.133	0.237	0.140	0.069	0.015	0.802
FP1	− 0.006	0.210	0.049	0.138	0.209	− 0.008	0.149	− 0.010	0.755

删除 HRL7 和 SP4 后，本书再进行第二次探索性因子分析。如表 6 - 15 所示，KMO 值为 0.859，Bartlett 的球形度检验显著性小于 0.001，依然适合进行探索性因子分析。随后再次使用主成分分析法提取特征根大于 1 的因子，采用方差最大法对因子加以旋转，结果如表 6 - 16 所示，依然呈现出 9 个特征根大于 1 的因子，共解释 71.916% 的方差。

表 6 – 15　　　　　小样本数据的 KMO 值和 Bartlett 球度检验（第二次）

KMO 和 Bartlett 的检定		
取样足够度的 Kaiser – Meyer – Olkin 度量		0.859
Bartlett 的球形度检验	近似卡方	5615.253
	df	861
	Sig.	0

表 6 – 16　　　　小样本数据探索性因子分析的总方差解释（第二次）

成分	初始特征值			提取平方和载入			旋转平方和载入		
	合计	方差的 %	累积 %	合计	方差的 %	累积 %	合计	方差的 %	累积 %
1	9.773	23.269	23.269	9.773	23.269	23.269	5.772	13.744	13.744
2	5.812	13.837	37.106	5.812	13.837	37.106	3.780	9.000	22.743
3	3.620	8.620	45.726	3.620	8.620	45.726	3.636	8.656	31.400
4	2.488	5.924	51.650	2.488	5.924	51.650	3.629	8.640	40.040
5	2.318	5.519	57.169	2.318	5.519	57.169	2.953	7.031	47.071
6	1.945	4.630	61.799	1.945	4.630	61.799	2.905	6.916	53.987
7	1.607	3.826	65.625	1.607	3.826	65.625	2.742	6.528	60.515
8	1.457	3.469	69.094	1.457	3.469	69.094	2.444	5.820	66.335
9	1.185	2.821	71.916	1.185	2.821	71.916	2.344	5.581	71.916
10	0.870	2.072	73.987						
11	0.842	2.005	75.992						
12	0.756	1.800	77.792						
13	0.686	1.633	79.425						
14	0.625	1.487	80.912						
15	0.597	1.422	82.334						
16	0.548	1.306	83.640						
17	0.498	1.185	84.825						
18	0.461	1.096	85.921						
19	0.451	1.073	86.994						
20	0.442	1.053	88.047						
21	0.396	0.942	88.989						
22	0.378	0.900	89.889						
23	0.339	0.807	90.696						
24	0.338	0.805	91.501						
25	0.315	0.751	92.252						

成分	初始特征值			提取平方和载入			旋转平方和载入		
	合计	方差的 %	累积 %	合计	方差的 %	累积 %	合计	方差的 %	累积 %
26	0.310	0.739	92.990						
27	0.290	0.690	93.680						
28	0.262	0.625	94.305						
29	0.257	0.611	94.916						
30	0.228	0.543	95.459						
31	0.211	0.503	95.963						
32	0.209	0.498	96.460						
33	0.192	0.457	96.918						
34	0.187	0.444	97.362						
35	0.179	0.426	97.788						
36	0.161	0.383	98.171						
37	0.157	0.374	98.545						
38	0.147	0.351	98.896						
39	0.144	0.343	99.239						
40	0.133	0.317	99.556						
41	0.107	0.256	99.812						
42	0.079	0.188	100.000						

最后，如表 6 - 17 所示，所有条款的最大因子载荷均大于 0.5，也不存在有多个因子载荷大于 0.5 的条款和自成一个因子的条款。此外，所提取出的因子也与本书的量表设计一致。

表 6 - 17　　　小样本数据探索性因子分析的旋转成分矩阵（第二次）

条款	因子								
	1	2	3	4	5	6	7	8	9
SL7	0.915	−0.116	0.102	−0.088	−0.106	−0.042	−0.075	−0.075	−0.060
SL3	0.891	−0.041	−0.013	−0.023	−0.112	−0.032	−0.062	−0.082	−0.039
SL5	0.885	−0.061	0.045	−0.011	−0.042	−0.047	−0.058	−0.007	−0.009
SL4	0.884	−0.109	−0.010	−0.013	−0.083	−0.018	−0.120	−0.082	0.020
SL2	0.868	−0.133	0.040	−0.076	−0.108	0.057	−0.044	−0.094	−0.080
SL6	0.847	−0.151	0.043	−0.141	−0.079	−0.016	−0.124	−0.072	−0.040
SL1	0.831	−0.153	0.012	−0.083	−0.080	−0.034	−0.048	−0.056	−0.076

续表

条款	因子								
	1	2	3	4	5	6	7	8	9
AL1	−0.085	0.892	−0.005	−0.020	0.151	0.068	0.107	0.115	0.022
AL4	−0.184	0.821	−0.004	−0.008	0.211	−0.017	0.063	0.109	0.014
AL2	−0.148	0.796	−0.021	0.171	0.129	0.136	0.155	0.054	0.003
AL5	−0.167	0.770	−0.009	−0.013	0.241	−0.128	−0.029	0.139	0.000
AL3	−0.136	0.718	0.060	0.028	0.082	0.182	0.108	0.114	0.064
HRL6	0.008	−0.092	0.833	0.135	0.006	0.144	0.032	−0.026	0.005
HRL5	0.005	0.034	0.789	0.239	0.077	0.079	0.074	−0.076	0.173
HRL3	0.034	−0.053	0.726	0.045	−0.014	0.092	0.223	0.084	−0.036
HRL4	0.038	−0.053	0.690	0.258	0.051	0.077	0.061	−0.142	0.199
HRL1	0.122	0.025	0.672	−0.026	0.093	0.080	0.031	0.014	0.127
HRL2	−0.010	0.171	0.656	0.144	−0.060	0.160	0.111	0.077	−0.034
HRA6	−0.065	0.082	0.060	0.808	0.061	0.079	0.148	−0.115	−0.051
HRA1	−0.014	0.038	0.146	0.753	0.001	0.101	−0.104	0.019	0.198
HRA2	−0.056	0.060	0.218	0.746	0.134	0.051	0.042	−0.027	0.065
HRA4	−0.060	0.050	0.179	0.737	0.054	0.166	−0.054	0.048	0.033
HRA3	−0.105	0.000	0.031	0.721	0.090	0.049	0.218	−0.152	0.114
HRA5	−0.127	−0.116	0.080	0.502	−0.042	−0.063	0.089	0.109	0.315
MP4	−0.160	0.219	0.024	0.069	0.832	0.078	0.134	0.121	0.095
MP2	−0.133	0.217	0.046	0.128	0.821	0.148	0.088	0.112	0.100
MP3	−0.158	0.204	0.061	0.006	0.800	0.079	0.194	0.137	0.054
MP1	−0.168	0.271	0.040	0.170	0.680	0.130	0.299	0.041	0.033
SP1	−0.038	0.053	0.075	0.159	0.146	0.793	0.138	−0.059	0.147
SP5	−0.034	0.021	0.266	0.008	0.068	0.783	0.169	−0.092	0.144
SP2	0.015	0.145	0.112	0.124	0.124	0.769	0.033	0.136	0.199
SP3	−0.048	0.023	0.213	0.101	0.040	0.766	0.082	−0.118	0.162
NP1	−0.166	0.039	0.163	0.055	0.179	0.145	0.807	0.091	0.087
NP2	−0.128	0.226	0.105	0.183	0.129	0.092	0.737	0.177	0.067
NP4	−0.126	0.143	0.050	0.206	0.161	0.137	0.726	0.184	0.051
NP3	−0.084	0.041	0.266	−0.115	0.154	0.074	0.654	0.088	0.091
CP3	−0.109	0.152	0.006	−0.091	0.106	−0.019	0.106	0.878	−0.002
CP2	−0.135	0.172	−0.046	−0.108	0.145	0.007	0.137	0.824	0.031

续表

条款	因子								
	1	2	3	4	5	6	7	8	9
CP1	-0.170	0.181	0.006	0.067	0.117	-0.136	0.245	0.796	-0.013
FP3	-0.087	0.038	0.082	0.182	0.130	0.240	0.028	-0.006	0.828
FP2	-0.127	0.044	0.137	0.086	0.142	0.228	0.073	0.016	0.805
FP1	-0.011	0.040	0.141	0.205	-0.007	0.203	0.153	-0.009	0.763

（二）内部信度分析

在通过探索性因子分析初步确认变量结构后，本书继续通过内部一致性检验和 CITC 检验来检验每个条款的内部信度。

1. 制度压力量表的内部信度分析

本书对制度压力的强制压力、规范压力和模仿压力三个维度共计 11 个条款进行了 CITC 检验，并对强制压力、规范压力和模仿压力三个潜变量的量表进行内部一致性检验，结果如表 6-18 所示。

在 11 个条款中，CITC 值介于 0.521~0.808，而且制度压力、规范压力和模仿压力的 Cronbach's α 介于 0.827~0.897。但若删除条款 NP3（与越南本地人或其他外籍人士相比，中国人在越南明显受到不平等的待遇）后，规范压力的 Cronbach's α 值增加，因而将 NP3 删除。

表 6-18　　　　　　　　　　制度压力量表信度分析

变量	条款	CITC	删除该条款后的 Cronbach's α	检验结果	Cronbach's α
强制压力	CP1	0.735	0.838	通过	0.871
	CP2	0.735	0.836	通过	
	CP3	0.803	0.784	通过	
规范压力	NP1	0.775	0.731	通过	0.827
	NP2	0.666	0.775	通过	
	NP3	0.521	0.847	删除	
	NP4	0.677	0.770	通过	
模仿压力	MP1	0.718	0.888	通过	0.897
	MP2	0.808	0.854	通过	
	MP3	0.762	0.871	通过	
	MP4	0.802	0.856	通过	

删除 NP3 后，重新进行 CITC 检验，结果如表 6-19 所示。剩余的 10 个条款的 CITC 值介于 0.709~0.808，制度压力、规范压力和模仿压力的 Cronbach's α 介于 0.847~0.897，而且不存在删除后可以使 Cronbach's α 变大的条款。

表 6-19 　　　　　　　　　　删除不合理条款后的制度压力量表信度分析

变量	条款	CITC	删除该条款后的 Cronbach's α	检验结果	Cronbach's α
强制压力	CP1	0.735	0.838	通过	0.871
	CP2	0.735	0.836	通过	
	CP3	0.803	0.784	通过	
规范压力	NP1	0.709	0.795	通过	0.847
	NP2	0.720	0.783	通过	
	NP4	0.719	0.784	通过	
模仿压力	MP1	0.718	0.888	通过	0.897
	MP2	0.808	0.854	通过	
	MP3	0.762	0.871	通过	
	MP4	0.802	0.856	通过	

2. 人力资源本地化量表的内部信度分析

本书对人力资源本地化剩下的 6 个条款进行内部信度分析，结果如表 6-20 所示。6 个条款的 CITC 值介于 0.549~0.748，且人力资源本地化的 Cronbach's α 值为 0.855，而且不存在删除后可以使人力资源本地化 Cronbach's α 值变大的条款。

表 6-20 　　　　　　　　　　人力资源本地化量表信度分析

变量	条款	CITC	删除该条款后的 Cronbach's α	检验结果	Cronbach's α
人力资源本地化	HRL1	0.549	0.847	通过	0.855
	HRL2	0.559	0.845	通过	
	HRL3	0.614	0.835	通过	
	HRL4	0.640	0.831	通过	
	HRL5	0.742	0.810	通过	
	HRL6	0.748	0.810	通过	

3. 人力资源自主权量表的内部信度分析

本书对人力资源自主权的 6 个条款进行 CITC 检验和内部一致性检验，结果如表 6 – 21 所示。6 个条款的 CITC 值介于 0.418 ~ 0.684，且人力资源自主权的 Cronbach's α 值为 0.836。但若删除条款 HRA5（越南子公司在扩招或裁员方面的决策权）后，人力资源自主权的 Cronbach's α 值增加，因而将 HRA5 删除。

表 6 – 21　　　　　　　人力资源自主权量表信度分析

变量	条款	CITC	删除该条款后的 Cronbach's α	检验结果	Cronbach's α
人力资源自主权	HRA1	0.649	0.802	通过	0.836
	HRA2	0.671	0.798	通过	
	HRA3	0.630	0.807	通过	
	HRA4	0.651	0.802	通过	
	HRA5	0.418	0.853	删除	
	HRA6	0.684	0.795	通过	

删除 HRA5 后，重新进行 CITC 检验，结果如表 6 – 22 所示。剩余 5 个条款的 CITC 值介于 0.640 ~ 0.707，人力资源自主权的 Cronbach's α 值为 0.853，而且不存在删除后可以使人力资源自主权 Cronbach's α 值变大的条款。

表 6 – 22　　　　删除不合理条款后的人力资源自主权量表信度分析

变量	条款	CITC	删除该条款后的 Cronbach's α	检验结果	Cronbach's α
人力资源自主权	HRA1	0.640	0.829	通过	0.853
	HRA2	0.670	0.821	通过	
	HRA3	0.663	0.823	通过	
	HRA4	0.642	0.828	通过	
	HRA6	0.707	0.811	通过	

4. 企业绩效量表的内部信度分析

本书对企业绩效的社会绩效和财务绩效两个维度共计 7 个条款进行 CITC 检验，并对社会绩效和财务绩效两个潜变量的量表进行内部一致性检验，结果如表 6 – 23 所示。在 7 个条款中，CITC 值介于 0.666 ~ 0.778，而且社会绩效和财务绩效的 Cronbach's α 值分别为 0.858 和 0.848，也不存在删除后可以使 Cronbach's α 值变大的条款。

表 6-23　　　　　　　　　　企业绩效量表信度分析

变量	条款	CITC	删除该条款后的 Cronbach's α	检验结果	Cronbach's α
社会绩效	SP1	0.723	0.812	通过	0.858
	SP2	0.666	0.834	通过	
	SP3	0.694	0.823	通过	
	SP5	0.735	0.806	通过	
财务绩效	FP1	0.673	0.828	通过	0.848
	FP2	0.705	0.803	通过	
	FP3	0.778	0.729	通过	

5. 领导风格量表的内部信度分析

本书对领导风格的威权型领导和服务型领导两个维度共计 12 个条款进行 CITC 检验，并对威权型领导和服务型领导这两个潜变量的量表进行内部一致性分析，结果如表 6-24 所示。在 12 个条款中，CITC 值介于 0.631~0.920，而且社会绩效和财务绩效的 Cronbach's α 值分别为 0.891 和 0.958，也不存在删除后可以使 Cronbach's α 值变大的条款。

表 6-24　　　　　　　　　　领导风格量表信度分析

变量	条款	CITC	删除该条款后的 Cronbach's α	检验结果	Cronbach's α
威权型领导	AL1	0.861	0.852	通过	0.891
	AL2	0.737	0.868	通过	
	AL3	0.631	0.889	通过	
	AL4	0.793	0.853	通过	
	AL5	0.714	0.872	通过	
服务型领导	SL1	0.810	0.954	通过	0.958
	SL2	0.854	0.951	通过	
	SL3	0.861	0.950	通过	
	SL4	0.865	0.950	通过	
	SL5	0.836	0.952	通过	
	SL6	0.843	0.952	通过	
	SL7	0.920	0.947	通过	

四、初始测量量表修正

(一) 删除信度效度欠佳的条款

基于前面的探索性因子分析和内部信度分析，共删除 4 项条款。通过咨询在越中国企业高管和本领域专家的建议，认为这 4 项条款从内容角度分析确有删除的必要，如表 6 - 25 所示。

表 6 - 25　　　　　　　　**删除相应条款的内容与原因分析**

条款	内容与删除原因分析
NP3	与越南本地人或其他外籍人士相比，中国人在越南明显受到不平等的待遇
	内容过于敏感，答题者不便于表态
HRL7	本公司将很快培养出充足的越南籍经理来取代中国外派经理与 HRL3（本公司已培养出充足的越南籍经理来取代中国外派经理）内容过于接近
HRA5	越南子公司在扩招（或裁员）方面的决策权与 HRA2（越南子公司在员工招聘和选拔方面的决策权）内容过于接近
SP4	近 3 年来，本公司在对鼓励和解决当地就业方面起到积极作用，规模较小的公司反映此题项没有意义

(二) 加入标签变量

为进一步检验同源数据可能带来的共同方法偏差现象，本书参考王永跃等（2017）的做法，引入一个理论上与其他变量均不相关的标签变量（Marker Variable）。若后续数据分析发现标签变量与其他变量显著相关，则说明存在共同方法偏差（Williams et al.，2010；汤丹丹和温忠麟，2020）。本书选用已有研究（Simonin，1999；Nair et al.，2015）中关于境外子公司所需知识涉及事务、技术和资源数量等情况的变量"知识复杂性"作为标签变量，包含 3 个条款。冯永春等（2019）曾采用并翻译此量表（见表 6 - 26），并在中国企业海外投资的情境下检验其 Cronbach's α 值为 0.826，KMO 值为 0.615，Bartlett 的球形度检验显著性小于 0.001，且知识复杂性与海外子公司自主权不存在显著相关性。

表 6 - 26　　　　　　　　**标签变量的测量量表**

变量	条款	条款内容
知识复杂性	M1	本公司的市场知识复杂、难以传递
	M2	本公司的管理知识复杂、难以传递
	M3	本公司的技术知识复杂、难以传递

五、本章小结

设计问卷和预调研是问卷调查中非常重要的环节，直接影响答题者在填写问卷时的态度、行为以及所搜集数据的质量。为提高问卷调查质量，研究者在文献梳理和访谈的基础上形成初始量表，并通过小样本预调研对初始量表加以净化，删除质量欠佳的条款，并加入标签变量，最终形成用于大样本实证检验的正式调研问卷（详见附录2）。

第七章　东道国制度压力对中国企业在越南投资绩效影响机制的实证分析

前面经过小样本预测已确定正式调查问卷。本章将首先介绍大样本数据搜集的方法和步骤，并从所搜集的有效问卷中筛选、整合出企业层面的数据。其次通过验证性因子分析等方法进一步检验结构效度、组合信度、聚合效度与区分效度，并采用 Harman 单因素分析、标签变量对共同方法偏差加以检验。最后本章将对第五章提出的 36 个研究假设进行检验，步骤如下：（1）主效应：运用结构方程模型检验东道国制度压力、人力资源本地化、人力资源自主权及企业绩效之间的影响关系；（2）中介效应：运用自抽样法检验人力资源本地化、人力资源自主权在模型中的中介作用；（3）调节效应：运用分层线性回归模型分别检验威权型领导、服务型领导在模型中的调节作用。

第一节　样本数据搜集

问卷调查的最终目标是通过搜集具有代表性样本的数据，在随机误差允许的范围内将基于抽取样本的结果推广到总体（Bethlehem，2009）。因此，在问卷调查中，确保样本的代表性和所获取数据的准确性是数据搜集过程中的重要环节。

一、样本对象选择

本书主要关注中国企业面临的越南当地制度压力，以及企业的人力资源本地化、人力资源自主权、企业绩效、高管领导风格等方面状况。因此，在选择调查样本时，重点考虑以下四个方面因素。

（一）地域特征

本书的调研对象均为在越南经营的中国企业（子公司）。中国与越南都处于经济转型时期，同一国家内部不同区域的历史文化和经济发展都存在着较大的差异和发展不平衡。这些企业不仅来自中国不同地区，而且分布在越南各地，企业本身在规模、能力、研发强度、投资额等方面存在异质性，所处行业的经营和发展状况也不尽相同，甚至越南不同地区的地方法规也存在一定差异。然而，由于受到调研时间、调研经费以及社会关系的限制，难以对分布在越南所有省市的中国企业展开调研。因此，本书研究团队在能力范围内，由北向南，分别越南河内、广宁省、海防市、岘港市、胡志明市、前江省进行调研，收集纸质版调查问卷；另外，依托学院的越南研究平台和校友社会关系，向越南其他省市收集电子版调查问卷。

（二）行业特征

在越南经营的中国企业中，制造业所占比例最大，企业资产规模和员工规模也相对较大，其人力资源管理实践和企业绩效更加容易受到制度环境的影响，非常符合本书的主要内容。另外，近年来自中国的服务企业也在越南当地蓬勃发展，其战略决策、管理实践与传统的制造业存在许多差异，在越南当地制度环境下也遇到一些问题。基于此，本书的调研集中在制造业与服务业这两个行业中进行。

（三）企业特征

在前面地域特征、行业特征的局限之下，为确保样本的代表性，本书研究尽可能覆盖不同成立年限、不同规模、不同所有制、不同股权形式的在越中国企业。

（四）答题者特征

本书的研究对象主体为在越南经营的中国企业，而答题者为这些企业中的高层管理人员。这些管理者个体对该企业各方面情况的了解不尽相同。为更准确了解企业各方面的情况，本书研究团队在每家企业都邀请包括总经理、副总经理、财务部负责人、人事部负责人在内的多名管理者参与调研，然后再筛选出相应答题者的数据加以整合，作为企业层面的数据。

二、数据搜集与筛选过程

现有研究通常将在同一企业所获取的多份数据取平均值来得出企业层面数据（肖增瑞，2018）。然而，本书内容跨度较大，不仅涉及企业战略，还牵涉人力资源管理状况等。总经理对特定部门具体情况的了解往往不如分管该部门的副总和该部门负责人，而特定部门负责人往往也对其他方面情况并不了解。因此，本书对257家企业的问卷进一步详细筛选，每家企业的多份问卷中以答题者的职位为依据，每项内容尽可能采纳最了解该内容的答题者的答案。此外，数据的来源不同，还能有效避免同源误差对假设检验的负面影响。

具体而言，强制压力、规范压力、模仿压力、社会绩效、威权型领导、服务型领导等内容需要对该企业战略和各方面的情况有总体把握，适合采用总经理或副总经理的问卷数据；人力资源本地化、人力资源自主权方面的内容适合采用人事部负责人或分管人事的副总经理的问卷数据；财务绩效方面的内容适合采用财务部负责人或分管财务的副总经理的问卷数据。

基于此，本书在收集问卷的过程中对来自同一家企业的问卷加以筛选整合处理。首先，研究者2019年11月赴越南各地展开实地调研，共走访了80家企业，从收回的160份问卷中除去填答不完全、答案中明显存在规律性的无效问卷后，根据答题者职位整合成71家企业层面的有效调查问卷；随后，研究者2019年12月至2020年1月向400家企业发放800份电子版调查问卷，采用同样的筛选整合方法，形成186份企业层面的有效调查问卷。

综上所述，本书研究实际向480家企业发放问卷，最终收回257家企业层面的有效问卷，有效回收率为53.4%。企业特征统计情况如表7-1所示。由此可见，本书研究所调研的企业特征丰富多样，具有典型的代表性。此外，本书共有43个测量题项（包含标签变量的3个题项），有效样本量与题项比例超过5:1，符合结构方程模型对样本数量的要求，因此，这些问卷可以作为样本进行进一步的实证分析。

表7-1　　　　　　　　　　企业统计特征（N＝257）

特征	分类	数量	所占比例（%）
行业	制造业	182	70.82
	服务业	75	29.18
股权形式	中国独资	194	75.49
	中越合资	63	24.51
总部所有制	国有企业	59	22.96
	民营企业	198	77.04
规模	人数≤100人	106	41.25
	人数为101～1000人	129	50.19
	人数≥1001人	22	8.56
在越南投资年限	≤8年	124	48.25
	9～20年	101	39.30
	≥21年	32	12.45

第二节　企业层面样本的描述性统计分析

本书采用 SPSS 22 软件对企业层面数据加以描述性统计分析，各测量条款的均值、标准差、偏度和峰度如表 7 - 2 所示。各测量条款的均值介于 3.81 ~ 5.39（Likert7 点条款），标准差介于 1.130 ~ 1.939，超过 0.75，说明各条款在不同答题者之间已产生足够的区分度。此外，本书各测量条款的偏度介于 - 1.207 ~ 0.264，绝对值小于 3；峰度介于 - 1.130 ~ 1.272，绝对值小于 10。因此，各测量条款的数据在不同企业之间存在较大的差异，也近似服从正态分布，满足后续进行信度、效度分析的基本要求。

表 7 - 2　　　　　企业层面数据描述性统计分析（N = 257）

维度	条款	N 统计量	均值统计量	标准差统计量	偏度		峰度	
					统计量	标准误	统计量	标准误
强制压力	CP1	257	4.09	1.611	- 0.174	0.152	- 0.751	0.303
	CP2	257	4.20	1.597	- 0.323	0.152	- 0.605	0.303
	CP3	257	4.33	1.379	- 0.171	0.152	- 0.737	0.303
规范压力	NP1	257	4.98	1.297	- 0.699	0.152	0.611	0.303
	NP2	257	4.85	1.365	- 0.753	0.152	0.351	0.303
	NP3	257	4.99	1.371	- 0.905	0.152	0.645	0.303
模仿压力	MP1	257	4.95	1.430	- 0.741	0.152	0.116	0.303
	MP2	257	5.00	1.308	- 0.697	0.152	0.218	0.303
	MP3	257	4.88	1.340	- 0.751	0.152	0.353	0.303
	MP4	257	4.90	1.362	- 0.730	0.152	0.306	0.303
人力资源本地化	HRL1	257	4.49	1.341	0.235	0.152	- 0.178	0.303
	HRL2	257	4.46	1.355	0.244	0.152	- 0.448	0.303
	HRL3	257	4.64	1.385	0.227	0.152	- 0.465	0.303
	HRL4	257	4.81	1.391	0.223	0.152	- 0.850	0.303
	HRL5	257	4.68	1.452	0.192	0.152	- 0.852	0.303
	HRL6	257	4.64	1.374	0.264	0.152	- 0.598	0.303

续表

维度	条款	N 统计量	均值统计量	标准差统计量	偏度		峰度	
					统计量	标准误	统计量	标准误
人力资源自主权	HRA1	257	5.07	1.270	−0.317	0.152	0.054	0.303
	HRA2	257	4.98	1.346	−0.175	0.152	−0.624	0.303
	HRA3	257	4.97	1.264	−0.323	0.152	−0.017	0.303
	HRA4	257	5.14	1.288	−0.164	0.152	−0.618	0.303
	HRA5	257	4.99	1.291	−0.252	0.152	−0.241	0.303
社会绩效	SP1	257	5.28	1.305	−1.127	0.152	1.272	0.303
	SP2	257	5.21	1.180	−0.889	0.152	1.161	0.303
	SP3	257	5.34	1.182	−0.768	0.152	0.404	0.303
	SP4	257	5.39	1.194	−0.864	0.152	1.074	0.303
财务绩效	FP1	257	5.09	1.270	−1.207	0.152	0.241	0.303
	FP2	257	4.89	1.376	−0.890	0.152	−0.597	0.303
	FP3	257	4.96	1.303	−1.152	0.152	0.300	0.303
威权型领导	AL1	257	3.87	1.255	−0.094	0.152	−0.305	0.303
	AL2	257	4.09	1.681	0.001	0.152	−1.130	0.303
	AL3	257	4.59	1.477	−0.606	0.152	−0.456	0.303
	AL4	257	4.02	1.439	−0.107	0.152	−0.544	0.303
	AL5	257	3.81	1.641	0.154	0.152	−0.935	0.303
服务型领导	SL1	257	4.11	1.732	−0.168	0.152	−0.985	0.303
	SL2	257	4.11	1.825	−0.194	0.152	−0.938	0.303
	SL3	257	4.08	1.919	−0.001	0.152	−1.106	0.303
	SL4	257	4.27	1.939	−0.329	0.152	−0.990	0.303
	SL5	257	3.81	1.720	−0.023	0.152	−0.848	0.303
	SL6	257	3.86	1.757	−0.052	0.152	−0.922	0.303
	SL7	257	4.14	1.542	0.156	0.152	−1.039	0.303
知识复杂性	M1	257	5.05	1.345	−0.294	0.152	−0.525	0.303
	M2	257	4.99	1.130	−0.877	0.152	0.406	0.303
	M3	257	5.15	1.322	−0.415	0.152	−0.236	0.303

第三节　量表质量与变量结构分析

一、分析方法介绍

量表的质量评价主要包括内容效度、内部信度、结构效度、组合信度、聚合效度和区分效度，并应对共同方法偏差的情况加以评判。内容效度与内部信度的含义与检验方法已在第六章中详细介绍，即分别通过专家判断法和内部信度分析来实现。现将结构效度、组合信度、聚合效度、区分效度和共同方法偏差的含义与检验方法分别加以介绍。

（一）结构效度

因子分析是判断结构效度的重要工具，通常先做探索性因子分析，再在此基础上进行验证性因子分析。验证性因子分析一般在结构方程模型中检验指标与假设的适配程度，常见的适配度指标如表7-3所示。

表7-3　　　　　　　　　　　测量模型适配度指标汇总

适配度指标	含义	理想范围	代表学者
χ^2/df	卡方与自由度比值	1~3 为佳	Hayduk, 1987
RMSEA	近似误差方根	<0.08，	McDonald and Ho, 2002
CFI	比较拟合指数	>0.9	Bagozzi and Yi, 1988
NFI	标准拟合指数	>0.9 为佳，但会明显受到样本量影响而降低	Bentler, 1990；Bagozzi and Yi, 1988
IFI	增值拟合指数	>0.9	Bagozzi and Yi, 1988
GFI	拟合优度指数	>0.9 为佳，>0.8 可接受	Hu and Bentler, 1999；荣泰生, 2009
AGFI	调整拟合优度指数	>0.8	Hu and Bentler, 1999
TLI（NNFI）	非标准化拟合指数	>0.9	Bentler and Bonett, 1980

资料来源：根据各指标提出学者的相关文献整理而成。

（二）组合信度

组合信度（composite reliability，CR）是指同一组测量条款信度的组合，组合信度高则代表这些条款间高度相关。组合信度可以弥补内部信度的不足之处，其值大于或等于0.7说明具有良好信度。

（三） 聚合效度与区分效度

聚合效度（convergent validity，又称收敛效度）是指在使用不同方式测量同一构想时，所得到的测量分数之间由于反映同一构想而应该高度相关。区分效度（discriminant validity，又称判别效度）是指在应用不同的方法测量不同构想时，所观测到的数值之间应该能够加以区分。一般来说，学术界普遍使用平均方差提取值（average variance extracted，AVE）来检验聚合效度与区分效度。当 AVE 值大于 0.5 时，表明该潜变量的聚合效度良好；当 AVE 值的平方根大于该潜变量与其他潜变量的相关系数时，表明其区分效度良好。

（四） 共同方法偏差

共同方法偏差（common method bias）是由测量方法单一性所造成的偏差，属于系统误差。当研究者在同一时点通过同一个被调查者收集所有自变量和因变量的数据信息时，就可能带来这种误差。本书采用事前预防和事后检验相结合的方式，通过以下四个方案尽量降低共同方法偏差问题所带来的影响。

（1）从不同数据源测量构想。如前面所述关于本书研究整合与筛选企业层面数据的过程，研究者依照 *Journal of International Business Studies* 主编张锡金等（Chang et al.，2010）的建议，从不同的答题者除分别获取不同的变量，避免单一数据源衍生出的问题。

（2）优化问卷设置。问卷引言部分突出对答题者所填数据的保密性承诺，以便得到他们的积极支持与合作。

（3）Harman 单一因素检验。将所有构想中的题项全部放入探索性因子分析中，查看是否存在一个因子解释大部分的协方差，若不存在这样的情况，则说明共同方法偏差问题并不严重。

（4）标签变量检验。本书引入一个理论上与其他变量均不相关的标签变量，若后续数据分析发现标签变量与其他变量显著相关，则说明存在共同方法偏差。

鉴于本书已采用 SPSS 22 在 196 份小样本的预调研阶段检验过内部信度，并进行过探索性因子分析，因此，针对正式调研阶段的 257 份样本，本书采用 A-MOS25 软件，依照以下步骤进行检验。首先，通过验证性因子分析检验量表的结构效度，这也符合探索性因子分析和验证性因子分析须采用不同样本的原则；同时，在验证性因子分析过程中计算 CR 值检验量表的组合信度，计算 AVE 值检验量表的聚合效度；其次，通过比较各潜变量 AVE 值的平方根与其他潜变量的相关系数，从而验证量表的区分效度；最后，通过 Harman 单一因素检验、标签变量检验来评判共同方法偏差所带来的影响。

二、验证性因子分析

（一）制度压力量表的验证性因子分析

本书采用侯杰泰等（2004）的建议，对多维度量表提出多个竞争模型，从中选择适配度更佳的模型，即提出 M1、M2、M3 三个竞争模型加以对比，如图 7－1 所示。

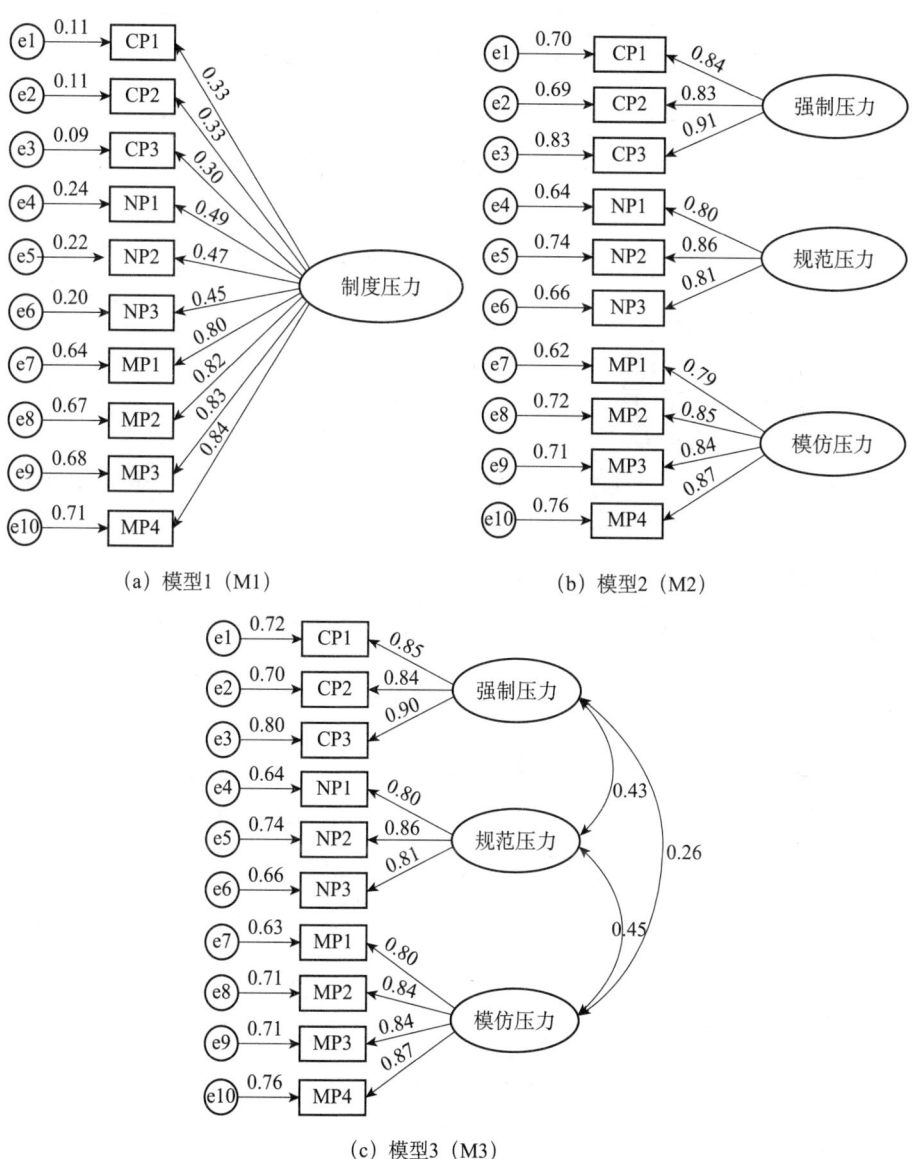

（a）模型1（M1）　　　　　　　　（b）模型2（M2）

（c）模型3（M3）

图 7－1　制度压力的竞争性模型比较

在 M1、M2、M3 三个竞争模型中，均有 10 个观测变量。其中，M1 是制度压力的单因子模型；M2 是制度压力的一阶三因子无相关模型，包括强制压力、规范压力、模仿压力三个因子；M3 是制度压力的一阶三因子相关模型。本书分别对 M1、M2 和 M3 分别进行拟合检验，结果如表 7 – 4 所示。

表 7 – 4 　　　　　　　制度压力验证性因子分析拟合指数表（N = 257）

模型	χ^2/df	RMSEA	CFI	NFI	IFI	GFI	AGFI	TLI
M1	22.805	0.292	0.517	0.509	0.520	0.583	0.344	0.379
M2	4.395	0.115	0.925	0.905	0.925	0.893	0.833	0.903
M3	2.153	0.067	0.977	0.958	0.977	0.950	0.914	0.967

首先，从表 7 – 4 可以看出，M3 的各项拟合指标都优于 M1 和 M2，并且符合表 7 – 3 中的评价标准。这说明东道国制度压力分为强制压力、规范压力、模仿压力三个两两相关的潜变量的拟合程度更高，模型更为合理。

其次，如表 7 – 5 所示，M3 模型中制度压力的三个潜变量标准化因子载荷在 0.796 ~ 0.896，这表明各潜变量的观测变量（强制压力的 3 个观测变量、规范压力的 3 个观测变量、模仿压力的 4 个观测变量）均能较好反映潜变量。强制压力、规范压力、模仿压力三个潜变量的 CR 值分别为 0.896、0.863 和 0.905，均超过 0.7；AVE 值分别为 0.741、0.678 和 0.704，均超过 0.5。因此，制度压力量表的结构效度、组合信度、聚合效度通过检验。

表 7 – 5 　　　　　　　制度压力量表的验证性因子分析情况

潜变量	观测变量	非标准化因子载荷	S. E.	C. R.①	P	标准化因子载荷	SMC	CR	AVE
强制压力	CP1	1.000				0.848	0.719	0.896	0.741
	CP2	0.980	0.061	15.947	***	0.838	0.702		
	CP3	0.905	0.053	17.023	***	0.896	0.803		
规范压力	NP1	1.000				0.800	0.640	0.863	0.678
	NP2	1.128	0.081	13.975	***	0.858	0.736		
	NP3	1.072	0.080	13.440	***	0.812	0.659		
模仿压力	MP1	1.000				0.796	0.634	0.905	0.704
	MP2	0.971	0.065	14.924	***	0.845	0.714		
	MP3	0.993	0.067	14.868	***	0.842	0.709		
	MP4	1.041	0.067	15.449	***	0.870	0.757		

注：*** 表示 P < 0.001 的显著性水平。

————————————

① 此处的 C. R. 表示统计意义上的 T-value，与组合信度（composite reliability）缩写相同，但意义不同。

（二）人力资源本地化量表的验证性因子分析

本书对人力资源本地化进行单一构面的验证性因子分析，结果如图7－2所示。初步拟合结果显示该构面未达到预期标准，具体表现为卡方自由度之比超过3，且RMSEA也超过0.08。观察基于残差分析得到的修正指数（modification indices），并结合题项内容，考虑删除HRL2（本公司雇用和培训越南当地员工的工作进展很成功）这一题项，理由为：HRL2不仅残差最高，而且标准化因子载荷最低；从题项意义上来看，HRL2与HRL5（我对本公司雇用和培训越南当地员工的情况非常满意）的相关性较高，过多的题项容易影响整体适配度。

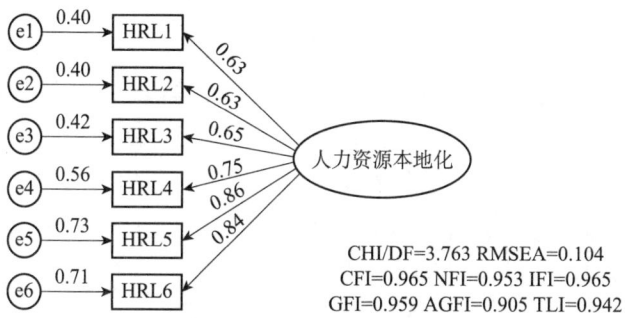

图7－2　人力资源本地化的验证性因子分析模型

删除HRL2之后再对人力资源本地化进行单一构面的验证性因子分析结果如图7－3所示，修正后的适配度指标符合表7－3的要求，该量表的结构效度通过检验。

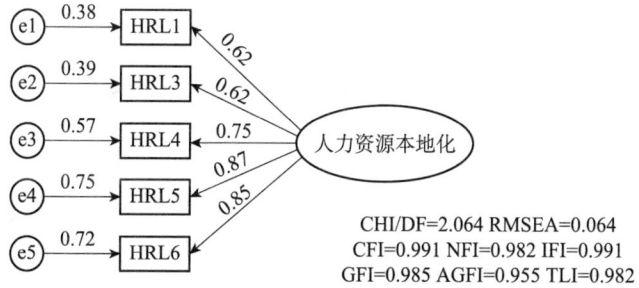

图7－3　修正后的人力资源本地化的验证性因子分析模型

如表7-6所示，人力资源本地化各题项的标准化因子载荷介于0.618～0.868，高于0.6，这表明各观测题项均能较好反映潜变量人力资源本地化。人力资源本地化各题项标准化因子载荷的CR值为0.863，大于0.7；AVE值为0.562，超过0.5。因此，人力资源本地化量表的组合信度与聚合效度均通过检验。

表7-6 人力资源本地化量表的验证性因子分析情况

潜变量	观测变量	非标准化因子载荷	S. E.	C. R.	P	标准化因子载荷	SMC	CR	AVE
人力资源本地化	HRL1	1.000				0.618	0.382	0.863	0.562
	HRL3	1.039	0.124	8.358	***	0.622	0.387		
	HRL4	1.265	0.131	9.653	***	0.753	0.567		
	HRL5	1.52	0.144	10.540	***	0.868	0.753		
	HRL6	1.405	0.135	10.415	***	0.848	0.719		

（三）人力资源自主权量表的验证性因子分析

本书对人力资源自主权进行单一构面的验证性因子分析，结果如图7-4所示。初步拟合结果显示该构面未达到预期标准，具体表现为卡方自由度之比超过3，且RMSEA也超过0.08。观察基于残差分析得到的修正指数，并结合题项内容，考虑删除HRA3（越南子公司在员工绩效考评方面的决策权）这一题项，理由为：HRA3的残差最高，且与HRA1（越南子公司在员工薪酬福利方面的决策权）的相关性较高，过多的题项容易影响整体适配度。

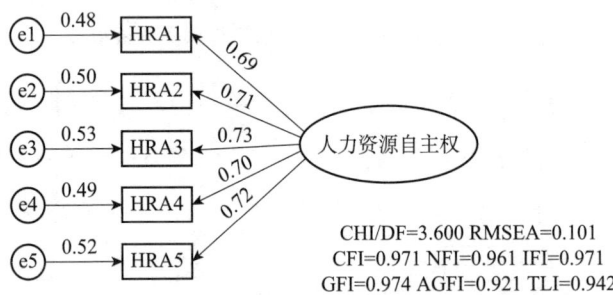

图7-4 人力资源自主权的验证性因子分析模型

删除HRA3之后再对人力资源自主权进行单一构面的验证性因子分析的结果，如图7-5所示，修正后的适配度指标符合表7-3的要求，该量表的结构效度通过检验。

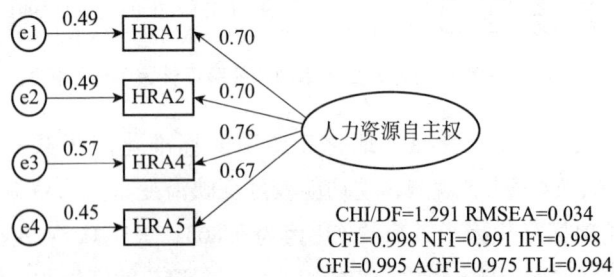

图7-5 修正后的人力资源自主权的验证性因子分析模型

如表 7 - 7 所示，人力资源自主权各题项的标准化因子载荷在 0. 673 ~ 0. 755，高于 0. 6，这表明各观测题项均能较好反映潜变量人力资源自主权。人力资源自主权各题项标准化因子载荷的 CR 值为 0. 800，大于 0. 7；AVE 值为 0. 501，超过 0. 5。因此，人力资源自主权量表的组合信度与聚合效度均通过检验。

表 7 - 7　　　　　　　人力资源自主权量表的验证性因子分析情况

潜变量	观测变量	非标准化因子载荷	S. E.	C. R.	P	标准化因子载荷	SMC	CR	AVE
人力资源自主权	HRA1	1. 000				0. 700	0. 490	0. 800	0. 501
	HRA2	1. 062	0. 116	9. 178	***	0. 701	0. 491		
	HRA4	1. 095	0. 114	9. 585	***	0. 755	0. 570		
	HRA5	0. 979	0. 110	8. 909	***	0. 673	0. 453		

（四）企业绩效量表的验证性因子分析

关于企业绩效的测量模型，研究者也提出三个竞争性模型加以比较，如图 7 - 6 所示。

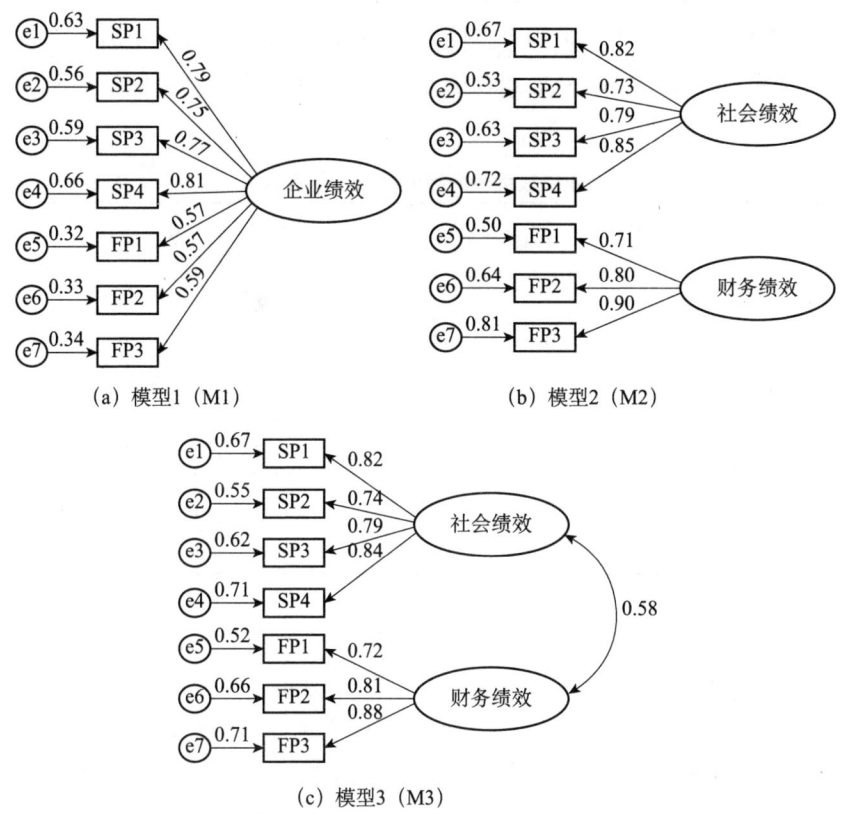

（a）模型1（M1）　　　　　　　　（b）模型2（M2）

（c）模型3（M3）

图 7 - 6　企业绩效的竞争性模型比较

在 M1、M2、M3 三个竞争模型中，均有七个观测变量。其中，M1 是企业绩效的单因子模型；M2 是企业绩效的一阶二因子无相关模型；M3 是企业绩效的一阶二因子有相关模型。本书分别对 M1、M2 和 M3 进行拟合检验，结果如表 7 - 8 所示。

表 7 - 8　　　　　　　　企业绩效验证性因子分析拟合指数表（N = 257）

模型	χ^2/df	RMSEA	CFI	NFI	IFI	GFI	AGFI	TLI
M1	15.242	0.236	0.781	0.771	0.782	0.786	0.572	0.671
M2	6.718	0.149	0.912	0.899	0.913	0.916	0.832	0.868
M3	1.532	0.046	0.992	0.979	0.992	0.978	0.953	0.988

首先，从表 7 - 8 中可以看出，M3 的各项拟合指标都优于 M1 和 M2，并且符合评价标准。这说明企业绩效分为社会绩效与财务绩效两个相关的潜变量的拟合程度更高，模型更为合理。

其次，如表 7 - 9 所示，M3 模型中企业绩效的两个潜变量标准化因子载荷在 0.722 ~ 0.877，这表明各潜变量的观测变量（社会绩效的 4 个观测变量、财务绩效的 3 个观测变量）均能较好反映潜变量。社会绩效、财务绩效两个潜变量的 CR 值分别为 0.875 和 0.847，均超过 0.7；AVE 值分别为 0.637 和 0.649，均超过 0.5。因此，企业绩效量表的结构效度、组合信度、聚合效度通过检验。

表 7 - 9　　　　　　　　企业绩效量表的验证性因子分析情况

潜变量	观测变量	非标准化因子载荷	S. E.	C. R.	P	标准化因子载荷	SMC	CR	AVE
社会绩效	SP1	1.000				0.816	0.666	0.875	0.637
	SP2	0.822	0.065	12.619	***	0.742	0.551		
	SP3	0.875	0.064	13.61	***	0.789	0.623		
	SP4	0.942	0.064	14.621	***	0.840	0.706		
财务绩效	FP1	1.000				0.722	0.521	0.847	0.649
	FP2	1.217	0.103	11.865	***	0.811	0.658		
	FP3	1.247	0.102	12.237	***	0.877	0.769		

（五）领导风格量表的验证性因子分析

本书对领导风格的两个维度进行验证性因子分析，结果如图 7 - 7 所示。初步拟合结果显示该构面未达到预期标准，具体表现为 RMSEA 超过 0.08。此外，威权型领导和服务型领导的相关系数为负，说明应将这两个维度分别进行单一构面的验证性因子分析。

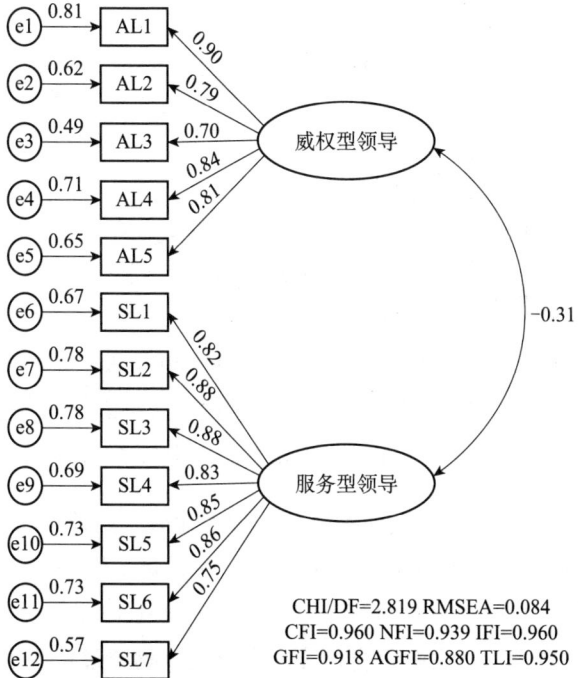

图7-7 领导风格的验证性因子分析模型

1. 威权型领导的验证性因子分析

对威权型领导进行单一构面的验证性因子分析，结果如图7-8所示。初步拟合结果仍未达到预期标准，表现为卡方自由度之比超过3，且RMSEA也超过0.08。观察基于残差分析得到的修正指数，并结合题项内容，考虑删除，AL5（若下属未按照我的原则办事，我会对其严厉处罚）这一题项，理由为：AL5残差最高，而且从题项意义上来看，AL5与AL2（开会时，都是按照我的原则来做最后的决定）的相关性较高，过多的题项容易影响整体适配度。

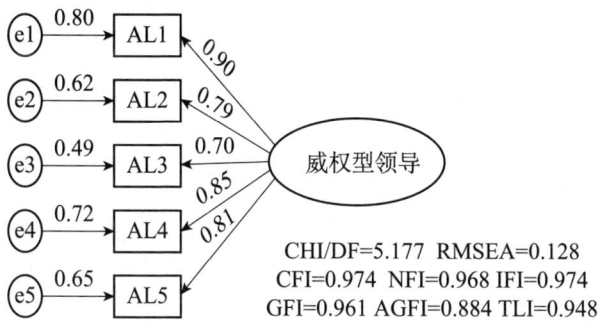

图7-8 威权型领导的验证性因子分析模型

删除 AL5 之后再对威权型领导进行单一构面的验证性因子分析，结果如图 7 – 9 所示，修正后的适配度指标符合表 7 – 3 的要求，该量表的结构效度通过检验。

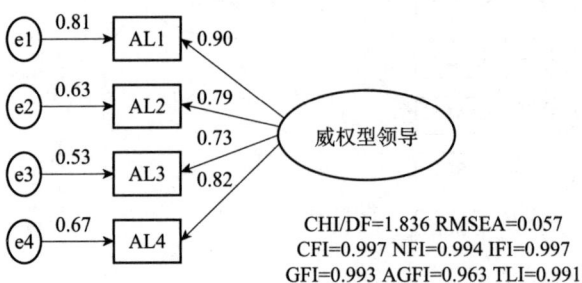

CHI/DF=1.836 RMSEA=0.057
CFI=0.997 NFI=0.994 IFI=0.997
GFI=0.993 AGFI=0.963 TLI=0.991

图 7 – 9　修正后的威权型领导的验证性因子分析模型

如表 7 – 10 所示，威权型领导各题项的标准化因子载荷在 0.727～0.902，高于 0.6 的最低要求，这表明各观测题项均能较好反映潜变量威权型领导。威权型领导各题项标准化因子载荷的 CR 值为 0.885，大于 0.7；AVE 值为 0.660，超过 0.5。因此，威权型领导量表的组合信度与聚合效度均通过检验。

表 7 – 10　　　　　　威权型领导量表的验证性因子分析情况

潜变量	观测变量	非标准化因子载荷	S. E.	C. R.	P	标准化因子载荷	SMC	CR	AVE
威权型领导	AL1	1.000				0.902	0.814	0.885	0.660
	AL2	1.176	0.076	15.515	***	0.793	0.629		
	AL3	0.948	0.070	13.629	***	0.727	0.529		
	AL4	1.039	0.064	16.264	***	0.818	0.669		

2. 服务型领导的验证性因子分析

对服务型领导进行单一构面的验证性因子分析，结果如图 7 – 10 所示。初步拟合结果仍未达到预期标准，表现为卡方自由度之比超过 3，且 RMSEA 也超过 0.08。观察基于残差分析得到的修正指数，并结合题项内容，考虑删除 SL7（我经常向下属强调回馈社会的重要性）这一题项，理由为：SL7 残差最高，而且标准化因子载荷最低，过多的题项容易影响整体适配度。

删除 SL7 之后再对服务型领导进行单一构面的验证性因子分析，结果如图 7 – 11 所示，修正后的适配度指标符合表 7 – 3 的要求，该量表的结构效度通过检验。

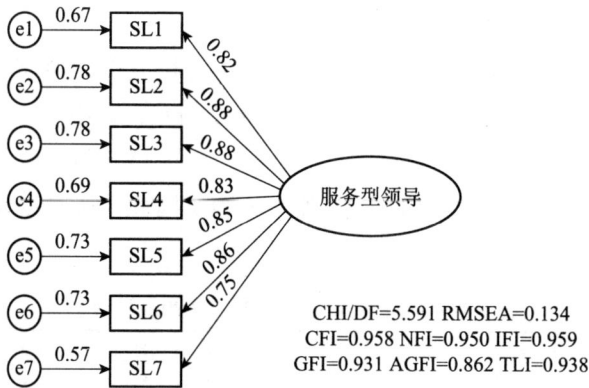

图7-10 服务型领导的验证性因子分析模型

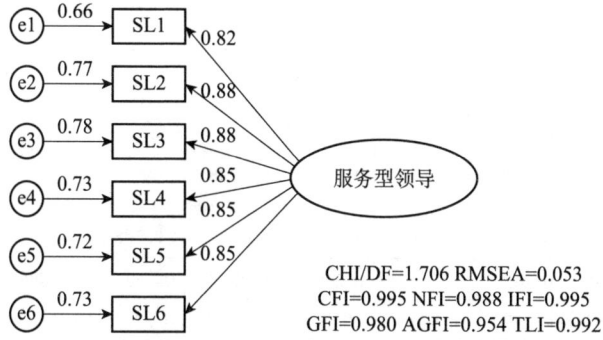

图7-11 修正后的服务型领导的验证性因子分析模型

如表7-11所示，服务型领导各题项的标准化因子载荷在0.815~0.883，高于0.6的最低要求，这表明各观测题项均能较好反映潜变量服务型领导。服务型领导各题项标准化因子载荷的CR值为0.942，大于0.7；AVE值为0.731，超过0.5。因此，服务型领导量表的组合信度与聚合效度均通过检验。

表7-11 服务型领导量表的验证性因子分析情况

潜变量	观测变量	非标准化因子载荷	S. E.	C. R.	P	标准化因子载荷	SMC	CR	AVE
服务型领导	SL1	1.000				0.815	0.664	0.942	0.731
	SL2	1.137	0.066	17.221	***	0.880	0.774		
	SL3	1.200	0.069	17.314	***	0.883	0.780		
	SL4	1.171	0.071	16.413	***	0.853	0.728		
	SL5	1.030	0.064	16.214	***	0.846	0.716		
	SL6	1.059	0.065	16.376	***	0.852	0.726		

（六）所有量表的区分效度检验

根据区分效度检验的标准，当 AVE 值的平方根大于该潜变量与其他潜变量的相关系数的平方时，则符合要求。如表 7 – 12 所示，表中各行是各潜变量之间的相关系数，对角线上粗体阴影数字为各潜变量的 AVE 值平方根，所有潜变量的相关系数绝对值均小于对应的 AVE 值平方根。因此，所有量表均通过区分效度检验。

表 7 –12　　　　　各潜变量的相关系数与 AVE 平方根比较情况

变量	强制压力	规范压力	模仿压力	人力资源本地化	人力资源自主权	社会绩效	财务绩效	威权型领导	服务型领导
强制压力	**0.861**								
规范压力	0.613 **	**0.823**							
模仿压力	0.406 **	0.531 **	**0.839**						
人力资源本地化	– 0.118	0.206 **	0.268 **	**0.75**					
人力资源自主权	– 0.028	0.211 **	0.261 **	0.350 **	**0.708**				
社会绩效	– 0.083	0.371 **	0.488 **	0.448 **	0.381	**0.798**			
财务绩效	0.041	0.245 **	0.381 **	0.269 **	0.321 **	0.562 **	**0.806**		
威权型领导	0.495 **	0.377 **	0.623 **	0.021	0.192 *	0.271 **	0.188 *	**0.812**	
服务型领导	– 0.420 **	– 0.361 **	– 0.369 **	0.028	– 0.241 *	– 0.134	– 0.214 *	– 0.476 **	**0.855**

注：1. 对角线上是对应变量的 AVE 的正二次方根。

2. ** 在 0.01 水平（双侧）上显著相关；* 在 0.05 水平（双侧）上显著相关。

3. 区分效度检验中不含标签变量。

三、共同方法偏差检验

（一）Harman 单一因素检验

为避免共同方法偏差干扰，本书采用 Harman 单因素检验法评价所获取数据中共同方法偏差的严重程度。将所有样本数据的所有条款（包含标签变量，验证性因子分析过程中删除 4 项，剩余 39 项）进行探索性因子分析，呈现出 10 个特征根大于 1 的因子，如表 7 – 13 所示。未旋转时得出的第一个因子累计解释方差 12.180%，未超过 40%，也未超过所有被解释方差量 75.414% 的一半，这表明不存在单一因子解释大部分方差的情况。因此，本书所采集数据的共同方法偏差问题并不严重。

表 7 - 13　　　　　　　　　所有条款探索性因子分析的总方差解释

成分	初始特征值			提取平方和载入			旋转平方和载入		
	合计	方差的 %	累积 %	合计	方差的 %	累积 %	合计	方差的 %	累积 %
1	8.579	21.998	21.998	8.579	21.998	21.998	4.756	12.195	12.195
2	5.115	13.117	35.115	5.115	13.117	35.115	3.379	8.665	20.860
3	3.342	8.569	43.684	3.342	8.569	43.684	3.094	7.935	28.795
4	2.459	6.305	49.989	2.459	6.305	49.989	3.028	7.765	36.560
5	2.233	5.726	55.715	2.233	5.726	55.715	2.844	7.291	43.851
6	1.896	4.863	60.578	1.896	4.863	60.578	2.645	6.781	50.632
7	1.739	4.458	65.036	1.739	4.458	65.036	2.504	6.420	57.052
8	1.529	3.920	68.956	1.529	3.920	68.956	2.448	6.277	63.329
9	1.392	3.569	72.525	1.392	3.569	72.525	2.390	6.128	69.457
10	1.094	2.805	75.331	1.094	2.805	75.331	2.291	5.874	75.331
11	0.731	1.876	77.206						
12	0.671	1.722	78.928						
13	0.568	1.457	80.385						
14	0.563	1.443	81.828						
15	0.537	1.378	83.205						
16	0.505	1.294	84.500						
17	0.460	1.179	85.678						
18	0.443	1.135	86.813						
19	0.413	1.058	87.872						
20	0.400	1.026	88.898						
21	0.384	0.983	89.881						
22	0.360	0.923	90.805						
23	0.323	0.829	91.634						
24	0.318	0.816	92.449						
25	0.302	0.775	93.224						
26	0.282	0.724	93.947						
27	0.263	0.674	94.621						
28	0.255	0.654	95.275						
29	0.235	0.604	95.879						
30	0.217	0.557	96.436						
31	0.209	0.535	96.971						

续表

成分	初始特征值			提取平方和载入			旋转平方和载入		
	合计	方差的 %	累积 %	合计	方差的 %	累积 %	合计	方差的 %	累积 %
32	0.202	0.519	97.490						
33	0.186	0.477	97.966						
34	0.175	0.449	98.415						
35	0.171	0.439	98.854						
36	0.153	0.393	99.247						
37	0.140	0.359	99.606						
38	0.125	0.320	99.926						
39	0.029	0.074	100.000						

注：提取方法为主成分分析法。

（二）标签变量检验

如表 7 - 14 所示，标签变量"知识复杂性"与其他 9 个潜变量相关系数均不显著。由此进一步说明，本书所采集数据的共同方法偏差问题并不严重，也不需要再把标签变量纳入后续的实证检验模型中继续分析。

表 7 - 14 　　　　　　　　标签变量与其他变量的相关性

变量	强制压力	规范压力	模仿压力	人力资源本地化	人力资源自主权	社会绩效	财务绩效	威权型领导	服务型领导	知识复杂性
强制压力	1									
规范压力	0.614**	1								
模仿压力	0.407**	0.531**	1							
人力资源本地化	-0.118	0.206**	0.267**	1						
人力资源自主权	-0.028	0.211**	0.261**	0.350**	1					
社会绩效	-0.083	0.371**	0.488**	0.447**	0.381**	1				
财务绩效	0.041	0.245**	0.381**	0.269**	0.322**	0.563**	1			
威权型领导	0.496**	0.377**	0.623**	0.021	0.192*	0.271**	0.188*	1		
服务型领导	-0.421**	-0.361**	-0.369**	0.027	-0.241*	-0.134	-0.214*	-0.476**	1	
知识复杂性	0.043	0.023	-0.004	-0.023	0.026	0.041	0.041	0.061	-0.038	1

注：** 在 0.01 水平（双侧）上显著相关；* 在 0.05 水平（双侧）上显著相关。

第四节 东道国制度压力、人力资源本地化、人力资源 自主权及企业绩效影响关系研究

一、结构方程模型简介

结构方程模型（structural equation model，SEM）是一种综合运用多元回归分析、路径分析和确认性因子分析方法而形成的统计数据分析工具，采用所收集的数据来检验基于理论所假设的关于观测变量和潜变量、潜变量和潜变量之间的关系（张伟雄和王畅，2018）。结构方程模型不仅能有效处理潜变量的随机误差，而且能同时测量多个因变量之间的关系，有助于检验聚合效度与区分效度，还能妥善处理多层构想。

本书涉及三个自变量（强制压力、规范压力和模仿压力）、两个中介变量（人力资源本地化、人力资源自主权）、两个因变量（社会绩效、财务绩效），这些变量均为通过调研问卷采集数据、由 3~6 个观测变量所反映的潜变量。因此，本书适合采用 AMOS 25 软件，通过结构方程模型来探究东道国制度压力、人力资源本地化、人力资源自主权以及企业绩效之间的影响关系。

二、结构方程模型构建

为了厘清东道国制度压力对中国企业在越南投资绩效的影响路径与生成机制，本节运用结构方程模型对东道国制度压力（强制压力、规范压力、模仿压力）、人力资源本地化、人力资源自主权、企业绩效（社会绩效、财务绩效）之间的关系进行进一步研究。由于情境因素——领导风格是作为外部调节变量作用于本书模型，因此，在本节中，领导风格不纳入结构方程模型。根据第五章的理论模型构建，本书建立结构方程模型如图 7-12 所示。

根据前面对内容效度、内部信度、结构效度、组合信度、聚合效度以及区分效度的检验与题项净化，本模型中共有 26 个观测变量来测量 7 个潜变量。其中，潜变量强制压力由 CP1、CP2、CP3 3 个观测变量来测量；潜变量规范压力由 NP1、NP2、NP3 3 个观测变量来测量；潜变量模仿压力由 MP1、MP2、MP3、

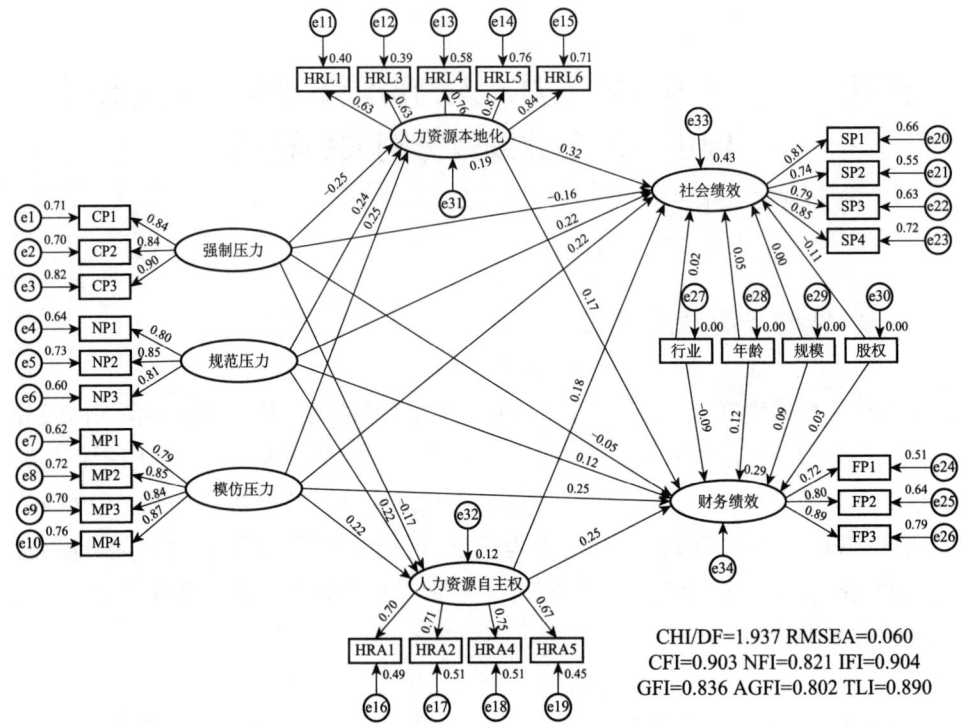

图 7 - 12　本书结构方程模型

MP4 4 个观测变量来测量；潜变量人力资源本地化由 HRL1、HRL3、HRL4、HRL5、HRL6 5 个观测变量来测量；潜变量人力资源自主权由 HRA1、HRA2、HRA4、HRA5 4 个观测变量来测量；潜变量社会绩效由 SP1、SP2、SP3、SP4 4 个观测变量来测量；潜变量财务绩效由 FP1、FP2、FP3 3 个观测变量来测量。此外，根据第五、第六章的分析，该模型引入行业、年龄、规模、股权四个控制变量。

将图 7 - 12 显示的该模型的适配度情况与表 7 - 3 的指标要求对比，可以发现，$\chi^{2/df}$、RMSEA、CFI、IFI、AGFI 的值均在理想范围内；GFI 虽未达到 0.9，但 0.836 也在可以接受的范围内（荣泰生，2009）；NFI 值由于受到样本量较小的影响，略有降低（Bentler，1990），也保持在 0.8 以上；TLI 值也非常接近 0.9。由此可见，本模型的适配度基本符合要求。

三、结构方程模型回归结果分析

本书对结构方程模型路径分析的回归结果如表 7 - 15 所示。

表 7 - 15　　　　　　　　　　模型回归结果（N = 257）

假设	路径关系	标准化路径系数	非标准化路径系数	标准误	C. R.（T 值）	显著性
H1a	强制压力→社会绩效	- 0.163	- 0.128	0.048	- 2.650	0.008
H1b	强制压力→财务绩效	- 0.051	- 0.034	0.044	- 0.765	0.444
H2a	规范压力→社会绩效	0.217	0.223	0.066	3.384	***
H2b	规范压力→财务绩效	0.116	0.101	0.060	1.677	0.094
H3a	模仿压力→社会绩效	0.222	0.210	0.059	3.536	***
H3b	模仿压力→财务绩效	0.246	0.198	0.056	3.522	***
H4a	强制压力→人力资源本地化	- 0.255	- 0.160	0.043	- 3.737	***
H4b	规范压力→人力资源本地化	0.242	0.198	0.057	3.487	***
H4c	模仿压力→人力资源本地化	0.249	0.188	0.051	3.655	***
H5a	强制压力→人力资源自主权	- 0.165	- 0.106	0.046	- 2.309	0.021
H5b	规范压力→人力资源自主权	0.217	0.182	0.062	2.930	0.003
H5c	模仿压力→人力资源自主权	0.217	0.167	0.056	2.989	0.003
H6a	人力资源本地化→社会绩效	0.316	0.397	0.089	4.478	***
H6b	人力资源本地化→财务绩效	0.169	0.181	0.078	2.329	0.020
H7a	人力资源自主权→社会绩效	0.183	0.224	0.082	2.718	0.007
H7b	人力资源自主权→财务绩效	0.252	0.263	0.079	3.325	***

注：*** 表示 $p < 0.001$。

由表 7 - 15 的数据可以发现，强制压力对社会绩效、规范压力对社会绩效、模仿压力对社会绩效、模仿压力对财务绩效、强制压力对人力资源本地化、规范压力对人力资源本地化、模仿压力对人力资源本地化、强制压力对人力资源自主权、规范压力对人力资源自主权、模仿压力对人力资源自主权、人力资源本地化对社会绩效，以及人力资源本地化对财务绩效、人力资源自主权对社会绩效，以及人力资源自主权对财务绩效的标准化路径系数分别为 - 0.163、0.217、0.222、0.246、 - 0.255、0.242、0.249、 - 0.165、0.217、0.217、0.316、0.169、0.183、0.252，C. R. 绝对值均大于 1.96，显著性均达到 $p < 0.05$，说明前者对后者产生显著影响，假设 H1a、H2a、H3a、H3b、H4a、H4b、H4c、H5a、H5b、H5c、H6a、H6b、H7a、H7b 通过验证。

然而，强制压力对财务绩效、规范压力对财务绩效这两条路径未达到显著性要求，说明前者对后者的影响并不显著，假设 H1b、H2b 未通过统计检验。

此外，从控制变量对因变量的影响中可以看出，股权形式（中国独资/中越合资）对社会绩效产生显著影响；年龄（即企业在越南成立时间）对财务绩效产生显著影响。

四、结果讨论

基于结构方程模型的运行结果，本书结合前面的理论模型对研究假设加以讨论。

（1）强制压力对社会绩效产生显著的负向影响，假设 H1a 成立。这表明越南政府通过政治影响力干涉跨国商务活动、法律法规频繁变化等因素给中国企业经营带来许多障碍，使企业不得不花大量精力去应对，从而影响其社会责任的履行。

（2）规范压力、模仿压力对社会绩效具有显著的正向促进作用，假设 H2a、H3a 成立。这表明中国企业在越南所面临的规范压力、模仿压力越大，越倾向于以当地规范行事，模仿当地标杆企业的做法，这些都有利于组织合法性与社会适应性的提升，得到利益相关者的支持，继而提升社会绩效。而且，比较两者的路径系数可以发现，规范压力、模仿压力对社会绩效的正向促进作用较为接近。

（3）模仿压力对财务绩效产生显著的正向影响，假设 H3b 成立。这表明中国企业在越南所面临的模仿压力能敦促企业学习成功经验，节约搜索和实验成本，从而提升其财务绩效。

（4）强制压力对人力资源本地化产生显著的负向影响，假设 H4a 成立。这说明在越中国企业所面临的强制压力会导致企业转向依赖国内总部的人力资源，从而降低其人力资源本地化水平。

（5）规范压力、模仿压力对人力资源本地化产生显著的正向影响，假设 H4b、H4c 成立。这说明在越中国企业所面临的规范压力、模仿压力能敦促企业加强对当地员工的招聘与培训，从而提升其人力资源本地化水平。此外，比较两者的路径系数可以发现，规范压力、模仿压力对人力资源本地化的正向促进作用较为接近。

（6）强制压力对人力资源自主权产生显著的负向影响，假设 H5a 成立。这说明在越中国企业所面临的强制压力会导致国内总部加强对其人力资源的控制，使其人力资源自主权程度降低。

（7）规范压力、模仿压力对人力资源自主权产生显著的正向影响，假设 H5b、H5c 成立。这表明在越中国企业所面临的规范压力、模仿压力越大，面临的合法性挑战也更大，国内总部则会倾向于将人力资源的决策权交给越南子公司，使其人力资源自主权得以提升，此外，比较两者的路径系数可以发现，规范压力、模仿压力对人力资源自主权的正向促进作用非常接近。

（8）人力资源本地化对社会绩效、财务绩效产生显著的正向影响，假设 H6a、H6b 成立。这表明在越中国企业实施人力资源本地化能增强管理效率，节约交易成本，有助于吸引当地的优秀人才，改善企业与利益相关者的关系，从而进一步提升企业的社会绩效与财务绩效。而且，比较两者的路径系数可以发现，人力资源本地化对社会绩效的促进作用比对财务绩效更为明显。

（9）人力资源自主权对社会绩效、财务绩效产生显著的正向促进作用，假设 H7a、H7b 成立。这说明在越中国企业的人力资源自主权有助于其人力资源管理实践与当地员工的期望，以及当地法律、法规、价值观、信仰和规范等相协调，从而改善企业的社会绩效与财务绩效。此外，比较两者的路径系数可以发现，人力资源自主权对财务绩效的促进作用比对社会绩效更为明显。

（10）强制压力对财务绩效、规范压力对财务绩效的影响不显著，假设 H1b、H2b 不成立。一方面，这表明在越南当地强制压力较大的情况下，中国企业仍能找到一些途径来应对可能带来的经济损失，例如业务转型、优化生产线等。另一方面，规范压力能敦促中国企业以符合越南当地规范的方式行事，但这并未能对财务状况起到立竿见影的效果。

第五节　人力资源本地化、人力资源自主权的中介效应分析

一、中介效应的检验操作

自抽样法，又称"Bootstrap 法"（"拔靴法"），是由美国斯坦福大学 Bradley Efron 教授于 1980 年首次提出的非参数统计方法（Efron，1980；Efron and Tibshirani，1994）。自抽样法更加适合在样本数偏小的情况下检验中介效应（Mackinnon et al.，2004）。自抽样法的原理是通过扩大样本量来解决样本数量偏小的问题，即在样本中抽出一个数据点后，把该数据点放回样本中，下一次这个数据点还有机会被抽到，从而实现最大限度接近原始样本的目的。自抽样法已被植入结构方程模型软件中。随机抽样的次数至少应达 1000 次，并选择 95% 的置信区间，采用极大似然法检验目标效应（Hayes，2009），若该置信区间不包含 0，这说明

对应的间接效应（或直接效应、总效应）显著。

赵心树等（Zhao et al., 2010）指出中介效应的检验主要通过观察直接效应、间接效应和总效应三者之间的关系，并总结出一套更为合理有效的通过自抽样法检验中介效应的流程，如图 7 - 13 所示。其中，直接效应对应图 7 - 13 中的参数 c，间接效应对应图 7 - 13 中的参数 a×b，总效应 c′ = a×b + c。

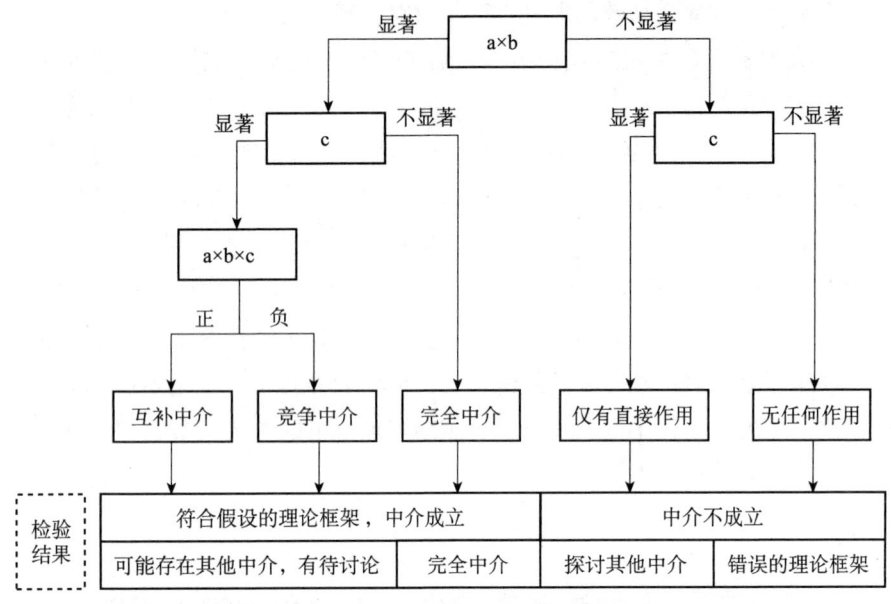

图 7 - 13　赵心树等提出的中介效应分析流程

资料来源：ZHAO X, LYNCH J G, CHEN Q. Reconsidering Baron and Kenny：Myths and Truths about Mediation Analysis ［J］. Journal of Consumer Research, 2010, 37 （2）：197 - 206.

由图 7 - 13 可知，判断中介效应的流程为：（1）判断间接效应 a×b 是否显著，若显著，则说明假设中提出的中介效应存在，此时若直接效应 c 不显著，则属于完全中介。（2）若 a×b 显著，c 也显著，则需要通过判断 a×b×c 的符号，若 a×b×c > 0，说明间接效应 a×b 与直接效应 c 的方向一致，则属于互补中介；若 a×b×c < 0，说明间接效应 a×b 与直接效应 c 的方向相反，则属于竞争中介；a×b 与 c 同时显著说明可能存在其他中介变量。（3）若间接效应 a×b 不显著，但直接效应 c 显著，说明仅存在直接效应，假设中提出的中介效应不存在。（4）若 a×b 与 c 都不显著，则说明不存在任何效应。

本书的正式调查问卷样本数偏小（257 份），也属于随机抽样，因而采用自抽样法并根据赵心树等提出的分析流程进行中介效应检验。

二、人力资源本地化、人力资源自主权在东道国制度压力与企业绩效之间的中介作用检验

本书的理论模型中有两个中介变量，分别为人力资源本地化和人力资源自主权，属于多重中介作用分析，比单中介分析更为复杂，每个中介变量都会产生其特定的间接效应。根据第五章的理论模型设计，共有 12 条中介作用的分析，如表 7 - 16 所示。

表 7 - 16　　　　　　　　　　　　　本书所涉及的中介作用

人力资源本地化的中介作用	H8a	强制压力→人力资源本地化→社会绩效
	H8b	强制压力→人力资源本地化→财务绩效
	H8c	规范压力→人力资源本地化→社会绩效
	H8d	规范压力→人力资源本地化→财务绩效
	H8e	模仿压力→人力资源本地化→社会绩效
	H8f	模仿压力→人力资源本地化→财务绩效
人力资源自主权的中介作用	H9a	强制压力→人力资源自主权→社会绩效
	H9b	强制压力→人力资源自主权→财务绩效
	H9c	规范压力→人力资源自主权→社会绩效
	H9d	规范压力→人力资源自主权→财务绩效
	H9e	模仿压力→人力资源自主权→社会绩效
	H9f	模仿压力→人力资源自主权→财务绩效

本书将借鉴萧文龙和陈世智（2018）的做法，通过 AMOS 25 软件中的 Bootstrap 分析，对这 12 条中介作用的间接效应、直接效应和总效应加以探索，主要分为以下三个步骤。

（一）路径命名与编程

如图 7 - 14 所示，对研究模型中的各条路径进行命名。例如，将路径"强制压力→人力资源本地化"命名为 P14，将路径"人力资源本地化→社会绩效"命名为 P46，将路径"强制压力→社会绩效"命名为 P16，以此类推。

随后，在 AMOS 界面左下角自定义估计功能，选择 Define new estimands，编写以下语法①（每行语法后都有相应解释）。

———————————————

① 语法中各变量采用英文缩写的形式，具体对应关系为：CP 代表强制压力，NP 代表规范压力，MP 代表模仿压力；HRL 代表人力资源本地化，HRA 代表人力资源自主权；SP 代表社会绩效，FP 代表财务绩效。

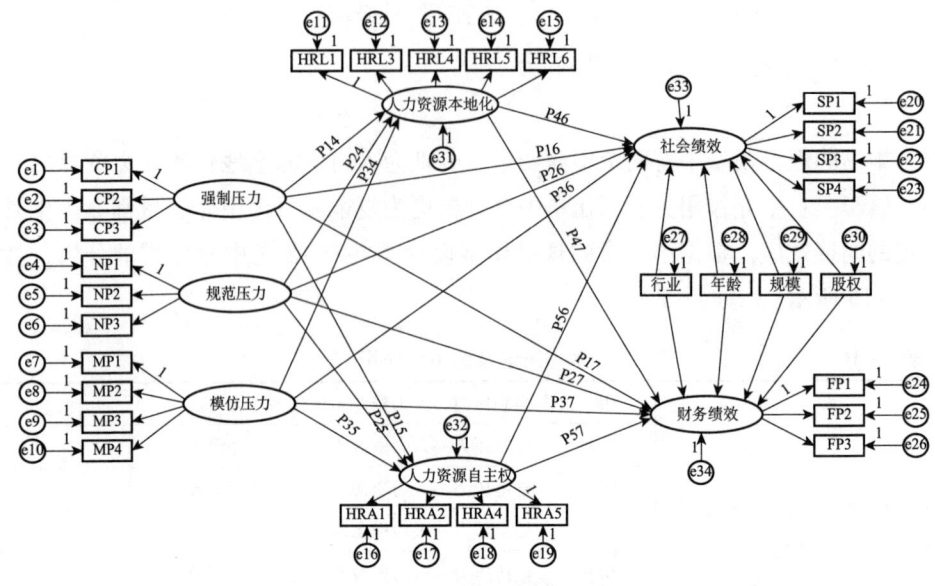

图7-14　各路径命名示意

　　CPtoHRLtoSP = p. P14 * p. P46　'HRL 在 CP 与 SP 之间的间接效应，即其所对应的参数 a × b

　　CPtoHRLtoFP = p. P14 * p. P47　'HRL 在 CP 与 FP 之间的间接效应，即其所对应的参数 a × b

　　NPtoHRLtoSP = p. P24 * p. P46　'HRL 在 NP 与 SP 之间的间接效应，即其所对应的参数 a × b

　　NPtoHRLtoFP = p. P24 * p. P47　'HRL 在 NP 与 FP 之间的间接效应，即其所对应的参数 a × b

　　MPtoHRLtoSP = p. P34 * p. P46　'HRL 在 MP 与 SP 之间的间接效应，即其所对应的参数 a × b

　　MPtoHRLtoFP = p. P34 * p. P47　'HRL 在 MP 与 FP 之间的间接效应，即其所对应的参数 a × b

　　CPtoHRAtoSP = p. P15 * p. P56　'HRA 在 CP 与 SP 之间的间接效应，即其所对应的参数 a × b

　　CPtoHRAtoFP = p. P15 * p. P57　'HRA 在 CP 与 FP 之间的间接效应，即其所对应的参数 a × b

　　NPtoHRAtoSP = p. P25 * p. P56　'HRA 在 NP 与 SP 之间的间接效应，即其所对应的参数 a × b

NPtoHRAtoFP = p. P25 * p. P57　'HRA 在 NP 与 FP 之间的间接效应，即其所对应的参数 a×b

MPtoHRAtoSP = p. P35 * p. P56　'HRA 在 MP 与 SP 之间的间接效应，即其所对应的参数 a×b

MPtoHRAtoFP = p. P35 * p. P57　'HRA 在 MP 与 SP 之间的间接效应，即其所对应的参数 a×b

directCPtoSP = p. P16　　　　　'CP 对 SP 的直接效应，即其所对应的参数 c

directCPtoFP = p. P17　　　　　'CP 对 FP 的直接效应，即其所对应的参数 c

directNPtoSP = p. P26　　　　　'NP 对 SP 的直接效应，即其所对应的参数 c

directNPtoFP = p. P27　　　　　'NP 对 FP 的直接效应，即其所对应的参数 c

directMPtoSP = p. P36　　　　　'MP 对 SP 的直接效应，即其所对应的参数 c

directMPtoFP = p. P37　　　　　'MP 对 FP 的直接效应，即其所对应的参数 c

（二）形成分析报告

程序编写完毕后，经检验显示未出现语法错误，保存运行。对结构方程模型运行的报告加以分析整合得出的结果如表 7-17 所示。本书将随机抽样次数设置为 2000 次，选择 95% 的信赖区间，估计方式分为偏差校正分位数（bias-corrected percentile）和分位数（percentile）两种。

表 7-17　　　　　各中介作用的间接效应、直接效应分析报告

语法	点估计值	标准误	Z	Bias-Corrected95% CI		Percentile 95% CI	
				Lower	Upper	Lower	Upper
CPtoHRLtoSP	-0.063	0.022	-2.864	-0.123	-0.028	-0.114	-0.024
CPtoHRLtoFP	-0.029	0.017	-1.706	-0.071	-0.004	-0.066	-0.001
NPtoHRLtoSP	0.079	0.031	2.548	0.030	0.160	0.022	0.145
NPtoHRLtoFP	0.036	0.021	1.714	0.005	0.094	0.001	0.083
MPtoHRLtoSP	0.075	0.028	2.679	0.030	0.142	0.027	0.137
MPtoHRLtoFP	0.034	0.021	1.619	0.003	0.084	0.001	0.082
CPtoHRAtoSP	-0.024	0.017	-1.412	-0.068	-0.002	-0.063	0.001
CPtoHRAtoFP	-0.028	0.018	-1.556	-0.076	-0.003	-0.069	-0.001
NPtoHRAtoSP	0.041	0.026	1.577	0.006	0.119	0.002	0.101
NPtoHRAtoFP	0.048	0.028	1.714	0.010	0.126	0.005	0.111
MPtoHRAtoSP	0.037	0.023	1.609	0.006	0.098	0.003	0.093
MPtoHRAtoFP	0.044	0.024	1.833	0.010	0.106	0.007	0.101
directCPtoSP	-0.128	0.056	-2.286	-0.237	-0.013	-0.241	-0.016

语法	点估计值	标准误	Z	Bias-Corrected95% CI		Percentile 95% CI	
				Lower	Upper	Lower	Upper
directCPtoFP	−0.034	0.053	−0.642	−0.138	0.071	−0.139	0.070
directNPtoSP	0.223	0.083	2.687	0.066	0.392	0.067	0.392
directNPtoFP	0.101	0.080	1.263	−0.055	0.253	−0.047	0.264
directMPtoSP	0.210	0.071	2.958	0.076	0.364	0.076	0.364
directMPtoFP	0.198	0.064	3.094	0.073	0.323	0.075	0.327

（三）人力资源本地化的中介作用分析

从表 7−17 中可以得出，人力资源本地化所起的 6 条中介作用对应的参数 a×b、参数 c，参数 a×b×c 的情况，再基于图 7−13 中的中介效应分析流程，可以得出以下结论。

（1）在"强制压力→人力资源本地化→社会绩效"这一路径中，CPtoHRLtoSP 的 Bias-Corrected 间接效应置信区间为（−0.123，−0.028），Percentile 间接效应置信区间为（−0.114，−0.024），均不包含 0，说明此路径对应的参数 a×b 显著；directCPtoSP 的 Bias-Corrected 直接效应置信区间为（−0.237，−0.013），Percentile 直接效应置信区间为（−0.241，−0.016），均不包含 0，说明此路径对应的参数 c 显著；CPtoHRLtoSP 与 directCPtoSP 的点估计值符号均为负，说明此路径对应的参数 a×b×c>0。由此可见，人力资源本地化在"强制压力→社会绩效"中起到互补中介作用，即强制压力不仅可以直接负向影响在越中国企业的社会绩效，还能通过负向影响企业的人力资源本地化从而间接负向影响其社会绩效。假设 H8a 通过验证。

（2）在"强制压力→人力资源本地化→财务绩效"这一路径中，CPtoHRLtoFP 的 Bias-Corrected 间接效应置信区间为（−0.071，−0.004），Percentile 间接效应置信区间为（−0.066，−0.001），均不包含 0，说明此路径对应的参数 a×b 显著；directCPtoFP 的 Bias-Corrected 直接效应置信区间为（−0.138，0.071），Percentile 直接效应置信区间为（−0.139，0.070），均包含 0，说明此路径对应的参数 c 不显著。由此可见，人力资源本地化在"强制压力→财务绩效"中起到完全中介的作用，即强制压力只能通过负向影响在越中国企业的人力资源本地化从而间接负向影响其财务绩效。假设 H8b 通过验证。

（3）在"规范压力→人力资源本地化→社会绩效"这一路径中，NPtoHRLtoSP 的 Bias-Corrected 间接效应置信区间为（0.030，0.160），Percentile 间接效应置信区间为（0.022，0.145），均不包含0，说明此路径对应的参数 a×b 显著；directNPtoSP 的 Bias-Corrected 直接效应置信区间为（0.066，0.392），Percentile 直接效应置信区间为（0.067，0.392），均不包含0，说明此路径对应的参数 c 显著；NPtoHRLtoSP 与 directNPtoSP 的点估计值符号均为正，说明此路径对应的参数 a×b×c > 0。由此可见，人力资源本地化在"规范压力→社会绩效"中起到互补中介作用，即规范压力不仅可以直接促进在越中国企业的社会绩效，还能通过促进企业的人力资源本地化从而间接增强其社会绩效。假设 H8c 通过验证。

（4）在"规范压力→人力资源本地化→财务绩效"这一路径中，NPtoHRLtoFP 的 Bias-Corrected 间接效应置信区间为（0.005，0.094），Percentile 间接效应置信区间为（0.001，0.083），均不包含0，说明此路径对应的参数 a×b 显著；directNPtoFP 的 Bias-Corrected 直接效应置信区间为（-0.055，0.253），Percentile 直接效应置信区间为（-0.047，0.264），均包含0，说明此路径对应的参数 c 不显著。由此可见，人力资源本地化在"规范压力→财务绩效"中起到完全中介的作用，即规范压力只能通过促进在越中国企业的人力资源本地化从而间接改善其财务绩效。假设 H8d 通过验证。

（5）在"模仿压力→人力资源本地化→社会绩效"这一路径中，MPtoHRLtoSP 的 Bias-Corrected 间接效应置信区间为（0.030，0.142），Percentile 间接效应置信区间为（0.027，0.137），均不包含0，说明此路径对应的参数 a×b 显著；directMPtoSP 的 Bias-Corrected 直接效应置信区间为（0.076，0.364），Percentile 直接效应置信区间也为（0.076，0.364），均不包含0，说明此路径对应的参数 c 显著；MPtoHRLtoSP 与 directMPtoSP 的点估计值符号均为正，说明此路径对应的参数 a×b×c > 0。由此可见，人力资源本地化在"模仿压力→社会绩效"中起到互补中介作用，即模仿压力不仅可以直接促进在越中国企业的社会绩效，还能通过促进企业的人力资源本地化从而间接增强其社会绩效。假设 H8e 通过验证。

（6）在"模仿压力→人力资源本地化→财务绩效"这一路径中，MPtoHRLtoFP 的 Bias-Corrected 间接效应置信区间为（0.003，0.084），Percentile 间接效应置信区间为（0.001，0.082），均不包含0，说明此路径对应的参数 a×b 显著；directMPtoFP 的 Bias-Corrected 直接效应置信区间为（0.073，0.323），Percentile 直接效应置信区间为（0.075，0.327），均不包含0，说明此路径对应的参数 c 显著；MPtoHRLtoFP 与 directMPtoFP 的点估计值符号均为正，说明此路径对应的参数 a×b×c > 0。由此可见，人力资源本地化在"模仿压力→财务绩效"中起到互补中介作用，即模仿压力不仅可以直接促进在越中国企业的财务绩效，还能通过促进企业的人力资源本地化从而间接增强其财务绩效。假设 H8f 通过验证。

（四）人力资源自主权的中介作用分析

同理，从表 7 – 17 中也可以得出，人力资源自主权所起的 6 条中介作用对应的参数 a×b、参数 c，参数 a×b×c 的情况，再基于图 7 – 13 中的中介效应分析流程，可以得出以下结论。

（1）在"强制压力→人力资源自主权→社会绩效"这一路径中，CPtoHRAtoSP 的 Bias-Corrected 间接效应置信区间为（ – 0.068， – 0.002），Percentile 间接效应置信区间为（ – 0.063，0.001），后者包含 0，说明此路径对应的参数 a×b 不显著；directCPtoSP 的 Bias-Corrected 直接效应置信区间为（ – 0.237， – 0.013），Percentile 直接效应置信区间为（ – 0.241， – 0.016），均不包含 0，说明此路径对应的参数 c 显著；由此可见，人力资源自主权在"强制压力→社会绩效"中并未起到中介作用，此路径关系中只存在强制压力对社会绩效的直接负向影响。假设 H9a 并未通过验证。

（2）在"强制压力→人力资源自主权→财务绩效"这一路径中，CPtoHRAtoFP 的 Bias-Corrected 间接效应置信区间为（ – 0.076， – 0.003），Percentile 间接效应置信区间为（ – 0.069， – 0.001），两者均不包含 0，说明此路径对应的参数 a×b 显著；directCPtoFP 的 Bias-Corrected 直接效应置信区间为（ – 0.138，0.071），Percentile 直接效应置信区间为（ – 0.139，0.070），均包含 0，说明此路径对应的参数 c 不显著。由此可见，人力资源自主权在"强制压力→财务绩效"中起到完全中介的作用，即强制压力只能通过负向影响在越中国企业的人力资源自主权从而间接负向影响其财务绩效。假设 H9b 通过验证。

（3）在"规范压力→人力资源自主权→社会绩效"这一路径中，NPtoHRAtoSP 的 Bias-Corrected 间接效应置信区间为（0.006，0.119），Percentile 间接效应置信区间为（0.002，0.101），均不包含 0，说明此路径对应的参数 a×b 显著；directNPtoSP 的 Bias-Corrected 直接效应置信区间为（0.066，0.392），Percentile 直接效应置信区间为（0.067，0.392），均不包含 0，说明此路径对应的参数 c 显著；NPtoHRLtoSP 与 directNPtoSP 的点估计值符号均为正，说明此路径对应的参数 a×b×c > 0。由此可见，人力资源自主权在"规范压力→社会绩效"中起到互补中介作用，即规范压力不仅可以直接促进在越中国企业的社会绩效，还能通过促进企业的人力资源自主权从而间接增强其社会绩效。假设 H9c 通过验证。

（4）在"规范压力→人力资源自主权→财务绩效"这一路径中，NPtoHRAtoFP 的 Bias-Corrected 间接效应置信区间为（0.010，0.126），Percentile 间接效应置信区间为（0.005，0.111），均不包含 0，说明此路径对应的参数 a×b 显著；directNPtoFP 的 Bias-Corrected 直接效应置信区间为（-0.055，0.253），Percentile 直接效应置信区间为（-0.047，0.264），均包含 0，说明此路径对应的参数 c 不显著。由此可见，人力资源自主权在"规范压力→财务绩效"中起到完全中介的作用，即规范压力只能通过促进在越中国企业的人力资源自主权从而间接改善其财务绩效。假设 H9d 通过验证。

（5）在"模仿压力→人力资源自主权→社会绩效"这一路径中，MPtoH-RAtoSP 的 Bias-Corrected 间接效应置信区间为（0.006，0.098），Percentile 间接效应置信区间为（0.003，0.093），均不包含 0，说明此路径对应的参数 a×b 显著；directMPtoSP 的 Bias-Corrected 直接效应置信区间为（0.076，0.364），Percentile 直接效应置信区间也为（0.076，0.364），均不包含 0，说明此路径对应的参数 c 显著；MPtoHRLtoSP 与 directMPtoSP 的点估计值符号均为正，说明此路径对应的参数 a×b×c>0。由此可见，人力资源自主权在"模仿压力→社会绩效"中起到互补中介作用，即模仿压力不仅可以直接促进在越中国企业的社会绩效，还能通过促进企业的人力资源自主权从而间接增强其社会绩效。假设 H9e 通过验证。

（6）在"模仿压力→人力资源自主权→财务绩效"这一路径中，MPtoHRAt-oFP 的 Bias-Corrected 间接效应置信区间为（0.010，0.106），Percentile 间接效应置信区间为（0.007，0.101），均不包含 0，说明此路径对应的参数 a×b 显著；directMPtoFP 的 Bias-Corrected 直接效应置信区间为（0.073，0.323），Percentile 直接效应置信区间为（0.075，0.327），均不包含 0，说明此路径对应的参数 c 显著；MPtoHRLtoFP 与 directMPtoFP 的点估计值符号均为正，说明此路径对应的参数 a×b×c>0。由此可见，人力资源自主权在"模仿压力→财务绩效"中起到互补中介作用，即模仿压力不仅可以直接促进在越中国企业的财务绩效，还能通过促进企业的人力资源自主权，从而间接增强其财务绩效。假设 H9f 通过验证。

三、结果讨论

中国企业在越南面临的强制压力对其社会绩效的直接影响显著为负，同时还会通过负向影响企业的人力资源本地化从而间接负向影响其社会绩效；强制压力对企业财务绩效的直接影响不显著，但会通过负向影响其人力资源本地化、人力资源自主权从而间接负向影响财务绩效。越南当地的规范压力对在越中国企业社会绩效有显著的直接正向促进作用，同时还能通过提升企业的人力资源本地化、人力资源自主权从而间接提升其社会绩效；但规范压力对企业财务绩效的直接影响不显著，但能通过正向促进其人力资源本地化、人力资源自主权从而间接提升财务绩效。此外，企业在越南面临的模仿压力对其社会绩效和财务绩效均有显著的直接正向促进作用，同时还能通过提升企业的人力资源本地化、人力资源自主权而间接提升其社会绩效和财务绩效。

第六节　领导风格的调节效应分析

高层管理者的领导风格作为企业内部人力资源管理执行层面的关键要素，在人力资源本地化、人力资源自主权对企业绩效的影响过程中可能存在调节效应。基于前面的理论假设，本节将进一步阐述在东方社会文化中的广泛存在威权型领导风格、近年来兴起的服务型领导风格分别在其中起到的调节作用。

一、调节效应的检验操作

分步回归方法检验调节效应是目前最为广泛的方法之一。基本原理是：首先将自变量、调节变量等放入回归模型，检验自变量、调节变量与因变量之间的关系（方程式：$Y = \beta_0 + \beta_1 X + \beta_2 M_0 + e$）；其次将乘积项（自变量×调节变量）纳入回归方程，检验它们与因变量之间的关系（方程式：$Y = \beta_0 + \beta_1 X + \beta_2 M_0 + \beta_3 M_0 X + e$）。此时，如果乘积项与因变量的关系系数 β_3 显著，且模型 R^2 发生显著变化，则说明起到显著的调节作用。

本书将采用 SPSS 22 软件，通过分步回归法分别对威权型领导、服务型领导在"人力资源本地化企业绩效""人力资源自主权企业绩效"中的调节效应进行分析。

二、威权型领导的调节作用

（一）威权型领导在人力资源本地化与企业绩效之间的调节作用

本书分别对威权型领导在人力资源本地化与企业绩效的两个子维度（社会绩

效、财务绩效）之间关系的调节作用进行分析。

1. 威权型领导在人力资源本地化与社会绩效之间的调节作用

分析在人力资源本地化与社会绩效之间的调节作用涉及 3 个模型。模型 1 将控制变量（行业、年龄、规模、股权比例）和自变量（人力资源本地化）纳入回归；模型 2 再将调节变量（威权型领导）纳入回归；模型 3 再将自变量与调节变量的交互项纳入回归。如表 7 – 18 所示，所有指标的方差膨胀因子 VIF 最大值均远小于 10，因而不存在多重共线性。

表 7 – 18　　　　威权型领导在人力资源本地化与社会绩效间的调节效应

指标	模型 1 社会绩效	模型 2 社会绩效	模型 3 社会绩效
行业（制造业/服务业）	– 0.037	– 0.076	– 0.072
年龄（在越南经营年限）	– 0.005	0.005	0.011
规模（员工人数）	– 0.112	– 0.073	– 0.074
股权形式（独资/合资）	– 0.075	– 0.077	– 0.075
人力资源本地化	0.445 ***	0.436 ***	0.404 ***
威权型领导		0.221 ***	0.233 ***
人力资源本地化 × 威权型领导			– 0.144 **
R2	0.234 ***	0.281 ***	0.300 **
ΔR2	0.234	0.047	0.020
F	15.354 ***	16.269 ***	15.271 ***
VIF 最大值	1.121	1.152	1.153

注：*** 表示 $p < 0.001$，** 表示 $p < 0.01$。

模型 1：人力资源本地化对社会绩效有显著的正向促进作用（β = 0.445，P < 0.001）。

模型 2：人力资源本地化与威权型领导一同加入模型中，人力资源本地化对社会绩效仍有显著的正向促进作用（β = 0.436，P < 0.001），而威权型领导对社会绩效也有显著的正向作用（β = 0.221，P < 0.001）。

模型 3：人力资源本地化、威权型领导以及两者的交互项一同加入模型中，人力资源本地化对社会绩效仍有显著的正向促进作用（β = 0.404，P < 0.001），两者交互项对社会绩效产生显著的负向作用（β = – 0.144，P < 0.01），由此可知，威权型领导负向调节人力资源本地化与社会绩效之间的关系，假设 H10a 得到验证，如图 7 – 15 所示。

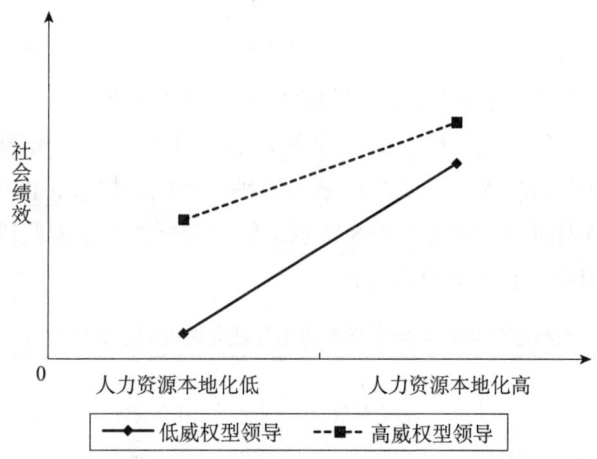

图7-15　威权型领导对人力资源本地化与社会绩效之间关系的调节作用

2. 威权型领导在人力资源本地化与财务绩效之间的调节作用

分析在人力资源本地化与财务绩效之间的调节作用涉及3个模型。模型4将控制变量（行业、年龄、规模、股权比例）和自变量（人力资源本地化）纳入回归；模型5再将调节变量（威权型领导）纳入回归；模型6再将自变量与调节变量的交互项纳入回归。如表7-19所示，所有指标的方差膨胀因子VIF最大值均远小于10，因而不存在多重共线性。

表7-19　　　　威权型领导在人力资源本地化与财务绩效间的调节效应

指标	模型4 财务绩效	模型5 财务绩效	模型6 财务绩效
行业（制造业/服务业）	-0.117	-0.148*	-0.144*
年龄（在越南经营年限）	0.070	0.078	0.085
规模（员工人数）	-0.035	-0.004	-0.006
股权形式（独资/合资）	0.032	0.030	0.032
人力资源本地化	0.313***	0.306***	0.271***
威权型领导		0.176**	0.189**
人力资源本地化×威权型领导			-0.161**
R^2	0.128***	0.157**	0.182**
ΔR^2	0.128	0.029	0.024
F	7.367***	7.785***	7.910***
VIF 最大值	1.121	1.152	1.153

注：*** 表示 $p < 0.001$，** 表示 $p < 0.01$，* 表示 $p < 0.05$。

模型4：人力资源本地化对财务绩效有显著的正向促进作用（β=0.313，P<0.001）。

模型5：人力资源本地化与威权型领导一同加入模型中，人力资源本地化对财务绩效仍有显著的正向促进作用（β=0.306，P<0.001），而威权型领导对财务绩效起着显著的正向促进作用（β=0.176，P<0.01）。

模型6：人力资源本地化、威权型领导以及两者的交互项一同加入模型中，人力资源本地化对财务绩效仍有显著的正向促进作用（β=0.271，P<0.001），但两者交互项却对财务绩效产生显著的负向作用（β=−0.161，P<0.01），由此可知，威权型领导负向调节人力资源本地化与财务绩效之间的关系，假设H10b得到验证，如图7−16所示。

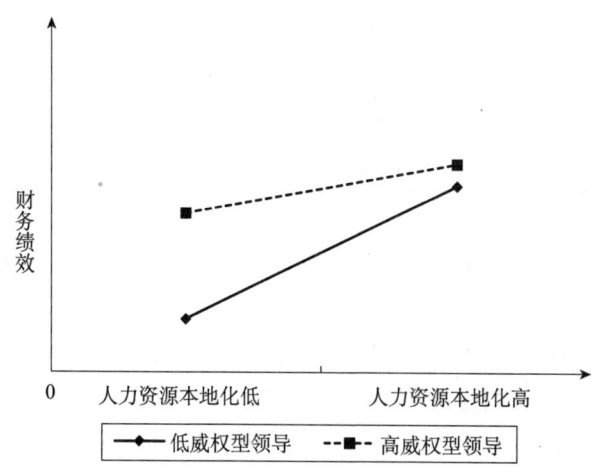

图7−16　威权型领导对人力资源本地化与财务绩效之间关系的调节作用

（二）威权型领导在人力资源自主权与企业绩效之间的调节作用

本书分别对威权型领导在人力资源自主权与企业绩效的两个子维度（社会绩效、财务绩效）之间关系的调节作用进行分析。

1. 威权型领导在人力资源自主权与社会绩效之间的调节作用

分析在人力资源自主权与社会绩效之间的调节作用涉及3个模型。模型7将控制变量（行业、年龄、规模、股权比例）和自变量（人力资源自主权）纳入回归；模型8再将调节变量（威权型领导）纳入回归；模型9再将自变量与调节变量的交互项纳入回归。如表7−20所示，所有指标的方差膨胀因子VIF最大值均远小于10，因而不存在多重共线性。

表 7 - 20　　　　威权型领导在人力资源自主权与社会绩效间的调节效应

指标	模型 7 社会绩效	模型 8 社会绩效	模型 9 社会绩效
行业（制造业/服务业）	- 0.001	- 0.040	- 0.035
年龄（在越南经营年限）	0.002	0.010	0.022
规模（员工人数）	- 0.099	- 0.072	- 0.073
股权形式（独资/合资）	- 0.078	- 0.077	- 0.059
人力资源自主权	0.322 ***	0.288 ***	0.250 ***
威权型领导		0.191 **	0.200 ***
人力资源自主权 × 威权型领导			- 0.205 ***
R^2	0.134 ***	0.168 **	0.208 ***
ΔR^2	0.134	0.034	0.040
F	7.800 ***	8.427 ***	9.367 ***
VIF 最大值	1.155	1.176	1.176

注：*** 表示 $p < 0.001$，** 表示 $p < 0.01$。

模型 7：人力资源自主权对社会绩效有显著的正向促进作用（β = 0.322，$P < 0.001$）。

模型 8：人力资源自主权与威权型领导一同加入模型中，人力资源自主权对社会绩效仍有显著的正向促进作用（β = 0.288，$P < 0.001$），而威权型领导对社会绩效也起着显著的正向促进作用（β = 0.191，$P < 0.01$）。

模型 9：人力资源自主权、威权型领导以及两者的交互项一同加入模型中，人力资源自主权对社会绩效仍有显著的正向促进作用（β = 0.250，$P < 0.001$），且两者交互项对社会绩效产生显著的负向作用（β = - 0.205，$P < 0.001$），由此可知，威权型领导负向调节人力资源自主权与社会绩效之间的关系，假设 H11a 得到验证，如图 7 - 17 所示。

2. 威权型领导在人力资源自主权与财务绩效之间的调节作用

分析在人力资源自主权与财务绩效之间的调节作用涉及 3 个模型。模型 10 将控制变量（行业、年龄、规模、股权比例）和自变量（人力资源自主权）纳入回归；模型 11 再将调节变量（威权型领导）纳入回归；模型 12 再将自变量与调节变量的交互项纳入回归。如表 7 - 21 所示，所有指标的方差膨胀因子 VIF 最大值均远小于 10，因而不存在多重共线性。

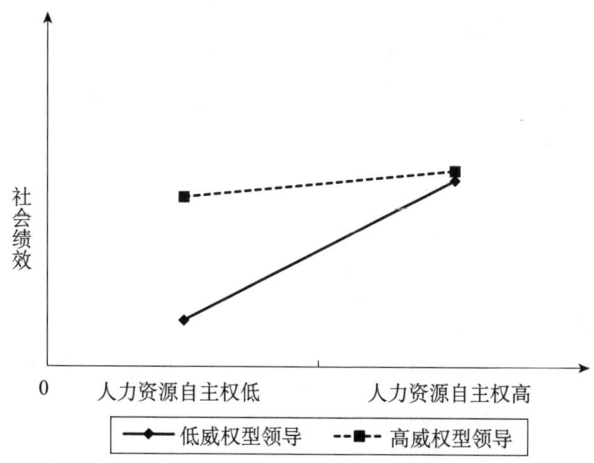

图 7 - 17　威权型领导对人力资源自主权与社会绩效之间关系的调节作用

表 7 - 21　　　　威权型领导在人力资源自主权与财务绩效间的调节效应

指标	模型 10 财务绩效	模型 11 财务绩效	模型 12 财务绩效
行业（制造业/服务业）	- 0.079	- 0.108	- 0.105
年龄（在越南经营年限）	0.077	0.083	0.090
规模（员工人数）	- 0.007	0.012	0.012
股权形式（独资/合资）	0.023	0.023	0.034
人力资源自主权	0.315 ***	0.290 ***	0.269 ***
威权型领导		0.140 *	0.145 *
人力资源自主权×威权型领导			- 0.113
R^2	0.122 ***	0.140 *	0.152
ΔR^2	0.122	0.018	0.012
F	6.956 ***	6.769 ***	6.372 ***
VIF 最大值	1.155	1.176	1.176

注：*** 表示 $p < 0.001$，* 表示 $p < 0.05$。

模型 10：人力资源自主权对财务绩效有显著的正向促进作用（$\beta = 0.315$，$P < 0.001$）。

模型 11：人力资源自主权与威权型领导一同加入模型中，人力资源自主权对财务绩效仍有显著的正向促进作用（$\beta = 0.290$，$P < 0.001$），而威权型领导对财务绩效也起着显著的正向促进作用（$\beta = 0.140$，$P < 0.05$）。

模型 12：人力资源自主权、威权型领导以及两者的交互项一同加入模型中，人力资源自主权对财务绩效仍有显著的正向促进作用（β = 0. 269，P < 0. 01），但两者的交互项并未对财务绩效未产生显著的作用，由此可知，威权型领导在人力资源自主权与财务绩效之间并未起到调节作用，假设 H11b 没有通过验证。

三、服务型领导的调节作用

（一）服务型领导在人力资源本地化与企业绩效之间的调节作用

本书分别对服务型领导在人力资源本地化与企业绩效的两个子维度（社会绩效、财务绩效）之间关系的调节作用进行分析。

1. 服务型领导在人力资源本地化与社会绩效之间的调节作用

分析在人力资源本地化与社会绩效之间的调节作用涉及 3 个模型。模型 13 将控制变量（行业、年龄、规模、股权比例）和自变量（人力资源本地化）纳入回归；模型 14 再将调节变量（服务型领导）纳入回归；模型 15 再将自变量与调节变量的交互项纳入回归。如表 7 - 22 所示，所有指标的方差膨胀因子 VIF 最大值均远小于 10，因而不存在多重共线性。

表 7 - 22　　　　服务型领导在人力资源本地化与社会绩效间的调节效应

指标	模型 13 社会绩效	模型 14 社会绩效	模型 15 社会绩效
行业（制造业/服务业）	- 0. 037	- 0. 037	- 0. 035
年龄（在越南经营年限）	- 0. 005	- 0. 003	0. 011
规模（员工人数）	- 0. 112	- 0. 100	- 0. 072
股权形式（独资/合资）	- 0. 075	- 0. 069	- 0. 065
人力资源本地化	0. 445 ***	0. 448 ***	0. 448 ***
服务型领导		- 0. 072	- 0. 078
人力资源本地化 × 服务型领导			0. 196 ***
R^2	0. 234 ***	0. 239	0. 276 ***
R^2	0. 234	0. 005	0. 037
F	15. 354 ***	13. 105 ***	13. 589 ***
VIF 最大值	1. 121	1. 150	1. 171

注：*** 表示 p < 0. 001。

模型 13：人力资源本地化对社会绩效有显著的正向促进作用（β = 0. 445，P < 0. 001）。

模型14：人力资源本地化与服务型领导一同加入模型中，人力资源本地化对社会绩效仍有显著的正向促进作用（β = 0.448，P < 0.001），而服务型领导对社会绩效的作用不显著。

模型15：人力资源本地化、服务型领导以及两者的交互项一同加入模型中，人力资源本地化对社会绩效仍有显著的正向促进作用（β = 0.448，P < 0.001），但两者交互项对社会绩效产生显著的正向作用（β = 0.196，P < 0.001），由此可知服务型领导正向调节人力资源本地化与社会绩效之间的关系，假设H12a得到验证，如图7 – 18所示。

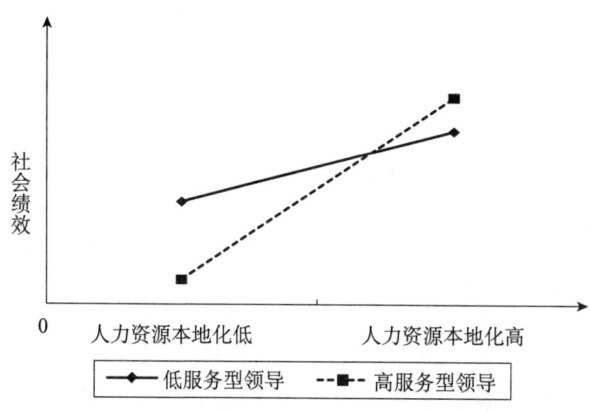

图7 – 18　服务型领导对人力资源本地化与社会绩效之间关系的调节作用

2. 服务型领导在人力资源本地化与财务绩效之间的调节作用

分析在人力资源本地化与财务绩效之间的调节作用涉及3个模型。模型16将控制变量（行业、年龄、规模、股权比例）和自变量（人力资源本地化）纳入回归；模型17再将调节变量（服务型领导）纳入回归；模型18再将自变量与调节变量的交互项纳入回归。如表7 – 23所示，所有指标的方差膨胀因子VIF最大值均远小于10，因而不存在多重共线性。

表7 – 23　　　服务型领导在人力资源本地化与财务绩效间的调节效应

指标	模型16 财务绩效	模型17 财务绩效	模型18 财务绩效
行业（制造业/服务业）	– 0.117	– 0.117	– 0.116
年龄（在越南经营年限）	0.070	0.074	0.085
规模（员工人数）	– 0.035	– 0.009	0.013
股权形式（独资/合资）	0.032	0.044	0.048
人力资源本地化	0.313 ***	0.320 ***	0.320 ***

续表

指标	模型 16 财务绩效	模型 17 财务绩效	模型 18 财务绩效
服务型领导		− 0. 156 **	− 0. 160 **
人力资源本地化 × 服务型领导			0. 152 **
R²	0. 128 ***	0. 151 **	0. 174 **
ΔR²	0. 128	0. 023	0. 023
F	7. 367 ***	7. 426 ***	7. 483 ***
VIF 最大值	1. 121	1. 150	1. 171

注：*** 表示 p < 0.001，** 表示 p < 0.01。

模型 16：人力资源本地化对财务绩效有显著的正向促进作用（β = 0.313，P < 0.001）。

模型 17：人力资源本地化与服务型领导一同加入模型中，人力资源本地化对财务绩效仍有显著的正向促进作用（β = 0.320，P < 0.001），而服务型领导对财务绩效有显著的负向作用（β = − 0.156，P < 0.01）。

模型 18：人力资源本地化、服务型领导以及两者的交互项一同加入模型中，人力资源本地化对财务绩效仍有显著的正向促进作用（β = 0.320，P < 0.001），但两者交互项对财务绩效产生显著的正向作用（β = 0.152，P < 0.01），由此可知，服务型领导正向调节人力资源本地化与财务绩效之间的关系，假设 H12b 得到验证，如图 7 – 19 所示。

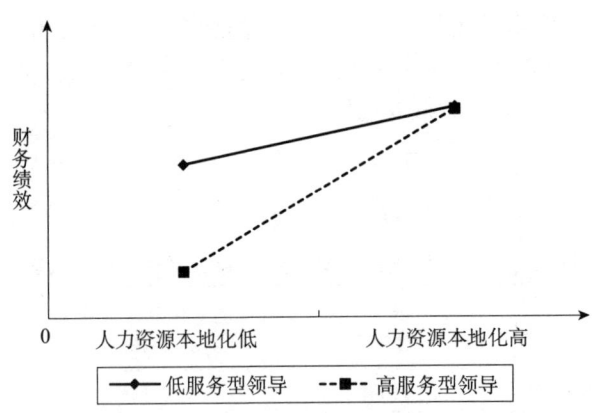

图 7 – 19　服务型领导对人力资源本地化与财务绩效之间关系的调节作用

（二）服务型领导在人力资源自主权与企业绩效之间的调节作用

本书分别对服务型领导在人力资源自主权与企业绩效的两个子维度（社会绩

效、财务绩效）之间关系的调节作用进行分析。

1. 服务型领导在人力资源自主权与社会绩效之间的调节作用

分析在人力资源自主权与社会绩效之间的调节作用涉及 3 个模型。模型 19 将控制变量（行业、年龄、规模、股权比例）和自变量（人力资源自主权）纳入回归；模型 20 再将调节变量（服务型领导）纳入回归；模型 21 再将自变量与调节变量的交互项纳入回归。如表 7-24 所示，所有指标的方差膨胀因子 VIF 最大值均远小于 10，因而不存在多重共线性。

表 7-24　　　　　　服务型领导在人力资源自主权与社会绩效间的调节效应

指标	模型 19 社会绩效	模型 20 社会绩效	模型 21 社会绩效
行业（制造业/服务业）	-0.001	-0.002	-0.003
年龄（在越南经营年限）	0.002	0.002	0.017
规模（员工人数）	-0.099	-0.098	-0.088
股权形式（独资/合资）	-0.078	-0.077	-0.058
人力资源自主权	0.322 ***	0.321 ***	0.310 ***
服务型领导		-0.007	-0.056
人力资源自主权 × 服务型领导			0.222 ***
R^2	0.134 ***	0.135	0.181 ***
ΔR^2	0.134	0.001	0.046
F	7.800 ***	6.477 ***	7.856 ***
VIF 最大值	1.155	1.172	1.175

注：*** 表示 p<0.001。

模型 19：人力资源自主权对社会绩效有显著的正向促进作用（β = 0.322，P<0.001）。

模型 20：人力资源自主权与服务型领导一同加入模型中，人力资源自主权对社会绩效仍有显著的正向促进作用（β = 0.321，P<0.001），而服务型领导对社会绩效的作用不显著。

模型 21：人力资源自主权、服务型领导以及两者的交互项一同加入模型中，人力资源自主权对社会绩效仍有显著的正向促进作用（β = 0.310，P<0.001），且两者交互项也对社会绩效产生显著的正向促进作用（β = 0.222，P<0.001），由此可知服务型领导正向调节人力资源自主权与社会绩效之间的关系，假设 H13a 得到验证，如图 7-20 所示。

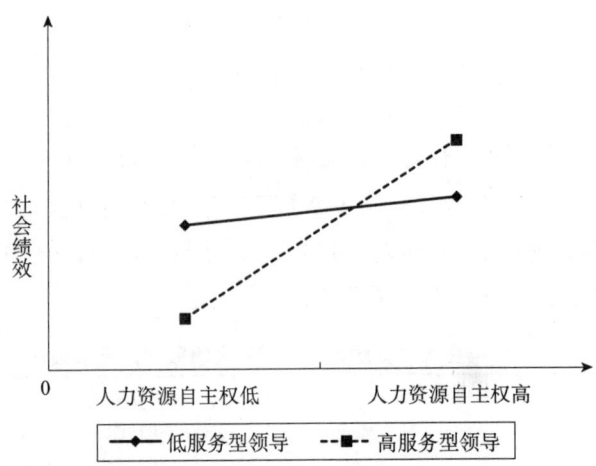

图 7 – 20　服务型领导对人力资源自主权与社会绩效之间关系的调节作用

2. 服务型领导在人力资源自主权与财务绩效之间的调节作用

分析在人力资源自主权与财务绩效之间的调节作用涉及 3 个模型。模型 22 将控制变量（行业、年龄、规模、股权比例）和自变量（人力资源自主权）纳入回归；模型 23 再将调节变量（服务型领导）纳入回归；模型 24 再将自变量与调节变量的交互项纳入回归。如表 7 – 25 所示，所有指标的方差膨胀因子 VIF 最大值均远小于 10，因而不存在多重共线性。

表 7 – 25　　　服务型领导在人力资源自主权与财务绩效间的调节效应

指标	模型 22 财务绩效	模型 23 财务绩效	模型 24 财务绩效
行业（制造业/服务业）	− 0.079	− 0.082	− 0.082
年龄（在越南经营年限）	0.077	0.080	0.085
规模（员工人数）	− 0.007	0.006	0.010
股权形式（独资/合资）	0.023	0.032	0.039
人力资源自主权	0.315 ***	0.300 ***	0.296 ***
服务型领导		− 0.099	− 0.117
人力资源自主权 × 服务型领导			0.083
R^2	0.122 ***	0.131	0.138
ΔR^2	0.122	0.009	0.007
F	6.956 ***	6.281 ***	5.672 ***
VIF 最大值	1.155	1.172	1.175

注：*** 表示 $p < 0.001$。

模型22：人力资源自主权对财务绩效有显著的正向促进作用（β = 0. 315，P < 0. 001）。

模型23：人力资源自主权与服务型领导一同加入模型中，人力资源自主权对财务绩效仍有显著的正向促进作用（β = 0. 300，P < 0. 001），而服务型领导对财务绩效的作用不显著。

模型24：人力资源自主权、服务型领导以及两者的交互项一同加入模型中，人力资源自主权对财务绩效仍有显著的正向促进作用（β = 0. 296，P < 0. 001），但两者交互项对财务绩效未产生显著的作用，由此可知，服务型领导在人力资源自主权与财务绩效之间并未起到调节作用，假设 H13b 没有通过验证。

四、结果讨论

本节围绕威权型领导、服务型领导分别在人力资源本地化、人力资源自主权与企业绩效之间关系的调节作用上展开分析。

以威权型领导为调节变量，发现威权型领导不仅显著削弱人力资源本地化对社会绩效、财务绩效的正向促进作用，而且还会显著削弱人力资源自主权对社会绩效的正向促进作用，但并不会显著影响人力资源自主权对财务绩效的促进作用。

以服务型领导为调节变量，发现服务型领导不仅显著增强人力资源本地化对社会绩效、企业财务绩效的正向促进作用，而且还会显著增强人力资源自主权对社会绩效的正向促进作用，但并不会显著影响人力资源自主权对财务绩效的促进作用。

第七节　本章小结

基于第五章的理论模型构建、第六章的量表设计和小样本预调研，本章对前面所提出的 36 个假设进行实证检验，其中有 31 个假设成立，如表 7 - 26 所示。

表 7 - 26   **本书假设及实证检验情况汇总归类**

编号	假设描述	检验结果
东道国制度压力对企业绩效的影响		
H1a	东道国强制压力对企业社会绩效产生显著的负向影响	成立
H1b	东道国强制压力对企业财务绩效产生显著的负向影响	不成立
H2a	东道国规范压力对企业社会绩效产生显著的正向影响	成立
H2b	东道国规范压力对企业财务绩效产生显著的正向影响	不成立
H3a	东道国模仿压力对企业社会绩效产生显著的正向影响	成立
H3b	东道国模仿压力对企业财务绩效产生显著的正向影响	成立
东道国制度压力对人力资源本地化的影响		
H4a	东道国强制压力对人力资源本地化产生显著的负向影响	成立
H4b	东道国规范压力对人力资源本地化产生显著的正向影响	成立
H4c	东道国模仿压力对人力资源本地化产生显著的正向影响	成立
东道国制度压力对人力资源自主权的影响		
H5a	东道国强制压力对人力资源自主权产生显著的负向影响	成立
H5b	东道国规范压力对人力资源自主权产生显著的正向影响	成立
H5c	东道国模仿压力对人力资源自主权产生显著的正向影响	成立
人力资源本地化对企业绩效的影响		
H6a	人力资源本地化对企业社会绩效产生显著的正向影响	成立
H6b	人力资源本地化对企业财务绩效产生显著的正向影响	成立
人力资源自主权对企业绩效的影响		
H7a	人力资源自主权对企业社会绩效产生显著的正向影响	成立
H7b	人力资源自主权对企业财务绩效产生显著的正向影响	成立
人力资源本地化的中介作用		
H8a	强制压力通过人力资源本地化的中介作用间接负向影响企业社会绩效	成立
H8b	强制压力通过人力资源本地化的中介作用间接负向影响企业财务绩效	成立
H8c	规范压力通过人力资源本地化的中介作用间接正向影响企业社会绩效	成立
H8d	规范压力通过人力资源本地化的中介作用间接正向影响企业财务绩效	成立
H8e	模仿压力通过人力资源本地化的中介作用间接正向影响企业社会绩效	成立
H8f	模仿压力通过人力资源本地化的中介作用间接正向影响企业财务绩效	成立
人力资源自主权的中介作用		
H9a	强制压力通过人力资源自主权的中介作用间接负向影响企业社会绩效	不成立
H9b	强制压力通过人力资源自主权的中介作用间接负向影响企业财务绩效	成立
H9c	规范压力通过人力资源自主权的中介作用间接正向影响企业社会绩效	成立

续表

编号	假设描述	检验结果
人力资源自主权的中介作用		
H9d	规范压力通过人力资源自主权的中介作用间接正向影响企业财务绩效	成立
H9e	模仿压力通过人力资源自主权的中介作用间接正向影响企业社会绩效	成立
H9f	模仿压力通过人力资源自主权的中介作用间接正向影响企业财务绩效	成立
威权型领导的调节作用		
H10a	威权型领导在人力资源本地化对企业社会绩效的积极影响中存在负向调节效应	成立
H10b	威权型领导在人力资源本地化对企业财务绩效的积极影响中存在负向调节效应	成立
H11a	威权型领导在人力资源自主权对企业社会绩效的积极影响中存在负向调节效应	成立
H11b	威权型领导在人力资源自主权对企业财务绩效的积极影响中存在负向调节效应	不成立
服务型领导的调节作用		
H12a	服务型领导在人力资源本地化对企业社会绩效的积极影响中存在正向调节效应	成立
H12b	服务型领导在人力资源本地化对企业财务绩效的积极影响中存在正向调节效应	成立
H13a	服务型领导在人力资源自主权对企业社会绩效的积极影响中存在正向调节效应	成立
H13b	服务型领导在人力资源自主权对企业财务绩效的积极影响中存在正向调节效应	不成立

第八章　结论、对策与展望

聚焦于新兴经济体顺向 OFDI 情境下东道国制度压力对企业绩效的影响机制,本书依托新制度主义理论,结合资源基础理论、资源依赖理论,以在越南经营的中国企业为例,通过理论梳理与推导、案例研究法以及实证检验,从而确保研究结论的科学性和严谨性。在前面的八个章节,本书对东道国制度压力、人力资源本地化、人力资源自主权、领导风格和企业绩效之间的关系进行了系统、深入的探索,充分阐述和论证了"东道国强制压力负向影响人力资源本地化、人力资源自主权,进而负向影响企业绩效""东道国规范压力和模仿压力正向促进人力资源本地化、人力资源自主权,进而正向促进企业绩效""威权型领导削弱了人力资源本地化、人力资源自主权对企业绩效的正向促进作用""服务型领导增强了人力资源本地化、人力资源自主权对企业绩效的正向促进作用"等观点。本章将对比假设检验结果,分析其内在机理,讨论其理论贡献,提出应对东道国制度压力的相关对策,并指出本书的不足之处及未来研究的方向。

第一节　研究结论

本书借助新制度主义理论中对制度压力的分析框架,深入探究了东道国制度压力作用于人力资源本地化、人力资源自主权进而影响企业绩效的深层机理,阐明了人力资源本地化、人力资源自主权在其中的中介作用,同时还论证了企业高层管理者的领导风格对人力资源本地化、人力资源自主权与企业绩效关系之间的调节作用。通过结构方程模型和分层回归模型,本书根据 257 份企业层面样本对 36 个研究假设进行检验,其中有 31 个成立。具体而言,本书的主要结论包含以下三个方面。

一、东道国制度压力各维度的不同影响机制

通过理论梳理和探索性案例研究，本书发现强制压力、规范压力、模仿压力较为恰当地描绘了中国企业在越南当地所面临的制度压力。在调研企业的半结构化访谈过程中，企业受访者所提出的东道国制度因素均较好落入这三个维度之中（见第四章表4-3）。这三个维度的制度压力所产生的影响机制不尽相同。

首先，东道国强制压力对人力资源本地化和人力资源自主权产生显著的负向影响，但东道国规范压力、模仿压力对人力资源本地化和人力资源自主权会产生显著的正向促进作用。这三个维度之所以产生不同的影响，原因在于：越南当地的强制压力主要体现为给企业带来风险，从而导致企业减少对当地人力资源的依赖；规范压力和模仿压力则会增强企业获取合法性的动机，从而更倾向于依赖越南当地管理人员及其人力资源管理期望。本书得出的这一结论也部分暗合了前人研究所发现的，正式制度距离促使海外子公司更多使用母国外派人员，而非正式制度距离则会促使海外子公司招聘东道国当地管理人员（Baik and Park，2015）。

其次，东道国强制压力对企业社会绩效产生显著的负向影响，但东道国规范压力、模仿压力却对企业社会绩效起到显著的正向促进作用。三个维度造成不同影响原因在于：强制压力增大，如越南政府对外资的过多干涉、法律法规的频繁变动，都影响企业与当地利益相关者的关系；规范压力和模仿压力则促使企业以符合当地规范并模仿标杆企业的方式行事。

最后，在三个维度的东道国制度压力对企业财务绩效的影响上，研究结果与预期有所不同。东道国模仿压力对企业财务绩效的正向促进作用通过了显著性检验，但东道国强制压力、规范压力对企业财务绩效并不产生显著影响。本书认为，模仿压力对在越中国企业财务绩效的影响效果更为强烈，因为中国企业在越南当地面临的竞争非常激烈。中国企业对越南的直接投资本来就比韩资、日资同行落后至少5年（张明和王碧珺，2019），同时随着2018年中期以来中美贸易摩擦的不断加剧，中国企业对越南直接投资的迅速增长更加剧了这些企业之间的竞争。因此，强制压力和规范压力对企业财务绩效的影响效应相对于模仿压力来说更具缓慢性和渐进性。

二、人力资源本地化和人力资源自主权的中介作用

本书在东道国制度压力与企业绩效之间引入人力资源本地化、人力资源自主

权作为中介变量，实证检验发现，这两者在不同维度的东道国制度压力与企业绩效之间承担着不同性质的中介作用。

首先，人力资源本地化在强制压力与社会绩效、规范压力与社会绩效、模仿压力与社会绩效、模仿压力与财务绩效之间起到互补（部分）中介作用。这说明，中国企业在越南面临的强制压力不仅能直接负向影响其社会绩效，还能通过负向影响企业的人力资源本地化从而间接负向影响其社会绩效；规范压力不仅能直接正向促进企业社会绩效，而且能通过促进其人力资源本地化从而提升其社会绩效；模仿压力不仅能显著提升企业社会绩效和财务绩效，而且还能通过促进其人力资源本地化从而提升其社会绩效和财务绩效。

其次，人力资源本地化、人力资源自主权均在强制压力与财务绩效、规范压力与财务绩效之间起到完全中介作用。这说明，中国在越南面临的强制压力不能直接显著影响其财务绩效，但能通过减少人力资源本地化、人力资源自主权而影响其财务绩效。同理，中国在越南面临的规范压力不能直接显著提升其财务绩效，但能通过增强人力资源本地化、人力资源自主权而提升其财务绩效。

再其次，人力资源自主权在规范压力与社会绩效、模仿压力与社会绩效、模仿压力与财务绩效之间起到互补（部分）中介作用。这说明，中国企业在越南面临的规范压力不仅能直接正向促进企业社会绩效，而且能通过增强其人力资源自主权从而提升其社会绩效；模仿压力不仅能显著提升企业社会绩效和财务绩效，而且还能通过增强其人力资源自主权从而提升其社会绩效和财务绩效。

最后，人力资源自主权在强制压力对社会绩效的负向影响关系中并未起到中介作用，这说明强制压力直接负向影响社会绩效，但并不能通过负向影响人力资源自主权而负向影响其社会绩效。

三、领导风格的调节作用

本书从组织内部人力资源管理的执行层面来探讨高层管理者领导风格在人力资源管理实践对企业绩效作用过程中的影响，从众多领导风格中选择了广泛存在于东方社会文化中的威权型领导风格与近年来兴起的服务型领导风格。

首先，威权型领导会削弱企业人力资源本地化对社会绩效、财务绩效的正向促进作用，同时也会削弱企业人力资源自主权对社会绩效的正向促进作用。这说明在威权型领导风格管理下的在越中国企业中，难以体现出越南当地员工参与企业管理的优势，也不易发挥总部下放人力资源自主权给越南子公司的优势，与目前大部分研究对威权型领导的负面作用相吻合（郑伯埙等，2003；Michel and

Tews，2016；陈艳艳等，2019）。

其次，服务型领导会增强企业人力资源本地化对社会绩效、财务绩效的正向促进作用，同时也会增强企业人力资源自主权对社会绩效的正向促进作用。这说明在服务型领导风格确实有利于杜绝在越中国企业中可能出现的代理问题，与目前大部分研究对服务型领导的正面评价相一致（Politis and Politis，2018；Eva et al.，2019）。

最后，威权型领导、服务型领导都不会显著影响企业人力资源本地化、人力资源自主权对财务绩效的正向促进作用。这说明领导风格对企业财务绩效的作用并不立竿见影，一般通过促进领导—成员交换和团队成员交换（赵红丹和彭正龙，2013）、改善组织氛围（Huang et al.，2016）、促进内部知识共享（张新怀，2016）等方面进而再起到提升财务绩效的作用。

第二节　理论贡献

本书基于新兴经济体顺向 OFDI 的情境，将新制度主义理论、资源基础理论、资源依赖理论有机结合，以在越南经营的中国企业为研究对象，对东道国制度压力、人力资源本地化、人力资源自主权、领导风格、企业绩效进行界定，并对这些变量间的关系进行理论推理与实证验证，对相关领域的理论研究进行了拓展、补充与完善，具体体现在以下三个方面。

第一，本书凸显出新兴经济体顺向 OFDI 情境下国际人力资源管理实践的重要性，从人力资源本地化、人力资源自主权两个方面揭示出在越中国企业如何应对越南当地制度压力的具体过程，为进一步探索提升企业社会绩效和财务绩效的有效路径甚至进行跨国情境下的人力资源管理实践国际间比较奠定了较好的理论和案例基础。

第二，本书较好地融合了新制度主义理论、资源基础理论和资源依赖理论，运用理论推理、探索性案例研究和大样本实证检验，揭示出东道国制度压力影响企业绩效的复杂机理，即东道国制度压力不仅能直接影响企业绩效，还能通过人力资源本地化、人力资源自主权的中介作用对企业绩效产生间接影响。同时，本书还从内因角度为分析国际人力资源管理实践与海外经营企业绩效的关系提供较为新颖的研究思路，即企业高层管理者的不同领导风格会增强或削弱人力资源本地化、人力资源自主权对企业绩效的影响。

第三，本书揭示了新兴经济体顺向 OFDI 情境下东道国制度压力与海外经营企业绩效关系研究的混合性发现。目前鲜有研究探讨东道国制度压力对海外经营企业绩效的直接影响，其他情境下的制度压力与企业绩效之间的关系存在正向或无显著关联的结果。本书的探索性案例分析、理论推理和实证检验均证实了中国企业在越南所面临的强制压力对其社会绩效造成显著的负向影响，而规范压力对社会绩效、模仿压力对社会绩效和财务绩效则产生显著的正向促进作用，为东道国制度压力的绩效结果和情境研究提供了有益补充。

第三节　管理与实践对策

本书所阐述的东道国制度压力与海外经营企业绩效之间的内在机理和相关研究结论，不但有助于政府在"一带一路"倡议、中美贸易摩擦等背景下制定有关"高质量共建'一带一路'，引导对外投资健康发展"的法律法规与政策体系，而且有利于中国企业提升国际人力资源管理实践能力和绩效。因此，本书尝试从政府、企业和资源整合三个层面提出以下关于在越中国企业应对当地制度压力的策略。

一、政府合理布局中国企业对越南的直接投资

目前在越南经营的中国企业大多缺乏宏观引导和长期投资规划，因此，政府合理布局中国企业对越南的直接投资符合当前中国企业的利益诉求。本书认为，中国政府可以从以下四个方面展开合理布局。

（一）启动中国—越南 FTA 的前期研究进程

尽管中国和越南已共同参与东盟—中国 FTA 和区域全面经济伙伴关系协定，但这些协定中未能体现针对中越两国贸易特征的条款。同时，越南拥有强大的自由贸易圈，与该国签订 FTA 意味着大幅度间接扩张中国的海外市场。

（二）在越南与第三国开展合作

与日本、韩国、新加坡等越南外资主要来源国企业在越南开展第三方合作，可以在一定程度上缓解这些国家对中国企业形成的竞争压力。随着越南在国际经济格局中地位的提升，各国对越南直接投资的竞争也日益激烈，第三方合作可以

成为减轻国家间零和博弈格局的有效措施。目前，日、韩、新等国企业在技术上比中国企业更具优势，而中国企业在资金力量、管理和运营效率上占据比较优势。因此，中国与这些国家开展第三方合作可以先从对技术和资金均要求较高的基础设施投资项目进行试点，进而扩展到高新技术等其他领域。

（三）增强中越双边政治关系

中越投资合作关系与两国的政治关系密切相关，扩大政府高层沟通渠道，寻求创建更多的高层对话机制，都有利于为中国企业对越南直接投资"保驾护航"。

（四）加强中越双方在其他经济领域的合作

长期以来，越南外汇管制较为严格，越南盾汇率变动给外资企业带来较大的金融风险。因此，加速中越货币互换协议、推进本币结算，都能为中国企业提供更好的金融服务。

二、企业"入乡随俗"并充分重视人力资源管理实践与社会责任

（一）充分了解当地环境，尊重当地法律与文化

中国企业要应对越南当地的制度压力，首要问题是了解越南当地的制度环境，遵守当地法律法规，并响应当地政府、媒体、社会公众、客户等利益相关者的价值取向和需求偏好；简而言之，就是"入乡随俗"。

首先，回应利益相关者诉求。中国企业在越南经营，要沿着当地制度环境极其规范标准，了解当地利益相关者对"新进入者"的关注点，发现利益相关者对中国企业有怎样的期待和行为，积极回应当地利益相关者的利益诉求。

其次，构建与利益相关者沟通的渠道。中国企业在越南要针对不同利益相关者，多渠道、多层次构建与利益相关者沟通的渠道和平台。通过信息发布、社区交流、社会合作等方式，让利益相关者了解中国企业情况，打消疑虑，培育利益相关者对中国企业的友好态度。

再其次，恰当表达自身的组织合法性。不同的利益相关者所看重的组织合法性不尽相同，不同时机也会有不同的价值观和期望。因此，中国企业应当加强与利益相关者的沟通，了解其价值、态度的动态变化和习惯沟通方式，有针对性地表明自身组织的合法性，争取利益相关者的接受和认可。

最后，针对当地各利益相关者采取针对性策略。（1）在与越南当地政府关系处理方面，中国企业需要准备和提供有说服力的信息和数据，显示其进入当地

市场后能为当地带来的直接利益，例如增加政府税收、提供当地就业机会等，充分利用这些信息来约见、游说政府及其他有影响力的机构，保持经常性联系，充分利用当地政府资源为自身开展业务服务。（2）在与越南当地媒体的关系处理方面，中国企业应积极与媒体沟通，宣传企业形象和品牌；若面临有争议的具体事件，可以召开新闻发布会，让当地利益相关者及时了解事件具体进展，并对媒体和政府监管部门的询问做出积极反应，开诚布公进行交流。（3）中国企业还应尊重越南的价值观和风俗文化，以协作的态度对待企业员工、社会公众、供应商、客户以及竞争对手，勇于承担企业社会责任，消除海外经营带来的文化多元性的不利影响。例如，广州某鞋厂在越南办厂初期，曾设置中国员工专用餐厅，并禁止越南当地员工在此用餐，无形中凸显了种族歧视，后来被取消。又如，企业应当适当对社区开放，建立相关网站并编制企业宣传册，拓展公众了解企业信息的渠道，有效解答当地消费者和公众所关心的问题。

（二）提升人力资源本地化程度

无论是前面的探索性案例分析，还是结构方程模型检验都显示，人力资源本地化在东道国制度压力与企业绩效之间的关系中起到重要的中介作用。为了保持成本上的"比较优势"和在角逐中的"竞争优势"，最大限度利用和发挥越南当地管理人员的才能，人力资源本地化成为中国企业在越南经营战略的重要一环，也是应对越南当地制度压力中规范压力和模仿压力的有效策略。由于规范压力的存在，中国企业迫切需要当地知识来指导其运营，越南当地管理人员起到了关键的"文化中介"作用；同时，模仿压力促使中国企业借鉴当地外资标杆企业的做法，而这些标杆企业往往在越南经营多年，人力资源本地化程度普遍较高。本书认为，实施人力资源本地化可以在越南当地人力资源的获取、提升和激励三个方面取得突破。

（1）当地人力资源获取策略。"就地取材"，吸引越南当地优秀人才进入企业工作，是中国企业在越南实施人力资源本地化最基本的前提。企业可以通过越南涉外企业服务型机构或参加在越南当地举办的外资企业人才招聘活动，提供优厚的薪酬、培训机会、发展空间等来吸引足够优秀的当地人才。在当前越南生活水平相对较低的情况下，薪酬是吸引优秀人才的有效手段。此外，企业还可以扮演"事前伯乐"的角色，即通过吸收越南各高校的在校生参加一定的管理培训项目，从实践中考察其素质，发掘有潜力的学生，日后安排其到企业工作，同时这也是一个提前熟悉企业文化的绝佳机会。

（2）当地人力资源提升策略。在中国企业进入越南初期，一般希望充分利用当地较低的劳动力成本优势，但随着企业的发展，则开始将当地人力资源开发的幅度延伸到管理人员和技术人员。因此，建立有效的员工培训体系，是中国企业在越南实施人力资源本地化的重要保障，包括三个方面的内容：第一，企业可以即通过各种长、短期培训培养人才。例如，将越南当地员工派往中国总部的培训基地学习，甚至为潜质优秀的员工提供深造机会等。通过各种形式的培训，不仅有助于员工掌握更先进的技能，从而胜任更富有挑战性的工作，而且能提升员工的工作积极性和忠诚度。第二，企业可以与越南当地高校合作设立"培训中心"，为员工提供相应的培训和继续教育的机会。第三，企业应建立起培训与引导相结合的机制，发挥外派人员的"传帮带"作用，通过必要的引导过程逐步使越南当地员工的工作目标与企业目标相匹配，从而起到事半功倍的效果。

（3）当地人力资源激励策略。激励是人力资源管理的重要方面，行之有效的激励策略有助于提高员工的工作满意度和绩效，并能帮助吸引和保留当地的优秀人才，是中国企业在越南实施人力资源本地化的有力抓手。一方面，企业应建立有效的当地员工绩效评估系统，客观、有效的绩效评估不仅限于每年1~2次的考评，而是由绩效界定、绩效衡量以及绩效信息反馈所组成的综合评价系统。另一方面，企业还应打破当地人才晋升的"玻璃天花板"，即逐步把一些重要职务由越南当地人担任，为当地优秀人才提供良好的职业生涯发展机会，这些都有利于提升越南当地员工的士气、责任感和工作动力。

（三）加强人力资源自主权

前面的探索性案例分析显示人力资源自主权在东道国制度压力与企业绩效之间的关系中起到重要的中介作用；结构方程模型的实证检验显示，人力资源自主权在东道国规范压力、模仿压力与企业绩效之间的关系中起到重要的中介作用。中国企业在越南面临着诸如原材料供应、消费结构差异、政府政策影响、行业标准、消费者需求以及竞争对手行为等一系列制度压力。这些越南子公司对于越南当地市场的信息搜集成本更低、效率也更高；而国内总部由于距离及情境之外的限制，难以有效处理越南子公司所面临的经营问题。因此，赋予越南子公司人力资源自主权有利于其灵活决策，并完成许多不确定的工作。

首先，在人员招聘和配置方面，跨国经营需要相应的人才进行匹配，而中国外派人员的数量有限，这就需要越南子公司自主对人员需求进行合理分析，并制定相应的人才招聘与配置，从而在当地顺利招才引智，为当地的经营活动提供支持。

其次，在绩效考评方面，中国企业在越南面临着文化适应性的问题。为了避免因而产生的尴尬，企业应请越南当地专业人士帮助涉及一套合适的系统来对越南当地员工进行绩效评估。

最后，在日常的人力资源管理实践中，跨国文化差异不仅容易造成劳资冲突，而且难以充分调动越南当地员工的工作积极性和忠诚度。在这种情况下，若由越南子公司负责人力资源管理职能则可以在较大程度上避免这些问题，较好地应对当地的制度压力。因此，越南子公司在保证达到总部人力资源战略目标的前提之下，应尽可能扩大日常管理工作中的人力资源自主权。

（四）培养跨文化背景下的领导能力

彼得·德鲁克（1999）指出，跨国经营管理的本质在于"把政治上、文化上的多样性结合起来进行统一管理"。虽然，中国和越南同属于东方国家，但依然存在文化上的差异，思维、表达方式都有许多不同。例如，越南员工普遍有"小富即安"的心态，即便提供高额加班费通常也会拒绝加班。跨文化背景所带来的制度压力给在越中国企业高层管理者的领导能力提出了更高的要求。

首先，领导能力方面。跨文化背景下企业高层管理者需要灵活应对东道国制度压力，包括如何激励子公司员工，如何促成凝聚力的形成，从而使所有员工的努力指向公司目标的达成。

其次，领导风格方面。中国与越南均属于权力距离指数较高的国家，在员工的视角下，领导风格就是企业的代表。在这样的文化背景下，领导风格的影响力更为凸显。因此，在越中国企业高层管理者的领导风格若作用得当，将能够较好地应对当地制度压力。例如，本书所提及的服务型领导风格能显著提升员工的敬业心、忠诚度和工作满意度，还有助于形成良好的组织氛围，这些都有助于中国应对越南当地的规范压力。

（五）推动中国企业海外社会责任建设

本书评价海外经营企业绩效的过程中在以往"财务绩效"的基础上增加"社会绩效"这一因变量，更为全面地对其绩效加以评价。目前中国企业 OFDI 过程中过分强调经济因素，在履行社会责任方面的问题日益显露。要改善中国企业 OFDI "大而不强"的现状，从行业、地区布局、投资方式等方面入手短期内难以改变，而从企业的海外社会责任入手则能更快见成效（李锋，2014；Wang and Hu，2017；Yang et al.，2020）。因此，推动在越中国企业的社会责任建设势在必行，这也是中国推动共建人类命运共同体的必由之路。

首先，建立完善的企业社会责任管理体系。完善的企业社会责任管理体系包括把社会责任纳入组织架构、建立日常管理制度、确定社会责任指标体系和监控反馈机制等一系列内容。

其次，慈善捐赠与公益活动常态化。慈善捐赠方向主要涉及扶贫、救灾、教育与环保等方面；公益活动一般涉及环保、教育、消费者权益等多个领域。

此外，自觉履行经济与环境责任。鉴于越南当地强制压力的作用，中国企业在经济责任方面履行情况较为理想，不仅成为越南政府税收的重要来源，而且促进了越南的工业化进程。在环境责任方面，中国企业有待改善，应将环境绩效作为可持续运营的重要组成部分，通过设立环境管理专门机构、采取环境资助行动计划、发布企业环境白皮书等方式主动承担环境责任。

三、有效整合东道国社会网络资源

有效整合海外社会网络资源，提升中国企业的海外经营认知水平、关系能力，是应对东道国制度压力并获取合法性的有效途径，具体做法包括以下三个层面。

首先，加大东道国社会网络的资源投入。学术界对中国背景下通过"关系（Guanxi）"的影响力来获取竞争优势的现象进行分析（Bruun，1993；Chen，2005），并将此现象广泛运用于国际商务研究中（Barnes et al.，2011；Luo et al.，2012；Yen and Abosag，2016）。越南在这方面的情况与中国相类似（Karam et al.，2013；Rowley et al.，2017）。因此，中国企业在越南经营，应该将构建和运用当地社会网络看作一项可以获取很大收益的投资，加大资金和人才投入力度，有效整合当地社会网络资源，获取组织合法性，应对当地制度压力。

其次，成立专门中介服务公司整合东道国社会网络资源。海外市场发展好的跨国企业，如美国、日本等国家的跨国公司，都在东道国主要城市设立各种形式的机构，经营和运用东道国社会网络资源。因此，中国企业在越南一方面应成立一定数量和规模的专业人力资源服务公司和法律服务公司，为在越中国企业展开针对性服务；另一方面应成立专门的机构和团队，聘请当地知名人士为团队顾问，负责整合东道国社会网络资源，处理与东道国各级政府、媒体的关系，做好相关问题上的咨询和沟通，提高整合东道国社会网络资源的能力。

最后，充分利用越南当地华人华侨网络和企业家网络，协助整合东道国社会网络资源。

第四节　研究局限

本书在一定程度上扩展与补充了现有理论，也提出了新颖的观点，但同时，由于研究问题的复杂性以及研究条件所限，目前还存在一些局限。

首先，新兴经济体顺向 OFDI 的区位分布及范围分布较为广泛，本书以在越南投资的中国企业为例进行研究，一方面未能收集其他新兴经济体海外投资的情况；另一方面暂时没有足够的时间、经费和平台深入其他发展中国家东道国进行调研以获取案例访谈与问卷资料。未来研究可以调研、访谈其他新兴经济体在其他发展中东道国的情况，与本书的假设与结果进行对比，从而丰富并完善现有研究。

其次，案例研究方法存在一些固有局限。案例研究采用的是理论抽样原则，一般是选择几个代表性的案例对象来进行理论的构建，所以由于案例样本数量的限制以及理论抽样本身的局限性，使案例研究的普适性会受到影响。除此之外，案例研究需要整理大量的质性资料，而且还要对资料进行深入编码与分析，这对研究者的素质以及精力要求很高，所以有可能会出现由于一时的疏忽或者研究人员个人能力及素质有限，影响数据分析质量的问题出现。

最后，未能细分行业进行探索。不同行业的在越中国企业面临的制度压力、人力资源管理实践和绩效都可能存在一定的特色与差异，但本书研究由于联系企业和问卷发放回收过程中的限制，并未细分行业对企业所感知的当地制度压力与企业绩效之间的关系进行研究，也未能收集到高新技术行业企业的相关数据，从而不利于提出与不同行业相对应的政策建议。

第五节　未来展望

鉴于本书研究所存在的局限，结合现有研究的现状与发展进展，未来研究可以从以下三个方面加以完善与改进。

首先，将案例研究动态化。采用纵向案例分析等方法，对案例研究对象进行持续跟踪与深挖，探索这些企业在不同的成长阶段所面临的制度压力有何不同，并探索不同阶段制度压力对其绩效的影响机制。

其次，探索应对强制压力的有效措施。本书在探索性案例分析与实证检验中均发现，与规范压力和模仿压力不同，强制压力对人力资源本地化、人力资源自主权、企业绩效产生负向影响，已有企业尝试通过业务转型来应对，是否有其他更为有效的应对方案？有待今后的研究进一步探索。

最后，扩大研究对象。今后研究中可以尝试对中国在"一带一路"沿线其他既具有代表性又与越南特点有所区别的国家投资状况加以研究，并与本书的研究进行比较，得出更有意义的结论。

附录1　企业访谈提纲

一、请简要介绍贵公司（国内母公司）的基本情况

包括但不限于：成立时间、企业性质、发展历程、主营业务、资产规模、员工数量、企业业绩等。

二、请介绍越南子公司的基本情况

包括但不限于：进入越南市场时间、股权比例、在越南发展重大事件、越南员工数量、越南子公司资产规模、越南子公司在经济绩效方面的表现情况（销售额、市场份额、利润等方面的一些公开数据）等。

三、请介绍越南子公司在当地所感受到的压力和风险

1. 来自当地政府及相关部门、行业协会等；

2. 来自行业内标杆企业和其他企业（特别是竞争企业）；

3. 来自合作方、消费者协会、客户、媒体（包括网络）、社会公众；

4. 这些压力和风险近年来是否有显著变化；

5. 面对这些压力和风险，贵公司采取了哪些举措。

四、请介绍越南子公司中层及以上管理人员（非一线员工）中越南当地人的情况

1. 管理人员中越南当地人所占比例，主要担任哪些职务；

2. 管理人员中越南当地人的工作表现情况；

3. 这些越南当地人所发挥的作用。

五、请介绍越南子公司在自主权方面的情况

1. 越南子公司在哪些环节可以自主做出决策；

2. 为什么赋予这些环节决策自主权；

3. 人力资源方面的自主权情况如何。

六、请介绍越南子公司在履行企业社会责任方面的表现情况

1. 员工方面，如裁员、薪酬、福利、就业机会、员工满意度、劳动保护、安全、社保、体检等；

2. 与当地发展的关系，对本地行业建设的作用、服务社会表现、荣誉称号、贷款、资产质量等；

　3. 行业内口碑、税收缴纳情况、公益事业（如扶贫帮扶、救灾）等；

　4. 客户（消费者）满意度等。

　5. 环保方面。

七、请评价越南子公司被当地环境所接受的程度

八、请评价您平时与员工相处时的领导风格

附录2　在越中国企业制度压力与人力资源管理实践调查问卷

尊敬的在越中国企业经理人：

您好！非常感谢您在百忙之中抽空阅读和填写此问卷！本问卷为本书调研课题的一部分，旨在了解在越中国企业面临越南当地制度压力时如何进行人力管理实践，以及高管的领导风格和企业绩效状况。

欣闻贵公司积极支持学术研究，故冒昧打搅，恳请您不吝笔墨，拨冗答复。您填写的答案无对错之分，您根据贵公司实际情况做出的真实回答即为我们所需要的最佳答案；因为问卷填写不完整会影响研究价值，所以请勿漏填任何一项。

本调研用于学术研究，仅做整体样本的分析，不涉及企业财务数据，我们保证遵守学术研究道德，绝不会向第三方泄露，请您放心填写。感谢您的大力支持。

敬祝您

事业顺利，阖家幸福！

浙江工业大学越南研究中心

2019 年 11 月

第一部分：贵公司基本情况

1. 贵公司（不是贵公司总部）的主营业务为_____（如果从事多种行业，请选择其中一个最主要行业）。

   A. 制造业

   B. 服务业

2. 贵公司（不是贵公司总部）中方所占股份比例为_____ %

3. 贵公司于_____年在越南_____省（或直辖市）成立。

4. 贵公司（不是贵公司总部）员工总数为 _____ 人，其中 _____ 人是越南当地人。

5. 越南子公司管理岗位（不含一线员工）_____ 人，其中越南当地人担任管理岗位（不含一线员工）_____ 人。

6. 贵公司的所有制属性为 _____。

A. 国有

B. 民营

7. 贵公司在越南投资的目的分别为 _____（多选题，请选择 1~3 项作答）。

A. 进入并巩固越南当地市场

B. 规避发达国家对华贸易壁垒

C. 充分利用越南当地丰富的自然资源

D. 充分利用越南当地低廉劳动力资源

E. 享受越南当地税收等优惠政策

F. 响应中国政府"一带一路"倡议和"走出去"战略

G. 其他 _____（请说明）

8. 若您不介意的话，请您留下越南子公司名称 _____。

9. 您在贵公司的职位为 _____。

第二部分：企业面临越南当地制度压力情况

	请您根据越南子公司实际情况对以下题项描述进行评价，从 1~7 中选择合适数字	非常不同意	不同意	有点不同意	中立	有点同意	同意	非常同意
CP1	本公司在越南的经营受到越南各级政府的法律法规限制	1	2	3	4	5	6	7
CP2	本公司在越南的经营受到当地其他限制性政策的影响（如价格控制、增加办手续的成本等）	1	2	3	4	5	6	7
CP3	越南政府政策中存在国家保护主义	1	2	3	4	5	6	7
	请您根据越南子公司实际情况对以下题项描述进行评价，从 1~7 中选择合适数字	非常不同意	不同意	有点不同意	中立	有点同意	同意	非常同意
NP1	越南当地的行业标准与中国国内存在差异	1	2	3	4	5	6	7

续表

		非常 不同意	不同意	有点 不同意	中立	有点 同意	同意	非常 同意
NP2	越南当地的经商方式与中国国内存在差异	1	2	3	4	5	6	7
NP3	与越南本地企业或其他国家企业相比，中国企业不受越南当地社会欢迎	1	2	3	4	5	6	7
请您根据越南子公司实际情况对以下题项描述进行评价，从1~7中选择合适数字		非常 不同意	不同意	有点 不同意	中立	有点 同意	同意	非常 同意
MP1	本公司的竞争对手通过雇用和培训越南当地员工、自主进行人力资源管理实践等方式获得很好的效益	1	2	3	4	5	6	7
MP2	本公司的竞争对手通过雇用和培训越南当地员工、自主进行人力资源管理实践等方式受到供应商青睐	1	2	3	4	5	6	7
MP3	本公司的竞争对手通过雇用和培训越南当地员工、自主进行人力资源管理实践等方式受到客户的青睐	1	2	3	4	5	6	7
MP4	本公司的竞争对手通过雇用和培训越南当地员工、自主进行人力资源管理实践等方式受到业内其他人的青睐	1	2	3	4	5	6	7

第三部分：人力资源本地化实施情况

		非常 不同意	不同意	有点 不同意	中立	有点 同意	同意	非常 同意
请您根据越南子公司实际情况对以下题项描述进行评价，从1~7中选择合适数字		非常 不同意	不同意	有点 不同意	中立	有点 同意	同意	非常 同意
HRL1	本公司的许多越南籍经理已成功取代中国外派经理	1	2	3	4	5	6	7
HRL2	本公司雇用和培训越南当地员工进展很成功	1	2	3	4	5	6	7
HRL3	本公司已培养出充足的越南籍经理来取代中国外派经理	1	2	3	4	5	6	7
HRL4	本公司已培养出一批有能力随时取代中国外派经理的越南籍经理	1	2	3	4	5	6	7
HRL5	我对本公司雇用和培训越南当地员工的情况非常满意	1	2	3	4	5	6	7
HRL6	本公司的许多越南籍经理参与制定重要战略决策	1	2	3	4	5	6	7

第四部分：人力资源自主权实施情况

请您根据越南子公司的实际情况对以下题项描述进行评价，从 1~7 中选择合适数字	选择 1 表示该项目完全由母公司做决定，无须征询子公司的意见；选择 2 表示该项目由母公司做决策，但也会适当征询子公司的意见；选择 3 表示该项目由子公司与母公司共同决定，但母公司的决定权大于子公司；选择 4 表示该项目由子公司与母公司共同做决策；选择 5 表示该项目由子公司与母公司共同决定，但子公司的决定权大于母公司；选择 6 表示子公司对该项目可以自行决策，但需要母公司汇报；选择 7 表示该项目完全由子公司自行决策，无须向母公司汇报。						
HRA1	越南子公司在员工薪酬福利方面的决策权	1	2	3	4	5	6	7
HRA2	越南子公司在员工招聘和选拔方面的决策权	1	2	3	4	5	6	7
HRA3	越南子公司在员工绩效考评方面的决策权	1	2	3	4	5	6	7
HRA4	越南子公司在劳资关系（与工会的关系）方面的决策权	1	2	3	4	5	6	7
HRA5	越南子公司在员工培训与发展方面的决策权	1	2	3	4	5	6	7

第五部分：子公司在越南经营绩效情况

请您根据越南子公司的实际情况对以下题项描述进行评价，从 1~7 中选择合适数字		非常不同意	不同意	有点不同意	中立	有点同意	同意	非常同意
SP1	近 3 年来，本公司在越南的产品（或服务）形象有显著进展	1	2	3	4	5	6	7
SP2	近 3 年来，本公司与越南当地社区和利益相关者（如非政府组织、社区活动家等）的关系有显著进展	1	2	3	4	5	6	7
SP3	近 3 年来，本公司在确保员工健康安全的工作环境上有显著进展	1	2	3	4	5	6	7
SP4	近 3 年来，本公司在员工培训和人力资源开发上有显著进展	1	2	3	4	5	6	7
请您根据越南子公司的实际情况对以下题项描述进行评价，从 1~7 中选择合适数字		非常不同意	不同意	有点不同意	中立	有点同意	同意	非常同意
FP1	近 3 年来，本公司在越南市场份额显著增长	1	2	3	4	5	6	7
FP2	近 3 年来，本公司在越南的销售额显著增长	1	2	3	4	5	6	7
FP3	近 3 年来，本公司在越南的利润显著增长	1	2	3	4	5	6	7

第六部分：越南子公司高管领导风格

	请您根据越南子公司的实际情况对以下题项描述进行评价，从1~7中选择合适数字	非常不同意	不同意	有点不同意	中立	有点同意	同意	非常同意
AL1	我不会随意把无关信息透露给下属	1	2	3	4	5	6	7
AL2	开会时，都是按照我的意思来做最后的决定	1	2	3	4	5	6	7
AL3	我在工作中会刻意与下属保持一定距离	1	2	3	4	5	6	7
AL4	若下属未完成工作目标，我会对其责骂	1	2	3	4	5	6	7
AL5	若下属未按照我的原则办事，我会对其严厉处罚	1	2	3	4	5	6	7
SL1	我总是把下属的利益放在我的个人利益之前	1	2	3	4	5	6	7
SL2	我总是优先考虑下属的职业生涯发展	1	2	3	4	5	6	7
SL3	我会指出下属在工作中的错误	1	2	3	4	5	6	7
SL4	下属与工作无关的个人问题可以求助于我	1	2	3	4	5	6	7
SL5	当下属面临棘手问题时，我会给予他们充分的自由来选择自己认为最佳的处理方式	1	2	3	4	5	6	7
SL6	我不会为了获得成功而违反道德规则	1	2	3	4	5	6	7
SL7	我经常向下属强调回馈社会的重要性	1	2	3	4	5	6	7

第七部分：越南子公司知识复杂性

	请您根据越南子公司的实际情况对以下题项的描述进行评价，请从1~7中选择合适的数字	非常不同意	不同意	有点不同意	中立	有点同意	同意	非常同意
M1	本公司的市场知识复杂、难以传递	1	2	3	4	5	6	7
M2	本公司的管理知识复杂、难以传递	1	2	3	4	5	6	7
M3	本公司的技术知识复杂、难以传递	1	2	3	4	5	6	7

问卷到此结束，请检查是否有漏填之处，衷心感谢您的耐心参与！

祝您事业成功，家庭幸福！

参考文献

［1］毕红毅，张绍辉．跨国公司经营理论与实务（第二版）［M］．北京：经济科学出版社，2018．

［2］财富中文网．2019 年世界 500 强 129 家中国上榜公司完整名单［EB/OL］．（2019 – 07 – 22）http：//www．fortunechina．com/fortune500/c/2019 – 07/22/content_ 339537．htm．

［3］常秋筝．中国对越南直接投资的母国贸易效应分析［J］．北京金融评论，2016（1）：40 – 48．

［4］常涛，刘智强，景保峰．家长式领导与团队创造力：基于三元理论的新发现［J］．研究与发展管理，2016，28（1）：62 – 72．

［5］陈登彪．金字塔结构下双层内部资本市场中的利益攫取与财务流动性［D］．北京：北京交通大学，2015．

［6］陈笃升．国际化背景下中国企业的人力资源动态性和人才配置策略［J］．中国人力资源开发，2011（11）：22 – 26．

［7］陈海燕．越南利用中国对外直接投资问题研究［D］．长春：东北师范大学，2019．

［8］陈怀超，范建红．制度距离、中国跨国公司进入战略与国际化绩效：基于组织合法性视角［J］．南开经济研究，2014（2）：99 – 117．

［9］陈怀超．合法性视角下制度距离对中国跨国公司国际市场进入模式的影响研究［M］．北京：经济科学出版社，2013．

［10］陈立敏，刘静雅，张世蕾．模仿同构对企业国际化—绩效关系的影响——基于制度理论正当性视角的实证研究［J］．中国工业经济，2016（9）：127 – 143．

［11］陈璐，高昂，杨百寅，等．家长式领导对高层管理团队成员创造力的作用机制研究［J］．管理学报，2013，10（6）：831 – 838．

［12］陈艳艳，赵永乐，孙锐．家长式领导风格对企业创新绩效的影响——基于组织情绪能力中介效应的视角［J］．浙江社会科学，2019（5）：33 – 39．

［13］陈志彪 . 中国企业到越南投资指南：越南与中国关系 25 周年正常化和展望国际研讨会［C］，越南河内，2016.

［14］陈志军，郑丽 . 不确定性下子公司自主性与绩效的关系研究［J］. 南开管理评论，2016，19（6）：91 - 100.

［15］成汉平 . 中越外交七十年：传承与创新［EB/OL］. （2020 - 04 - 21）https：//doi. org/10. 16619/j. cnki. rmltxsqy. 2020. 06. 009.

［16］崔连广，冯永春，苏萌萌 . 中国企业海外子公司逆向知识转移研究［J］. 管理学报，2019，16（1）：142 - 149.

［17］代中强 . 我国三大经济圈内企业对外直接投资动因实证分析［J］. 国际经贸探索，2009，25（2）：45 - 49.

［18］戴克来，于向东 . 越南［M］. 南宁：广西人民出版社，1998.

［19］德勤中国 . 开放新征程：德勤 2018 中国企业海外投资运营指南［R］. 2018.

［20］邓志华，陈维政 . 服务型领导与家长式领导的比较研究［M］. 北京：科学出版社，2016.

［21］董霞，高燕，马建峰 . 服务型领导对员工主动性顾客服务绩效的影响——基于社会交换与社会学习理论双重视角［J］. 旅游学刊，2018，33（6）：61 - 72.

［22］杜群阳，李攻，黄兴球 . 浙商对越南境外投资案例研究［M］. 北京：经济科学出版社，2014.

［23］杜晓君，齐朝顺，杨勃 . 政策风险与中国跨国企业海外市场进入模式选择［J］. 管理科学，2017（4）：111 - 123.

［24］对外贸易经济合作部 . 对外贸易经济合作部关于印发《境外投资综合绩效评价办法（试行）》的通知［EB/OL］. （2003 - 01 - 17）http：//www. mofcom. gov. cn/article/bh/200301/20030100064264. shtml.

［25］多宏宇 . 基于资源依赖视角的民间组织行动策略研究［M］. 北京：经济管理出版社，2018.

［26］樊景立，郑伯埙 . 家长式领导：再一次思考［J］. 本土心理学研究，2000（13）：219 - 226.

［27］范建红，陈怀超 . 制度距离影响跨国公司进入战略选择的机制与框架构建：一个权变的观点［J］. 中央财经大学学报，2015（2）：75 - 82.

［28］范黎波 . 竖起本土化量化评估的年度标尺——首个跨国公司本土化指数报告［J］. 中国企业家，2010（20）：57 - 60.

［29］冯永春，张娜，苏萌萌．新兴市场跨国公司国际扩张过程中海外子公司逆向知识转移研究［M］．北京：中国经济出版社，2019.

［30］付蕾．新生代员工心理所有权对任务绩效的影响研究［D］．泉州：华侨大学，2019.

［31］傅晓，李忆，司有和．家长式领导对创新的影响：一个整合模型［J］．南开管理评论，2012，15（2）：121－127.

［32］高昂，曲庆，杨百寅，等．家长式领导对团队工作绩效的影响研究——领导才能的潜在调节作用［J］．科学学与科学技术管理，2014，35（1）：100－108.

［33］高旭东．国际化与中国本土企业"以弱胜强"的创新战略［J］．科学学与科学技术管理，2012，33（4）：44－53.

［34］葛红亮．赴越南投资，三思而后行［N］．环球时报，2019－03－05.

［35］耿远欣，杜晓君．并购后 MNC 合法性对子公司控制权策略的影响［J］．东北大学学报（自然科学版），2017，38（10）：1511－1515.

［36］古小松．越南：历史　国情　前瞻［M］．北京：中国社会科学出版社，2016.

［37］顾强．越南对中美贸易摩擦的认知与政策选择［J］．东南亚研究，2019（3）：38－59.

［38］胡玲．跨国公司在华子公司的战略地位、自主权及其绩效研究［J］．科学学与科学技术管理，2012，33（11）：134－142.

［39］胡玲．在华子公司自主权与创新绩效统计分析［J］．统计与决策，2014（20）：185－188.

［40］胡美琴，倪文洁，张雯．制度压力、战略反应对企业绩效的影响机制研究［J］．工业技术经济，2016，35（12）：60－67.

［41］胡明礼．我国建筑企业海外本土化经营研究［D］．北京：北京交通大学，2014.

［42］环球时报．特朗普：越南是"最恶劣的贸易施虐者"［N］．环球时报，2019－06－27.

［43］黄胜，叶广宇，申素琴．新兴经济体企业国际化研究述评——制度理论的视角［J］．科学学与科学技术管理，2015，36（4）：36－49.

［44］黄胜，周劲波．制度环境、国际市场进入模式与国际创业绩效［J］．科研管理，2014，35（2）：54－61.

［45］黄卫平．跨国公司本土化的再思考［J］．经济理论与经济管理，2004

（11）：50－55．

［46］黄兴球．中越关系 70 年：基轴与方向［J］．南洋问题研究，2020（1）：31－40．

［47］黄兴球．中越美三角关系进入新时期［J］．西部学刊，2019（6）：5－8．

［48］金丹，杜方鑫．中国—东盟自贸区背景下中国企业对越南投资研究［J］．国际贸易，2019（10）：64－72．

［49］金伦希．在华中小韩资企业的本土化影响因素及绩效实证研究［D］．上海：复旦大学，2011．

［50］晋琳琳，陈宇，奚菁．家长式领导对科研团队创新绩效影响：一项跨层次研究［J］．科研管理，2016，37（7）：107－116．

［51］景保峰．威权领导对员工建言行为的影响：一个有中介的调节作用分析［J］．领导科学，2015（11）：50－53．

［52］鞠方辉，谢子远，宝贡敏．西方与本土：变革型、家长型领导行为对民营企业绩效影响的比较研究．［J］．管理世界，2008（5）：85－101．

［53］蓝海林，汪秀琼，吴小节，等．基于制度基础观的市场进入模式影响因素：理论模型构建与相关研究命题的提出［J］．南开管理评论，2010（6）：77－90．

［54］雷登攀．跨国公司的“全球本土化”战略［J］．科技进步与对策，2003，20（7）：99－101．

［55］黎清海．中国对越南直接投资与双边贸易的互动关系研究［D］．南京：东南大学，2017．

［56］李超平．服务型领导与员工建言行为·序［M］//孟勇．服务型领导与员工建言行为．北京：中国社会科学出版社，2019：1－3．

［57］李春友，盛亚，向永胜，等．制度压力、企业升级与企业财务绩效——基于浙江省制造业企业的实证研究［J］．浙江树人大学学报（人文社会科学），2018，18（2）：26－34．

［58］李东尧．456%！美国宣布对来自越南且原产于韩国与台湾（地区）的钢铁制品征收惩罚性关税［EB/OL］．（2019－07－03）https：//world. huanqiu. com/article/9CaKrnKliqL．

［59］李飞，陈岩．并购资源互补性、海外子公司自主权与技术创新［J］．科研管理，2018，39（12）：18－29．

［60］李锋．中国对外直接投资与海外社会责任战略［J］．国际经济合作，

2014 (6): 35-38.

［61］李珲，丁刚，李新建．基于家长式领导三元理论的领导方式对员工创新行为的影响［J］．管理学报，2014，11（7）：1005-1013.

［62］李嘉，杨忠．外向性人格特质对建言行为的影响研究：威权领导的跨层次调节作用［J］．学海，2017（6）：129-134.

［63］李嘉，杨忠．威权领导对团队建言氛围的影响机制研究［J］．经济管理，2018，40（6）：53-68.

［64］李杰义，周丹丹，闫静波．战略人力资源管理的匹配模型及影响效应——环境不确定性的调节作用［J］．南开管理评论，2018，21（6）：171-184.

［65］李克强．政府工作报告——2021年3月5日在第十三届全国人民代表大会第四次会议上［EB/OL］．（2021-03-05）http://www.gov.cn/zhuanti/2021lhzfgzbg/index.htm.

［66］李猛．中国自贸区服务与"一带一路"的内在关系及战略对接［J］．经济学家，2017（5）：50-57.

［67］李锐，凌文辁，柳士顺．组织心理所有权的前因与后果：基于"人—境互动"的视角［J］．心理学报，2012，44（9）：1202-1216.

［68］李巍，罗仪馥．中国周边外交中的澜湄合作机制分析［J］．现代国际关系，2019（5）：17-25.

［69］李锡元，蔡瑶．威权领导与员工的时间侵占：工作嵌入负面影响的研究［J］．商业经济与管理，2018（1）：37-48.

［70］李新春，肖宵．制度逃离还是创新驱动？——制度约束与民营企业的对外直接投资［J］．管理世界，2017（10）：99-112.

［71］李轩．中国跨国企业在东亚直接投资选址的动因分析［J］．西安财经学院学报，2014（2）：14-19.

［72］李怡娜，叶飞．制度压力、绿色环保创新实践与企业绩效关系——基于新制度主义理论和生态现代化理论视角［J］．科学学研究，2011，29（12）：1884-1894.

［73］李忆，吴梳梅．差错管理气氛对员工创新行为的影响——家长式领导的调节作用［J］．科技管理研究，2019，39（3）：149-158.

［74］李玉刚，纪宇彤．企业国际市场进入模式、制度距离与合法性危机之间的关系——基于媒体内容分析法［J］．华东经济管理，2018（7）：157-163.

［75］李元媛，张捷．中国对越南直接投资分析——基于要素禀赋互补的发

展中国家 FDI 理论［J］．经济问题探索，2012（12）：22 – 28．

［76］梁建，刘芳舟，樊景立．中国管理研究中的量表使用取向（2006 ~
2015）：关键问题与改进建议［J］．管理学季刊，2017（2）：41 – 63．

［77］梁建，谢家琳．实证研究中的问卷调查法［M］//组织与管理研究的
实证方法．北京：北京大学出版社，2018．

［78］梁文苏．中国对越南直接投资现状与分析［J］．内蒙古煤炭经济，
2018（9）：35，51．

［79］林春培，庄伯超．家长式领导对管理创新的影响：一个整合模型
［J］．科学学研究，2014，32（4）：622 – 630．

［80］林季红．国际生产折衷理论的局限及进一步发展的新视角［J］．国际
贸易问题，2007（9）：93 – 101．

［81］林润辉，谢宗晓，王兴起，等．制度压力、信息安全合法化与组织绩
效——基于中国企业的实证研究［J］．管理世界，2016（2）：112 – 127．

［82］林文静，段锦云．团队服务型领导如何影响员工绩效：基于社会交换
的视角［J］．应用心理学，2015，21（4）：344 – 353．

［83］林新奇．国际人力资源管理［M］．上海：复旦大学出版社，2017．

［84］林肇宏，薛夏斌，李世杰．企业跨国经营中的人力资源管理模式选择
及原因分析［J］．管理学报，2015，12（5）：702 – 709．

［85］林自强．华人企业非洲直接投资绩效影响因素之研究［D］．广州：暨
南大学，2010．

［86］凌茜，汪纯孝．管理人员的公仆型领导风格对员工工作绩效的持久影
响［J］．旅游科学，2010，24（3）：39 – 48．

［87］刘冰，齐蕾，徐璐．棍棒之下出"孝子"吗——员工职场偏差行为研
究［J］．南开管理评论，2017，20（3）：182 – 192．

［88］刘海猛，胡森林，方恺，等．"一带一路"沿线国家政治 – 经济 – 社
会风险综合评估及防控［J］．地理研究，2019，38（12）：2966 – 2984．

［89］刘寒．主管权力距离导向对威权领导行为的影响及调节作用研究
［D］．哈尔滨：哈尔滨工业大学，2016．

［90］刘洪深，汪涛，周玲，等．制度压力、合理性营销战略与国际化企业
绩效——东道国受众多元性和企业外部依赖性的调节作用［J］．南开管理评论，
2013，16（5）：123 – 132．

［91］刘洪深．合理性视角下制度压力对企业国际化营销战略及其绩效的影
响研究［D］．武汉：武汉大学，2012．

［92］刘鹄，章文光．跨国公司在华子公司角色定位与发展——基于竞争优

势理论［J］．北京师范大学学报（社会科学版），2016（5）：195－204．

［93］刘鹃．跨国公司在华子公司角色演化研究［D］．北京：中央财经大学，2015．

［94］刘娟．新进入者劣势、累积学习经验与中国对外直接投资——兼论"五通指数"的调节作用［J］．国际商务（对外经济贸易大学学报），2020（2）：94－109．

［95］刘明霞，于飞．中国跨国公司逆向知识转移组织机制的实证研究［J］．科学学研究，2013，31（8）：1242－1251．

［96］刘平青，史俊熙．自我管理绩效出自哪儿？——一个中介调节模型的验证［J］．北京理工大学学报（社会科学版），2017，19（6）：79－86．

［97］刘生敏，信欢欢，沈莉，等．正念能否产生工作场所创新绩效［J］．科学学与科学技术管理，2019，40（4）：121－136．

［98］刘緦，李元旭．制度环境与中小企业国际化战略研究［J］．现代管理科学，2016（6）：18－20．

［99］刘英为，汪涛，徐岚．中国品牌国际化中的合理性战略：制度理论视角［J］．宏观经济研究，2017（3）：118－127．

［100］卢山冰．利益相关者基本范式研究［J］．西北大学学报（哲学社会科学版），2008（3）：76－80．

［101］卢纹岱．SPSS for Windows 统计分析［M］．第 3 版．电子工业出版社，2006．

［102］罗瑾琏，许芳佩，钟竞．高管领导行为对管理团队知识转移影响的案例研究——基于民营集团内高管调动的视角［J］．商业研究，2014，56（5）：115－124．

［103］罗胜强，姜嬿．管理学问卷调查研究方法［M］．重庆：重庆大学出版社，2014．

［104］罗胜强，姜嬿．调节变量和中介变量［M］//陈晓萍，沈伟．组织与管理研究的实证方法［M］．北京：北京大学出版社，2018．

［105］罗仪馥．全球价值链重构与中国对越投资前景［J］．云大地区研究，2020（2）：62－92．

［106］罗仪馥．中国的东南亚研究现状（2007－2017 年）——基于国内主要国际关系期刊论文的分析［J］．战略决策研究，2018，9（5）：74－101．

［107］马璐，张哲源．威权领导对员工创新行为的影响［J］．科技进步与对策，2018，35（17）：139－145．

［108］马庆国．管理统计：数据获取、统计原理、SPSS 工具与应用研究［M］．北京：科学出版社，2002．

［109］毛基业．运用结构化的数据分析方法做严谨的质性研究——中国企业管理案例与质性研究论坛（2019）综述［J］．管理世界，2020，36（3）：221－227．

［110］孟广文，杜明明，赵铏，等．中国海外园区越南龙江工业园投资效益与启示［J］．经济地理，2019，39（6）：16－25．

［111］牟宇鹏，汪涛，周玲．外来者劣势下企业的国际化战略选择：基于制度理论的视角［J］．经济与管理研究，2017，38（1）：119－130．

［112］潘静洲，娄雅婷，周文霞．龙生龙，凤生凤？领导创新性工作表现对下属创造力的影响［J］．心理学报，2013，45（10）：1147－1162．

［113］潘镇，金中坤．双边政治关系、东道国制度风险与中国对外直接投资［J］．财贸经济，2015（6）：85－97．

［114］潘镇，殷华方，鲁明泓．制度距离对于外资企业绩效的影响——一项基于生存分析的实证研究［J］．管理世界，2008（7）：103－115．

［115］裴长洪．越南营商环境与中越经贸关系发展分析［J］．国际贸易，2019（6）：4－11．

［116］彭荷芳，周健颖，陆玉梅．制度压力、员工社会责任行为与民营企业绩效关系研究［J］．宏观经济研究，2016（11）：152－160．

［117］彭娟．动态环境与生命周期视角下人力资源管理策略对组织绩效的影响：基于模糊集定性比较分析［J］．中国人力资源开发，2020，37（1）：98－112．

［118］彭小宝，张佳，刘国芳，等．制度压力与中小企业双元性创新意愿：领导力风格的调节作用［J］．科技进步与对策，2018，35（16）：83－90．

［119］齐朝顺，杜晓君．政策风险、角色预期与中国企业对外直接投资绩效［J］．产经评论，2017（5）：95－111．

［120］齐建国．浙商对越南境外投资案例研究·序言［M］//杜群阳，李玫，黄兴球．浙商对越南境外投资案例研究［M］．北京：经济科学出版社，2014．

［121］齐晓飞，关鑫．中国企业对外直接投资的母国制度解释——基于 OFDI－S 模型的理论分析［J］．经济与管理研究，2017（8）：115－123．

［122］邱普艳．"一带一路"背景下的中越经济合作：现状与展望［J］．和平与发展，2018（4）：78－93．

［123］邱伟年，崔鼎昌，曾楚红．家长式领导、高绩效工作系统与企业绩效［J］．广东财经大学学报，2014，3（29）：46-54.

［124］全诗凡，罗宏翔，姜建刚．经济风险、制度结构与海外并购股权选择［J］．经济问题探索，2016（7）：62-71.

［125］饶志明．福建直接投资东盟国家的产业协作策略研究［J］．华侨大学学报（哲学社会科学版），2017（6）：50-60.

［126］荣泰生．AMOS与研究方法［M］．重庆：重庆大学出版社，2009.

［127］阮超．威权型领导力和服务型领导力对下属工作结果的影响［D］．哈尔滨：哈尔滨工业大学，2010.

［128］阮国长，阮明德，李碧华．在美中贸易摩擦不断升级背景下提高越南—中国投资贸易合作的效果［J］．东南亚纵横，2019（6）：11-13.

［129］阮秋红．中国对越南直接投资的贸易效应研究［D］．南京：南京师范大学，2019.

［130］阮文生．中国企业对越南直接投资案例分析［D］．延吉：延边大学，2018.

［131］商务部对外投资和经济合作司．2019年我国对"一带一路"沿线国家投资合作情况［EB/OL］．（2020-01-22）http：//hzs. mofcom. gov. cn/article/date/202001/20200102932445. shtml.

［132］商务部亚洲司．2019年1—12月中国与亚洲周边国家双边贸易统计［EB/OL］．（2020-03-30）http：//yzs. mofcom. gov. cn/article/g/date/202003/20200302949562. shtml.

［133］沈奇泰松．组织合法性视角下制度压力对企业社会绩效的影响机制研究［D］．杭州：浙江大学，2010.

［134］施展．从贸易摩擦到商人秩序——从中越制造业关系看"复合双循环"结构［J］．探索与争鸣，2020（1）：47-59.

［135］施展．溢出：中国制造未来史［M］．北京：中信出版集团，2020.

［136］石丽静，洪俊杰．知识产权保护如何影响企业国际化——来自中国上市公司的经验证据［J］．国际贸易问题，2019（11）：146-158.

［137］宋铁波，何丹，吴小节，等．区域多元化企业分支机构的合法化战略模型［J］．华南理工大学学报（社会科学版），2016，18（1）：12-20.

［138］宋铁波，吴小节，汪秀琼．制度差异、企业跨区域经营经验与市场进入模式［J］．管理评论，2016，28（4）：166-177.

［139］搜狐网．越南罢工事件上半年共67起，大部分发生在外企［EB/OL］．（2019-08-04）https：//www. sohu. com/a/331392343_100093606.

[140] 孙秀丽, 赵曙明. HRM 能力及其重要性对战略人力资源管理与企业绩效的影响研究 [J]. 南京社会科学, 2017 (1): 39–45.

[141] 孙雨晴, 罗文豪. 威权领导效应悖论的成因探究与理论拓展 [J]. 中国人力资源开发, 2018, 35 (3): 84–94.

[142] 孙志文, 王楠. 越南"东海"考辨 [J]. 东南亚研究, 2019 (5): 72–85.

[143] 覃丽芳. 越南的 FDI 结构: 发展与趋势 [J]. 东南亚研究, 2012 (5): 11–18.

[144] 谭军华. 我国跨国公司本土化经营战略研究 [D]. 哈尔滨: 哈尔滨工业大学, 2007.

[145] 汤丹丹, 温忠麟. 共同方法偏差检验: 问题与建议 [J]. 心理科学, 2020, 43 (1): 215–223.

[146] 陶忠坚. 中国大陆投资对越南经济增长的影响研究 [D]. 沈阳: 辽宁大学, 2015.

[147] 天合光能. 天合光能投资越南最大规模太阳能光伏电池工厂开业 [EB/OL]. (2017–01–06) https://www.trinasolar.com/cn/news/20170101.

[148] 田立法. 最佳人力资源管理实践、组织氛围强势与企业绩效关系研究 [J]. 管理工程学报, 2017, 31 (2): 1–8.

[149] 田启涛, 万君宝. 政府部门服务型领导对下属为民服务行为的影响机制 [J]. 软科学, 2017, 31 (11): 66–70.

[150] 田野. 企业资源计划 (ERP) 同化影响因素及其作用机制研究 [D]. 杭州: 浙江大学, 2008.

[151] 佟家栋, 谢丹阳, 包群, 等. "逆全球化"与实体经济转型升级笔谈 [J]. 中国工业经济, 2017 (6): 5–59.

[152] 涂智苹, 宋铁波. 制度压力下企业战略反应研究述评与展望 [J]. 外国经济与管理, 2016, 38 (11): 101–114.

[153] 汪涛, 贾煜, 王康, 等. 中国企业的国际化战略: 基于新兴经济体企业的视角 [J]. 中国工业经济, 2018 (5): 175–192.

[154] 汪旭晖, 李燕艳. 跨国零售企业在华物流模式本土化及其影响因素——基于沃尔玛、家乐福、麦德龙的案例分析 [J]. 北京工商大学学报 (社会科学版), 2012 (3): 34–41.

[155] 王丹, 宫晶晶. 家长式领导风格对员工安全绩效影响的实证研究 [J]. 世界科技研究与发展, 2016, 38 (3): 670–674.

[156] 王歌，何清华，杨德磊，等．制度压力、环境公民行为与环境管理绩效：基于中国重大工程的实证研究［J］．系统管理学报，2018，27（1）：118－128．

[157] 王杰群．CEO 服务型领导行为对组织有效性和中层管理者的影响［D］．北京：北京交通大学，2017．

[158] 王珏，林肇宏，熊立．跨国公司子公司自主权决定因素及其技术贡献研究——基于 369 家在华外资企业的实证研究［J］．管理世界，2010（5）：184－185．

[159] 王磊，邢志杰．权力感知视角下的双元威权领导与员工创新行为［J］．管理学报，2019，16（7）：987－996．

[160] 王汝祺．中国对越南直接投资的母国贸易效应研究［D］．昆明：云南大学，2019．

[161] 王世权，王丹，武立东．母子公司关系网络影响子公司创业的内在机理——基于海信集团的案例研究［J］．管理世界，2012（6）：133－146．

[162] 王双龙，周海华．家长式领导对个人创新行为的影响机理研究［J］．软科学，2013，27（12）：53－57．

[163] 王益民，田地，赵志彬．共时还是序时：中国企业国际双元路径的实现构型研究——基于"一带一路"国家的定性比较分析：中国企业管理案例与质性研究论坛［C］．杭州，2019．中国人民大学．

[164] 王永跃，葛菁青，柴斌锋．伦理型领导影响员工建言的多重中介效应比较研究［J］．心理科学，2017，40（3）：692－698．

[165] 王羽，史占彪，周启帆．公务员工作投入与心理幸福感的关系：有中介的调节模型［J］．中国临床心理学杂志，2017，25（6）：1109－1113．

[166] 王峥．政治与安全的互动：南海争端下中越关系透视［J］．东南亚研究，2018（6）：108－130．

[167] 王志刚．财政金融［M］//谢林城．越南国情报告（2018）［M］．北京：社会科学文献出版社，2018．

[168] 王志刚．财政金融［M］//谢林城．越南国情报告（2019）［M］．北京：社会科学文献出版社，2020．

[169] 卫武，张鹏程，刘明霞．不同主体层次中组织的知识转化二维结构：前因变量与企业绩效的影响［J］．南开管理评论，2012（2）：108－120．

[170] 魏江，王诗翔，杨洋．向谁同构？中国跨国企业海外子公司对制度双元的响应［J］．管理世界，2016（10）：134－149．

［171］魏蕾，时勘．家长式领导与员工工作投入：心理授权的中介作用［J］．心理与行为研究，2010，8（2）：88 - 93.

［172］温忠麟，叶宝娟．中介效应分析：方法和模型发展［J］．心理科学进展，2014，22（5）：731 - 745.

［173］吴冰，阎海峰，杜子琳．外来者劣势：理论拓展与实证分析［J］．管理世界，2018，34（6）：110 - 126.

［174］吴崇，黄彩虹．制度同构、创新区位与 OFDI 企业创新绩效——基于中国制造上市公司的经验研究［J］．亚太经济，2019（1）：87 - 97.

［175］吴航，陈劲，金珺．新兴经济国家高技术企业技术资源与国际化关系研究——来自"中国光谷"产业园区的证据［J］．科学学研究，2012（6）：870 - 876.

［176］吴剑峰，乔璐．企业社会责任与跨国并购的关系：研究综述与展望［J］．经济管理，2018，40（11）：191 - 208.

［177］吴亮，吕鸿江．资源禀赋、制度环境与中国企业海外进入模式选择［J］．国际经贸探索，2016，32（3）：75 - 88.

［178］吴明隆．问卷统计分析实务——SPSS 操作与应用［M］．重庆：重庆大学出版社，2010.

［179］吴翊民．基于成本收益的企业环境信息披露研究［D］．天津：南开大学，2009.

［180］吴宗佑，徐玮伶，郑伯埙．怒不可遏或忍气吞声：华人企业主管威权领导与部属愤怒反应［J］．本土心理学研究，2002（12）：3 - 49.

［181］吴宗佑，周丽芳，郑伯埙．主管的权威取向及其对部属顺从与畏惧的知觉对威权领导的预测效果［J］．本土心理学研究，2008（30）：65 - 115.

［182］吴宗佑．主管威权领导与部属的工作满意度与组织承诺：信任的中介历程与情绪智力的调节效果．［J］．本土心理学研究，2008（30）：3 - 63.

［183］武晓龙，余顺坤．家长式领导与主动性人格对谏言行为的影响［J］．中国劳动，2015（3）：87 - 92.

［184］夏莹．增益—损耗视角下威权型领导对组织公民行为的影响研究［D］．哈尔滨：哈尔滨工业大学，2019.

［185］项保华，张建东．案例研究方法和战略管理研究［J］．自然辩证法通讯，2005（5）：64 - 68.

［186］肖红军．相关制度距离会影响跨国公司在东道国的社会责任表现吗［J］．数量经济技术经济研究，2014（4）：50 - 67.

［187］肖增瑞．企业资源冗余、动态能力与其绩效之间关系的研究［D］．杭州：浙江大学，2018．

［188］萧文龙，陈世智．AMOS 结构方程模式最佳入门实用书［M］．台北：碁峰咨讯股份有限公司，2018．

［189］萧文龙．统计分析入门与应用 SPSS 中文版 + SmartPLS 3（PLS – SEM）（第二版）［M］．台北：碁峰咨讯股份有限公司，2018．

［190］谢凌玲．制度主义视野下的人力资源管理实践选择［J］．华东经济管理，2008（5）：97 – 100．

［191］谢名一．跨国公司的社会责任［M］．北京：经济管理出版社，2016．

［192］邢彦玲．跨国公司子公司决策自主权研究［D］．济南：山东大学，2007．

［193］胥彦，李超平．领导风格与敬业度关系的元分析［J］．心理科学进展，2019，27（8）：1363 – 1383．

［194］徐碧祥．员工信任对其知识整合与共享意愿的作用机制研究［D］．杭州：浙江大学，2007．

［195］徐向艺，方政．子公司自主性与股权融资能力——基于电力行业的经验证据［J］．经济管理，2016，38（10）：55 – 65．

［196］许钢祥，朱杏珍．制度双元情境下的中国跨国企业对外投资进入模式选择——基于合法性视角的实证研究［J］．财贸研究，2019（8）：43 – 51．

［197］许晖，邓伟升，张海军．生态位视角下跨国企业东道国品牌族群构建及成长机制案例研究［J］．管理学报，2017，14（9）：1263 – 1273．

［198］许晖，许守任．国际企业管理（第二版）［M］．北京：北京大学出版社，2015．

［199］许梅，陈炼．中国企业投资越南的主要国家风险与防范［J］．东南亚研究，2011（3）：61 – 67．

［200］许爽．组织社会化对员工建言行为的影响研究［D］．北京：首都经济贸易大学，2017．

［201］薛军．跨国公司全球一体化条件下的当地化战略研究［M］．人民出版社，2008．

［202］薛求知，廖勇凯．国际人力资源管理教程［M］．上海：复旦大学出版社，2010．

［203］薛求知，闫海峰．跨国公司全球学习——新角度审视跨国公司［J］．南开管理评论，2001（2）：36 – 69．

［204］阎大颖，任兵，赵奇伟．跨国并购抑或合资新建——基于制度视角的

中国企业对外直接投资模式决策分析 [J]. 山西财经大学学报, 2010 (12): 80 – 87.

[205] 阎寒, 段锦云. 服务型领导: 概念结构、形成机制和影响效能 [J]. 心理研究, 2013 (3): 63 – 68.

[206] 颜爱民, 肖遗规, 唐明. 服务型领导与下属工作绩效的跨层分析——以心理安全为中介 [J]. 中南大学学报 (社会科学版), 2017, 23 (1): 74 – 81.

[207] 杨国亮, 卫海英. 家长式领导对企业互动导向及创新绩效的影响 [J]. 软科学, 2014, 28 (9): 50 – 53.

[208] 杨国亮, 卫海英. 家长式领导对组织创新绩效的影响 [J]. 经济与管理研究, 2012 (7): 91 – 100.

[209] 杨丽丽, 盛斌, 吕秀梅. OFDI 的母国产业效应: 产业升级抑或产业"空心化"——基于我国制造业行业面板数据的经验研究 [J]. 华东经济管理, 2018, 32 (7): 93 – 101.

[210] 杨柳, 潘镇. 地区制度发展的动态变化与企业对外直接投资: 来自中国上市公司的经验证据 [J]. 世界经济研究, 2020 (4): 77 – 94.

[211] 杨挺, 陈兆源, 韩向童. 2019 年中国对外直接投资特征、趋势与展望 [J]. 国际经济合作, 2020 (1): 13 – 29.

[212] 杨五洲, 任迎伟, 王毓婧. 威权领导对员工工作投入的影响: 员工情绪智力的调节作用 [J]. 当代经济科学, 2014, 36 (4): 69 – 76.

[213] 杨轶清, 叶燕华, 金杨华. 企业家决策权力配置视角下的企业经营失败机制研究——基于大型民企集团倒闭的案例 [J]. 中国人力资源开发, 2016 (4): 65 – 73.

[214] 杨英英, 徐向艺. 子公司自主性对公司绩效的影响——连锁董事的调节作用 [J]. 经济与管理研究, 2020, 41 (1): 118 – 130.

[215] 姚书杰, 蒙丹. 中国企业跨国投资中的本土化问题研究 [J]. 当代经济管理, 2013, 35 (4): 16 – 20.

[216] 叶阿次. 在华跨国公司全球一体化与本土化战略的决定因素及其对绩效的影响 [D]. 上海: 复旦大学, 2010.

[217] 衣长军, 刘晓丹, 王玉敏, 等. 制度距离与中国企业海外子公司生存——所有制与国际化经验的调节视角 [J]. 国际贸易问题, 2019 (9): 115 – 132.

[218] 游锡火. 企业海外经营的组织合法性研究——基于社会网络视角

［M］．北京：中国社会科学出版社，2018．

［219］于飞，刘明霞．组织演化理论视角下的股权结构与子公司生存——环境突变、冗余资源的调节作用［J］．中国管理科学，2014，22（5）：138－148．

［220］于海波，关晓宇，郑晓明．家长式领导创造绩效，服务型领导带来满意——两种领导行为的整合［J］．科学学与科学技术管理，2014，35（6）：172－180．

［221］于海波，郑晓明．中西融合的学习型领导：模型构建和作用演进［J］．经济管理，2014，36（6）：189－198．

［222］于向东．革新开放以来越南共产党海洋政策主张的发展［J］．边界与海洋研究，2017，2（5）：87－99．

［223］余兆富．越南经济社会地理［M］．广州：世界图书出版公司，2014．

［224］苑双杰．组织学习流对顾客满意度影响机制研究［D］．重庆：重庆邮电大学，2019．

［225］越南中国商会．越南最低工资标准年度对比（更新至2020年）［EB/OL］．（2019－07－13）http：//www．vietchina．org/ynzx/5052．html．

［226］越通社．胡志明市与韩国各大型集团加强合作［EB/OL］．（2015－05－27）https：//zh．vietnamplus．vn/胡志明市与韩国各大型集团加强合作/39051．vnp．

［227］曾刚，赵海，胡浩．"一带一路"倡议下中国海外园区建设与发展报告（2018）［M］．北京：中国社会科学出版社，2018．

［228］曾萍，刘洋，吴小节．政府支持对企业技术创新的影响——基于资源基础观与制度基础观的整合视角［J］．经济管理，2016，38（2）：14－25．

［229］张红芳，张琦，齐宏斌，等．资源限制条件下人力资源本土化的路径及演化：资源拼凑理论视角——基于爱菊粮油在哈萨克斯坦子公司的单案例分析：中国企业管理案例与质性研究论坛［C］．杭州，2019．中国人民大学．

［230］张建红，周朝鸿．中国企业走出去的制度障碍研究——以海外收购为例［J］．经济研究，2010，45（6）：80－91．

［231］张建红，姜建刚．双边政治关系对中国对外直接投资的影响研究［J］．世界经济与政治，2012（12）：133－155，160．

［232］张劲松，张筱倩，王沁昀．制度压力、绿色供应链管理实践与企业绩效关系研究［J］．武汉纺织大学学报，2019，32（5）：24－30．

［233］张磊．越南加入《全面与进步跨太平洋伙伴关系协定》（CPTPP）研究［M］//谢林城．越南国情报告（2019）［M］．北京：社会科学文献出版

社，2020.

[234] 张磊. 中国在越南的直接投资研究 [M] //谢林城. 越南国情报告 (2018) [M]. 北京：社会科学文献出版社，2018.

[235] 张磊. 中越贸易与投资合作的进展、动因及限度 [J]. 东北亚经济研究，2020，4（2）：107－120.

[236] 张明，王碧珺. "贸易战"避险越南企业调研报告 [J]. 进出口经理人，2019（2）：48－50.

[237] 张明. 中国海外投资国家风险评级报告（2018）[M]. 北京：中国社会科学出版社，2018.

[238] 张宁宁，杜晓君. 组织污名与中国企业海外市场进入模式选择研究——基于上市公司的实证分析 [J]. 当代财经，2020（1）：77－88.

[239] 张爽，王世权，李欣禹. 子公司主导行为研究进展述评 [J]. 外国经济与管理，2018，40（12）：138－151.

[240] 张维. 高管的服务型领导力对团队组织公民行为的影响研究——一个滴漏模型 [D]. 哈尔滨：哈尔滨工业大学，2016.

[241] 张伟雄，王畅. 结构方程模型 [M] //陈晓萍，沈伟. 组织与管理研究的实证方法 [M]. 北京：北京大学出版社，2018.

[242] 张协奎，陈敬安. 中国企业投资越南基础设施建设探讨——中国企业投资东盟国家基础设施建设系列研究之二 [J]. 广西大学学报（哲学社会科学版），2019，41（2）：98－106.

[243] 张新安，何惠，顾锋. 家长式领导行为对团队绩效的影响：团队冲突管理方式的中介作用 [J]. 管理世界，2009（3）：121－133.

[244] 张新怀. CEO公仆型领导对组织绩效的影响及其作用机制研究 [D]. 泉州：华侨大学，2016.

[245] 张亚军，张金隆，肖小虹，等. 威权领导对信息系统用户行为的影响研究 [J]. 工业工程与管理，2015，20（4）：116－122.

[246] 张岩贵. 浅论国外子公司的自主权 [J]. 南开经济研究，1991（2）：42－47.

[247] 张艳萍. 服务型领导对员工创新行为的影响研究——一个双重中介模型 [D]. 湘潭：湘潭大学，2019.

[248] 张怡凡，陈默，唐宁玉. 威权领导与员工创造力：心理依赖的视角 [J]. 中国人力资源开发，2019，36（4）：85－99.

[249] 张燚，张锐. 战略生态学：战略理论发展的新方向 [J]. 科学学研

究，2003（1）：35－40.

[250] 张永军，张鹏程，赵君. 家长式领导对员工亲组织非伦理行为的影响[J]. 南开管理评论，2017，20（2）：169－179.

[251] 张振刚，余传鹏，崔婷婷. 家长式领导、心理授权对企业管理创新的影响[J]. 科技管理研究，2015，35（3）：203－208.

[252] 张竹，谢绚丽，武常岐，等. 本土化还是一体化：中国跨国企业海外子公司网络嵌入的多阶段模型[J]. 南开管理评论，2016，19（1）：16－29.

[253] 赵安安，高尚仁. 台湾地区华人企业家长式领导风格与员工压力之关联[J]. 应用心理研究，2005（9）：111－131.

[254] 赵和曼. 东南亚手册[M]. 南宁：广西人民出版社，2000.

[255] 赵红丹，彭正龙. 服务型领导与团队绩效：基于社会交换视角的解释[J]. 系统工程理论与实践，2013，33（10）：2524－2532.

[256] 赵景华. 跨国公司海外子公司角色演进的机制分析[J]. 齐鲁学刊，2001（6）：105－111.

[257] 赵景华. 跨国公司在华子公司战略比较研究[M]. 北京：经济管理出版社，2006.

[258] 赵楠. 当地化重于全球化：我国企业跨国经营之路[J]. 国际贸易问题，2003（3）：38－42.

[259] 赵曙明，刘燕，彼得·J. 道林，等. 国际人力资源管理[M]. 北京：中国人民大学出版社，2012.

[260] 赵曙明，陶向南，周文成. 国际人力资源管理[M]. 北京：北京师范大学出版社，2019.

[261] 赵曙明. 国际企业：人力资源管理（第五版）[M]. 南京：南京大学出版社，2016.

[262] 赵卫华. 越南学者怎样看中越关系[J]. 世界知识，2019（15）：28－29.

[263] 赵卫华. 越南在南海新动向与中越关系走势[J]. 边界与海洋研究，2020，5（1）：99－110.

[264] 赵卫华. 中越南海争端解决模式探索——基于区域外大国因素与国际法作用的分析[J]. 当代亚太，2014（5）：95－119.

[265] 郑伯埙，樊景立. 华人组织的家长式领导：一项文化观点的分析[J]. 本土心理学研究，2001（13）：127－180.

[266] 郑伯埙，黄敏萍. 实地研究中的案例研究[M]//陈晓萍，沈伟. 组

织与管理研究的实证方法［M］. 北京：北京大学出版社，2018.

［267］郑伯埙，林姿婷，郑弘岳，等. 家长式领导与部署效能：多层次分析观点［J］. 中华心理学刊，2010，52（1）：1 - 23.

［268］郑伯埙，周丽芳，樊景立. 家长式领导：三元模式的建构与测量［J］. 本土心理学研究，2000，14：3 - 64.

［269］郑伯埙，周丽芳，黄丽敏，等. 家长式领导的三元模式：中国大陆企业组织的证据［J］. 本土心理学研究，2003（20）：209 - 250.

［270］郑伯埙，周丽芳. 家长式领导三元模式：现代转化及其影响机制——威权领导：法家概念的现代转化［R］. 台北：行政院国家科学委员会，2005.

［271］郑海东. 企业社会责任行为表现：测量维度、影响因素及对企业绩效的影响［D］. 杭州：浙江大学，2007.

［272］智通财经. 京东（JD. US）成为越南电商平台 Tiki 最大股东［EB/OL］.（2019 - 08 - 07）https：//www. zhitongcaijing. com/content/detail/225599. html.

［273］中国—东盟自由贸易区. 越南出台新规：出口的须 100% 是海外进口原料［EB/OL］.（2019 - 08 - 07）http：//www. cn - asean. org/hwmy/hmdt/201908/t20190807_ 883044. html.

［274］中国商务部. 对外贸易经济合作部关于印发《境外投资综合绩效评价办法（试行）》的通知［EB/OL］.（2003 - 01 - 17）http：//www. mofcom. gov. cn/article/bh/200301/20030100064264. shtml.

［275］中国商务部. 中国对外投资发展报告（2019）［R］. 2019.

［276］中国商务部. 对外投资合作国别（地区）指南——越南［EB/OL］. http：//www. mofcom. gov. cn/dl/gbdqzn/upload/yuenan. pdf.

［277］中国商务部，国家统计局，国家外汇管理局. 2019 年度中国对外直接投资统计公报［R］. 2020.

［278］中国商务部. 通过确认考核的境外经贸合作区名录［EB/OL］. ht-tp：//fec. mofcom. gov. cn/article/jwjmhzq/article01. shtml.

［279］中国外交部. 越南国家概况（2019 年 7 月）［EB/OL］. https：//www. fmprc. gov. cn/web/gjhdq_ 676201/gj_ 676203/yz_ 676205/1206_ 677292/1206x0_ 677294/.

［280］中国外交部. 中国同越南的关系［EB/OL］.（2019 - 11 - 30）ht-tps：//www. fmprc. gov. cn/web/gjhdq_ 676201/gj_ 676203/yz_ 676205/1206_ 677292/sbgx_ 677296/.

［281］中国驻胡志明市总领馆经商室. 中国投资的越南永新一期煤电项目开

工建设 ［EB/OL］．（2015 – 07 – 20）http：//hochiminh. mofcom. gov. cn/article/zx-hz/zzjg/201507/20150701051314. shtml.

［282］中国驻越南大使馆．熊波大使出席庆祝中越建交七十周年友好会见活动 ［EB/OL］．（2020 – 01 – 16）http：//vn. china – embassy. org/chn/sgxw/t1732926. htm.

［283］中国驻越南经商参处．阿里巴巴公司协助越南中小企业出口 ［EB/OL］．（2019 – 03 – 18）http：//vn. mofcom. gov. cn/article/jmxw/201903/20190302843756. shtml.

［284］中国驻越南经商参处．越南《投资法》 ［EB/OL］．（2015 – 07 – 24）http：//vn. mofcom. gov. cn/article/ddfg/tzzhch/201507/20150701059946. shtml.

［285］中国驻越南经商参处．越媒称日本企业在越投资逐渐多样化 ［EB/OL］．（2014 – 10 – 17）http：//vn. mofcom. gov. cn/article/jmxw/201410/20141000763272. shtml.

［286］周丹妮，项丽亚．东道国制度压力、人力资源本地化与企业绩效——基于在越中国企业的实证研究 ［J］．江西社会科学，2020，41（4）：61 – 73.

［287］周凤秀，张建华．政府干预、制度调节与中国企业的对外直接投资［J］．国际商务（对外经济贸易大学学报），2017（3）：99 – 113.

［288］周婉茹，周丽芳，郑伯埙．专权与尚严之辩：再谈威权领导的内涵与恩威并济的效果 ［J］．本土心理学研究，2010（34）：223 – 284.

［289］周雪光．组织社会学十讲 ［M］．北京：社会科学文献出版社，2003.

［290］朱蓉．商业银行制度压力、社会责任战略与财务绩效 ［J］．金融理论与实践，2014（9）：57 – 61.

［291］宗芳宇，路江涌，武常岐．双边投资协定、制度环境和企业对外直接投资区位选择 ［J］．经济研究，2012，47（5）：71 – 82.

［292］ACUFF F. International and domestic human resources functions：Innovations in international compensation ［J］．Organization Resources Counselors，1984（Sep）：3 – 5.

［293］ADLER N J，GHADAR F. International strategy from the perspective of people and culture ［M］//Rugman A M. Research in global strategic management：A research annual. Greenwich，Conn：Jai Press，1990.

［294］ADLER N J，GUNDERSEN A. International dimensions of organizational behavior ［M］．5th ed. Mason，Ohio：Thomson South-Western，2008.

［295］AFSAR B，BADIR Y，KIANI U S. Linking spiritual leadership and employee pro-environmental behavior：The influence of workplace spirituality，intrinsic motivation，and environmental passion ［J］．Journal of Environmental Psychology，

2016, 45 (Mar.): 79 – 88.

[296] AMAH O E. Determining the antecedents and outcomes of servant leadership [J]. Journal of General Management, 2018, 43 (3): 126 – 138.

[297] AMBOS B, ASAKAWA K, AMBOS T C. A dynamic perspective on subsidiary autonomy [J]. Global Strategy Journal, 2011, 1 (3 – 4): 301 – 316.

[298] AMBOS T C, ANDERSSON U, BIRKINSHAW J. What are the consequences of initiative-taking in multinational subsidiaries [J]. Journal of International Business Studies, 2011, 41 (7): 1099 – 1118.

[299] AMBOS T C, BIRKINSHAW J. Headquarters' attention and its effect on subsidiary performance [J]. Management International Review, 2010, 50 (4): 449 – 469.

[300] AMIT R, SCHOEMAKER P J H. Strategic assets and organizational rent [J]. Strategic Management Journal, 1993, 14 (1): 33 – 46.

[301] ANDERSSON U, FORSGREN M. Subsidiary embeddedness and control in the multinational corporation [J]. International Business Review, 1996, 5 (5): 487 – 508.

[302] ANDO N, RHEE D K, PARK N K. Parent country nationals or local nationals for executive positions in foreign affiliates: An empirical study of Japanese affiliates in Korea [J]. Asia Pacific Journal of Management, 2008, 25 (1): 113 – 134.

[303] ANDO N. The effect of localization on subsidiary performance in Japanese multinational corporations [J]. The International Journal of Human Resource Management, 2014, 25 (14): 1995 – 2012.

[304] ANG S H, MICHAILOVA S. Institutional explanations of cross-border alliance modes: The case of emerging economies firms [J]. Management International Review, 2008, 48 (5): 551 – 576.

[305] ANH B K, THAI N Q, TRINH B. Foreign direct investment (FDI) in Vietnam economy [J]. Theoretical Economics Letters, 2019, 9 (4): 986 – 998.

[306] ARREGLE J L, MILLER T L, HITT M A, et al. Do regions matter? An integrated institutional and semi-globalization perspective on the internationalization of MNEs [J]. Strategic Management Journal, 2013, 34 (8): 910 – 934.

[307] ARSLAN A. Impacts of institutional pressures and the strength of market supporting institutions in the host country on the ownership strategy of multinational enterprises: theoretical discussion and propositions [J]. Journal of Management & Gov-

ernance, 2012, 16 (1): 107 – 124.

[308] AZUNGAH T, MICHAILOVA S, HUTCHINGS K. Embracing localization: Evidence from Western MNEs in Ghana [J]. Cross Cultural & Strategic Management, 2018, 25 (4): 690 – 715.

[309] BAIK Y, PARK Y. Toward a better understanding of MNEs' local staffing decision: A multilevel analysis [J]. Management Decision, 2015, 53 (10): 2321 – 2338.

[310] BALOGUN J, JARZABKOWSK P, VAARA E. Selling, resistance and reconciliation: A critical discursive approach to subsidiary role evolution in MNEs [J]. Journal of International Business Studies, 2011, 42 (6): 765 – 786.

[311] BANDE B, FERNÁNDEZ P, VARELA-NEIRA C, et al. Exploring the relationship among servant leadership, intrinsic motivation and performance in an industrial sales setting [J]. Journal of Business & Industrial Marketing, 2016, 31 (2): 219 – 231.

[312] BANDURA A. Social learning theory [M]. Englewood Cliffs, NJ: Prentice-Hall, 1977.

[313] BANKS G C, ENGEMANN K N, WILLIAMS C E, et al. A meta-analytic review and future research agenda of charismatic leadership [J]. The Leadership Quarterly, 2017, 28 (4): 508 – 529.

[314] BANKS G C, GOOTY J, ROSS R L, et al. Construct redundancy in leader behaviors: A review and agenda for the future [J]. The Leadership Quarterly, 2018, 29 (1): 236 – 251.

[315] BANKS G C, MCCAULEY K D, GARDNER W L, et al. A meta-analytic review of authentic and transformational leadership: A test for redundancy [J]. The Leadership Quarterly, 2016, 27 (4): 634 – 652.

[316] BARNES B R, YEN D, ZHOU L. The influence of Ganqing, Renqing and Xinren in the development of Sino-Anglo business relationships [J]. Industrial Marketing Management, 2011, 40 (4): 510 – 521.

[317] BARNETT M L. Waves of collectivizing: A dynamic model of competition and cooperation over the life of an industry [J]. Corporate Reputation Review, 2006, 8 (4): 272 – 292.

[318] BARNEY J B, ARIKAN A M. The resource-based view: Origins and implications [M] //Hitt A, Freeman R E, Harrison J S. Handbook of Strategic Manage-

ment. Oxford: Blackwell Publishing Ltd, 2001: 124 – 188.

[319] BARNEY J B. Firm Resources and sustained competitive advantage [J]. Journal of Management, 1991, 17 (1): 99 – 120.

[320] BARNEY J B. Resource-based theories of competitive advantage: A ten-year retrospective on the resource-based view [J]. Journal of Management, 2001, 27 (6): 643 – 650.

[321] BARNEY J B. Strategic factor markets: Expectations, luck, and business strategy [J]. Management Science, 1986, 23 (10): 1231 – 1241.

[322] BARNEY J, WRIGHT M, KETCHEN D J. The resource-based view of the firm: Ten years after 1991 [J]. Journal of Management, 2001, 27 (6): 625 – 641.

[323] BARTLETT C A, GHOSHAL S. Managing across borders: The transnational solution [M]. 2nd ed. Boston, Mass: Harvard Business School Press, 1989.

[324] BARTLETT C A, GHOSHAL S. Tap your Subsidiaries for Global Reach [J]. Harvard Business Review, 1986, 64 (6): 87 – 94.

[325] BASS B M, BASS R, BASS R R. The bass handbook of leadership: Theory, research, and managerial implications [M]. New York: The Free Press, 2008.

[326] BASS B M, STOGDILL R M. Bass & Stogdill's handbook of leadership: Theory, research, and managerial applications [M]. 3rd ed. New York: The Free Press, 1990.

[327] BAUM J A C, OLIVER C. Institutional linkages and organizational mortality [J]. Administrative Science, 1991, 36: 187 – 218.

[328] BAVIK A, BAVIK Y L, TANG P M. Servant leadership, employee job crafting, and citizenship behaviors: A cross-level investigation [J]. Cornell Hospitality Quarterly, 2017, 58 (4): 364 – 373.

[329] BAVIK A. A systematic review of the servant leadership literature in management and hospitality [J]. International Journal of Contemporary Hospitality Management, 2020, 32 (1): 347 – 382.

[330] BECK C D. Antecedents of servant leadership: A mixed methods study [J]. Journal of Leadership and Organizational Studies, 2014, 21 (3): 299 – 314.

[331] BÉLANGER J, LÉVESQUE C, JALETTE P, et al. Discretion in employment relations policy among foreign-controlled multinationals in Canada [J]. Human Relations, 2013, 66 (3): 307 – 332.

[332] BELIZÓN M J, GUNNIGLE P, MORLEY M J, et al. Subsidiary autono-

my over industrial relations in Ireland and Spain [J]. European Journal of Industrial Relations, 2014, 20 (3): 237 –254.

[333] BELIZON M J, GUNNIGLE P, MORLEY M. Determinants of central control and subsidiary autonomy in HRM: The case of foreign-owned multinational companies in Spain [J]. Human Resource Management Journal, 2013, 23 (3): 262 –278.

[334] BELL R G, FILATOTCHEV I, AGUILERA R V. Corporate governance and investors' perceptions of foreign IPO value: An institutional perspective [J]. Academy of Management Journal, 2014, 57 (1): 301 –320.

[335] BELL R G, MOORE C B, AL SHAMMARI H A. Country of origin and foreign IPO legitimacy: Understanding the role of geographic scope and insider ownership [J]. Entrepreneurship Theory and Practice, 2008, 32 (1): 185 –202.

[336] BENTLER P M. Comparative fit indices in structural models [J]. Psychological Bulletin, 1990, 107 (2): 238 –246.

[337] BERRONE P, GELABERT L, FOSFURI A. The impact of symbolic and substantive actions on environmental legitimacy [J]. Social Science Electronic Publishing, 2009.

[338] BEUGELSDIJK S, JINDRA B. Product innovation and decision-making autonomy in subsidiaries of multinational companies [J]. Journal of World Business, 2018, 53 (4): 529 –539.

[339] BEUGELSDIJK S, KOSTOVA T, KUNST V E, et al. Cultural distance and firm internationalization: A meta-analytical review and theoretical implications [J]. Journal of Management, 2018, 44 (1): 89 –130.

[340] BHANUGOPAN R, FISH A. Replacing expatriates with local managers: An exploratory investigation into obstacles to localization in a developing country [J]. Human resource development international, 2007, 10 (4): 365 –381.

[341] BIGNÉ E, CURRÁS-PÉREZ R, ALDÁS-MANZANO J. Dual nature of cause-brand fit: Influence on corporate social responsibility consumer perception [J]. European Journal of Marketing, 2012.

[342] BIRKINSHAW J M, MORRISON A J. Configurations of strategy and structure in subsidiaries of multinational corporations [J]. Journal of International Business Studies, 1995, 26 (4): 729 –753.

[343] BIRKINSHAW J M. How multinational subsidiary mandates are gained and lost [J]. Journal of International Business Studies, 1996, 27 (3): 467 –495.

［344］BIRKINSHAW J, HOOD N, JONSSON S. Building firm-specific advantages in multinational corporations: The role of subsidiary initiative［J］. Strategic Management Journal, 1998, 19（1）: 221 – 241.

［345］BIRKINSHAW J, HOOD N. Multinational subsidiary evolution: Capability and charter change in foreign-owned subsidiary companies［J］. Academy of Management Review, 1998, 23（4）: 773 – 795.

［346］BIRKINSHAW J, PEDERSEN T. Strategy and management in MNE subsidiaries.［M］//Rugman A M. Oxford handbook of international business. Oxford: Oxford University Press, 2001: 367 – 389.

［347］BIRKINSHAW J. Entrepreneurship in multinational corporations: The characteristics of subsidiary initiatives［M］//1997: 207 – 229.

［348］BITEKTINE A, HAACK P. The "macro" and the "micro" of legitimacy: Toward a multilevel theory of the legitimacy process［J］. Academy of Management Review, 2015, 40（1）: 49 – 75.

［349］BJÖRKMAN I. Subsidiary power and autonomy: 29th Annual EIBA Conference［C］, Copenhagen, 2003.

［350］BLAU P M. Exchange and power in social life［M］. New York: Wiley, 1964.

［351］BỘCHÍNH TRỊ. Nghị quyết số 50-NQ/TW ngày 20/8/2019 Về định hướng hoàn thiện thể chế, chính sách, nâng cao chất luợng, hiệu quả họp tác đầu tr nước ngoài đến năm 2030［EB/OL］（2019 – 08 – 20）http://tulieuvankien. dangcongsan. vn/he-thong-van-ban/van-ban-cua-dang/nghi-quyet-so-50-nqtw-ngay-2082019-cua-bo-chinh-tri-ve-dinh-huong-hoan-thien-the-che-chinh-sach-nang-cao-chat-luong-hieu-qua-5629.

［352］BỘKẾ HOẠCH VÀĐẦU TƯCỤC ĐẦU TƯNƯỚC NGOÀI. Tình hình thu hút đầu tư'nư'ố'c ngoài năm 2020［EB/OL］.（2020 – 12 – 29）https://dautunuocngoai. gov. vn/tinbai/6318/Tinh-hinh-thu-hut-dau-tu-nuoc-ngoai-nam-2020.

［353］BỘ QUỐC PHÒNG-HỌC VIỆN CHÍNH TRỊ. Mối quan hệ giữ'a xây dụng và bào vệ tổ quốc xã hội chủ nghỉa trongý thức ngư'ời dân việt nam hiện nay［M］. Hà nội: Nhà xuất bàn chính trị quốc gia, 2010.

［354］BOBBIO A, DIERENDONCK D V, MANGANELLI A M. Servant leadership in Italy and its relation to organizational variables［J］. Leadership, 2012, 8（3）: 229 – 243.

[355] BOHLANDER G W, SNELL S A. Managing human resources [M]. 17 ed. Mason, OH: Cengage Learning, 2016.

[356] BOIRAL O, TALBOT D, PAILLÉ P. Leading by Example: A model of organizational citizenship behavior for the environment [J]. Business Strategy and the Environment, 2015, 24 (6): 532 – 550.

[357] BONO J E, JUDGE T A. Core self-evaluations: A review of the trait and its role in job satisfaction and job performance [J]. European Journal of Personality, 2003, 17 (S1): S5 – S18.

[358] BOUZARI M, KARATEPE O M. Test of a mediation model of psychological capital among hotel salespeople [J]. International Journal of Contemporary Hospitality Management, 2017, 29 (8): 2178 – 2197.

[359] BOWMAN S, DUNCAN J, WEIR C. Decision-making autonomy in multinational corporation subsidiaries operating in Scotland [J]. European Business Review, 2000, 12 (3): 129 – 136.

[360] BRANDT W K, HULBERT J M. Patterns of communications in the multinational corporation: An empirical study [J]. Journal of International Business Studies, 1976, 7 (1): 57 – 64.

[361] BREWSTER C, MAYRHOFER W, FARNDALE E. Handbook of research on comparative human resource management [M]. Cheltenham: Edward Elgar Publishing, 2018.

[362] BROOKE M Z. Centralization and autonomy: A study in organization behavior [M]. London: Holt, Rinehart & Winston, 1984.

[363] BROUTHERS K D. Institutional, cultural and transaction cost influences on entry mode choice and performance [J]. Journal of International Business Studies, 2002, 33 (2): 203 – 221.

[364] BRUTON G D, AHLSTROM D. An institutional view of China's venture capital industry: Explaining the differences between China and the West [J]. Journal of Business Venturing, 2003, 18 (2): 233 – 259.

[365] BRUUN O. Business and bureaucracy in a Chinese city, Institute of East Asian Studies [M]. Berkeley: University of California Press, 1993.

[366] BUCKLEY P J, CASSON M C. Analyzing foreign market entry strategies: Extending the internalization approach [J]. Journal of International Business Studies, 1998, 29 (3): 539 – 561.

［367］ BUCKLEY P J, CLEGG J L, CROSS A R, et al. What can emerging markets learn from the outward direct investment policies of advanced countries? ［M］//Sauvant K P, McAllister G, Maschek W A. Foreign direct investment from emerging markets: The challenges ahead. London: Palgrave Macmillan, 2010: 243 – 276.

［368］ BURGELMAN R A. A model of the interaction of strategic behavior, corporate context and the concept of strategy ［J］. Academy of Management Review, 1983, 8 (1): 61 – 70.

［369］ CARNEY M, GEDAJLOVIC E R, HUGENS P P M A, et al. Business group affiliation, performance, context, and strategy: A meta-analysis. ［J］. Academy of Management Journal, 2011, 54 (3): 437 – 460.

［370］ CAVANAGH A, FREEMAN S, KALFADELLIS P, et al. Assigned versus assumed: Towards a contemporary, detailed understanding of subsidiary autonomy ［J］. International Business Review, 2017, 26 (6): 1168 – 1183.

［371］ CAVANAGH A, FREEMAN S. The development of subsidiary roles in the motor vehicle manufacturing industry ［J］. International Business Review, 2012, 21 (4): 602 – 617.

［372］ CHACAR A S, NEWBURRY W, VISSA B. Bringing institutions into performance persistence research: Exploring the impact of product, financial, and labor market institutions ［J］. Journal of International Business Studies, 2010, 41 (7): 1119 – 1140.

［373］ CHAN C M, MAKINO S. Legitimacy and multi-level institutional environments: implications for foreign subsidiary ownership structure ［J］. Journal of International Business Studies, 2007, 38 (4): 621 – 638.

［374］ CHAN S C H, HUANG X, SNAPE E, et al. The Janus face of paternalistic leaders: Authoritarianism, benevolence, subordinates' organization-based self-esteem, and performance ［J］. Journal of Organizational Behavior, 2013, 34 (1): 108 – 128.

［375］ CHANDLER A D J. Strategy and structure: Chapters in the history of the industrial enterprise ［M］. Cambridge: MIT Press, 1962.

［376］ CHANG Y, GONG Y, PENG M W. Expatriate knowledge transfer, subsidiary absorptive capacity, and subsidiary performance ［J］. The Academy of Management Journal, 2012, 55 (4): 927 – 948.

［377］ CHEN C H, WANG Y, CHEN S E, et al. High commitment work system and firm performance: Impact of psychological capital and environmental uncertainty [J]. Asia Pacific Journal of Human Resources, 2019 (5).

[378] CHEN C, VIVIAN C, LI C C. The influence of leader's spiritual values of servant leadership on employee motivational autonomy and eudaemonic well-being [J]. Journal of Religion and Health, 2013, 52 (2): 418 –438.

[379] CHEN H Y, KAO H S. Chinese paternalistic leadership and non-Chinese subordinates' psychological health [J]. International Journal of Human Resource Management, 2009, 20 (12): 2533 –2546.

[380] CHEN M. Inside Chinese business: A guide for managers worldwide [M]. Massachusettes: Harvard Business School Press, 2005.

[381] CHEN X P, EBERLY M B, CHIANG T J, et al. Affective trust in Chinese leaders: Linking paternalistic leadership to employee performance [J]. Journal of Management, 2014, 40 (3): 796 –819.

[382] CHEN Z X, ARYEE S. Delegation and employee work outcomes: An examination of the cultural context of mediating processes in China [J]. The Academy of Management Journal, 2007, 50 (1): 226 –238.

[383] CHEN Z, DAVISON R M, MAO J, et al. When and how authoritarian leadership and leader Renqing orientation influence tacit knowledge sharing intentions [J]. Information & Management, 2018, 55 (7): 840 –849.

[384] CHEN Z, ZHU J, ZHOU M. How does a servant leader fuel the service fire? A multilevel model of servant leadership, individual self identity, group competition climate, and customer service performance. [J]. Journal of Applied Psychology, 2015, 100 (2): 511 –521.

[385] CHENG B S, CHOU L F, WU T Y, et al. Paternalistic leadership and subordinate responses: Establishing a leadership model in Chinese organizations [J]. Asian Journal of Social Psychology, 2004, 7 (1): 89 –117.

[386] CHENG H, YU C J. Institutional pressures and initiation of internationalization: Evidence from Taiwanese small-and medium-sized enterprises [J]. International Business Review, 2008, 17 (3): 331 –348.

[387] CHIANG J T, CHEN X, LIU H, et al. We have emotions but can't show them! Authoritarian leadership, emotion suppression climate, and team performance [J]. Human Relations, 2020: 66349808.

[388] CHIAO Y, YING K. Network effect and subsidiary autonomy in multina-

tional corporations: An investigation of Taiwanese subsidiaries [J]. International Business Review, 2013, 22 (4): 652 – 662.

[389] CHILD J, MARINOVA S. The Role of Contextual Combinations in the Globalization of Chinese Firms [J]. Management & Organization Review, 2014, 10 (03): 347 – 371.

[390] CHILD J, TSAI T. The dynamic between firms' environmental strategies and institutional constraints in emerging economies: Evidence from Mainland and Taiwan [J]. Journal of Management Studies, 2005, 42 (1): 95 – 125.

[391] CHILD J. Organizational Structure, Environment and Performance: The Role of Strategic Choice [J]. Sociology, 1972, 6 (1): 1 – 22.

[392] CHINIARA M, BENTEIN K. Linking servant leadership to individual performance: Differentiating the mediating role of autonomy, competence and relatedness need satisfaction [J]. Leadership Quarterly, 2016, 27 (1): 124 – 141.

[393] CHINIARA M, BENTEIN K. The servant leadership advantage: When perceiving low differentiation in leader-member relationship quality influences team cohesion, team task performance and service OCB [J]. The Leadership Quarterly, 2018, 29 (2): 333 – 345.

[394] CHUGHTAI A A. Servant leadership and follower outcomes: Mediating effects of organizational identification and psychological safety [J]. The Journal of Psychology, 2016, 150 (7): 866 – 880.

[395] CHUGHTAI A, BYRNE M, FLOOD B. Linking ethical leadership to employee well-being: The role of trust in supervisor [J]. Journal of Business Ethics, 2015, 128 (3): 653 – 663.

[396] CHUNG C C, XIAO S S, LEE J Y, et al. The interplay of top-down institutional pressures and bottom-up responses of transition economy firms on FDI entry mode choices [J]. Management International Review, 2016, 56 (5): 699 – 732.

[397] CLEMENS B W, DOUGLAS T J. Understanding strategic responses to institutional pressures [J]. Journal of Business Research, 2005, 58 (9): 1205 – 1213.

[398] COETZER M F. The functions of a servant leader [J]. Administrative Sciences, 2017, 7 (1): 1 – 32.

[399] COEURDEROY R, MURRAY G. Regulatory environments and the location decision: Evidence from the early foreign market entries of new-technology-based firms [J]. Journal of International Business Studies, 2008, 39 (4): 670 – 687.

［400］ COGGINS E D, BOCARNEA M C. The impact of servant leadership to followers' psychological capital: A comparative study of evangelical Christian leader-follower relationships in the United States and Cambodia ［J］. Journal of Leadership, Accountability and Ethics, 2015, 12 (4): 111 – 144.

［401］ COLLINSON S C, WANG R. The evolution of innovation capability in multinational enterprise subsidiaries: Dual network embeddedness and the divergence of subsidiary specialization in Taiwan ［J］. Research Policy, 2012, 41 (9): 1501 – 1518.

［402］ COLLIS D J, MONTGOMERY C A. Competing on resources: Strategy in the 1990s ［J］. Harvard Business Review, 1995, 73 (4): 118 – 128.

［403］ COLLIS D J. A resource-based analysis of global competition: The case of the bearings industry ［J］. Strategic Management Journal, 1991, 12 (S1): 49 – 68.

［404］ COMBS J, KETCHEN D. explainirg interfirm cooperation and performance: Toward a reconciliation of predictions from the resource-based view and organizational economics ［J］. Strategic Management Journal, 1999, 20 (9): 867 – 888.

［405］ COOKE F L, LIN Z. Chinese firms in Vietnam: Investment motives, institutional environment and human resource challenges ［J］. Asia Pacific Journal of Human Resources, 2012, 50 (2): 205 – 226.

［406］ COOKE F L, VEEN A, WOOD G. What do we know about cross-country comparative studies in HRM? A critical review of literature in the period of 2000 – 2014 ［J］. The International Journal of Human Resource Management, 2017, 28 (1): 196 – 233.

［407］ COOKE F L, WOOD G, WANG M, et al. How far has international HRM travelled? A systematic review of literature on multinational corporations (2000 – 2014) ［J］. Human Resource Management Review, 2019, 29 (1): 59 – 75.

［408］ COOKE F L. The globalization of Chinese telecom corporations: Strategy, challenges and HR implications for the MNCs and host countries ［J］. The International Journal of Human Resource Management, 2012, 23 (9): 1832 – 1852.

［409］ COVEY S R. The 7 habits of highly effective families ［M］. New York: St. Martin's Press, 2014.

［410］ CREEVY M F, GOODERHAM P, NORDHAUG O. Human resource management in US subsidiaries in Europe and Australia: centralisation or autonomy ［J］. Journal of International Business Studies, 2008, 39: 151 – 166.

［411］ CRONBACH L J. Coefficient alpha and the internal structure of tests ［J］.

Psychometrika, 1951, 16 (3): 297 – 334.

[412] CUI L, JIANG F. State ownership effect on firms' FDI ownership decisions under institutional pressure: a study of Chinese outward-investing firms [J]. Journal of International Business Studies, 2012, 3 (43): 264 – 284.

[413] CULLEN J B, PARBOTEEAH K P. Multinational management: A strategic approach [M]. 6th ed. South-Western: Cengage Learning, 2014.

[414] DAVIS G F, COBB J A. Resource dependence theory: Past and future [M] //Dobbin F, Schoonhoven C B, Lounsbury M. Stanford's organization theory renaissance, 1970 – 2000. 1st ed. Bingley: Emerald Group Publishing Limited, 2010.

[415] DAVIS P S, DESAI A B, FRANCIS J D. Mode of international entry: An isomorphism perspective [J]. Journal of International Business Studies, 2000, 31 (2): 239 – 258.

[416] D'CRUZ J R. Strategic management of subsidiaries [M] //Etemad H, Dulude L. Managing the multinational subsidiary: Response to environmental changes and to host nation R&D policies. London: Croom Helm, 1986.

[417] De GIOVANNI P. Do internal and external environmental management contribute to the triple bottom line? [J]. International Journal of Operations & Production Management, 2012, 32 (3): 265 – 290.

[418] de JONG G, van DUT V, JINDRA B, et al. Does country context distance determine subsidiary decision-making autonomy? Theory and evidence from European transition economies [J]. International Business Review, 2015, 24 (5): 874 – 889.

[419] de RUBIO A R, KISER A G. Gender and age differences in servant leadership [J]. Academy of Business Research Journal, 2015 (1): 49 – 63.

[420] de SOUSA M J C, van DIERENDONC D. Servant leadership and engagement in a merge process under high uncertainty [J]. Journal of Organizational Change Management, 2014, 27 (6): 877 – 899.

[421] DELANY E. Strategic development of multinational subsidiaries in Ireland [M] //Birkinshaw J, Hood N. Multinational corporate evolution and subsidiary development. New York: St Martins Press, 2000: 239 – 267.

[422] DELIOS A, GAUR A S, MAKINO S. The timing of international expansion: Information, rivalry and imitation among Japanese firms, 1980 – 2002 [J]. Journal of Management Studies, 2008, 45 (1): 169 – 195.

[423] DELIOS A, HENISZ W J. Japanese firms' investment strategies in emer-

ging economies [J]. Academy of Management Journal, 2000, 43 (3): 305 – 323.

[424] DELMAR F, SHANE S. Legitimating first: organizing activities and the survival of new ventures [J]. Journal of Business Venturing, 2004, 19 (3): 385 – 410.

[425] DELMAS M A, TOFFEL M W. Organizational responses to environmental demands: Opening the black box [J]. Strategic Management Journal, 2008, 29 (10): 1027 – 1055.

[426] DENIS D K, MCCONNELL J J. International corporate governance [J]. Journal of Financial and Quantitative Analysis, 2003, 38 (1): 1 – 36.

[427] DENK N, KAUFMANN L, ROESCH J. Liabilities of foreignness revisited: A review of contemporary studies and recommendations for future research [J]. Journal of International Management, 2012, 18 (4): 322 – 334.

[428] DICHTER E. The world customer [J]. Harvard Business Review, 1962, 40 (4): 113 – 122.

[429] DICKMANN M, PARRY E, KESHAVJEE N. Localization of staff in a hostile context: an exploratory investigation in Afghanistan [J]. The International Journal of Human Resource Management, 2019, 30 (11): 1839 – 1867.

[430] DIMAGGIO P J, POWELL W W. The iron cage revisited: Institutional isomorphism and collective rationality in organizational fields [J]. American Sociological Review, 1983, 48 (2): 147 – 160.

[431] DINH J E, LORD R G, GARDNER W L, et al. Leadership theory and research in the new millennium: Current theoretical trends and changing perspectives. [J]. The Leadership Quarterly, 2014, 25 (1): 36 – 62.

[432] ĐỖ T S. Trong bối cành mới, các học giả Việt Nam và Trung Quốc nghiên cứu, thảo luận các vấn để lý luận và thực tiễn của sự hợp tác: "Quan Hệ Việt Nam-Trung Quốc: 25 Năm Bình Thường Hóa Và Triền Vọng" Hội Thảo Quốc Tế [C], Hà Nội, 2016. Viện Hàn Lâm Khoa Học Xã Hội Việt Nam Đai học Công nghiệp Chiết Giang.

[433] DÖRRENBÄCHER C, GEPPERT M. A micro-political perspective on subsidiary initiative taking: Evidence from German-owned subsidiaries in France [J]. European Management Journal, 2009, 27 (2): 100 – 112.

[434] DÖRRENBÄCHER C, GEPPERT M. Subsidiary staffing and initiative-taking in multinational corporations: A socio-political perspective [J]. Personnel Re-

view, 2010, 39 (5): 600 – 621.

[435] DOWLING J, PFEFFER J. Organizational legitimacy: Social values and organizational behavior [J]. Pacific Sociological Review, 1975, 18 (1): 122 – 136.

[436] DOWLING P J, WELCH D E. International human resource management: An Australian perspective [J]. Asia Pacific Journal of Management, 1988, 6 (1): 39 – 65.

[437] DOZ Y L, PRAHALAD C K. Head quarters influence and strategic control in MNCs [J]. Sloan Management Review, 1981, 23 (1): 15 – 30.

[438] DREES J M, HEUGENS P P M A. Synthesizing and extending resource dependence theory: A meta-analysis [J]. Journal of Management, 2013, 39 (6): 1666 – 1698.

[439] DREJER I, JØRGENSEN B H. The dynamic creation of knowledge: Analyzing public-private collaborations [J]. Technovation, 2005, 25 (2): 83 – 94.

[440] DRUCKER P F. Management challenges for the 21st century [M]. New York: Harper Business, 1999.

[441] DUAN J, BAO C, HUANG C, et al. Authoritarian leadership and employee silence in China [J]. Journal of Management & Organization, 2017, 24 (1): 1 – 19.

[442] DUAN J, KWAN H K, LING B. The role of voice efficacy in the formation of voice behaviour: A cross-level examination [J]. Journal of Management & Organization, 2014, 20 (4): 526 – 543.

[443] DUNNING J H. Reappraising the eclectic paradigm in an age of alliance capitalism [J]. Journal of International Business Studies, 1995, 26 (3): 461 – 491.

[444] EDEN L, MILLER S R. Distance matters: Liability of foreignness, institutional distance, and ownership strategy. [J]. Advances in International Management, 2004 (16): 187 – 221.

[445] EDWARDS R, AHMAD A, MOSS S. Subsidiary autonomy: The case of multinational subsidiaries in Malaysia [J]. Journal of International Business Studies, 2002, 33 (1): 183 – 191.

[446] EDWARDS T, KURUVILLA S. International HRM: National business systems, organizational politics and the international division of labour in MNCs [J]. International Journal of Human Resource Management, 2005, 16 (1): 1 – 21.

[447] EDWARDS T, TREGASKIS O, COLLINGS D, et al. Control overemploy-

ment practice in multi nationals: Subsidiary functions, corporate structures, and national systems [J]. ILR Review, 2013, 66 (3): 670 – 695.

[448] EFRON B, TIBSHIRANI R. An introduction to the bootstrap [M]. New York: Chapman & Hall, 1994.

[449] EFRON B. Nonparametric estimates of standard errors and confidence intervals [J]. Canadian Journal of Statistics, 1980, 9 (2): 139 – 158.

[450] EISENHARDT K M. Building theories from case study research [J]. Academy of Management Review, 1989, 14 (4): 532 – 550.

[451] ELSBACH K D. Managing organizational legitimacy in the California cattle industry: The construction and effectiveness of verbal accounts [J]. Administrative Science Quarterly, 1994, 39 (1): 57 – 88.

[452] EMERSON R M. Power-dependence relations: Two experiments [J]. American Sociological Review, 1964, 27 (3): 31 – 41.

[453] ERDENER C, SHAPIRO D M. The internationalization of Chinese family enterprises and Dunning's eclectic MNE paradigm [J]. Management and Organization Review, 2005, 1 (3): 411 – 436.

[454] ERDENER C, TORBIÖRN I. A transaction costs perspective on international staffing patterns: Implications for firm performance [J]. Management International Review, 1999, 39 (3): 89 – 106.

[455] ESTEBAN-LLORET N N, ARAGÓN-SÁNCHEZ A, CARRASCO-HERNÁNDEZ A. Determinants of employee training: impact on organizational legitimacy and organizational performance [J]. The International Journal of Human Resource Management, 2018, 29 (6): 1208 – 1229.

[456] EVA N, ROBIN M, SENDJAYA S, et al. Servant Leadership: A systematic review and call for future research [J]. The Leadership Quarterly, 2019, 30 (1): 111 – 132.

[457] FAHY J, HOOLEY G, COX T, et al. The development and impact of marketing capabilities in Central Europe [J]. Journal of International Business Studies, 2000, 31 (1): 63 – 81.

[458] FAHY J. A resource-based analysis of sustainable competitive advantage in a global environment [J]. International Business Review, 2002, 11 (1): 57 – 77.

[459] FAN D, CUI L, LI Y, et al. Localized learning by emerging multinational enterprises in developed host countries: A fuzzy-set analysis of Chinese foreign direct in-

vestment in Australia ［J］. International Business Review, 2016, 25 （1）: 187 – 203.

［460］ FAN D, XIA J, ZHANG M M, et al. The paths of managing international human resources of emerging market multinationals: Reconciling strategic goal and control means ［J］. Human Resource Management Review, 2016, 26 （4）: 298 – 310.

［461］ FAN D, ZHANG M M, ZHU C J. International human resource management strategies of Chinese multinationals operating abroad ［J］. Asia Pacific Business Review, 2013, 19 （4）: 526 – 541.

［462］ FARNDALE E, SCULLION H, SPARROW P. The role of the corporate HR function in global talent management ［J］. Journal of World Business, 2010, 45 （2）: 161 – 168.

［463］ FAYERWEATHER J. International business management: A conceptual framework ［M］. New York: McGraw Hill, 1969.

［464］ FEINBERG S E, GUPTA A K. MNC subsidiaries and country risk: Internalization as a safeguard against weak external institutions ［J］. Academy of Management Journal, 2009, 52 （2）: 381 – 399.

［465］ FEINBERG S E. Do world product mandates really matter? ［J］. Journal of International Business Studies, 2000, 31 （1）: 155 – 167.

［466］ FENTON-O'CREEVY M, GOODERHAM P, NORDHAUG O. Human resource management in US subsidiaries in Europe and Australia: Centralisation or autonomy ［J］. Journal of International Business Studies, 2008, 39: 151 – 166.

［467］ FERNER A, ALMOND P, CLARK I, et al. The dynamics of central control and subsidiary autonomy in the management of human resources: Case-study evidence from US MNCs in the UK ［J］. Organization Studies, 2004, 25 （3）: 363 – 391.

［468］ FERNER A, BÉLANGER J, TREGASKIS O, et al. U. S. multinationals and the control of subsidiary employment policies ［J］. IILR Review, 2013, 66 （3）: 645 – 669.

［469］ FERNER A, TREGASKIS O, EDWARDS P, et al. HRM structures and subsidiary discretion in foreign multinationals in the UK ［J］. The International Journal of Human Resource Management, 2011, 22 （3）: 483 – 509.

［470］ FERNER A. Country of origin effects and HRM in multinational companies ［J］. Human Resource Management Journal, 2007, 7 （1）: 19 – 37.

［471］ FERRERO J M, SÁNCHEZ I M G. Sustainability assurance and cost of capital: Does assurance impact on credibility of corporate social responsibility information? [J]. Business Ethics A European Review, 2017, 26 (3): 223 –239.

[472] FLYNN C B, SMITHER J W, WALKER A G. Exploring the relationship between leaders' core self-evaluations and subordinates' perceptions of servant leadership: A field study [J]. Journal of Leadership and Organizational Studies, 2016, 23 (3): 260 –271.

[473] FOSS N J, PEDERSEN T. Organizing knowledge processes in the multinational corporation: An introduction [J]. Journal of International Business Studies, 2004, 35 (5): 340 –349.

[474] FREEMAN J, HANNAN M T. Setting the record straight on organizational ecology: Rebuttal to young [J]. American Journal of Sociology, 1989, 95 (2): 425 –439.

[475] FRIEDMAN E, JOHNSON S, MITTON T. Propping and tunneling [J]. Journal of Comparative Economics, 2003, 31 (4): 732 –750.

[476] FROST T S, BIRKINSHAW J M, ENSIGN P C. Centers of excellence in multinational corporations [J]. Strategic Management Journal, 2002, 23 (11): 997 –1018.

[477] FRYXELL G E, BUTLER J, CHOI A. Successful localization programs in China: An important element in strategy implementation [J]. Journal of World Business, 2004, 39 (3): 268 –282.

[478] GAMMELGAARD J, MCDONALD F, STEPHAN A, et al. The impact of increases in subsidiary autonomy and network relationships on performance [J]. International Business Review, 2012, 21 (6): 1158 –1172.

[479] GAMMELGAARD J, MCDONALD F, TÜSELMANN H, et al. Effective autonomy, organizational relationships and skilled jobs in subsidiaries [J]. Management Research Review, 2011, 34 (4): 366 –385.

[480] GAO G, MURRAY J, KOTABE M, et al. A "strategy tripod" perspective on export behaviors: Evidence from domestic and foreign firms based in an emerging economy [J]. Journal of International Business Studies, 2010, 41 (6): 1090 –1091.

[481] GARCÍA-CANAL E, GUILLÉN M F. Risk and the strategy of foreign location choice in regulated industries [J]. Strategic Management Journal, 2008, 29 (10): 1097 –1115.

[482] GARNIER G H. Context and decision making autonomy in the foreign affiliates of U. S. multinational corporations [J]. Academy of Management Journal, 1982, 25 (4): 893 –908.

［483］GATES S R, EGELHOFF W G. Centralization in headquarters-subsidiary relationships ［J］. Journal of International Business Studies, 1986, 17 (2): 71 – 92.

［484］GAUR A S, DELIOS A, SINGH K. Institutional environments, staffing strategies, and subsidiary performance. ［J］. Journal of Management, 2007, 33 (4): 611 – 636.

［485］GAUR A S, KUMAR V, SINGH D. Institutions, resources, and internationalization of emerging economy firms ［J］. Journal of World Business, 2014, 49 (1): 12 – 20.

［486］GAUR A S, LU J W. Ownership strategies and survival of foreign subsidiaries: Impacts of institutional distance and experience ［J］. Journal of Management, 2007, 33 (1): 84 – 110.

［487］GAUR A S, MA X, DING Z. Home country supportiveness/unfavorableness and outward foreign direct investment from China ［J］. Journal of International Business Studies, 2018, 49 (3): 324 – 345.

［488］GEORGE B. Discover your true north ［M］. US: Wiley Online Library, 2015.

［489］GHOSHAL S, BARTLETT C A. Creation, adoption, and diffusion of innovations by subsidiaries of multinational corporations ［J］. Journal of International Business Studies, 1988, 19 (3): 365 – 388.

［490］GHOSHAL S, BARTLETT C A. The multinational corporation as an interorganizational network ［J］. Academy of Management Review, 1990, 15 (4): 603 – 625.

［491］GIAMMANCO M D, GITTO L. Health expenditure and FDI in Europe ［J］. Economic Analysis & Policy, 2019, 62: 255 – 267.

［492］GLOBERMAN S, SHAPIRO D. Governance infrastructure and US foreign direct investment ［J］. Journal of International Business Studies, 2003, 34 (1): 19 – 39.

［493］GOLANT B D, SILLINCE J A A. The constitution of organizational legitimacy: A narrative perspective ［J］. Organization Studies, 2007, 28 (8): 1149 – 1167.

［494］GOODSTEIN J D. Institutional pressures and strategic responsiveness: Employer involvement in work-family issues ［J］. Academy of Management Journal, 1994, 37 (2): 350 – 382.

［495］GOPINATH R. Employees' emotions in workplace ［J］. Research Journal of Business Management, 2011, 5 (1): 1 – 15.

［496］GOULDNER A W. The norm of reciprocity: A preliminary statement ［J］.

American Sociological Review, 1960, 25: 161 –178.

[497] GRANOVETTER M. Economic action and social structure: The problem of embeddedness [J]. American Journal of Sociology, 1985, 91 (3): 481 –510.

[498] GRANT R M. The resource-based theory of competitive advantage: Implications for strategy formulation [J]. California Management Review, 1991, 33 (3): 114 –135.

[499] GREENBERG J. Creating unfairness by mandating fair procedures: The hidden hazards of a pay-for-performance plan [J]. Human Resource Management Review, 2003, 13 (1): 41 –57.

[500] GREENLEAF R K. The servant as leader [M]. New York: Greenleaf Center for Servant-leadership, 1970.

[501] GREWAL R, DHARWADKAR R. The role of the institutional environment in marketing channels [J]. Journal of Marketing, 2002, 66 (3): 82 –97.

[502] GROVES R M, FOWLER F J, COUPER M P, et al. Survey methodology [M]. Hoboken, NJ: John Wiley & Sons, 2009.

[503] GRÜNHAGEN M, WOLLAN M L, DADA O L, et al. The moderating influence of HR operational autonomy on the entrepreneurial orientation-performance link in franchise systems [J]. International Entrepreneurship and Management Journal, 2014, 10 (4): 827 –844.

[504] GU Q, HEMPEL P S, YU M. Tough love and creativity: How authoritarian leadership tempered by benevolence or morality influences employee creativity [J]. British Journal of Management, 2020, 31 (2): 305 –324.

[505] GULATI R, SYTCH M. Dependence asymmetry and joint dependence in inter-organizational relationships: Effects of embeddedness on a manufacturer's performance in procurement relationships [J]. Administrative Science Quarterly, 2007, 52: 32 –69.

[506] GUPTA A K, GOVINDARAJAN V. Knowledge flows and the structure of control within multinational corporations [J]. Academy of Management Review, 1991, 16 (4): 768 –792.

[507] HAKALA H, SIRÉN C, WINCENT J. Entrepreneurial orientation and international new entry: The moderating role of autonomy and structures in subsidiaries [J]. Journal of Small Business Management, 2016, 54: 90 –112.

[508] HAN S. Mimetic isomorphism and its effect on the audit services market

[J]. Social Forces, 1994, 73 (2): 637 – 664.

[509] HAN Y, KAKABADSE N K, KAKABADSE A. Servant leadership in the People's Republic of China: A case study of the public sector [J]. Journal of Management Development, 2010, 29 (3): 265 – 281.

[510] HANNAY M. The cross-cultural leader: The application of servant leadership theory in the international context [J]. Journal of International Business and cultural Studies, 2007, 23 (3): 34 – 49.

[511] HANSE J J, HARLIN U, JAREBRANT C, et al. The impact of servant leadership dimensions on leader-member exchange among health care professionals [J]. Journal of Nursing Management, 2016, 24 (2): 228 – 234.

[512] HARMS P D, WOOD D, LANDAY K, et al. Autocratic leaders and authoritarian followers revisited: A review and agenda for the future [J]. The Leadership Quarterly, 2018, 29 (1): 105 – 122.

[513] HARZING A K. Managing the multinationals: An international study of control mechanisms [M]. Cheltenham: Elgar, 1999.

[514] HAVEMAN H A. Follow the leader: Mimetic isomorphism and entry into new markets [J]. Administrative Science Quarterly, 1993, 38 (4): 593 – 627.

[515] HAYES A F. Beyond Baron and Kenny: Statistical mediation analysis in the new millennium [J]. Communication Monographs, 2009, 76 (4): 408 – 420.

[516] HAYNES S N, RICHARD D C S, KUBANY E S. Content validity in psychological assessment: A functional approach to concepts and methods. [J]. Psychological Assessment, 1995, 7 (3): 238 – 247.

[517] HEDLUND G. Autonomy of subsidiaries and formalization of headquarters subsidiary relationships in Swedish MNCs [M] //Otterbeck L. The management of headquarters-subsidiary relationships in multinational corporations. New York: St Martin's Press, 1981: 25 – 78.

[518] HELFAT C E, PETERAF M A. The dynamic resource-based view: Capability lifecycles [J]. Strategic Management Journal, 2003, 24 (10): 997 – 1010.

[519] HEMMERT M, LIM C, KIM S. What drives the R&D capacity growth of foreign subsidiaries? A study of MNE subsidiaries in Korea [J]. Asian Journal of Technology Innovation, 2015, 23 (2): 121 – 139.

[520] HENISZ W J, DELIOS A. Learning about the institutional environment [M] //Silverman B S, Cusumano M A, Kahl S J. Advances in strategic manage-

ment. New York: JAI Press, 2002: 339 – 372.

[521] HENISZ W J. The institutional environment for multinational investment [J]. Journal of Law Economics & Organization, 2000, 16 (2): 334 – 364.

[522] HENNART J, SLANGEN A H. Yes, we really do need more entry mode studies! A commentary on Shaver [J]. Journal of International Business Studies, 2015, 46 (1): 114 – 122.

[523] HESSELS J, TERJESEN S. Resource dependency and institutional theory perspectives on direct and indirect export choices [J]. Small Business Economics, 2010, 34 (2): 203 – 220.

[524] HILLMA A J, WITHER M C, COLLINS B J. Resource dependence theory: A review [J]. Journal of Management, 2009, 35 (6): 1404 – 1427.

[525] HILLMAN A J, WAN W P. The determinants of MNE subsidiaries' political strategies: evidence of institutional duality [J]. Journal of International Business Studies, 2005, 36 (3): 322 – 340.

[526] HININGS C R, THIBAULT L, SLACK T, et al. Values and organizational structure [J]. Human Relations, 1996, 49 (7): 885 – 916.

[527] HIRSCH P M. Sociology without social structure: Neo-instituional theory meets brave new world [J]. American Journal of Sociology, 1997, 102 (6): 1702 – 1723.

[528] HITOTSUYANAGI-HANSEL A, FROESE F J, PAK Y S. Lessening the divide in foreign subsidiaries: The influence of localization on the organizational commitment and turnover intention of host country nationals [J]. International Business Review, 2016, 25 (2): 569 – 578.

[529] HOCH J E, BOMMER W H, DULEBOHN J H, et al. Do ethical, authentic, and servant leadership explain variance above and beyond transformational leadership? A meta-analysis [J]. Journal of Management, 2018, 44 (2): 501 – 529.

[530] HODGETTS R M, LUTHANS F. International management: Culture, strategy and behavior [M]. 4th ed. Irwin Professional Pub, 2000: 132 – 133.

[531] HOFSTEDE G H. Culture's consequences: Comparing values, behaviors, institutions, and organizations across nations [M]. 2nd ed. Thousand Oaks, Calif: Sage Publications, 2001.

[532] HOFSTEDE G. Dimension data matrix [EB/OL]. (2015 – 12 – 08) https://geerthofstede.com/research-and-vsm/dimension-data-matrix/.

[533] HOGUE M. Gender bias in communal leadership: examining servant lead-

ership [J]. Journal of Managerial Psychology, 2016, 31 (4): 837 – 849.

[534] HỘI ĐỒNG CẠNH TRANH VIỆT NAM. Luật Cạnh tranh 2018 [EB/
OL]. (2018 – 06 – 12) http: //www. hoidongcanhtranh. gov. vn/default. aspx? page =
document&do = detail&type = legal&field_ id = 1&id = 20.

[535] HOLBURN G L F, ZELNER B A. Political capabilities, policy risk, and
international investment strategy: Evidence from the global electric power generation in-
dustry [J]. Strategic Management Journal, 2010, 31 (12): 1290 – 1315.

[536] HOLM U, PEDERSEN T. The emergence and impact of MNC centers of
excellence: A subsidiary perspective [M]. London: Macmillan, 2000.

[537] HOOD N, TAGGART J H. Subsidiary development in German and Japa-
nese manufacturing subsidiaries in the British Isles [J]. Regional Studies, 1999, 33
(6): 513 – 528.

[538] HORSMAN J H. Perspectives of servant-leadership and spirit in organiza-
tions [D]. Gonzaga University, 2001.

[539] HORWITZ F, BUDHWAR P, MORLEY M J. Future trends in human re-
source management in emerging markets [M] //Handbook of human resource manage-
ment in emerging markets. Cheltenham: Edward Elgar Publishing, 2015.

[540] HORWITZ F. International HRM in South African multinational companies
[J]. Journal of International Management, 2017, 23 (2): 208 – 222.

[541] HOSKISSON R E, WRIGHT M, FILATOTCHEV I, et al. Emerging mul-
tinationals from mid-range economies: The influence of institutions and factor markets
[J]. Journal of Management Studies, 2013, 50 (7): 1295 – 1321.

[542] HOUSE R J. Path-goal theory of leadership: Lessons, legacy, and a re-
formulated theory [J]. The Leadership Quarterly, 1996, 7 (3): 323 – 352.

[543] HSIAO C, LEE Y, CHEN W. The effect of servant leadership on custom-
er value co-creation: A cross-level analysis of key mediating roles [J]. Tourism Man-
agement, 2015, 49 (8): 45 – 57.

[544] HU J, LIDEN R C. Antecedents of team potency and team effectiveness:
An examination of goal and process clarity and servant leadership. [J]. Journal of Ap-
plied Psychology, 2011, 96 (4): 851 – 862.

[545] HUANG J, LI W, QIU C, et al. The impact of CEO servant leadership
on firm performance in the hospitality industry [J]. International Journal of Contempo-

rary Hospitality Management, 2016, 28 (5): 945 – 968.

[546] HULBERT J M, BRANDT W K, RICHERS R. Marketing planning in the multinational subsidiary: Practices and problems [J]. Journal of Marketing, 1980, 44 (3): 7 – 16.

[547] HUNTER E M, NEUBERT M J, PERRY S J, et al. Servant leaders inspire servant followers: Antecedents and outcomes for employees and the organization [J]. The Leadership Quarterly, 2013, 24 (2): 316 – 331.

[548] HUSTED B W, MONTIEL I, CHRISTMANN P. Effects of local legitimacy on certification decisions to global and national CSR standards by multinational subsidiaries and domestic firms [J]. Journal of International Business Studies, 2016, 47 (3): 382 – 397.

[549] HYMER S H. The international operations of national firms: A study of direct foreign investment [M]. Cambridge, MA: M. I. T. Press, 1976: 103 – 104.

[550] ITO K, FUKAO K. Determinants of the profitability of japanese manufacturing affiliates in china and other regions: Does localization of procurement, sales and management matter? [J]. The World Economy, 2010, 33 (12): 1639 – 1671.

[551] JAMALI D. MNCs and international accountability standards through an institutional lens: Evidence of symbolic conformity or decoupling [J]. Journal of Business Ethics, 2010, 95 (4): 617 – 640.

[552] JARAMILLO F, BANDE B, VARELA J. Servant leadership and ethics: A dyadic examination of supervisor behaviors and salesperson perceptions [J]. Journal of Personal Selling & Sales Management, 2015, 35 (2): 108 – 124.

[553] JARILLO J C, MARTÍNEZ J I. Different roles for subsidiaries: The case of multinational corporations in Spain [J]. Strategic Management Journal, 1990, 11 (7): 501 – 512.

[554] JAWAHAR I M, MCLAUGHLIN G L. Toward a descriptive stakeholder theory: An organizational life cycle approach [J]. Academy of Management Review, 2001, 26 (3): 397 – 414.

[555] JEONG I, LEE J, KIM E. Determinants of brand localization in international markets [J]. Service Business, 2019, 13 (1): 75 – 100.

[556] JEPPERSON R L. Institutions, institutional effects and institutionalism [M] //Powell W W, Dimaggio P J. The new institutionalism in organizational analysis. Chicago: University of Chicago Press, 1991: 143 – 163.

［557］JIMÉNEZ A, DELGADO-GARCÍA J B. Proactive management of political risk and corporate performance: The case of Spanish multinational enterprises ［J］. International Business Review, 2012, 21 (6): 1029 - 1040.

［558］JOHANSON J, VAHLNE J. The internationalization process of the firm: A model of knowledge development and increasing foreign market commitments ［J］. Journal of International Business Studies, 1977, 8 (1): 23 - 32.

［559］JOHNSON C E. Meeting the ethical challenges of leadership: Casting light or shadow ［M］. 5th ed. Thousand Oaks, CA: Sage Publications, 2015.

［560］JOHNSON C, DOWD T J, RIDGEWAY C L. Legitimacy as a social process ［J］. Annual Review of Sociology, 2006, 32 (1): 53 - 78.

［561］JOHNSON G, SCHOLES K, WHITTINGTON R. Exploring corporate strategy ［M］. 7th ed. Mateu Cromo: Pearson Education, 2005.

［562］JOHNSON S, La PORTA R, LOPEZ-DE-SILANES F, et al. Tunneling ［J］. American Economic Review, 2000, 90 (2): 22 - 27.

［563］JOHRI L M, PETISON P. Value-based localization strategies of automobile subsidiaries in Thailand ［J］. International Journal of Emerging Markets, 2008, 3 (2): 140 - 162.

［564］JONESDAY. Vietnam Directs Divestment of State-Owned Enterprises ［EB/OL］. (2017 - 10 - 01) https://www.jonesday.com/en/insights/2017/10/vietnam-directs-divestment-of-state-owned-enterprises? RSS = true.

［565］KAMOCHE K, SIEBERS L Q, MAMMAN A, et al. The dynamics of managing people in the diverse cultural and institutional context of Africa ［J］. Personnel Review, 2015, 44 (3): 330 - 345.

［566］KARAM C M, RALSTON D A, EGRI C P, et al. Perceptions of the ethicality of favors at work in Asia: An 11-society assessment ［J］. Asia Pacific Journal of Management, 2013, 30 (2): 373 - 408.

［567］KATZ D, KAHN R L. The social psychology of organizations ［M］. New York: John Wiley & Sons, 1966.

［568］KAWAI N, STRANGE R. Subsidiary autonomy and performance in Japanese multinationals in Europe ［J］. International Business Review, 2014, 23 (3): 504 - 515.

［569］KETTENI E, KOTTARIDI C. The impact of regulations on the FDI-growth nexus within the institution-based view: A nonlinear specification with varying coefficients [J]. International Business Review, 2019, 28 (3): 415 –427.

[570] KEUPP M M, PALMIÉ M, GASSMANN O. Achieving subsidiary integration in international innovation by managerial "tools" [J]. MIR: Management International Review, 2011, 51 (2): 213 –239.

[571] KHAN S A, LACITY M C. Organizational responsiveness to anti-offshoring institutional pressures [J]. Journal of Strategic Information Systems, 2014, 23 (3): 190 –209.

[572] KIAZAD K, RESTUBOG S L D, ZAGENCZYK T J, et al. In pursuit of power: The role of authoritarian leadership in the relationship between supervisors' Machiavellianism and subordinates' perceptions of abusive supervisory behavior [J]. Journal of Research in Personality, 2010, 44 (4): 512 –519.

[573] KIM B, KIM G. Determinants of the level of foreign subsidiaries' localization of Korean MNCs and performance in China focused on multi-level factors and non-linear effects [J]. JOURNAL OF KOREA TRADE, 2017, 21 (1): 2 –21.

[574] KIM U, HWANG K, YANG K. Indigenous and cultural psychology: Understanding people in context [M]. 2006.

[575] KISS A N, DANIS W M, CAVUSGIL S T. International entrepreneurship research in emerging economies: A critical review and research agenda [J]. Journal of Business Venturing, 2012, 27 (2): 266 –290.

[576] KLOSSEK A, LINKE B M, NIPPA M. Chinese enterprises in Germany: Establishment modes and strategies to mitigate the liability of foreignness [J]. Journal of World Business, 2012, 47 (1): 35 –44.

[577] KOELLINGER P. The Relationship between technology, innovation, and firm performance: Empirical evidence on e-business in europe [J]. Research Policy, 2008, 37 (8): 1317 –1328.

[578] KOLK A, LINDEQUE J, van den BUUSE D. Regionalization strategies of European Union electric utilities [J]. British Journal of Management, 2014, 25 (S1): S77 –S99.

[579] KOO H, KOO H, PARK C, et al. Foundation of leadership in Asia: Leader characteristics and leadership styles review and research agenda [J]. Asia Pacific Journal of Management, 2018, 35 (3): 697 –718.

[580] KOSTER F, WITTEK R. Competition and constraint economic globalization and human resource practices in 23 European countries [J]. Employee Relations,

2016, 38 (2): 286 – 303.

[581] KOSTOVA T, BEUGELSDIJK S, SCOTT W R, et al. The construct of institutional distance through the lens of different institutional perspectives: Review, analysis, and recommendations [J]. Journal of International Business Studies, 2019.

[582] KOSTOVA T, ROTH K, DACIN M T. Institutional theory in the study of multinational corporations: A critique and new directions [J]. The Academy of Management Review, 2008, 33 (4): 994 – 1006.

[583] KOSTOVA T, ROTH K. Adoption of an organizational practice by subsidiaries of multinational corporations: Institutional and relational effects [J]. Academy of Management Journal, 2002, 45 (1): 215 – 233.

[584] KOSTOVA T, ZAHEER S. Organizational legitimacy under conditions of complexity: The case of the multinational enterprise [J]. Academy of Management Review, 1999, 24 (1): 64 – 81.

[585] KOSTOVA T. Success of the transnational transfer of organizational practices within multinational companies [D]. Minnesota: University of Minnesota, 1996.

[586] KOSTOVA T. Transnational transfer of strategic organizational practices: A contextual perspective [J]. Academy of Management Review, 1999, 24 (2): 308 – 324.

[587] KOYUNCU M, BURKE R J, ASTAKHOVA M, et al. Servant leadership and perceptions of service quality provided by front-line service workers in hotels in Turkey: Achieving competitive advantage [J]. International Journal of Contemporary Hospitality Management, 2014, 26 (7): 1083 – 1099.

[588] KROG C L, GOVENDER K. The relationship between servant leadership and employee empowerment, commitment, trust and innovative behavior: A project management perspective [J]. SA Journal of Human Resource Management, 2015, 13 (1): 1 – 12.

[589] KUBNY J, VOSS H. Benefitting from Chinese FDI? An assessment of vertical linkages with Vietnamese manufacturing firms [J]. International Business Review, 2014, 23 (4): 731 – 740.

[590] KWAK W J, KIM H. Servant leadership and customer service quality at Korean hotels: Multilevel organizational citizenship behavior as a mediator [J]. Social Behavior and Personality: An International Journal, 2015, 43 (8): 1287 – 1298.

[591] KYNIGHOU A. Variations in corporate influence over HRM between the early and later stages in the life of foreign subsidiaries [J]. The International Journal

of Human Resource Management, 2014, 25 (1): 113 – 132.

[592] LACROIX M, VERDORFER A P. Can servant leaders fuel the leadership fire? The relationship between servant leadership and followers' leadership avoidance [J]. Administrative Sciences, 2017, 7 (1): 1 – 11.

[593] LAHIRI S, MUKHERJEE D, PENG M W. Behind the internationalization of family SMEs: A strategy tripod synthesis [J]. Global Strategy Journal, 2020 (3): 1 – 50.

[594] LAM S S K, YEUNG J C K. Staff localization and environmental uncertainty on firm performance in China [J]. Asia Pacific Journal of Management, 2010, 27 (4): 677 – 695.

[595] LAMIN A, ZAHEER S. Wall Street vs. Main Street: Firm strategies for defending legitimacy and their impact on different stakeholders [J]. Organization Science, 2012, 23 (1): 47 – 66.

[596] LAPOINTE É, VANDENBERGHE C. Examination of the relationships between servant leadership, organizational commitment, and voice and antisocial behaviors [J]. Journal of Business Ethics, 2018, 148 (1): 99 – 115.

[597] LATUKHA M, MALKO K. Westernization or localization of human resource management practices in CIS countries-Evidence from Kazakh firms [J]. International Journal of Emerging Markets, 2019, 14 (3): 385 – 409.

[598] LAVIE D. The competitive advantage of interconnected firms: An extension of the resource-based view [J]. Academy of Management Review, 2006, 31 (3): 638 – 658.

[599] LAW K S, SONG L J, WONG C, et al. The antecedents and consequences of successful localization [J]. Journal of International Business Studies, 2009, 40 (8): 1359 – 1373.

[600] LAW K S, WONG C, WANG K D. An empirical test of the model on managing the localization of human resources in the People's Republic of China [J]. The International Journal of Human Resource Management, 2004, 15 (4 – 5): 635 – 648.

[601] LAZAROVA M, PERETZ H, FRIED Y. Locals know best? Subsidiary HR autonomy and subsidiary performance [J]. Journal of World Business, 2017, 52 (1): 83 – 96.

[602] LEE A, LEGOOD A, HUGHES D, et al. Leadership, creativity and in-

novation: A meta-analytic review [J]. European Journal of Work and Organizational Psychology, 2020, 29 (1): 1 – 35.

[603] LEE J A. Cultural analysis in overseas operations [J]. Harvard Business Review, 1965, 44 (2): 56 – 72.

[604] LEE J X, SHI H. An empirical study of subsidiary autonomy on subsidiary performance: Evidence from Korean firms in Easter Coastal of China [J]. Korean-Chinese Social Science Studies, 2015, 13 (4): 211 – 228.

[605] LEGATSKY T. Virtual adoptions of innovations: Expanding the institutional dichotomy: Paper presented at the Academy of Management Annual Meeting [C], Cincinnati, OH. , 1996.

[606] LENGNICK-HALL M L, LENGNICK-HALL C A, ANDRADE L S, et al. Strategic human resource management: The evolution of the field [J]. Human Resource Management Review, 2009, 19 (2): 64 – 85.

[607] LEUNG K, BHAGAT R S, BUCHAN N R, et al. Culture and international business: Recent advances and their implications for future research [J]. Journal of International Business Studies, 2005, 36 (4): 357 – 378.

[608] LEWIN K, LIPPITT R. An experimental approach to the study of autocracy and democracy: A preliminary note [J]. Sociometry, 1938, 1 (3 – 4): 292 – 300.

[609] LI C J, LEE P, LIOU J J H. Exploring the staff localization of Taiwanese MNC subsidiaries in China: Effects of size, operation time, location, and local-market focus [J]. Journal of Business Research, 2018, 88: 20 – 27.

[610] LI F, DING D Z. The effect of institutional isomorphic pressure on the internationalization of firms in an emerging economy: Evidence from China [J]. Asia Pacific Business Review, 2013, 19 (4): 506 – 525.

[611] LI J J, POPPO L, ZHOU K Z. Do managerial ties in china always produce value? Competition, uncertainty, and domestic vs. foreign firms [J]. Strategic Management Journal, 2008, 29 (4): 383 – 400.

[612] LI J, YANG J Y, YUE D R. Identity, community, and audience: How wholly owned foreign subsidiaries gain legitimacy in China [J]. The Academy of Management Journal, 2007, 50 (1): 175 – 190.

[613] LI J, YAO F K. The role of reference groups in international investment decisions by firms from emerging economies [J]. Journal of International Management, 2010, 16 (2): 143 – 153.

[614] LI R, CHEN Z, ZHANG H, et al. How do authoritarian leadership and abusive supervision jointly thwart follower proactivity: A social control perspective [J]. Journal of Management, 2019 (10): 149 – 206.

[615] LI X, LIU X, THOMAS H. Market orientation, embeddedness and the autonomy and performance of multinational subsidiaries in an emerging economy [J]. Management International Review, 2013, 53 (6): 869 – 897.

[616] LI X, QIN X, JIANG K, et al. Human resource practices and firm performance in China: The moderating roles of regional human capital quality and firm innovation strategy [J]. Management and Organization Review, 2015, 11 (2): 237 – 261.

[617] LI Y, SUN J. Traditional Chinese leadership and employee voice behavior: A cross-level examination [J]. Leadership Quarterly, 2015, 26 (2): 172 – 189.

[618] LIANG H, SARAF N, XUE H Y. Assimilation of enterprise systems: The effect of institutional pressures and the mediating role of top management [J]. MIS Quarterly, 2007, 31 (1): 59 – 87.

[619] LIANG S, LING H, HSIEH S. The mediating effects of leader-member exchange quality to influence the relationships between paternalistic leadership and organizational citizenship behaviors [J]. Journal of American Academy of Business, 2007, 10 (2): 127 – 138.

[620] LIDEN R C, WAYNE S J, HAO Z, et al. Servant leadership: Development of a multidimensional measure and multi-level assessment [J]. Leadership Quarterly, 2008, 19 (2): 161 – 177.

[621] LIDEN R C, WAYNE S J, LIAO C, et al. Servant leadership and serving culture: Influence on individual and unit performance [J]. Academy of Management Journal, 2014, 57 (5): 1434 – 1452.

[622] LIDEN R C, WAYNE S J, MEUSER J D, et al. Servant leadership: Validation of a short form of the SL-28 [J]. The Leadership Quarterly, 2015, 26 (2): 254 – 269.

[623] LIKERT R. The human organization: Its management and values [M]. New York: McGraw-Hill, 1967.

[624] LING Q, LIN M, WU X. The trickle-down effect of servant leadership on frontline employee service behaviors and performance: A multilevel study of Chinese hotels [J]. Tourism Management, 2016, 52 (FEB.): 341 – 368.

［625］LING Q，LIU F，WU X. Servant versus authentic leadership：Assessing effectiveness in china's hospitality industry ［J］. Cornell Hospitality Quarterly，2017，58（1）：53 – 68.

［626］LINUESA-LANGREO J，RUIZ-PALOMINO P，ELCHE-HORTELANO D. Integrating servant leadership into managerial strategy to build group social capital：The mediating role of group citizenship behavior ［J］. Journal of Business Ethics，2018，152（4）：899 – 916.

［627］LINUESA-LANGREO J，RUIZ-PALOMINO P，ELCHE-HORTELANO D. New strategies in the new millennium：Servant leadership as enhancer of service climate and customer service performance ［J］. Frontiers in Psychology，2017，8：766 – 786.

［628］LIU P，WANG H. Study on authoritarian leader-member relationship ［J］. Journal of US-China Public Administration，2015，12（4）：304 – 313.

［629］LIU W，ATUAHENE-GIMA K. Enhancing product innovation performance in a dysfunctional competitive environment：The roles of competitive strategies and market-based assets ［J］. Industrial Marketing Management，2018，73（Aug.）：7 – 20.

［630］LIU W. The cross-national transfer of HRM practices in MNCs：An integrative research model ［J］. International Journal of Manpower，2014，25（6）：500 – 517.

［631］LIU X，GAO L，LU J，et al. Environmental risks，localization and the overseas subsidiary performance of MNEs from an emerging economy ［J］. Journal of World Business，2016，51（3）：356 – 368.

［632］LONDON T，HART S L. Reinventing strategies for emerging markets：beyond the transnational model ［J］. Journal of International Business Studies，2004，35（5）：350 – 370.

［633］LU J W. Intra-and inter-organizational imitative behavior：Institutional influences on Japanese firms' entry mode choice ［J］. Journal of International Business Studies，2002，33（1）：19 – 37.

［634］LU Y，HU S，LIANG Q，et al. Exit，voice and loyalty as firm strategic responses to institutional pressures：A comparative case study of Google and Baidu in Chinese mainland ［J］. Chinese Management Studies，2013，7（3）：419 – 446.

［635］LUBATKIN M，SHRIEVES R E. Towards reconciliation of market performance measures to strategic management research ［J］. Academy of Management Review，1986，11（3）：497 – 512.

［636］LUO Y，BU J. Contextualizing international strategy by emerging market firms: A composition-based approach [J]. Journal of World Business, 2018, 53 (3): 337 – 355.

[637] LUO Y, HUANG Y, WANG S L. Guanxi and organizational performance: A meta-analysis [J]. Management and Organization, 2012, 8 (1): 139 – 172.

[638] LUO Y, SHENKAR O, NYAW M. A Dual parent perspective on control and performance in international joint ventures: Lessons from a developing economy [J]. Journal of International Business Studies, 2001, 32 (1): 41 – 58.

[639] LUO Y, TUNG R L. A general theory of springboard MNEs [J]. Journal of International Business Studies, 2017, 49 (2): 129 – 152.

[640] LUO Y, TUNG R L. International expansion of emerging market enterprises: A springboard perspective [J]. Journal of International Business Studies, 2007, 38 (4): 481 – 498.

[641] LUO Y, ZHANG H, BU J. Developed country MNEs investing in developing economies: Progress and prospect [J]. Journal of International Business Studies, 2019, 50 (4): 633 – 667.

[642] LUO Y. From foreign investors to strategic insiders: Shifting parameters, prescriptions and paradigms for MNCs in China [J]. Journal of World Business, 2007, 42 (1): 14 – 34.

[643] LUO Y. Market-seeking MNEs in an emerging market: How parent-subsidiary links shape overseas success [J]. Journal of International Business Studies, 2003, 34 (3): 290 – 309.

[644] LUU T T, DJURKOVIC N. Paternalistic leadership and idiosyncratic deals in a healthcare context [J]. Management Decision, 2019, 57 (3): 621 – 648.

[645] LUU T T. Behind the influence of job crafting on citizen value co-creation with the public organization: Joint effects of paternalistic leadership and public service motivation [J]. Public Management Review, 2018, 20 (10): 1533 – 1561.

[646] LUU T T. How servant leadership nurtures knowledge sharing: The mediating role of public service motivation [J]. International Journal of Public Sector Management, 2016, 29 (1): 91 – 108.

[647] MACKINNON D P, FAIRCHILD A J, FRITZ M S. Mediation analysis [J]. Annual Review of Psychology, 2007, 58 (1): 593 – 614.

[648] MAEKELBURGER B, SCHWENS C, KABST R. Asset specificity and foreign market entry mode choice of small and medium-sized enterprises: The modera-

ting influence of knowledge safeguards and institutional safeguards [J]. Journal of International Business Studies, 2014, 43 (5): 458 – 476.

[649] MARKIDES C C, WILLIAMSON P J. Corporate diversification and organizational structure: A resource-based view [J]. Academy of Management Journal, 1996, 39 (2): 340 – 367.

[650] MARULANDA C C, PLA-BARBER J, DARDER F L, et al. A Micro-econometric Analysis of the Springboard Subsidiary: The Case of Spanish Firms [J]. Economics: The Open-Access, Open-Assessment E-Journal, 2015, 9 (23): 1 – 35.

[651] MARUPING L M, VENKATESH V, THATCHER S M B, et al. Folding under pressure or rising to the occasion? Perceived time pressure and the moderating role of team temporal leadership [J]. Academy of Management Journal, 2015, 58 (5): 1313 – 1333.

[652] MCDONALD F, TÜSELMANN H, VORONKOVA S, et al. The strategic development of foreign-owned subsidiaries and direct employment in host locations in the United Kingdom [J]. Environment and Planning C: Government and Policy, 2016, 23 (6): 867 – 882.

[653] MCDONALD F, WARHURST S, ALLEN M. Autonomy, embeddedness, and the performance of foreign owned subsidiaries [J]. Multinational Business Review, 2008, 16 (3): 73 – 92.

[654] MENDENHALL M E, DUNBAR E, ODDOU G R. Expatriate selection, training and career-pathing: A review and critique [J]. Human Resource Management, 1987, 26 (3): 331 – 345.

[655] MERCHANT H, SCHENDEL D. How do international joint ventures create shareholder value? [J]. Strategic Management Journal, 2000, 21 (7): 732 – 737.

[656] MEYER J W, ROWAN B. Institutionalized organizations: formal structure as myth and ceremony [J]. American Journal of Sociology, 1977, 83 (2): 340 – 363.

[657] MEYER J W, SCOTT W R. Organizational environments: Ritual and rationality [M]. Beverly Hills, Calif.: Sage Publ, 1983.

[658] MEYER K E, DING Y, LI J, et al. Overcoming distrust: How state-owned enterprises adapt their foreign entries to institutional pressures abroad [J]. Journal of International Business Studies, 2014, 45 (8): 1005 – 1028.

[659] MEYER K E, ESTRIN S, BHAUMIK S K, et al. Institutions, resources, and entry strategies in emerging economies [J]. Strategic Management Jour-

nal, 2009, 30 (1): 61 -80.

[660] MEYER K E, PENG M W. Theoretical foundations of emerging economy business research [J]. Journal of International Business Studies, 2016, 47 (1): 3 -22.

[661] MEZIAS J M. How to identify liabilities of foreignness and assess their effects on multinational corporations [J]. Journal of International Management, 2002, 8 (3): 265 -282.

[662] MICHEL J W, TEWS M J. Does leader-member exchange accentuate the relationship between leader behaviors and organizational citizenship behaviors [J]. Journal of Leadership & Organizational Studies, 2016, 23 (1): 13 -26.

[663] MIRCHANDANI D A, LEDERER A L. The impact of autonomy on information systems planning effectiveness [J]. Omega, 2008, 36 (5): 789 -807.

[664] MONTANO D, REESKE A, FRANKE F, et al. Leadership, followers' mental health and job performance in organizations: A comprehensive meta-analysis from an occupational health perspective [J]. Journal of Organizational Behavior, 2016, 38 (3): 327 -350.

[665] MOORE C B, BELL R G, FILATOTCHEV I. Institutions and foreign IPO firms: The effects of 'home' and 'host' country institutions on performance [J]. Entrepreneurship Theory and Practice, 2010, 34 (3): 469 -490.

[666] MORGAN P V. International human resource management: Fact or fiction [J]. Personnel Adminstrator, 1986, 31 (9): 44.

[667] MUNIR K A. Being different: How normative and cognitive aspects of institutional environments influence technology transfer [J]. Human Relations, 2002, 55 (12): 1403 -1428.

[668] MYLONI B, HARZING A K, MIRZA H. Host country specific factors and the transfer of human resource management practices in multinational companies [J]. International Journal of Manpower, 2004, 25 (6): 518 -534.

[669] NAIR S R, DEMIRBAG M, MELLAHI K. Reverse knowledge transfer from overseas acquisitions: A survey of Indian MNEs [J]. Management International Review, 2015, 55 (2): 277 -301.

[670] NAJAFI-TAVANI Z, ZAEFARIAN G, HENNEBERG S C, et al. Subsidiary knowledge development in knowledge-intensive business services: A configuration approach [J]. Journal of International Marketing, 2015, 23 (4): 22 -43.

[671] NELL P C, ANDERSSON U. The complexity of the business network con-

text and its effect on subsidiary relational (over-) embeddedness [J]. International Business Review, 2012, 21 (6): 1087 – 1098.

[672] NELL P C, PUCK J, HEIDENREICH S. Strictly limited choice or agency? Institutional duality, legitimacy, and subsidiaries' political strategies [J]. Journal of World Business, 2015, 50 (2): 302 – 311.

[673] NELSON R R, WINTER S G. The schumpeterian tradeoff revisited [J]. American Economic Review, 1992, 72 (1): 114 – 132.

[674] NEUBERT M J, HUNTER E M, TOLENTINO R C. A servant leader and their stakeholders: When does organizational structure enhance a leader's influence? [J]. The Leadership Quarterly, 2016, 27 (6): 896 – 910.

[675] NEUBERT M J, KACMAR K M, CARLSON D S, et al. Regulatory focus as a mediator of the influence of initiating structure and servant leadership on employee behavior [J]. Journal of Applied Psychology, 2008, 93 (6): 1220 – 1233.

[676] NEWBURRY W, ZEIRA Y, YEHESKEL O. Autonomy and effectiveness of equity international joint ventures (IJVs) in China [J]. International Business Review, 2003, 12 (4): 395 – 419.

[677] NEWMAN K L. Organizational transformation during institutional upheaval [J]. Academy of Management Review, 2000, 25 (3): 602 – 619.

[678] NGUYỄN H Q. Nhìn lại quan hệ Việt Trung 25 năm tù' sau bình thường hóa: "Quan Hệ Việt Nam-Trung Quốc: 25 Năm Bình Thường Hóa Và Triển Vọng" Hội Thảo Quốc Tế [C], Hà Nội, 2016. Viện Hàn Lâm Khoa Học Xã Hội Việt Nam Đại học Công nghiệp Chiết Giang.

[679] NGUYEN Q T. China's Strategic Adjustments: Impact on the World, Region and Vietnam [J]. China Report, 2016, 53 (3): 367 – 385.

[680] NGUYỄN Đ L. Nhìn lại vấn đế đầu tù' trự'c tiếp cùa Trung Quốc vào Việt Nam kề tù' khi bình thường hóa quan hệ Việt-Trung: "Quan Hệ Việt Nam-Trung Quốc: 25 Năm Bình Thường Hóa Và Triển Vọng" Hội Thảo Quốc Tế [C], Hà Nội, 2016. Viện Hàn Lâm Khoa Học Xã Hội Việt Nam Dại học Công nghiệp Chiết Giang.

[681] NKOMO S M. Human Resource Planning and Organization Performance: An Exploratory Analysis [J]. Strategic Management Journal, 1987, 8 (4): 387 – 392.

[682] NOBEL R, BIRKINSHAW J M. Innovation in multinational corporations:

Control and communication patterns in international R&D operations [J]. Strategic Management Journal, 1998, 19 (5): 479 – 496.

[683] NORTH D C. Institutions, institutional change and economic performance. [M]. 1990.

[684] O'DONNELL S W. Managing foreign subsidiaries: Agents of headquarters, or an interdependent network [J]. Strategic Management Journal, 2000, 21 (5): 525 – 548.

[685] OHMAE K. Managing in a borderless world [J]. Harvard Business Review, 1989, 67 (3): 152 – 161.

[686] OLIVER C. Sustainable competitive advantage: Combining institutional and resource-based views [J]. Strategic Management Journal, 1997, 18 (9): 697 – 713.

[687] OUYANG C, LIU M, CHEN Y, et al. Overcoming liabilities of origin: Human resource management localization of Chinese multinational corporations in developed markets [J]. Human Resource Management, 2019 (7): 1 – 19.

[688] OUYANG C. Dragons in the west: Localization strategies of Chinese multinationals in developed economies [D]. Cornell University, 2017.

[689] OVERSTREET R E, HAZEN B T, SKIPPER J B, et al. Bridging the gap between strategy and performance: Using leadership style to enable structural elements [J]. Journal of Business Logistics, 2014, 35 (2): 136 – 149.

[690] PADILLA A, HOGAN R, KAISER R B. The toxic triangle: Destructive leaders, susceptible followers, and conducive environments [J]. Leadership Quarterly, 2007, 18 (3): 176 – 194.

[691] PALMIÉ M, KEUPP M M, GASSMANN O. Pull the right levers: Creating internationally "useful" subsidiary competence by organizational architecture [J]. Long Range Planning, 2014, 47 (1 – 2): 32 – 48.

[692] PANACCIO A, HENDERSON D J, LIDEN R C, et al. Toward an understanding of when and why servant leadership accounts for employee extra-role behaviors [J]. Journal of Business and Psychology, 2015, 30 (4): 657 – 675.

[693] PARAMESWARAN R, YAPRAK A. A cross-national comparison of consumer research measures [J]. Journal of International Business Studies, 1987, 18 (1): 35 – 49.

[694] PATEL P C, TERJESEN S, LI D. Enhancing effects of manufacturing flexibility through operational absorptive capacity and operational ambidexterity [J].

Journal of Operations Management, 2012, 30 (3): 201 - 220.

[695] PATERSON S L, BROCK D M. The development of subsidiary-management research: Review and theoretical analysis [J]. International Business Review, 2002, 11 (2): 139 - 163.

[696] PEDERSEN T, BALS L, JENSEN P D Ø, et al. The offshoring challenge: Strategic design and innovation for tomorrow's organization [M]. London: Springer-Verlag, 2013.

[697] PEKERTI A A, SENDJAYA S. Exploring servant leadership across cultures: Comparative study in Australia and Indonesia [J]. International Journal of Human Resource Management, 2010, 21 (5) .

[698] PELLEGRINI E K, SCANDURA T A. Paternalistic leadership: A review and agenda for future research [J]. Journal of Management Official Journal of the Southern Management Association, 2008, 34 (3): 566 - 593.

[699] PENG G Z. FDI legitimacy and MNC subsidiary control: From legitimation to competition [J]. Journal of International Management, 2012, 18 (2): 115 - 131.

[700] PENG M W, HEATH P S. The growth of the firm in planned economies in transition: Institutions, organizations, and strategic choice [J]. Academy of Management Review, 1996, 21 (2): 492 - 528.

[701] PENG M W, KHOURY T A. Unbundling the institution-based view of international business strategy [M] //The oxford handbook of international business. New York: Oxford University, 2009.

[702] PENG M W, WANG D Y L, JIANG Y. An institution-based view of international business strategy: A focus on emerging economies [J]. Journal of International Business Studies, 2008, 39 (5): 920 - 936.

[703] PENG M W. Business strategies in transition economies [M]. Thousand Oaks, CA: Sage Publishing, 2000.

[704] PENG M W. Towards an institution-based view of business strategy [J]. Asia Pacific Journal of Management, 2002, 19 (2): 251 - 267.

[705] PENG M, SUN S L, PINKHAM B, et al. The institution-based view as a third leg for a strategy tripod [J]. Academy of Management Perspectives, 2009, 23 (3): 63 - 81.

[706] PENROSE E T. The theory of the growth of the firm [M]. Oxford: Blackwell, 1959.

［707］PETERAF M A. The cornerstones of competitive advantage：A resource-based view ［J］. Strategic Management Journal, 1993, 14 (3)：179 –191.

［708］PETERSON S J, GALVIN B M, LANGE D. CEO servant leadership：Exploring executive characteristics and firm performance ［J］. Personnel Psychology, 2012, 65 (3)：565 –596.

［709］PFEFFER J, NOWAK P. Joint ventures and inter-organizational interdependence ［J］. Administrative Science, 1976, 21 (3)：398 –418.

［710］PFEFFER J, NOWAK P. Patterns of joint venture activity：Implications for antitrust policy ［J］. Antitrust Bulletin, 1976, 21：315 –339.

［711］PFEFFER J, SALANCIK G R. Organizational decision making as a political process：The case of a university budget ［J］. Administrative Science Quarterly, 1974, 19 (2)：135 –151.

［712］PFEFFER J, SALANCIK G. Organizations and organization theories ［M］. Pitman：Marshfield, 1982.

［713］PFEFFER J, SALANCIK G. The external control of organizations：A resource dependence perspective ［M］. 1st ed. New York：Harper & Row, 1978.

［714］PFEFFER J, SALANCIK G. The external control of organizations：A resource dependence perspective ［M］. 2nd ed. Stanford, CA：Stanford University Press, 2003.

［715］PFEFFER J. Interorganizational influence and managerial attitudes ［J］. Academy of Management Journal, 1972, 15 (3)：317 –330.

［716］PFEFFER J. Merger as a response to organizational interdependence ［J］. Administrative Science Quarterly, 1972, 17 (3)：382 –394.

［717］PFEFFER J. Size and composition of corporate board of directors：The organization and its environment ［J］. Administrative Science Quarterly, 1972, 17 (2)：218 –228.

［718］PHẠM T T V, MAI T H. Cổ phần hóa doanh nghiệp nhà nước giai đoạn 2016 –2020：Thực trạng và một số khuyến nghị ［EB/OL］. (2020 –05 –19) http：//tapchitaichinh. vn/tai-chinh-kinh-doanh/co-phan-hoa-doanh-nghiep-nha-nuoc-giai-doan-2016-2020-thuc-trang-va-mot-so-khuyen-nghi-323115. html.

［719］PHELPS N A, FULLER C. Multinationals, intracorporate competition, and regional development ［J］. Economic Geography, 2000, 76 (3)：224 –243.

［720］PICARD J. Organizational structures and integrative devices in European multinational corporations ［J］. Columbia Journal of World Business, 1980, 15 (1): 30 – 35.

［721］PING D. Foreign investment by multinationals from emerging countries: The case of China ［J］. Journal of Leadership & Organizational Studies, 2003, 10 (2): 113 – 124.

［722］PINTO L H, CABRAL-CARDOSO C, WERTHER W B. Compelled to go abroad? Motives and outcomes of international assignments ［J］. The International Journal of Human Resource Management, 2012, 23 (11): 2295 – 2314.

［723］PISONI A, ONETTI A, FRATOCCHI L. Internationalization of Italian firms in Central and Eastern European Countries: Headquarters-subsidiary relationship ［J］. Journal of East-West Business, 2010, 16 (2): 89 – 117.

［724］POLITIS J D, POLITIS D J. Examination of the relationship between servant leadership and agency problems: Gender matters ［J］. Leadership and Organization Development Journal, 2018, 39 (2): 170 – 185.

［725］POLITIS J D. The relationship between servant leadership and agency problems: a conceptual model: Management, Leadership and Governance Proceedings of the 11th European Conference in Military Academy ［C］, Lisbon, 2015.

［726］PORTER M E. Competitive Strategy ［M］. New York: Free Press, 1980.

［727］PORTER M E. Strategy & society : The link between competitive advantage and corporate social responsibility ［J］. Harvard Business Review, 2006, 84 (12): 78 – 92.

［728］POWELL W W, DIMAGGIO P J. The new institutionalism in organizational analysis ［M］. Chicago: University of Chicago Press, 1991.

［729］PRAHALAD C K, DOZ Y L. An approach to strategic control in MNCs ［J］. Sloan Management Review, 1981, 22 (4): 5 – 14.

［730］PRAHALAD C K, DOZ Y L. The multinational mission: Balancing local demands and global vision ［M］. New York: The Free Press, 1987.

［731］PRAJOGO D I, OKE A. Human capital, service innovation advantage, and business performance: The moderating roles of dynamic and competitive environments ［J］. International Journal Of Operations & Production Management, 2016, 36 (9): 974 – 994.

［732］PREACHER K J，HAYES A F. Asymptotic and resampling strategies for assessing and comparing indirect effects in multiple mediator models ［J］. Behavior Research Methods，2008，40（3）：879 – 891.

［733］PRICE D D S. A general theory of bibliometric and other cumulative advantage processes ［J］. Journal of the Association for Information Science & Technology，1976，27（5）：292 – 306.

［734］PRYOR M H. Planning in a world wide business ［J］. Harvard Business Review，1965，43（1）：130 – 140.

［735］PWC. Việt Nam tiếp tục là quốc gia thu hút đầu tư nước ngoài hàng đầu ［EB/OL］.（2019 – 12 – 17）https：//baodautu. vn/pwc-viet-nam-tiep-tuc-la-quoc-gia-thu-hut-dau-tu-nuoc-ngoai-hang-dau-d113043. html.

［736］QIAN W，BURRITT R. The development of environmental management accounting：An institutional view ［J］. Environmental Management Accounting for Cleaner Production，2008，24：233 – 248.

［737］QUANG L. Tăng trurong GDP năm 2019：Vurot mục tiêu，nếu. . . ［EB/OL］.（2019 – 01 – 15）https：//congthuong. vn /tang-truong-gdp-nam-2019-vuot-muc-tieu-neu-114728. html.

［738］QUELCH J A，BLOOM H. Ten steps to a global human resources strategy ［J］. Strategy & Business，1998（1st Quarter）：2 – 13.

［739］RABBIOSI L. Subsidiary roles and reverse knowledge transfer：An investigation of the effects of coordination mechanisms ［J］. Journal of International Management，2011，17（2）：97 – 113.

［740］RAHMAN N. Duality of alliance performance ［J］. Journal of American Academy of Business Cambridge，2006，10（1）：305 – 311.

［741］RAMAMURTI R. Developing countries and MNEs：Extending and enriching the research agenda ［J］. Journal of International Business Studies，2004，35（4）：277 – 283.

［742］RAMANATHAN K，SETH A，THOMAS H. Explaining joint ventures：Alternative perspectives ［M］//Beamish P W，Killing J P. Cooperative strategies：North American perspectives. San Francisco：New Lexington Press，1997.

［743］RANGAN S，DRUMMOND A. The problem of control and the role of home-host ties in explaining multinationals' foreign operations，competitiveness，and performance ［J］. Global Strategy Journal，2011，1（1）：362 – 376.

［744］ RASHEED A, LODHI R N, HABIBA U. An empirical study of the impact of servant leadership on employee innovative work behavior with the mediating effect of work engagement: Evidence from banking sector of Pakistan ［J］. Global Management Journal for Academic & Corporate Studies, 2016, 6 (2): 177 - 190.

［745］ RATH T, CONCHIE B. Strengths based leadership: Great leaders, teams, and why people follow ［M］. Gallup Press, 2008.

［746］ REDDING G. The thick description and comparison of societal systems of capitalism ［J］. Journal of International Business Studies, 2005, 36 (2): 123 - 155.

［747］ REGNÉR P, EDMAN J. MNE institutional advantage: how subunits shape, transpose and evade host country institutions ［J］. Journal of International Business Studies, 2014, 45 (3): 275 - 302.

［748］ REICHE B S, HARZING A, PUDELKO M. Why and how does shared language affect subsidiary knowledge inflows? A social identity perspective ［J］. Journal of International Business Studies, 2015, 46 (5): 528 - 551.

［749］ REYNOLDS C. Strategic employment of third country nationals ［J］. Human Resource Planning, 1997, 20 (1): 33.

［750］ RIVKIN W, DIESTEL S, SCHMIDT K. The positive relationship between servant leadership and employees' psychological health: A multi-method approach ［J］. German Journal of Human Resource Management, 2014, 28 (1 - 2): 52 - 72.

［751］ ROBINSON P. Structural interdependence and practice conformity: An empirical examination of American MNEs and their subsidiaries in Japan: Proceedings of the Academy of Management Meeting ［C］, Vancouver, B. C. , 1995.

［752］ RODRIGUEZ P, UHLENBRUCK K, EDEN L. Government corruption and the entry strategies of multinationals ［J］. Academy of Management Review, 2015, 30 (2): 383 - 396.

［753］ ROSENZWEIG P M, NOHRIA N. Influences on human resource management practices in multinational corporations ［J］. Journal of International Business Studies, 1994, 25 (2): 229 - 251.

［754］ ROSENZWEIG P M, SINGH J V. Organizational environments and the multinational enterprise ［J］. Academy of Management Review, 1991, 16 (2): 340 - 361.

［755］ ROSENZWEIG P M. The dual logics behind international human resource management: Pressures for global integration and local responsiveness ［M］ //Stahl G K, Bjorkman I, Morris S. Handbook of research in international human resource management. London: Edward Elgar, 2006: 36 – 48.

[756] ROTH K, MORRISON A J. An empirical analysis of the integration-responsiveness framework in global industries [J]. Journal of International Business Studies, 1990, 21 (4): 541 – 564.

[757] ROTH K, MORRISON A J. Implementing global strategy-characteristics of global subsidiary mandates [J]. Journal of International Business Studies, 1992, 23 (4): 715 – 735.

[758] ROTH K, O'DONNELL S. Foreign subsidiary compensation strategy: An agency theory perspective [J]. Academy of Management Journal, 1996, 39 (3): 678 – 703.

[759] ROTH K. Managing international interdependence: CEO characteristics in a resource-based framework [J]. Academy of Management Journal, 1995, 38 (1): 200 – 231.

[760] ROWLEY C, BAE J, HORAK S, et al. Distinctiveness of human resource management in the Asia Pacific region: Typologies and levels [J]. International Journal of Human Resource Management, 2017, 28 (10): 1393 – 1408.

[761] ROY J, OLIVER C. International joint venture partner selection: The role of the host-country legal environment [J]. Journal of International Business Studies, 2009, 40 (5): 779 – 801.

[762] RTYLER T. Psychological perspectives on legitimacy and legitimation [J]. Annual Review of Psychology, 2006, 57 (1): 375 – 400.

[763] RUEF M, SCOTT W R. A multidimensional model of organizational legitimacy: Hospital survival in changing institutional environments [J]. Administrative Science Quarterly, 1998, 43 (4): 877 – 904.

[764] RUEKERT R W, WALKER O C, ROERING K J. The organization of marketing activities: A contingency theory of structure and performance [J]. Journal of Marketing, 1985, 49 (1): 13 – 25.

[765] RUGMAN A M, DOUGLAS S. The strategic management of multinationals and world product mandating [M] //Etemad H, Dulude L. Managing the multinational subsidiary: Response to environmental changes and to host nation R&D policies. London: Croom Helm, 1986: 99 – 101.

[766] RUGMAN A M, VERBEKE A. Subsidiary-specific advantages in multinational enterprises [J]. Strategic Management Journal, 2001, 22 (3): 237 – 250.

［767］RUGMAN A, VERBEKE A, YUAN W. Re-conceptualizing Bartlett and Ghoshal's classification of national subsidiary roles in the multinational enterprise [J]. Journal of Management Studies, 2011, 48 (2): 253 – 277.

［768］RUI H, YIP G S. Foreign acquisitions by Chinese firms: A strategic intent perspective [J]. Journal of World Business, 2008, 43 (2): 213 – 226.

［769］RUSSELL R F, STONE A G. A review of servant leadership attributes: developing a practical model [J]. Leadership & Organization Development Journal, 2002, 23 (3): 145 – 157.

［770］SAKAKIBARA M, YAMAWAKI H. What determines the profitability of foreign direct investment: A subsidiary-level Analysis of Japanese Multinationals [J]. Managerial and Decision Economics, 2008, 29 (2 – 3): 277 – 292.

［771］SALOMON R, WU Z. Institutional distance and local isomorphism strategy [J]. Journal of International Business Studies, 2012, 43 (4): 343 – 367.

［772］SANTANGELO G D, MEYER K E. Extending the internationalization process model: Increases and decreases of MNE commitment in emerging economies [J]. Journal of International Business Studies, 2011, 42 (7): 894 – 909.

［773］SARGENT J, MATTHEWS L. The drivers of evolution/upgrading in Mexico's maquiladoras: How important is subsidiary initiative? [J]. Journal of World Business, 2006, 41 (3): 233 – 246.

［774］SAVAGE-AUSTIN A R, HONEYCUTT A. Servant leadership: A phenomenological study of practices, experiences, organizational effectiveness, and barriers [J]. Journal of Business & Economics Research, 2011, 9 (1): 68 – 75.

［775］SCHAUBROECK J M, SHEN Y, CHONG S. A dual-stage moderated mediation model linking authoritarian leadership to follower outcomes [J]. Journal of Applied Psychology, 2017, 102 (2): 203 – 214.

［776］SCHNEIDER S K, GEORGE W M. Servant leadership versus transformational leadership in voluntary service organizations [J]. Leadership and Organization Development Journal, 2011, 32 (1): 60 – 77.

［777］SCHOTTER A, BEAMISH P W. Performance effects of MNC headquarters-subsidiary conflict and the role of boundary spanners: The case of headquarter initiative rejection [J]. Journal of International Management, 2011, 17 (3): 243 – 259.

［778］SCHRIESHEIM C, GLINOW M A V. The path-goal theory of leadership: A theoretical and empirical analysis [J]. Academy of Management Journal, 1977, 20

(3): 398 – 405.

[779] SCHULER R S, JACKSON S E. Linking competitive strategies with human resource management practices [J]. Academy of Management Executive, 1987, 1 (3): 207 – 219.

[780] SCHWARZ G, NEWMAN A, COOPER B, et al. Servant leadership and follower job performance: The mediating effect of public service motivation [J]. Public Administration, 2016, 94 (4): 1025 – 1041.

[781] SCHWEPKER C H, SCHULTZ R J. Influence of the ethical servant leader and ethical climate on customer value enhancing sales performance [J]. Journal of Personal Selling & Sales Management, 2015, 35 (2): 93 – 107.

[782] SCHWEPKER C H. Servant leadership, distributive justice and commitment to customer value in the salesforce [J]. Journal of Business & Industrial Marketing, 2016, 31 (1): 70 – 82.

[783] SCOTT W R. Institutions and organizations: Toward a theoretical synthesis [M] //Scott W R, Meyer J W, Boli J. Institutional environments and organizations: Structural complexity and individualism. Thousand Oaks, Calif. : SAGE Publications, 1994.

[784] SCOTT W R. Institutions and organizations [M]. Thousand Oaks, CA: Sage Publications, 1995.

[785] SCOTT W R. Organizations: Rational, natural, and open systems [M]. 2nd ed. Englewood Cliffs, N. J: Prentice Hall, 1987.

[786] SCOTT W R. Reflections on a half-century of organizational sociology [J]. Annual Review of Sociology, 2004, 30 (1): 1 – 21.

[787] SELMER J. Expatriates' hesitation and the localization of Western business operations in China [J]. The International Journal of Human Resource Management, 2004, 15 (6): 1094 – 1107.

[788] SELZNICK P. Leadership in administration: A sociological interpretation. [M]. New York: Harper & Row, 1984.

[789] SELZNICK P. Leadership in administration: A sociological interpretation [M]. Evanston, Ill: Row, Peterson, 1957.

[790] SELZNICK P. TVA and the grass roots: A study in the sociology of formal organization [M]. Berkeley: University of California Press, 1949.

[791] SENDJAYA S, EVA N, BUTAR BUTAR I, et al. SLBS-6: Validation of

a short form of the servant leadership behavior scale [J]. Journal of Business Ethics, 2019, 156 (4): 941 – 956.

[792] SENDJAYA S. Personal and organizational excellence through servant leadership: Learning to serve, serving to lead, leading to transform [M]. Switzerland: Springer, 2015.

[793] SHEN Y, CHOU W, SCHAUBROECK J M. The roles of relational identification and workgroup cultural values in linking authoritarian leadership to employee performance [J]. European Journal of Work and Organizational Psychology, 2019, 28 (4): 498 – 509.

[794] SHENKAR O. Cultural distance revisited: Towards a more rigorous conceptualization and measurement of cultural differences [J]. Journal of International Business Studies, 2012, 43 (1): 1 – 11.

[795] SILVERMAN D. The theory of organizations: A sociological framework [M]. London: Heinemann Educational, 1970.

[796] SIMONIN B L. Transfer of marketing know-how in international strategic alliances: An empirical investigation of the role and antecedents of knowledge ambiguity [J]. Journal of International Business Studies, 1999, 30 (3): 463 – 490.

[797] SIMPSON D. Institutional pressure and waste reduction: The role of investments in waste reduction resources [J]. International Journal of Production Economics, 2012, 139 (1): 330 – 339.

[798] SINE W D, DAVID R J. Environmental jolts, institutional change, and the creation of entrepreneurial opportunity in the US electric power industry [J]. Research Policy, 2003, 23 (2): 185 – 207.

[799] SINGH J V, TUCKER D J, HOUSE R J. Organizational legitimacy and the liability of newness [J]. Administrative Science Quarterly, 1986, 31 (2): 171 – 193.

[800] SLANGEN A H L, HENNART J. Do multinationals really prefer to enter culturally distant countries through green fields rather than through acquisitions The role of parent experience and subsidiary autonomy [J]. Journal of International Business Studies, 2008, 39 (3): 472 – 490.

[801] SMALE A, BJÖRKMAN I, SUMELIUS J. Examining the differential use of global integration mechanisms across HRM practices: Evidence from China [J]. Journal of World Business, 2013, 48 (2): 232 – 240.

[802] SMALE A, BJÖRKMAN I, SUMELIUS J. HRM integration mechanism us-

age in MNC subsidiaries in China [J]. Personnel Review, 2012, 41 (2): 180 – 199.

[803] SONG C, PARK K R, KANG S W. Servant leadership and team perform-ance: The mediating role of knowledge-sharing climate [J]. Social Behavior and Personality: An international journal, 2015, 43 (10): 1749 – 1760.

[804] SONG Y, PARK Y, KWAK J. How the parent-subsidiary relationship encourages subsidiary-driven innovation and performance in Korea: the perspective of subsidiary autonomy [J]. Asian Journal of Technology Innovation, 2018, 26 (1): 1 – 23.

[805] SOUSA M, van DIERENDONCK D. Servant leadership and the effect of the interaction between humility, action, and hierarchical power on follower engagement [J]. Journal of Business Ethics, 2017, 141 (1): 13 – 25.

[806] STOPFORD J M, WELLS L T. Managing the multinational enterprise: Organization of the firm and ownership of the subsidiaries [M]. New York: Basic Books, 1972.

[807] STRUTZENBERGER A, AMBOS T C. Unravelling the subsidiary initiative process: A multilevel approach [J]. International Journal of Management Reviews, 2014, 16 (3): 314 – 339.

[808] SUCHMAN M C. Managing legitimacy: Strategic and institutional approaches [J]. Academy of Management Review, 1995, 20 (3): 571 – 610.

[809] SUDDABY R, GREENWOOD R. Rhetorical strategies of legitimacy [J]. Administrative Science Quarterly, 2005, 50 (1): 35 – 67.

[810] SUGIURA H. How Honda localizes its global strategy [J]. Sloan Management Review, 1990, 33 (1): 77 – 82.

[811] SUNG S Y, CHOI J N, KANG S. Incentive pay and firm performance: Moderating roles of procedural justice climate and environmental turbulence [J]. Human Resource Management, 2017, 56 (2): 287 – 305.

[812] SUWANNARAT P, LEEMANONWARACHAI T. Investigating the influence of subsidiary initiatives on the relationship between head office and the subsidiary [J]. Review of Business Research, 2012, 12 (3): 160 – 172.

[813] SZILAGYI A D. Management and performance [M]. California: Goodyear Publishing Press, 1981.

[814] SZYLIOWICZ D, GALVIN T. Applying broader strokes: Extending institutional perspectives and agendas for international entrepreneurship research [J]. International Business Review, 2010, 19 (4): 317 – 332.

[815] TAGGART J H. An evaluation of the integration-responsiveness framework: MNC manufacturing subsidiaries in the UK [J]. Management International Review, 1997, 37 (4): 295 - 318.

[816] TAGGART J H. Strategy shifts in MNC subsidiaries [J]. Strategic Management Journal, 1998, 19 (7): 663 - 681.

[817] TAGGART J, HOOD N. Determinants of autonomy in multinational corporation subsidiaries [J]. European Management Journal, 1999: 226.

[818] TAGUCHI H. The involvement in global value chains and its policy implication in Vietnam [Z]. MPRA Paper 84367, 2018.

[819] TAJFEL H. Social categorization, social identity and social comparison [M] //Tajfel H. Differentiation between social groups: Studies in the social psychology of intergroup relations. London: Academic Press, 1978: 61 - 76.

[820] TAKEUCHI R, SHAY J P, LI J. When does decision autonomy increase expatriate managers' adjustment? An empirical test [J]. Academy of Management 2005 Annual Meeting: A New Vision of Management in the 21st Century, AOM 2005, 2008, 51 (1): 45 - 60.

[821] TAN J, SHAO Y, LI W. To be different, or to be the same? An exploratory study of isomorphism in the cluster [J]. Journal of Business Venturing, 2013, 28 (1): 83 - 97.

[822] TAO F, LIU X, GAO L, et al. Expatriates, subsidiary autonomy and the overseas subsidiary performance of MNEs from an emerging economy [J]. The International Journal of Human Resource Management, 2017, 29 (11): 1799 - 1826.

[823] TAYEB M. International management: Theories and practices [M]. London: Pearson Education Limited, 2003.

[824] TEECE D J. Explicating dynamic capabilities: The nature and microfoundations of (sustainable) enterprise performance [J]. Strategic Management Journal, 2007, 28 (13): 1319 - 1350.

[825] TEO H H, WEI K K, BENBASAT I. Predicting intention to adopt interorganizational linkages: An institutional perspective. [J]. Mis Quarterly, 2003, 27 (1): 19 - 49.

[826] THÁI BÌNH. 22, 6% kim ngạch xuất nhập p khẩu của Việt Nam đến từ' Trung Quốc [EB/OL]. (2020 - 02 - 01) https: //haiquanonline. com. vn/226-kim-

ngach-xuat-nhap-khau-cua-viet-nam-den-tu-trung-quoc-119349. html.

［827］ TRÚC T L. Toàn cảnh về FDI của Trung Quốc tại Việt Nam ［EB/OL］. (2019 – 05 – 07) https: //ngkt. mofa. gov. vn/toan-canh-ve-fdi-cua-trung-quoc-tai-viet-nam/.

［828］ THITE M, WILKINSON A, SHAH D. Internationalization and HRM strategies across subsidiaries in multinational corporations from emerging economies—A conceptual framework ［J］. Journal of World Business, 2012, 47 (2): 251 –258.

［829］ THOMAS D E, EDEN L, HITT M A. Who goes abroad international diversification by emerging market firms into developed markets: The 61st annual meeting of the Academy of Management ［C］, Denver, CO. , 2002.

［830］ THOMPSON J D. Organizations in action: Social science bases of administrative theory ［M］. New York, NY: McGraw-Hill, 1967.

［831］ THONG K, WONG W. Pathways for sustainable supply chain performance—Evidence from a developing country, Malaysia ［J］. Sustainability, 2018, 10 (8): 2781.

［832］ TIAN X, SLOCUM J W. What determines MNC subsidiary performance? Evidence from China ［J］. Journal of World Business, 2014, 49 (3): 421 –430.

［833］ TONG C, WONG A, KWOK E Y. Major determinants affecting the autonomy of multinational corporation subsidiaries in China ［J］. Journal of Management Research, 2011, 4 (1): 1 –33.

［834］ TOST L P. An integrative model of legitimacy judgments ［J］. Academy of Management Review, 2011, 36 (4): 686 –710.

［835］ TRAN Y, MAHNKE V, AMBOS B. The effect of quantity, quality and timing of headquarters-initiated knowledge flows on subsidiary performance ［J］. Management International Review, 2010, 50 (4): 493 –511.

［836］ TSAI W. Social structure of "coopetition" within a multiunit organization: Coordination, competition, and intra-organizational knowledge sharing ［J］. Organization Science, 2002, 13 (2): 179 –190.

［837］ TSENG S M, LEE P S. The effect of knowledge management capability and dynamic capability on organizational performance ［J］. Journal of Enterprise Information Management, 2014, 27 (2): 158 –179.

［838］ TSUI A S. Authority and benevolence: Employees' responses to paternalistic leadership in China ［M］ //Bian Y, Tsui A S. China's Domestic Private Firms:

Multidisciplinary perspectives on management and performance. New York: Taylor and Francis, 2006: 230 – 260.

[839] THỨ T. Kết quả thực hiện các chỉ tiêu chủ yếu phát triển kinh tế - xã hội năm 2019 so với năm 2018 [EB/OL]. (2020 – 01 – 01) https://nhandan.com. vn/kinhte/tin-tuc/item/42770302-ket-qua-thuc-hien-cac-chi-tieu-chu-yeu-phat-trien-kinh-te-xa-hoi-nam-2019-so-voi-nam-2018.html.

[840] TỔNG CỤC THỐNG KÊ. Niên giám thống kê Việt Nam 2018 [M]. Hà Nội: Nhà xuất bản Thống kê. 2019.

[841] ULRICH D, BARNEY J B. Perspectives in organizations: Resource dependence, efficiency, and population [J]. Academy of Management Review, 1984, 9 (3): 471 – 481.

[842] UNCTAD. World investment report 2019 [R]. UNCTAD, 2019.

[843] VACHANI S. Global diversification's effects on multinational subsidiaries' autonomy [J]. International Business Review, 1999, 8 (5): 535 – 560.

[844] VADLAMANI B. The paradox of isomorphism: Towards a theory of endogenous institutional change: Paper presented at the Academy of Management Annual Meeting [C], Cincinnati, OH., 1996.

[845] van DIERENDONCK D, STAM D, BOERSMA P, et al. Same difference? Exploring the differential mechanisms linking servant leadership and transformational leadership to follower outcomes [J]. The Leadership Quarterly, 2014, 25 (3): 544 – 562.

[846] van DIERENDONCK D. Servant leadership: A review and synthesis [J]. Journal of Management, 2011, 37 (4): 1228 – 1261.

[847] VANALLE R M, GANGA G M D, GODINHO FILHO M, et al. Green supply chain management: An investigation of pressures, practices, and performance within the Brazilian automotive supply chain [J]. Journal of Cleaner Production, 2017, 151: 250 – 259.

[848] VENAIK S, MIDGLEY D F, DEVINNEY T M. Dual Paths to Performance: The Impact of Global Pressures on MNC Subsidiary Conduct and Performance [J]. Journal of International Business Studies, 2005, 36 (6): 655 – 675.

[849] VENKATRAMAN N, PRESCOTT J E. Environment-strategy coalignment: An empirical test of its performance implications [J]. Strategic Management Journal,

1990, 11 (1): 1 –23.

[850] VENKATRAMAN N, RAMANUJAM V. Measurement of business perform-ance in strategy research: A comparison of approaches [J]. Academy of Management Review, 1986, 11 (4): 801 –814.

[851] VERDORFER A P, STEINHEIDER B, BURKUS D. Exploring the socio-moral climate in organizations: An empirical examination of determinants, conse-quences, and mediating mechanisms [J]. Journal of Business Ethics, 2015, 132 (1): 233 –248.

[852] VERDORFER A P. Examining mindfulness and its relations to humility, motivation to lead, and actual servant leadership behaviors [J]. Mindfulness, 2016, 7 (4): 950 –961.

[853] VEREECKE A, Van DIERDONCK R, De MEYER A. A typology of plants in global manufacturing networks [J]. Management Science, 2006, 52 (11): 1737 –1750.

[854] VERNON R. International investment and international trade in the product cycle [J]. Quarterly Journal of Economics, 1966, 80 (2): 190 –207.

[855] VOINEA C L, Van KRANENBURG H. Feeling the squeeze: Nonmarket institutional pressures and firm nonmarket strategies [J]. Management International Review, 2018, 58 (5): 705 –741.

[856] WADE M, HULLAND J. The resource-based view and information systems research: Review, extension, and suggestions for future research [J]. MIS Quarter-ly, 2004, 3 (1): 107 –142.

[857] WALKER H A. Legitimation, endorsement, and stability [J]. Social Forces, 1986, 64 (3): 620 –643.

[858] WALUMBWA F O, HARTNELL C A, OKE A. Servant leadership, pro-cedural justice climate, service climate, employee attitudes, and organizational citi-zenship behavior: A cross-level investigation. [J]. Journal of Applied Psychology, 2010, 95 (3): 517 –529.

[859] WALUMBWA F O, MUCHIRI M K, MISATI E, et al. Inspired to per-form: A multilevel investigation of antecedents and consequences of thriving at work [J]. Journal of Organizational Behavior, 2018, 39 (3): 249 –261.

[860] WANG C, HONG J, KAFOUROS M, et al. What drives outward FDI of Chinese firms? Testing the explanatory power of three theoretical frameworks [J]. In-

ternational Business Review, 2012, 21 (3): 425 – 438.

[861] WANG H, HU X. China's "going-out" strategy and corporate social responsibility: Preliminary evidence of a "boomerang effect" [J]. Journal of Contemporary China, 2017, 26 (108): 820 – 833.

[862] WANG Q, WONG T J, XIA L. State ownership, the institutional environment, and auditor choice: Evidence from China [J]. Journal of Accounting & Economics, 2008, 46 (1): 112 – 134.

[863] WANG S L, LUO Y, LU X, et al. Autonomy delegation to foreign subsidiaries: An enabling mechanism for emerging-market multinationals [J]. Journal of International Business Studies, 2014, 45 (2): 111 – 130.

[864] WEF. Global Competitiveness Report 2019: How to end a lost decade of productivity growth [R]. World Economic Forum, 2019.

[865] WERNERFELT B. A resource-based view of the Firm [J]. Strategic Management Journal, 1984, 5 (2): 171 – 180.

[866] WESTNEY D E. Institutionalization theory and the multinational corporation [M]. 1993.

[867] WHITE R E, POYNTER T A. Strategies for foreign-owned subsidiaries in Canada [J]. Business Quarterly, 1984, 48 (4): 59 – 69.

[868] WIDMIER S, BROUTHERS L E, BEAMISH P W. Expatriate or local? Predicting Japanese, subsidiary expatriate staffing strategies [J]. International Journal of Human Resource Management, 2008, 19 (9): 1607 – 1621.

[869] WILLIAMS L J, HARTMAN N, CAVAZOTTE F. Method variance and marker variables: A review and comprehensive CFA marker technique [J]. Organizational Research Methods, 2010, 13 (3): 477 – 514.

[870] WILLIAMS W A J, BRANDON R, HAYEK M, et al. Servant leadership and followership creativity: The influence of workplace spirituality and political skill [J]. Leadership and Organization Development Journal, 2017, 38 (2): 178 – 193.

[871] WITT M A, LEWIN A Y. Outward foreign direct investment as escape response to home country institutional constraints [J]. Journal of International Business Studies, 2007, 38 (4): 579 – 594.

[872] WONG C, LAW K S. Managing localization of human resources in the PRC: a practical model [J]. Journal of World Business, 1999, 34 (1): 26 – 40.

[873] WRIGHT M, FILATOTCHEV I, HOSKISSON R E, ct al. Strategy re-

search in emerging economies: Challenging the conventional wisdom [J]. Journal of Management Studies, 2005, 42 (1): 1 – 33.

[874] XIA J, BOAL K, DELIOS A. When experience meets national institutional environmental change: Foreign entry attempts of U. S. firms in the central and eastern European region [J]. Strategic Management Journal, 2009, 30 (12): 1286 – 1309.

[875] XIA J, TAN J, TAN D. Mimetic entry and bandwagon effect: the rise and decline of international equity joint venture in China [J]. Strategic Management Journal, 2008, 29 (2): 195 – 217.

[876] XIAO S S, LEW Y K, PARK B I. '2R-Based View' on the internationalization of service MNEs from Emerging Economies: Evidence from China [J]. Management International Review, 2019, 59 (4): 643 – 673.

[877] XING Y, LIU Y, TARBA S Y, et al. Intercultural influences on managing African employees of Chinese firms in Africa: Chinese managers' HRM practices [J]. International Business Review, 2016, 25 (1): 28 – 41.

[878] XU D, PAN Y, BEAMISH P W. The effect of regulative and normative distances on MNE ownership and expatriate strategies [J]. Management International Review, 2004, 44 (3): 285 – 307.

[879] XU D, SHENKAR O. Institutional distance and the multinational enterprise [J]. Academy of Management Review, 2002, 27 (4): 608 – 618.

[880] YAMAKAWA Y, PENG M W, DEEDS D L. What drives new ventures to internationalize from emerging to developed economies [J]. Entrepreneurship Theory and Practice, 2008, 32 (1): 59 – 82.

[881] YAN A, DUAN J. Interpartner fit and its performance implications: A four-case study of U. S. -China joint ventures [J]. Asia Pacific Journal of Management, 2003, 20 (4): 541 – 564.

[882] YANG B, LIN C, REN C. Internationalization strategy, social responsibility pressure and enterprise value [J]. Soft Computing, 2020, 24 (4): 2487 – 2494.

[883] YANG C H, HAYAKAWA K. Localization and overseas R&D activity: the case of Taiwanese multinational enterprises in China [J]. R & D Management, 2015, 45 (2): 181 – 195.

[884] YANG J, LIU H, GU J. A multi-level study of servant leadership on creativity: The roles of self-efficacy and power distance [J]. Leadership and Organization Development Journal, 2017, 38 (5): 610 – 629.

［885］YANG X, JIANG Y, KANG R, et al. A comparative analysis of the internationalization of Chinese and Japanese firms ［J］. Asia Pacific Journal of Management, 2009, 26 (1): 141 – 262.

［886］YANG Y, KONRAD A M. Understanding diversity management practices: implications of institutional theory and resource-based theory ［J］. Group & Organization Management, 2011, 36 (1): 6 – 38.

［887］YANG Y, LIN X. To integrate or not to integrate: HRM practice of Chinese banks in Canada ［J］. The International Journal of Human Resource Management, 2019, 30 (14): 2186 – 2210.

［888］YANG Z, ZHANG H, KWAN H K, et al. Crossover effects of servant leadership and job social support on employee spouses: The mediating role of employee organization-based self-esteem ［J］. Journal of Business Ethics, 2018, 147 (3): 595 – 604.

［889］YEN D A, ABOSAG I. Localization in China: How guanxi moderates Sino-US business relationships ［J］. Journal of Business Research, 2016, 69 (12): 5724 – 5734.

［890］YILDIZ H E, FEY C F. The liability of foreignness reconsidered: New insights from the alternative research context of transforming economies ［J］. International Business Review, 2012, 21 (2): 269 – 280.

［891］YIN R K. Case Study Research and applications: Design and methods ［M］. Sixth Edition. Thousand Oaks, California: Sage Publication, 2017.

［892］YIN R K. Case study research: Design and methods ［M］. Newbury Park, California: Sage Publication, 1989.

［893］YIN R K. Case Study Research: Design and methods ［M］. 3rd Ed. London: Sage Publication, 1994.

［894］YIN R K. Case study research: Design and methods ［M］. Thousand Oaks, California: Sage Publication, 2003.

［895］YIU D, MAKINO S. The choice between joint venture and wholly owned subsidiary: An institutional perspective ［J］. Organization Science, 2002, 13 (6): 667 – 683.

［896］YOO J. Cultural distance of nations and localization strategy of MNEs in China ［J］. Indian Journal of Science and Technology, 2015, 8 (S5): 84 – 90.

［897］YOSHIDA D T, SENDJAYA S, HIRST G, et al. Does servant leadership foster creativity and innovation? A multi-level mediation study of identification and prototypicality [J]. Journal of Business Research, 2014, 67 (7): 1395 – 1404.

[898] YOUNG S, TAVARES A T. Centralization and autonomy: Back to the future [J]. International Business Review, 2004, 13 (2): 215 – 237.

[899] ZAHEER S. Overcoming the liability of foreignness [J]. Academy of Management Journal, 1995, 38 (2): 341 – 363.

[900] ZELLMER-BRUHN M, GIBSON C. Multinational organization context: Implications for team learning and performance [J]. Academy of Management Journal, 2006, 49 (3): 501 – 518.

[901] ZETTINIG P, BENSON-REA M. What becomes of international new ventures? A coevolutionary approach [J]. European Management Journal, 2008, 26 (6): 354 – 365.

[902] ZHANG A Y, TSUI A S, WANG D X. Leadership behaviors and group creativity in Chinese organizations: The role of group processes [J]. The Leadership Quarterly, 2011, 22 (5): 851 – 862.

[903] ZHANG M M, ZHU C J, DOWLING P, et al. Subsidiary responses to the institutional characteristics of the host country: Strategies of multinational enterprises towards hukou-based discriminatory HRM practices in China [J]. Personnel Review, 2017, 46 (5): 870 – 890.

[904] ZHANG Y, HUAI M, XIE Y. Paternalistic leadership and employee voice in China: A duel process model [J]. The Leadership Quarterly, 2015, 26 (1): 25 – 36.

[905] ZHAO C, LIU Y, GAO Z. An identification perspective of servant leadership's effects [J]. Journal of Managerial Psychology, 2016, 31 (5): 898 – 913.

[906] ZHAO X, LYNCH J G, CHEN Q. Reconsidering Baron and Kenny: Myths and truths about mediation analysis [J]. Journal of Consumer Research, 2010, 37 (2): 197 – 206.

[907] ZHOU D, LIU S, XIN H. Servant leadership behavior: Effects on leaders' work-family relationship [J]. Social Behavior and Personality: An international journal, 2020, 48 (3): 1 – 12.

[908] ZHOU D, SHI J. Study on China's outward foreign direct investment in Vietnam: Proceedings of the 2019 4th International Conference on Humanities Science and Society Development [C], Xiamen, 2019.

［909］ZHOU X. Occupational power, state capacities, and the diffusion of licensing in the American states: 1890 to 1950 ［J］. American Sociological Review, 1993, 58 (4): 536 –552.

［910］ZHOU X. The dynamics of organizational rules ［J］. American Journal of Sociology, 1993, 98 (5): 1134 –1166.

［911］ZHU Q, SARKIS J. The moderating effects of institutional pressures on emergent green supply chain practices and performance ［J］. International Journal of Production Research, 2007, 45 (18 –19): 4333 –4355.

［912］ZIMMERMAN M A, ZEITZ G J. Beyond survival: Achieving new venture growth by building legitimacy ［J］. Academy of Management Review, 2002, 27 (3): 414 –431.

［913］ZOU W, TIAN Q, LIU J. Servant leadership, social exchange relationships, and follower's helping behavior: Positive reciprocity belief matters ［J］. International Journal of Hospitality Management, 2015, 51: 147 –156.

［914］ZUCKER L G. The role of institutionalization in cultural persistence ［J］. American Sociological Review, 1977, 42 (5): 726 –743.

后 记

从 5 岁半迈入小学校门开始，我的人生就与学校产生了不解之缘。30 余年来，从学生到老师，从江西到湖南再到浙江，漫漫征途，感慨良多，受益匪浅！

本书是在本人博士论文的基础上修改形成的，其选题是导师和安排与自己实际工作的结合，并经历了漫长的构思、调研与写作过程。在此特别感谢给予我攻读博士学位机会并悉心教导和关怀我的导师虞晓芬教授。人生道路上遇到虞老师，是多么幸运！虞老师学识广博、治学严谨、胸怀宽广、积极乐观，为我树立了一辈子学习的榜样。虞老师不仅在我博士论文的选题、方案设计、企业调研、论文撰写上倾注了大量的心血，而且为我提供了良好的学习交流平台，使我有机会向学术前辈请教。虞老师曾说，要完成博士论文得"脱一层皮"；经历了屡次投稿和不断试错的艰辛后，我才真正体会到此话的深刻含义。在我的学术研究过程中，每一分每一秒都倾注了虞老师辛勤的汗水，每一点进步都离不开虞老师的谆谆教诲，千言万语都不足以表达学生对您的感激与敬仰之情！

同时，我还要衷心感谢我曾经的领导金惠红教授和黄兴球教授。金老师的工作能力有口皆碑，不仅在工作上指导我，而且教给我许多为人之道。每当我迷茫无措的时候，金老师总为我拨开前行的迷雾，给予我继续前行的勇气。金老师的人品与才华令我钦佩，也使我终身受益。黄老师为人正直，学术素养深厚，不仅给我的论文研究提供许多有益的启迪，而且在调研资源上为我提供了极大的帮助。

感谢在读博期间给予我无私指导的杜群阳教授、许强教授、成汉平教授、祝建华教授、萧文龙教授、程聪研究员、范建双教授；对我的论文构思提供帮助的陈衍泰教授、谢洪明教授、吴宝研究员、方阳春副教授、史进副教授、杨天乐老师、孔芳老师；为我的调研工作提供支持的李攻教授、蒋贤品教授。他们不但拓宽了我的学术视野，而且在研究过程中为我提出许多中肯的建议。同时，我还要感谢李正卫书记等领导对我工作的指导，感谢吕晓青副教授、刘俊涛老师、韦丽春老师、阮氏贵老师等同事对我工作的支持；感谢倪瑛老师、张玉倩老师、蔡立东老师在博士招生、学籍管理和论文评审等方面给予我的诸多帮助。

感谢各位同门和同学，特别感谢任天舟师姐、傅剑师兄、金细簪师姐、高鋆师姐、曾辉师弟、华玉昆师弟、张芝雄师弟、林国栋师弟、苏克轩师弟、陈晓蔚师弟、陈匡师弟、曹露莹师妹、蒋惠琴同学、舒季君同学、詹淼华同学、李凯同学、项丹同学的帮助与关心；感谢项丽亚、杨浩、贺易宁等同学在数据分析上的帮助。与我相识相知 16 年的好同学兼闺蜜张莹一直与我分享着学习与生活中的喜悦与悲伤，是我在最难的时候坚持下去的精神支柱；还要感谢我的同学萧挺、刘生敏为我论文写作提出的思路启迪。

最后，我当然要感谢我至亲至爱的家人。就读博士期间，我为家庭付出太少，是我的父母和丈夫为我承担了太多照顾女儿的重担，我的公婆也给予我极大的支持。每当我遇到挫折情绪低落时，是你们陪我度过最痛苦最艰辛的时光。感谢我的宝贝女儿小酒窝菡菡，你的甜美笑容是我完成博士论文的最大动力，妈妈因你没有放弃。

感谢所有关心、支持、帮助过我的良师益友。同时，衷心感谢在论文开题与答辩环节为我提出思路启示和宝贵修改意见的项国鹏教授、杨俊教授、张光曦副教授！本书得以出版，还要感谢经济科学出版社会计分社杜鹏社长等编辑老师的辛勤付出。

周丹妮

2020 年 5 月